四川石窟寺大系

夹江千佛岩

——四川夹江千佛岩古代摩崖造像考古调查报告

高大伦　王胜利　主编
于　春　王　婷　著

文物出版社

封面设计：刘　远

责任印制：梁秋卉

责任编辑：李缙云

图书在版编目（CIP）数据

夹江千佛岩：四川夹江千佛岩古代摩崖造像考古调查报告 / 四川省文物

考古研究院，西安美术学院著 —北京：文物出版社，2012.8

ISBN 978－7－5010－3506－9

Ⅰ.①夹… Ⅱ.①四… ②西… Ⅲ.①摩崖造像－考古调查－调查

报告－四川省Ⅳ.①K879.35

中国版本图书馆 CIP 数据核字（2012）第 169089 号

夹 江 千 佛 岩

——四川夹江千佛岩古代摩崖造像考古调查报告

四川省文物考古研究院

西 安 美 术 学 院

乐 山 市 文 物 局

夹 江 县 文 物 管 理 所

于 春 王 婷 著

*

文 物 出 版 社 出 版 发 行

北京东直门内北小街 2 号楼

（邮政编码 100007）

http：//www.wenwu.com

E-mail：web@wenwu.com

北京圣彩虹制版印刷技术有限公司制版印刷

新 华 书 店 经 销

889×1194 1/16 印张：44.25

2012 年 8 月第 1 版 2012 年 8 月第 1 次印刷

ISBN 978－7－5010－3506－9 定价：480.00 元

目　　录

插图目录

图版目录

E 区

前　言

一　概　述

夹江千佛岩摩崖造像位于四川省乐山市夹江县城西 2.5 公里处青衣江北岸、大观山南麓的直立崖壁上。东南—西北向狭长分布，总长度约 330 米。龛窟朝向基本为坐东北朝西南。造像东端所在地标为北纬 29°45′08″，东经 103°32′34″，海拔高度约 418 米。东北距成都约 125 公里，北距丹棱县约 44 公里，东南距乐山市约 32 公里。2006 年夹江千佛岩被国务院批准为第六批全国重点文物保护单位。

夹江县位于川西平原的西南边缘，地势由西北向东南倾斜，具有坝、丘、山三种地貌。夹江千佛岩所在的大观山属于缓岗平坝向中山区的过渡地带，山体为红砂岩，石质松软，山体地下和地表水源充足。青衣江（又名濔江）由西北向东南流经造像所在崖面南侧，空气湿度大。青衣江沿岸亦为四川、浅丘地区通向川西高原雅安、荥经等地的交通要道。从四川佛教造像遗存分布情况来看，夹江千佛岩北接丹棱、蒲江诸遗存，南连乐山大佛，东临眉山、仁寿诸遗存，处于四川西南地区古代造像区的西缘。

夹江县名始见于《隋书》，曰："眉山郡西魏曰眉州。后周曰青州，后又曰嘉州。大业二年又改曰眉州……夹江开皇三年置。"[1]《旧唐书》曰："夹江，汉南安县地。隋分龙游、平羌三县，于泾上置夹江县。今北八十里，有夹江废成，即泾上地也。旧治泾上，武德元年，移于今治也。"[2] 由此可见，夹江县汉代属犍为郡南安县，建县于隋开皇三年（583 年），唐武德元年（618 年）迁治于今址，延续至今。千佛岩所在的青衣江一段产"奇石"，《宋书》曰："太平兴国四年九月，夹江县民王谊得黑石二，皆丹文，其一云'君王万岁'，其二云'赵二十一帝'，缄其石来献。"[3]

千佛岩所在的大观山，1938 年出版的《夹江县志》载："……俯瞰平原，一目百里，县之主山也。发脉蒙山，经雅安、洪雅等县，绵亘三百余里，结为邑之五兀山，耸翠入云，为众山之宗。此山适承其正支，脉注邑治。"千佛岩附近古迹众多，如造像东端有"铁锁关"遗迹，造像所在崖面下为古代道路遗迹，现存较多柱洞及"牛鼻孔"式拴船孔。宋明两代多次建造楼阁保护佛像。清代县令在千佛岩镌刻"禁止上下一带开厂打石如违严究"的文物保护令。为了不损坏佛像，民国时期胡疆容县长主持修建堰渠时，开凿山洞让堰水从造像下穿山而过，得名为"胡公堰"，至今仍在使用。

---

[1]《隋书》卷二九·志二四《地理上》。
[2]《旧唐书》卷四一·志二一《地理四》。
[3]《宋史》志第一九《五行四》。

法国学者色伽兰（V. C. Segalen）在 20 世纪初曾对夹江佛教造像进行过考察，并认为："夹江县亦有千佛岩，建凿之时虽较晚，然亦属唐时作品也。佛龛甚众，造像亦多，其特异之点，则在其像头肢之多，新异造像之出现。此种造像似不出于'唐派'。"[1] 1938 年出版的《夹江县志》介绍千佛岩称"唐人镌佛以千计"。

曹恒钧先生在 20 世纪 50 年代对千佛岩进行过调查，并对所存龛窟进行了编号，发现有唐"先天元年（712 年）"、"开元"、"大历十一年（776 年）"、"会昌"、"大中十一年（856 年）"等纪年题刻，认为千佛岩造像开凿集中在中晚唐时期[2]。

1983 年王熙祥、曾德仁先生在当地文管所协助下，对千佛岩进行了重新编号、调查。由于部分龛窟在"文革"期间遭到破坏，且曹氏所编号码已脱落不清，二者编号相去甚远。王氏调查认为：造像共编号 162 龛，实存 153 龛。从造像尚存隋代遗风和清代康熙三十六年题刻《重修千佛并灵泉记》记载"唐初邑人之僧梦佛千岩上以千佛石岩刻之宛然有其神而助之"，千佛岩造像应始凿于初唐时期，造像活动一直持续到晚唐"会昌灭佛"[3]。

之后胡文和[4]、干树德[5]、周杰华[6]等亦对千佛岩进行过调查研究。日本学者肥田路美先生对地藏观音并列像的研究[7]、北进一先生对宝誌和尚的研究[8]、罗世平先生对四川唐代造像的研究[9]中，均涉及夹江千佛岩的造像内容。四川省文物考古研究院古建研究所也曾对千佛岩龛窟保护、所在山体石质等状况做过初步勘测和规划。

二　本次调查情况

本次调查测绘工作由四川省文物考古研究院、西安美术学院中国艺术与考古研究所、乐山市文物局、夹江县文物管理所等多家单位联合开展，工作自 2009 年 11 月启动，至 2012 年 2 月结束，历时两年有余。本次调查按照 1983 年王氏对千佛岩造像的编号进行登记测绘和调查，部分龛窟编号脱落、漏编的则大致按照王氏编号原则进行补充编号。调查组还对夹江县境内已发现的吴场镇牛仙山牛仙寺摩崖造像、马村乡上村石缸银摩崖造像等唐代造像进行了初步踏查。

由于夹江千佛岩造像位于青衣江边的陡峭崖壁上，造像群下是一条乡村古道，来往人员复杂众多，给现场测绘工作带来非常大的困难。为了保证文物安全和调查人员安全，最大限度地保证调查测绘数据的精确性、科学性，我们采用了人工测绘、光栅扫描测绘、摄影三维测绘、综合利用测绘等方

〔1〕 （法）色伽兰：《中国西部考古记》，商务印书馆，1932 年。
〔2〕 曹恒钧：《四川夹江千佛岩造像》，《文物参考资料》1958 年第 4 期。
〔3〕 王熙祥、曾德仁：《四川夹江千佛岩摩崖造像》，《文物》1992 年第 2 期。
〔4〕 胡文和：《四川道教佛教石窟艺术》，四川人民出版社，1994 年。
〔5〕 干树德：《夹江千佛岩弥勒造像浅议》，《四川文物》1995 年第 6 期。
〔6〕 周杰华：《夹江千佛岩》，《四川文物》2002 年第 3 期。
〔7〕 肥田路美：《地藏、観音並列像資料攷—四川地域の造像例と霊験説話》，《早稲田大学大学院文学研究科紀要（第 3 分册）》第五十一辑，2006 年 2 月。
〔8〕 北进一：《神異なる仮面（ペルソナ）の高僧：四川省石窟宝誌和尚像報告》，松枝到编《象徴図像研究：動物と象徴》所收，和光大学総合文化研究所编，言叢社，2006 年。
〔9〕 罗世平：《四川唐代佛教造像与长安样式》，《文物》2000 年第 4 期。

法相结合的调查测绘模式。

第一是人工测绘，针对地势较低、造像内容相对简单、造像保存状况相对较差的龛窟，我们采用人工测绘的方法，最大限度地厘清造像内容和结构。第二是光栅扫描，针对地势较低，造像内容相对复杂、保存状况相对较好的龛窟，我们采用光栅扫描技术对造像进行数据采集，并根据采集数据制作三维模型、正射影像，从而绘制线图。第三是摄影三维，针对分布在崖面最高区域、无法进行人工测绘和光栅扫描工作的区域、特别复杂而又保存相对完好的龛窟，我们采用了摄影三维技术进行测绘工作，根据采集数据进行三维建模并生成正射影像，从而绘制线图。第四是综合利用，针对部分地势高峻、造像保存状况很差、无法进行人工测量但可观察到造像细节的龛窟，我们利用三维摄影模型中的测量数据，综合人工现场观察细节，从而绘制线图。

关于各个龛窟的测量数据需要说明的是，由于龛窟经历千年的风化、破坏或者由于开凿时就存在外形不规则的问题，在各个龛不同位置测量的龛门的宽度、高度和深度数据有一定差异。因此，我们在测量龛的宽度时，一般记录龛门的上、中、下三个位置的宽度，报告编写中采用最大的一个数据作为龛的宽度。高度、深度亦然，故读者利用数据时需要对照线图。

关于各个龛的绘制线图需要说明的是，我们是用纯粹的线条来描述一尊立体的造像，由于像体风化和绘制人的用笔手法差异，在造像的"形"上有可能会与造像本身存在一些差异。我们经过多次现场修订，在尽量将这种人为差异控制到最小的同时，重点厘清造像细部结构，从结构入手来整理外形，尽量能让读者能在单纯的线条中读出"结构"的概念来。

还有一个问题是日本学者冈田健先生所提出的：美术史研究的基础是人眼所观察到的美感。由于我们绘制的线图是龛窟的正视图像，也是所谓的"正射影像"，与相机镜头所观察到的造像存在差别，与我们肉眼观察到的立体造像亦有所不同。这是一个哲学层面上的问题[1]。关于这个问题，我们经过反复探讨最终认为：我们的测绘平面正视线图，在理论上应该和造像的"粉本"是相通的。造像开凿之初所依照的"粉本"，亦应该是一种平面的图像，也就是说，我们的测绘线图是造像本身结构的写照，是一种类似于施工图纸的"结构图像"，它能让读者更加清楚地认识到造像本身所具备的诸多细节因素，这种图像是对造像的客观描述。而人眼观察到的佛像并对其产生一定的判断，是一种人的主观理解过程。从辩证的角度来看，上述二者是不矛盾的，是相辅相成的。从技术层面上来说，三维图像最接近人眼观察到的图像。所以，为了纠正和调整这种"结构图像"对研究者带来的视觉上、感觉上、主观上的误解，我们在报告集中尽量刊登每一个龛窟的照片或与肉眼观察到的图像最接近的三维图像进行弥补。

本报告由于春、王婷共同完成。于春作为本课题的负责人，本报告集的第一作者，负责统筹安排和参加调查、测绘和后期整理、绘图、报告编写工作。王婷作为本书的第二作者，负责地方协调、参加调查、报告编写工作。于春编写内容为前言、第001～082龛及第144～159龛描述、结语、后记等；王婷编写内容为第083～143龛描述。参加调查的人员还有江聪、宋洋、郝明、王潇、张瑞文、何承勇、金鹏、周观淏、石汶正、王森等。龛窟摄影三维数据由西安十月科技有限公司协助完成，线图的后期清图工作由于春、金鹏、周观淏完成，墨线绘制由曾令玲、于春完成，摄影由江聪、于春、

---

〔1〕 与西北大学文化遗产学院王建新教授私人交谈所得。

王婷完成。"龛窟介绍"部分的内容和形式部分参考了肥田路美教授及其博士研究生（大岛幸代、罗翠恂、小野英二等）提供的资料，彩色图版亦有部分来自罗翠恂摄影资料。

　　本报告出版得到国家文物局资助。本次调查得到四川省科技厅"四川石窟寺文物基础研究"课题经费资助，调查工作得到四川省文物局的支持。资料整理、报告编写工作得到日本早稻田大学文学部美术史学系肥田路美教授的无私帮助。著名画家周古天先生为本书绘制了精美封面，在此谨表谢意。

于　春
2012 年 2 月

龛窟介绍

本次调查基本按照1983年夹江县文管所和王熙祥先生的编号进行调查测绘。部分龛窟编号脱落或漏编，则按照原有编号原则从东到西、自上而下进行补充编号，崖面摩崖题刻、无题记的方形浅框均未纳入造像编号。

原编号共计162龛，其中032龛外右侧有一小龛未纳入编号，命名为"032右"号；105号下部有一小龛纳入未编号，命名为"105下"号；152龛右侧有二并列小龛未纳入编号，命名为"152右1"号、"152右2"号；原100、162号龛未找到对应龛像。故此次调查龛窟共计165龛（附龛未计入总龛数），题记15则（编号T1～T15）。造像东西延续长达330余米，中间或有中断、间隔，故将造像分为A、B、C、D、E、F、G共7个区（图一；图版一、二）：

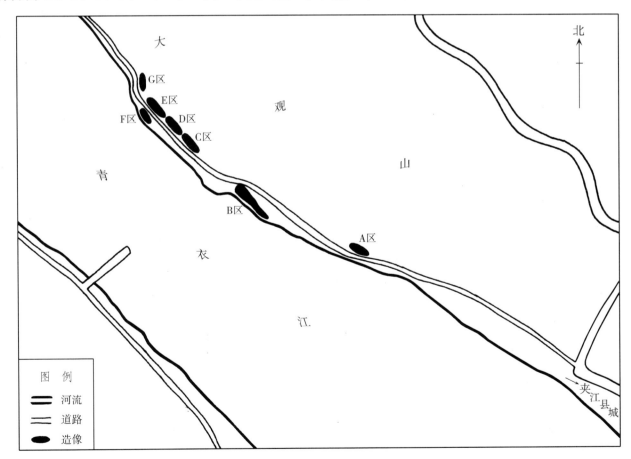

图一　千佛岩造像分布示意图

A 区　001～007 龛，位于造像群的最东端。

B 区　008～038 龛，位于中部地势低洼处，接近"胡公渠"水面。

C 区　040～071、074～082 龛，位于"夹江千佛岩"石牌坊西侧，石阶梯古道上段。

D 区　072、073、083～104 龛，位于石阶梯古道中段。

E 区　105～143 龛，位于石阶梯古道下段。

F 区　144～159 龛，位于 E 区南侧的崖面上，"胡公渠"自本区岩石下穿洞而过。

G 区　160～162 龛，位于造像的最西端，明清时期摩崖题刻集中。

一　A区造像

A区造像位于造型群东端铁锁关侧的崖壁上。001～006龛相对集中，007龛位于006龛西侧约15米处，曾搬迁镶嵌于现代建筑石砌基础中，题记一则（T1）。龛窟方向基本为坐北朝南，均面向青衣江（图二）。A区东部有近代摩崖题刻三铺（图版三）。

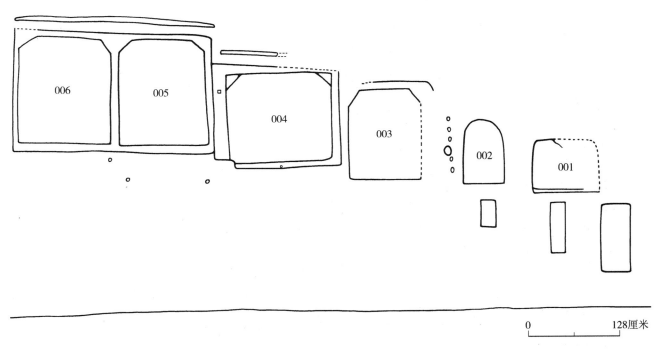

0　　　　　　128厘米

图二　A区龛窟立面分布图

001龛

1. 相对位置

A区造像最东端，002龛左侧[1]，与002龛不在同一石平面上，二者龛底之间有高差约17厘米。

2. 保存状况

龛楣左部和左龛门上部残断；胁侍头部残失，存竖长方形修补孔（图版四）。

---

〔1〕 本报告所言之"左右"，皆以龛内佛像、龛窟而言之左右，与观察者之左右相反。

3. 龛内外遗迹

龛左下部有竖长方形阴刻题刻一铺，名曰《河润九乡》，高 101、宽 63、深约 2 厘米。龛中下部有竖长方形题刻一铺，高 72、宽 20 厘米，文字漫漶不识。

4. 龛窟形制

方形双重龛。外龛宽 84.5、高 81、深 7.5 厘米，缓弧形龛楣，右侧外龛门无，龛壁平。内龛宽 74、高 71、深 22 厘米，缓弧形龛楣，龛壁缓弧形。

5. 龛内造像

高浮雕造像 2 尊（图三）。

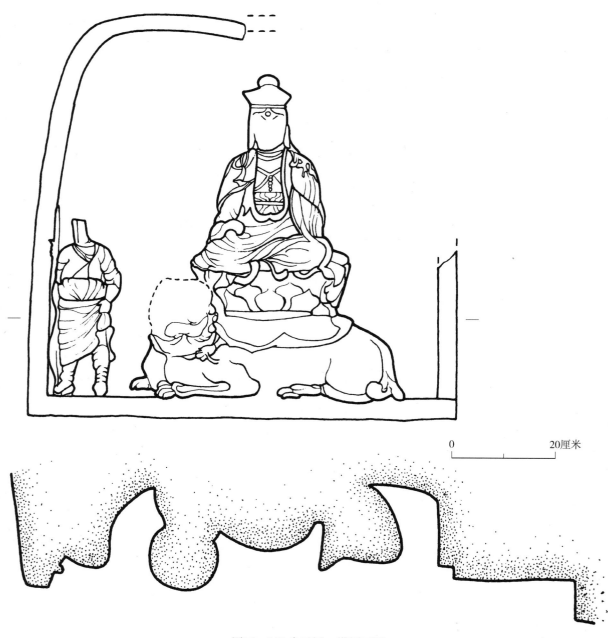

0　　　　　　　　　　　　　　20厘米

图三　001 龛正视、横剖面图

龛内正壁中央造戴冠坐像一尊，主尊右侧倚右龛门造立像一尊。戴冠坐像通高 62.5、身高 37.5、膝宽 24 厘米。头戴冠，束高发髻，人字形发际线，圆形白毫相，面部漫漶，双耳垂肩。颈部有蚕道。胸前似戴项圈，内着右衽内衣，束腰带，外披袈裟。左臂屈肘上举至左胸前，手部残失；右手下垂置右腿上，手掌朝上平放。结跏趺坐，右足在上。座为 3 层仰莲座，莲瓣宽度约 6 厘米，袈裟覆盖最上层莲瓣。莲座下为卧狮，身长 52.5 厘米。头部上仰残失，四足弯曲趴于龛底。

立像残高 30 厘米，头部脱落，现存一长方形修补孔。身披右衽袈裟，束腰带，左手下垂置胯部执袈裟一角，右手执长杖。小腿部似着裹腿或裤，着履。

6. 龛内题记

无。

7. 年代判断

明代。

002 龛

1. 相对位置

位于 A 区造像东部，001 龛右侧，003 龛左侧。与 002 龛不在同一石平面，龛底高差约 17 厘米；与 003 龛亦不在同一石平面，龛底高差约 70 厘米。

2. 保存状况

外龛壁有较明显粗凿痕，龛内主尊头部残失，肩部风化严重，龛内右壁中部有一圆形孔洞与龛外相通，直径约 12.5 厘米。右外龛门中、上部残失（图版五）。

3. 龛内外遗迹

龛底中下部有竖长方形阴刻题记一铺，高 41、宽 29、深约 0.7 厘米。字迹漫漶不识。龛外右侧有一圆形孔洞与龛内右壁相通。龛外圆形孔洞直径约 20 厘米，上下各有 3 个、2 个小圆形孔洞，直径约 7 厘米。

4. 龛窟形制

竖长方形双重龛。内、外龛龛门、龛壁均为缓弧形，圆拱形龛楣，龛楣右部浅浮雕葫芦形杖首，约宽 18.5、高 20.5 厘米。外龛宽 94、高 112、深 3.5 厘米，外龛壁有较粗斜向凿痕；内龛宽 63.5、高 90.5、深 33 厘米。

5. 龛内造像

龛内造高浮雕坐像 1 尊（图四）。

头部残失，残通高 81（含头部痕迹）、残身高 54、肩宽 26、肘宽 32、膝宽 43.5 厘米。肩部漫漶，外着袈裟，左胸部有圆环形袈裟结。双手屈肘置于胸前，左手似执袈裟一角，右手部残缺。结跏趺坐，袈裟覆脚，右脚置左腿上。袈裟覆座，呈 4 个半圆形。座下两侧为崎岖山石，中部有一狮头，头部有卷毛，戴铃铛。

6. 龛内题记

无。

7. 年代判断

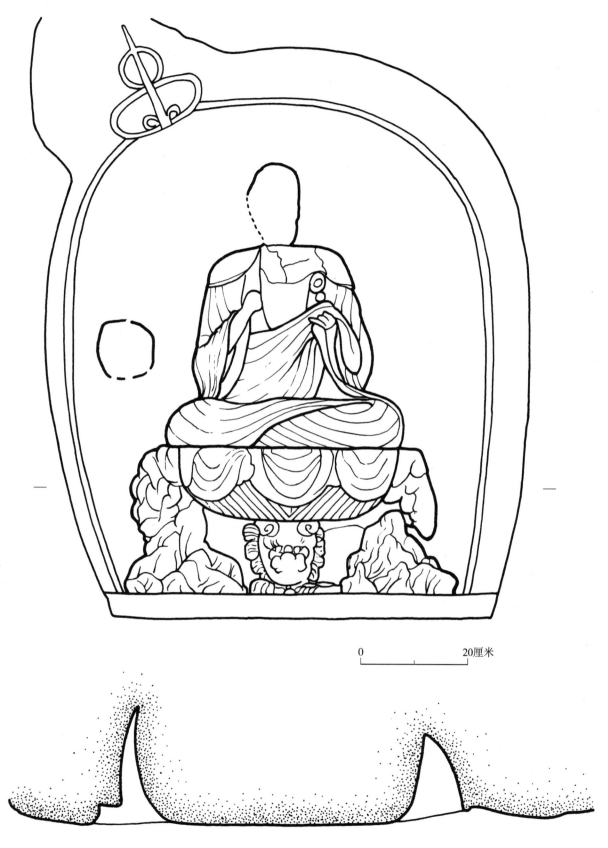

0   20厘米

图四　002龛正视、横剖面图

明代。

003 龛

1. 相对位置

位于A区中部，002龛右侧，004龛左侧。与003龛不在同一石平面，龛底高差约70厘米。

2. 保存状况

右侧龛楣脱落。右侧外龛门上部无，打破第4龛左侧外龛门。龛内左侧立像头部残失，存竖长方形修补孔，左壁及左胸部比例失调，为后代补刻。右侧立像右肩部、右胸部、肘部、手部等比例失调，为后代补刻。龛内右壁有一圆形孔洞与第4龛内左壁相通，直径约14厘米（图版六）。

3. 龛内外遗迹

无。

4. 龛窟形制

方形双重龛。外龛方形龛楣，宽145、高145.5、深63厘米。右侧龛楣及龛门大部残失。内龛梯形龛楣，宽129、高134、深52厘米。内外龛同底。龛内壁平，呈梯形，转角直角；龛底内高外低，略凹。龛底二立像座下、座之间有卷云纹基坛，通宽96.5厘米。

5. 龛内造像

龛内高浮雕立像2尊（图五）。

左侧造像头部残失，现存一竖长方形修补孔，约宽9、高16厘米。圆形头光，直径约32厘米。至肩部残通高约98.5、残身高约84.5、肩宽25、肘宽32.5厘米。胸前戴项圈，外披袈裟，左臂屈肘置上腹部，手掌四周凹陷，上侧有凹坑，为后代改刻，袈裟覆盖手臂，下垂至膝。右手下垂置胯部，手执袈裟一角，中指无名指弯曲，其余指伸展。双膝部袈裟下可见璎珞垂饰，腿部衣纹竖条形。长裙覆脚，跣足。立于双层仰莲座，外重莲瓣宽约12厘米，莲瓣下基座浮雕卷云纹，纹样饱满（图版七）。

右侧立像通高126.5、身高112、肩残宽27.5、肘残宽35厘米。头高26.5、戴高冠高约12.5厘米，平发际线，面宽约11厘米，双耳上各有一股发辫绕过。圆形头光，宽41.3厘米。头两侧系冠缯带，下垂短股止于耳垂上方，长股沿肩部下垂止于肘部。耳垂戴环。颈部三蚕道。肩部披发，发纹细密成弯曲柳叶状。胸前戴项圈，右衽帔帛，身披X形璎珞。肩披天衣沿胸部下垂至大腿部交叉绕双前臂后沿身体两侧下垂，左侧置座上，右侧至座下。左臂戴臂钏，左肘略弯，下垂置左胯部，手腕戴钏，手持瓶。右肩、肘、胸为后代改刻，屈肘横置腹部，手心朝内，手腕戴钏。下着裙，系腰带，裙长遮踝，腿部衣纹U字形，跣足。座及基座与左侧立像相同。

6. 龛内题记

内龛左壁中部阴刻竖书题记一则（T1），4行，内容为"勝景巍巍幾萬年石龕遺/相想人天我來過此無餘事為/賦新詩書錦□/……月□□□□□"。

7. 年代判断

五代～宋初（?），后代改刻。

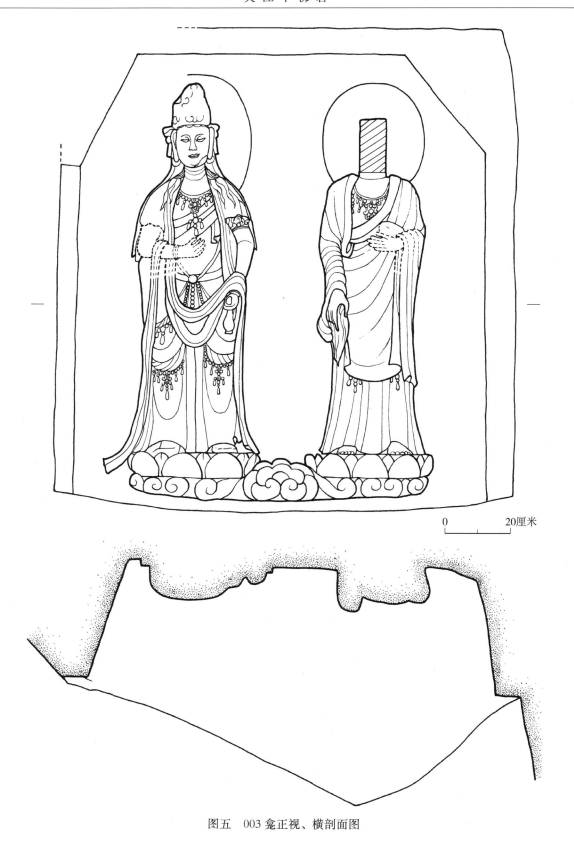

0　　　　　20厘米

图五　003 龛正视、横剖面图

说明：虚线部分为后代改刻。下同。

004 龛

1. 相对位置

位于 A 区中部，003 龛右侧，005 龛左侧。

2. 保存状况

中央及右侧主尊和部分比丘、力士头部残失，现存竖长方形修补孔。岩石风化严重，出现酥粉、起壳现象，龛顶起壳空壳现象较严重。龛内壁、顶和像体颜色为黑色，一说为历年油烟熏烤所致，一说与 20 世纪 80 年代曾做过化学保护相关。

左侧外龛门、力士像被 003 龛右侧龛门打破。右侧外龛门被第 5 号龛外龛左龛门打破。内龛右壁菩萨坐像身光下部被大洞打破，直通 3 号龛右壁，洞长径约 14 厘米（图版八）。

3. 龛内外遗迹

右龛门外中上部有不规则方形孔洞，内龛底部龛床中央及两侧有 3 个圆形小坑，直径约 9 厘米。龛底下方中央有小圆孔，直径约 3.5 厘米。内龛左壁中部有孔与 003 龛右壁相通。直径约 20 厘米。

4. 龛窟形制

方形双重龛。外龛左右龛门均被打破，残宽 185、高 146、顶残深约 15 厘米。方形龛楣，外龛左侧龛楣脱落，右侧残存小部龛顶，龛壁平，龛底残失，仅存龛底位置痕迹。内龛宽 150、高 112、深 53 厘米，龛顶平，龛壁缓弧形；龛门左、右、上部均浅浮雕卷草纹。内龛龛楣梯形，三角形斜撑上浅浮雕卷草纹。内龛正壁设三层卷云基坛，分下、中、上三层；两侧壁设二层基坛，分下、上两层。

5. 龛内造像

龛内造像共计 49 尊，编号见表一。第 1～3 号为一佛二菩萨坐像；第 4～13 号为十尊比丘立像；第 14～17 号为四尊天王立像；第 18、19 号为二尊力士立像；第 20～23 为二尊飞天像；第 24～33 为二块环状云内的十尊小佛坐像；第 34～41 号为伴随在天王身边的浅浮雕天人眷属；第 42、43 号为第 2、第 3 号主尊坐骑的牵兽人；第 44～49 号为六尊伎乐天人像痕迹（图六～九）。分述如下。

表一　004 龛尊像编号表

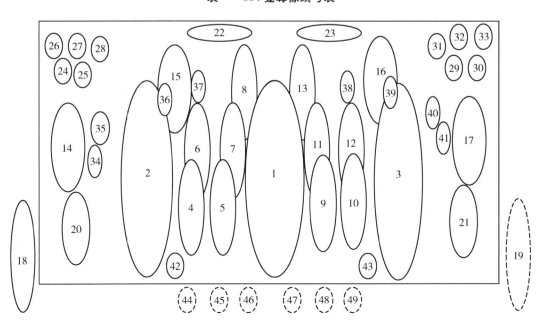

图六　004龛正视图

28厘米

0

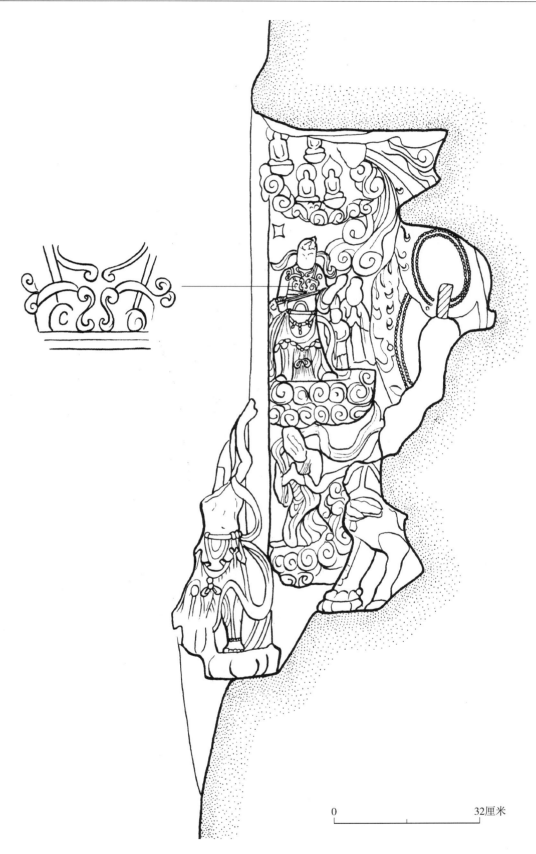

图七　004 龛纵剖面图（右壁）

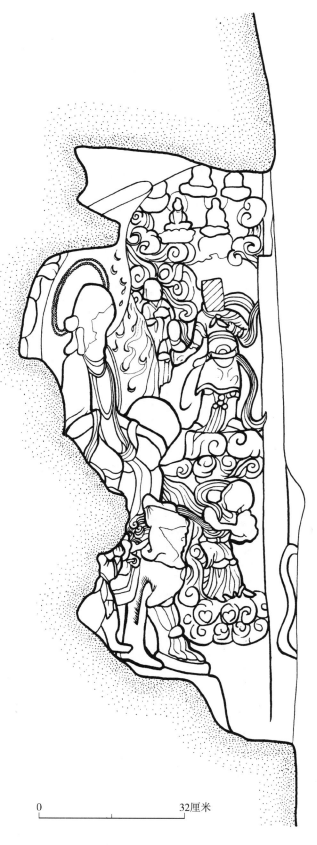

0 ————————————— 32厘米

图八　004 龛纵剖面图（左壁）

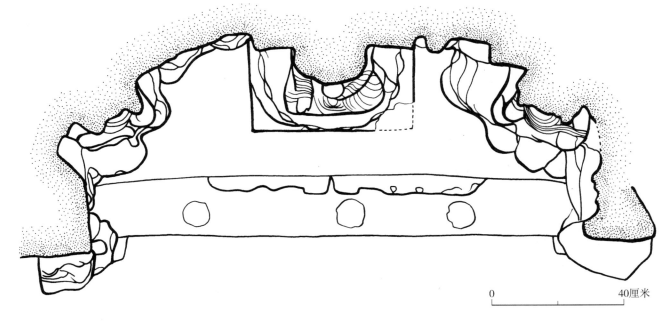

图九　004龛横剖底视图

　　1号像，内龛正壁高浮雕中央主尊佛坐像。头部残失，现存竖长方形修补孔，高7、宽5.5厘米。像残通高111、残身高30厘米。双重头光，外层宝珠形，高26、宽34厘米，透雕火焰纹；内层近圆形，由内到外依次为素面圈、连珠纹、弦纹、连珠纹。外层头光火焰纹上端，高浮雕形伞盖，最大径32厘米（图一〇）。可见5棱，正中一边长14.7厘米，伞棱略向上反翘。伞盖顶部为三叶包裹的宝珠，最大径约11.5厘米。

　　肩宽19.5、肘宽24.5、膝宽29.5厘米，身体比例匀称。左手下垂置腹前，掌朝上持扁平球状物（钵?）[1]，拇指护钵。持物被短带状布包裹，布一角下垂置腿部。右手略屈肘下垂置右膝，手掌朝下五指伸直。内着右衽内衣，右肩披覆肩衣，外披袈裟，左肩下垂吊环，袈裟一角于左胸部穿环，衣角下垂呈扇形，垂至左臂。结跏趺坐，袈裟及裙覆座。有双重身光。外层宝珠形，高39、宽49厘米，透雕火焰纹；内层椭圆形，由内到外分别是素面圈、连珠纹、弦纹、连珠纹。

　　台座为束腰复合莲座，高37、台面宽41厘米。台面高浮雕3层仰莲，袈裟及裙覆盖上层莲瓣呈波浪形，莲台下有两层阶梯状递减八角形框、一层小仰莲瓣；束腰部分呈八角形廊柱式，转角处为方柱，柱间有方形门；座基由五层阶梯状递增方形框组成，大部分漫漶。

　　2号像，内龛正壁主尊右侧高浮雕骑像菩萨坐像。残通高107、残身高47厘米（至冠缯带）。头部残失，现存方形修补孔，高7.5，宽5.4厘米。冠缯带沿两肩下垂。双重头光，外层宝珠形，高40、宽29厘米，透雕火焰纹；内层圆形，样式与1号像相同。

　　肩宽16、肘宽24.5、膝宽25厘米，左手下垂置左膝上，右手屈肘置右胸前，手持如意状棒形持物，持物上端为小扇形。两肩下垂连珠璎珞，至两腋处分三股，一股横过胸前；一股绕至上臂后；一股下垂交于腹部较大圆珠，后下垂至膝下绕至身后。未见帔帛，双肩披父字形天衣，下垂置腹部后交

────────────────

〔1〕　括号内为作者的推测。下同。

图一〇　004龛1号像背光

叉横过腹前，分别搭于手腕后下垂。下着裙，系腰带，裙长覆座台面。有双层身光，样式与1号像一
致，外层宽43、高38厘米。

　　膝宽23厘米，半跏趺坐于仰莲座上，右腿盘腿，左腿下垂踩小莲座。座下为带鞍大象，莲台宽
30.5、座通高44厘米。长裙覆盖莲座，仰莲瓣尖部凸起呈波浪形，裙纹为4组并排U字形。座下大
象高35厘米，头朝龛左方向，大耳，戴辔头，鼻部残失。戴鞍，腹部跪坐一小人（42号像），右手
抱菩萨左足所踩莲台，左手拉粗绳牵象，赤裸上身，下身着裙。象四足粗壮，可见脚趾。

3 号像，内龛正壁主尊左侧高浮雕菩萨坐像。通高 109、身高 56 厘米，面部残失，右手残断后改刻。头高 17 厘米，头顶束高发髻，向后绾发；戴宝冠，正面浮雕对称卷云纹和椭圆形连珠牌饰，冠侧面均浅浮雕卷云纹，冠台残失。耳上方系冠缯带，打结后翘于头侧，短至肩上方。颈部漫漶。有宝珠形双重头光，样式与 1 号像头光一致，外层头光宽 30、高 44 厘米。

肩宽 16.5、肘宽 21.2 厘米，左手下垂抚左膝，右手屈肘横置胸前，手部残断后改刻为横置腹前。双肩下垂璎珞，样式与 2 号像璎珞一致。肩披父字形天衣，样式与 2 号像一致。下着裙，裙长覆座。有双层身光，样式与 1 号像身光一致，外层身光宽 42、高 37 厘米，左侧身光下部被洞打破。

膝宽 25.5 厘米，半跏趺坐于莲台上，左腿盘腿，右腿下垂踩小莲座。莲座下为带鞍狮子，通高 45 厘米。菩萨长裙覆莲座，座身浮雕仰莲瓣，座上缘呈波浪状凸起，裙纹与 2 号像相似。狮子面部残失，残高 37 厘米，可见三角形耳高竖，头部浅浮雕卷毛纹，颈部系铃铛。四足直立，腿后上侧浅浮雕细密毛纹，腿部筋骨明显，爪锋利。足下有浅莲台。狮臀右侧站立一牵兽人（43 号像），头部残失，左膝以下残失，残高 25 厘米，右手屈肘置左肩处持粗绳牵狮。肩、臂披天衣，下身着裙，系腰带，右腿微曲，戴足钏，足部漫漶（图版九）。

4～13 号像，内龛正壁主尊左右两侧浮雕比丘立像三排共 10 尊，下排 4、5、9、10 号像为全身像，立于下层卷云基坛；中排 6、7、11、12 号像为半身像，立于中层卷云基坛；上排 8、13 号像为半身像立于上层卷云基坛。8、9、12、13 号像头部仍存，余诸像头残失现存竖长方形修补孔。

下排 4 号像通高 44 厘米，头残失，有圆形头光，素面，直径约 14 厘米；肩宽 10、肘宽 14 厘米，披通肩袈裟，双手屈肘合十于胸前，臂部下垂衣角，左腿部可见两片袈裟衣襟相合，右侧衣襟边缘衣纹呈连续 S 形；下身着裙，裙长遮踝，赤足立于卷云基坛上。5、9、10 号像与 4 号像基本一致。

中排 7 号像位于 1 号像身光左侧，通高 42、头高 7.6、面宽 4.7 厘米，面部丰满，残存鼻眉轮廓，大耳垂肩，面略朝龛右侧。肩宽约 10 厘米，着通肩袈裟，双手合十于胸前，腕部可见下垂衣角。腹前可见左高右低斜向弧形衣纹。立于中层卷云基坛上。6、11、12 号像与 7 号像基本一致，其中 12 号像面部瘦削，颧骨凸出，面朝右侧主尊佛方向。

上排 8 号像位于 1 号像华盖右侧，可见身高 36、头高 9.2、面宽 4.8 厘米，头朝右下方略低，身体朝右下方略倾斜；肩宽 10.3、肘宽 11.8 厘米，颈部可见蚕道，着通肩袈裟，双手合十于胸前，腕部下垂衣角；腹部可见左高右低斜线衣纹。13 号像与 8 号像基本一致，位于 1 号像华盖左侧，头略向左侧低垂，身体略向右侧倾斜。均立于上层卷云基坛上。

14～17 号像，内龛右、正、左壁上部浮雕天王立像 4 尊（图版一○、一一）。

14 号像立于右壁上层卷云基坛上，头顶略残，残身高 32.7 厘米，戴宝冠，系冠缯带，自双耳上侧向外伸出，呈 S 形垂于两肩，末端向上翻翘。身着铠甲，颈部可见 Ω 形，胸甲纹饰见图七。左手屈肘展腋举置身左侧与肩平，肘部可见鳍袖，手掌朝上，指部残断，似持物；右手屈肘夹腋置腰部，翻腕手持剑柄，剑身横过腹前上搭于左肘部。腰腹部略鼓，右胯部略上突，腰甲上可见半圆形饰；下身着裙，裙长至膝上；天衣垂腰带下呈 U 字形，后自腰两侧下垂置身侧呈 S 形至卷云基坛上；腰部挂璎珞垂于胯部呈半圆形。小腿部可见雕刻痕迹，不辨；小腿间可见垂带打结呈横 8 字形。着履，立于卷云基坛上。卷云基坛由两层卷云组成。

14号像左后侧为34、35号天人眷属像。34号像较小，身右侧被天王天衣遮挡，立于35号像右前侧，头顶似有高冠或炎发，上身赤裸，双手屈肘合于腹部似持棍状物，下着短裙露膝，立于右壁上层卷云基坛上。35号像较大，头顶束球形高发髻，似戴冠，双手合十于胸前，着长袍，袖宽垂至膝下，系腰带。

15号像可见身高约34.2厘米，束高发髻，戴筒形宝冠，正面有三角形饰，系冠缯带下垂，头略朝左下方低看。可见着胸甲、腹甲，肘部可见鳍袖，自肘部上扬；左手屈肘举于耳齐，指部残断，似持物；右手屈肘举于右肩前，手持长棍状物似戟，刃端指向天空，可见半圆形、鱼尾形旗状物。下着裙，系腰带，天衣系腰带两侧下垂胯部呈U字形；腰正前方下垂二股连珠垂带，系摩羯形刀状物。立于正壁右上部上层卷云基坛上。

15号像身右、左两侧分别为36、37号天人眷属像，身周龛壁上浅浮雕卷云纹。36号像仅见头右侧和右肩、胸部，似着胸甲。37号像仅见半身，似天女，头戴筒状宝冠，长发披肩，双手合于胸前捧物，身着长袍，宽袖。身左侧有S状弯曲云尾向上延伸。

16号像可见身高约25厘米，束高发髻，顶端分为二小三角状；戴宝冠，冠正面呈三角形，左耳上方可见冠缯带下垂呈S形置肩上。着胸甲，腹甲，左手屈肘横过腹前与右手共执一棍状物于右肩部，左臂部可见大鳍袖、卷云状装饰。下着裙，系腰带，腰带两侧系天衣。身周龛壁上浅浮雕卷云纹。立于正壁左上部上层卷云基坛上。

16号像身右、左两侧分别为38、39号天人眷属像。38号像头部破损，身着通肩长袍，宽袖下垂，左手屈肘举左胸前，手部漫漶，右手下垂置右身侧，长袖及膝下，裙长遮踝，露足尖，着履，立于上层卷云基坛上。39号像仅见头右侧及右肩、胸部，面朝龛右侧方向，炎发，目圆而凸出，右手屈肘举右胸前，上身赤裸可见胸肌。

17号像头部残失现存修补孔，残身高26.7厘米，头部左侧龛壁浅浮雕天衣或冠缯带。胸前系领巾，着胸甲、腹甲、腹部有半圆形前盾。左手屈肘置左胸部，似握拳。右手展腋下垂，前臂残断。下身着裙，系腰带，天衣在腹部呈半圆形，于腰带两侧打结后于身侧呈S形下垂置云台；裙短露膝，双膝间下部可见垂带打结呈横8字状，垂带置云台。足端漫漶，立于左壁上层卷云基坛上，身周为卷云包围。

17号像身右后侧为40、41号天人眷属像。

18、19号像，外龛正壁左右下角浮雕力士立像2尊。19号像仅存身右侧轮廓，头部有修补孔。18号像头部残失现存修补孔，右前臂、右膝以下均残失，左手高举置头左侧，足至左手尖高58.5厘米。上身裸体，天衣自左肩绕至腰后下垂置座，呈3字形。下着裙，系腰带，裙上缘翻折垂于胯部，在身体正面呈U字形，边缘衣纹连续S形。裙长露踝，双腿间有垂带，打结呈横8字形，后下垂置座。左膝以下筋骨凸出，戴足钏，赤足立于岩座上。

20、21号像，内龛右、左壁下部浮雕供养天人像2尊。

20号像身高27.2厘米，面部残失，仅存头部轮廓。身体朝前倾，左腿向前迈出，弯膝，朝龛外方向呈略跪状，头部似扭转看内龛主尊方向，双手屈肘合十于胸前。天衣绕过头后向上飘扬至上层卷云基坛左侧。上身着帔帛，自左肩至右胁下，下着裙，裙长遮踝，可见左足尖朝龛外。立于内龛右壁下层卷云基坛上，基坛略朝龛外倾斜，两重卷云，云尾向左上方一直延续到2号像座右下侧。

21号像身高26.4厘米，头部保存较好，面部漫漶，衣着与20号像基本一致，右足向前迈出，与20号像呈基本对称姿势。立于内龛左壁下层卷云基坛上，两重卷云，云尾向左上方一直延续到上层基坛右下侧。

22、23号像，内龛顶部浮雕飞天像2尊，身周环绕团状卷云，云尾朝龛侧壁方向。22号像位于龛顶右部，身体方向与龛口线平行，头顶朝龛左侧，束球形高发髻。天衣绕头顶呈环形，绕双肩后翻转飘于身侧。双臂展开手与肩平，左手掌上持物，似插花蓝，右手不明。下着裙，左腿屈膝平抬，右腿微弯长伸向右侧，腿部裙纹密集。23号像位于龛顶左部，衣着与22号像基本一致，动作对称，右手持物，右腿屈膝，左腿伸长。

24～33号像，内龛左右两壁上部2组卷云内浮雕小坐佛像各5尊，共计10尊，姿态基本一致。如24号像通高13.2厘米，圆形头光，双手下垂合于腹前施印，结跏趺坐于双层仰莲台上。25号像头光为宝珠形。

34～41号像，内龛右、正、左壁上部浮雕天4尊王立像之眷属立像。见前文。

42、43号像，2、3号像身侧之牵兽人，见前文。

44～49号像，为内龛床至外龛床台阶上残存6尊伎乐天人像痕迹，风化严重，形制不辨。

6. 题记

无。

7. 年代判断

晚唐～五代。略早于003、005、006号龛。

005 龛

1. 相对位置

A区西部，004龛右侧，006龛左侧。与006龛共用外龛。

2. 保存状况

像体保存基本完好，表面风化严重，酥粉、起壳，雕刻细节漫漶严重。左外龛门打破004龛右侧外龛门（图版一二）。

3. 龛内外遗迹

左外龛门外有方形不规则孔1个。龛底下方约39～34厘米处有圆形孔2个，与龛底基本平行。右侧内龛门下有圆形孔1个。外龛顶上有横向减水槽，约宽7.5、总长260厘米。

4. 龛窟形制

方形双重龛，与006龛同外龛。外龛宽293、高167、深约22厘米，龛壁平，右侧龛楣残，左侧龛楣方形。内龛宽133、高150、深49厘米，方形龛楣带三角斜撑，龛壁、龛顶缓弧形。内龛右龛门即为006龛左内龛门，龛门下部阴线刻一云纹。

5. 龛内造像

内龛造菩萨立像二尊、小立像二尊、二环状云纹内小坐佛像各5尊，共计造像14尊（图一一～一三），编号见表二。

表二　005 龛尊像编号表

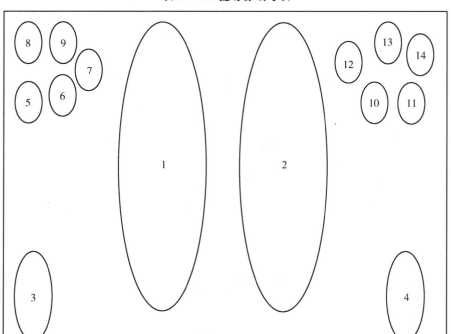

　　1 号像，内龛正壁右侧高浮雕菩萨立像。左手部残断，右臂残断后改刻，腹部改刻。身高 118 厘米，面略偏向龛左侧。头高 29 厘米，头顶束高发髻，侧面可见向后缩发；戴高宝冠，卷云冠台和发际线均呈 V 字缓弧形；冠正面为椭圆形冠面，边缘饰连珠纹，下部浅浮雕卷云纹，上部阴刻椭圆形小龛，龛内造佛坐像一尊，有圆形头光。头两侧耳上方系冠缯带，头侧可见四短股挽结，一长股沿肩部下垂，在肩关节处回绕一圈后垂置肘部外侧，尾部略向上翻翘，带纹细密，保存较好。面部圆润，两颊微鼓，五官漫漶，颈部有蚕道。有双重头光，外层宝珠形，宽 46、高 53 厘米，透雕火焰纹，火焰密集，宝珠顶部延伸到内龛顶口部；内层圆形，由内到外依次为素面圈、连珠纹、弦纹、连珠纹，连珠为圆角方形。

　　肩宽 26.2、肘残宽 35.5 厘米，左手下垂置左身侧，腕部以下残失，其下可见圆形瓶腹部；右臂自大臂部残失，肘部以下重刻，现右手屈肘横置腹前，原腹部衣纹、璎珞等不存。胸前佩戴复杂项圈，双肩下垂连珠璎珞；上身着帔帛，自左肩至右胁下，左胸部可见帔帛翻折下垂；肩披父字形天衣，下垂至大腿部交叉横过身前，右襟上绕至左腕部沿身体左侧下垂置座后向上翻翘，左襟上绕至右肘部，后沿身体右侧下垂置座。

　　胯部朝右侧微凸，左膝略弯。下身可见密集裙纹，大腿部呈 U 字形，小腿部呈对称弧线，双腿内侧和膝下可见连珠璎珞。双腿间垂带至座，膝部可见褶皱纹。裙长露踝，立于束腰莲座上。有双层舟形身光，外层高 101.5、宽 64.5 厘米，透雕复杂多重火焰纹；内层由内到外依次为素面、连珠纹、旋纹、连珠纹。

　　莲座高 27.7、宽 52.2 厘米，台面圆形，浮雕三层仰莲瓣；束腰较低；座基八棱形 2 层，上层浅浮雕单层覆莲瓣，下层素面框。

　　2 号像，内龛正壁左侧高浮雕菩萨立像。身高 120.2 厘米，面略偏向龛右侧。头高 30、面高 13

0 ———————————— 36厘米

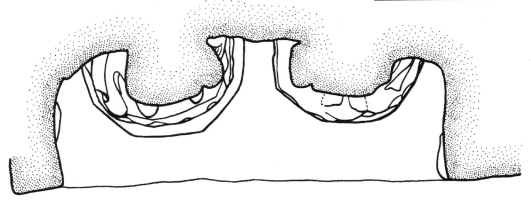

图一一　005龛正视、横剖底视图

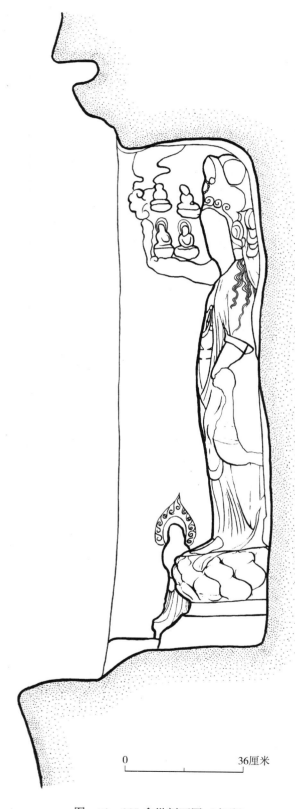

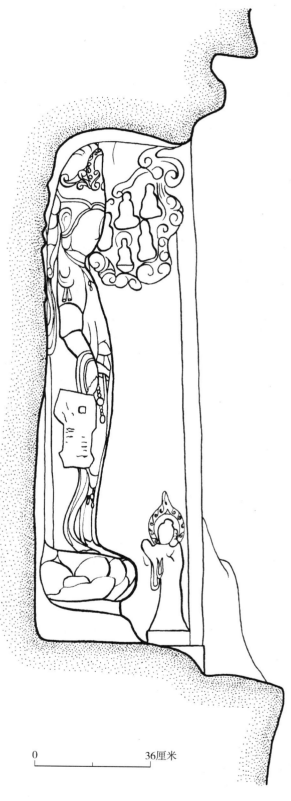

0　　　　　　36厘米

0　　　　　　36厘米

图一二　005 龛纵剖面图（右壁）　　　　　　　图一三　005 龛纵剖面图（左壁）

厘米，束高发髻，戴宝冠，卷云冠台和发际线均呈 V 字缓弧形；冠正面为椭圆形冠面，边缘饰连续小卷云纹，下部浅浮雕一对 S 形卷云，上部阴刻椭圆形小龛，龛内造佛坐像一尊。冠缯带样式与 1 号像基本一致。面部圆润，两颊微鼓，五官漫漶，颈部有蚕道。有双重头光，大小样式与 1 号像基本一致，风化较严重。

肩宽 25.6、肘残宽 34.9 厘米，左手屈肘举向左胸部，腕部以下残失；右臂沿右身侧下垂，小臂中部以下残断，现存后代改刻方形坑。佩戴特别繁缛连珠璎珞；上身着帔帛，自左肩至右胁下，左胸部可见帔帛翻折下垂；左肘部下垂天衣略呈波浪形垂至座，右身侧下部亦可见天衣垂至座。

腹部略凸出，下身着裙，系腰带，裙上缘翻折后搭于胯部，边缘褶皱呈 S 形。胯部横系衣带，于左腿外侧打蝴蝶结后垂至左膝上。腿部阴刻细密竖线裙纹，双腿间可见下垂带，与膝部打结后下垂至座。裙长遮踝，立于束腰莲座上。

莲座高 23.7、宽 47.3 厘米，台面圆形，浮雕 3 层仰莲瓣；束腰较低；座基风化严重，圆形似有覆莲瓣纹。

3 号像，内龛右壁下部浮雕小立像。通高约 46.2 厘米，头部及上身残失，可见有双重头光，外侧阴刻火焰纹，内层素面；下身可见密集竖线裙纹，座漫漶不识。

4 号像，内龛左壁下部浮雕小立像。通高约 50.5 厘米，朝龛内 2 号像侧身。头部束球形发髻，有双重头光，外层阴刻火焰纹，内层素面，左手屈肘横过胸前，似与右手合十或捧物朝 2 号像方向。腕部下垂宽袖。下身及座漫漶不识。

5～9 号像，内龛右壁上部浅浮雕环状云内五尊坐佛像。风化严重，如 5 号像通高约 11.5 厘米，仅见结跏趺坐于台上，双手下垂置腹部结印，有双重素面圆形头光。

10～14 号像，内龛左壁上部浅浮雕环状云内五尊坐佛像。风化严重，如 10 号像通高约 13.5 厘米，仅见结跏趺坐于台上，有圆形头光。

另外，龛壁中上部、二菩萨立像头部之间浅浮雕菩提树，每组树叶上部为宝珠形物，下部垂覆莲瓣状树叶，大小共 7 组，最上端浅浮雕物似坐佛一尊或三圆珠，风化严重不辨。

6. 题记

无。

7. 年代判断

晚唐～五代。时代略晚于 004 龛。

006 龛

1. 相对位置

位于 A 区西部，005 龛右侧。与 005 龛同外龛，造像内容和龛窟形制均相同。

2. 保存状况

右侧内、外龛门上部、龛楣残失，外龛顶部残缺。龛壁和造像身体严重酥粉化、起壳、表层脱落严重。所在山体上部植被茂密，地表水丰富（图版一三）。

3. 龛内外遗迹

龛外右侧有竖向减水槽，约宽 7、长 80 厘米；龛顶上部有水平减水槽。左龛门下外龛底部龛床上有圆形凹坑，直径约 6 厘米。龛下部亦有一圆形凹坑。龛外右侧中部有一方形凹坑，边长约 7.5 厘米。

4. 龛窟形制

方形双重龛，与 005 龛同外龛。外龛宽 293、高 170、深约 40 厘米，龛壁平。右侧龛楣残，左侧方形龛楣。内龛宽 127、高 151、深 50 厘米，梯形龛楣，龛壁、龛顶缓弧形。内龛左龛门即为 005 龛内龛右龛门，龛门下部阴线刻一云纹。龛内右侧立像座下有浅基坛，高约 3.5 厘米。

表三　006 龛尊像编号表

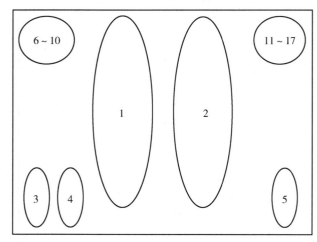

5. 龛内造像

龛内高浮雕立像 2 尊，浮雕小立像 3 尊，浅浮雕化佛残存 12 尊（图一四）。共 17 尊，编号见表三。

1 号像，右侧立像。通高即内龛高，身高 107、头高 27.5、肩宽 28、肘宽 36.5 厘米。头戴高冠、面部残损。双大耳下垂置肩，耳后系冠缯带下垂至肩背。颈部可见蚕道。长发覆肩，呈 3 股弯曲柳叶状，发线细密。胸前戴项圈漫漶。肩披天衣沿胸两侧下垂至腹部左右交叉，分别绕左右肘后沿身体两侧下垂置座。下着裙，系腰带，腰带自腹部正中下垂于大腿部打结。两大腿内层分别下垂连珠璎珞一股。腿部衣纹竖线条，裙长覆足。座为束腰莲座，风化严重，宽 39、通高 26 厘米。台面可见 3 层仰莲，束腰及座基漫漶不识。座下有方形浅基坛。

2 号像，左侧立像。通高即内龛高，身高 107.5、头高 26、面宽 12.5、肩宽 28、肘宽 35.5 厘米。头戴冠漫漶不识。双重头光，风化严重，外层为宝珠形阴刻火焰纹；内层为圆形阳刻连珠纹。头两侧耳后可见冠缯带下垂至肩。颈部三蚕道，戴项圈漫漶不识，着右衽内衣。肩披天衣，沿胸侧下垂至腹部后左右交叉绕手臂下垂，沿身体两侧垂置座上。左臂屈肘上举置左胸前，手部残；右手沿身体侧下垂置腿部，手似握天衣一角。下着裙，系腰带，腰带自腹正中下垂于两腿间。两腿内侧可见连珠璎珞各一股。腿部衣纹呈 U 字形，裙长覆踝，足部漫漶。舟形双重身光，风化严重，外层为阴刻火焰纹，内层为阳刻连珠纹。座高约 28、宽 49 厘米，束腰莲座，台面漫漶，圆饼形束腰，下为双层覆莲座基，莲瓣饱满，正中有凹沟。

3、4 号像，内龛右壁下部浮雕小立像 2 尊。靠龛门一尊为 3 号，头部残失，风化严重。残通高 38 厘米。身着袈裟，双手合十置胸前，腿部可见斜向弧形衣纹。露双足，漫漶不识。4 号与 3 号基本一致，残通高 32 厘米。二像同立于一素面方形基坛，高约 18 厘米。

5 号像，内龛左壁下部浮雕小立像 1 尊。通高 71、身高 46 厘米。头颈部漫漶，双重头光，外层宝珠形阴刻火焰纹，内层椭圆形阳刻连珠纹、阴刻弦纹。身着袈裟，肩披天衣，胸前衣纹缓弧形，天衣自大腿部交叉后绕手臂沿身体两侧下垂至座。腿部衣纹为竖线条。裙长覆足。方形台座，宽 20、高 11.5 厘米。

6～17 号像，左尊立像左侧龛壁浅浮雕花瓶、莲枝及 7 尊小佛坐像。花瓶高约 19.5、底宽约 13 厘米。小佛坐像风化严重，通高约 11 厘米。右尊立像右侧龛壁亦浅浮雕花瓶、莲枝及残存 5 尊小佛

0   20厘米

图一四　006龛正视及左壁展开及横剖面图

坐像。花瓶高 17.5、腹宽 11.5 厘米，坐佛风化严重，通高约 8.5 厘米。

另外，龛内壁正中浅浮雕圆形物体 6 个，周围有三角形瓣，似菩提树。

6. 题记

无。

7. 年代判断

晚唐～五代。

007 龛

1. 相对位置

A 区西端。嵌于现代建筑石砌基础内，搬迁至此，原地不明。

2. 保存状况

保存较好。头部、肩比例失调，为后代改刻（图版一四）。

3. 龛内外遗迹

龛外现代石砌墙体。

4. 龛窟形制

外龛形制不明，内龛半椭圆形，宽 100、高 104、深 11.5 厘米。

5. 龛内造像

内龛正壁浮雕千手观音像 1 尊。头、肩部后代改刻，头顶水泥修补，比例失调，面貌丑陋。头顶有华盖，盖顶八棱形，顶部饰宝珠。观音披天衣，着长裙，结跏趺坐于束腰莲座上。双手胸前合十，身侧浮雕手臂约 12 只，持镜、绳索、棍、剑、刀、钱、权、斧、规矩等物。龛壁浅浮雕手掌 2 层，手掌外浅浮雕火焰纹。束腰莲座上层浮雕仰莲瓣，裙长覆座；束腰处为 3 个球形物；座基浅浮雕于龛外。座两侧浅浮雕卷云一对（图一五）。

6. 题记

无。

7. 年代判断

明代。后代改刻。

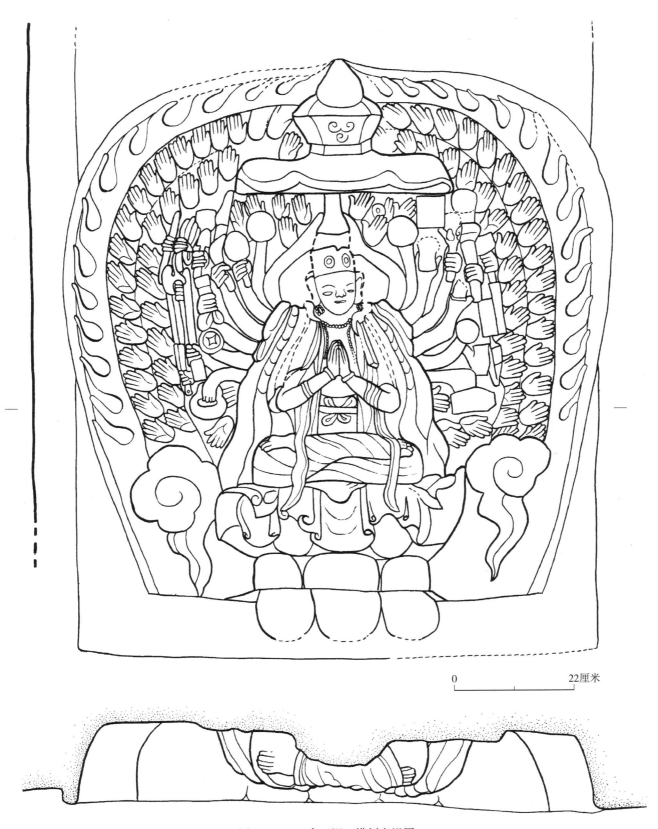

0　　　　　22厘米

图一五　007龛正视、横剖底视图

二　B区造像

B区造像所在位置低于现修筑的人行石道，通过石砌台阶下行到达。所处地势低洼，潮湿阴暗，植被繁茂，大部分石面长青苔。B区造像分为上、下两部分，地势较高处造像为"B区上部"，造像6龛（033～038龛）（图一六；图版一七）；上部诸龛的外龛底部均被现代水泥地面覆盖，并在龛前砖砌方形香炉。地势较低接近胡公渠水面的造像称"B区下部"，造像25龛（008～032龛），基本呈上下二排平行凿刻，称"上层"、"下层"（图一七；图版一五、一六）；下部诸龛因接近胡公渠水面，地势低洼，植被茂盛，故风化、水沁、长苔情况严重，保存状况不佳。上部和下部之间有石阶梯相连。

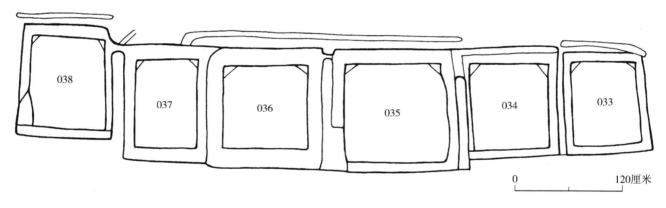

图一六　B区上部龛窟立面分布图

008 龛

1. 相对位置

B区下部下层最东端，位于民国三十七年题刻右上侧，009龛左下侧。

2. 保存状况

外龛顶、左龛楣不存，龛内造像风化严重，主尊天王像细节大部不存，两侧小立像仅见身形。龛内外均严重长青苔（图版一八）。

3. 龛内外遗迹

无。龛外左下方有民国三十七年题刻。

4. 龛窟形制

方形双重龛，外龛宽106、残高118、深50厘米，龛顶不明，龛壁平；内龛宽84、高101、深32厘米，方形龛楣有三角斜撑，龛顶较平，龛壁缓弧形；龛床有浅基坛，高约9厘米，浅浮雕卷云纹。

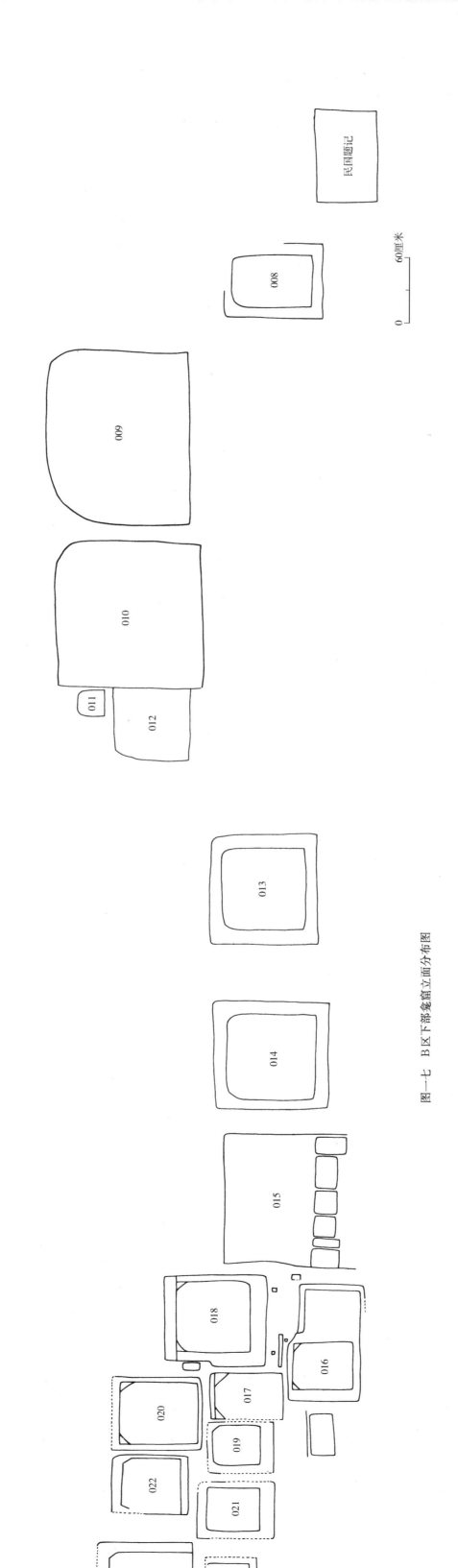

民国题记

008

009

010

011

012

013

014

015

018

016

017

020

019

022

021

0　　　60厘米

图一七　B区下部龛窟立面分布图

5. 龛内造像

内龛造一天王立像，二小立像及一尊半身像，共5尊（图一八）。

内龛正壁中央高浮雕天王立像，通高99厘米，面部、颈部、右肩部略残。头顶束高发髻，戴三面高宝冠，冠面三角形，正面残见圆形宝珠和卷云痕迹。头两侧耳上方系冠缯带，打结下垂置肩部。肩宽约18厘米，左手屈肘举与肩平，手掌朝上托有一物，漫漶不识；右手屈肘置右腹部，手持一棍状物，棍上端残断，似与头部右侧一旗状物下部相连。颈下残见披巾痕迹，臂部有衣纹，胸前有胸甲痕迹。胸甲下横系天衣，腹部呈球状凸出，着腹甲。下腹处系腰带，腰两侧下垂天衣，一股垂于胯部，另一股垂于身侧飘扬。下身内着裙，外披裙甲，残见裙甲竖长方形，长至膝下；小腿内侧可见衣纹。双足呈八字形立于卷云基坛上，两足之间浮雕一天人半身像。天人像风化严重，头部残失，可见双手合拱于胸前，有衣纹。

天王左右两侧立像严重漫漶仅存身形，残高约35厘米，右侧立像左手屈肘指向天王方向。其余细节不明。

0　　　　　50厘米

图一八　008龛正、剖面图

6. 题记

无。

7. 年代判断

晚唐。

009 龛

1. 相对位置

B区下部上层，008龛右上侧，010龛左侧。

2. 保存状况

外龛壁脱落仅存痕迹，外龛底被泥土掩埋不识。内龛右龛门上部残。龛内造像被凿毁不存，龛壁下部有明显的斜线凿痕。

3. 龛内外遗迹

不详。

4. 龛窟形制

横长方形双重龛，外龛仅存痕迹，内龛宽263、高163、深27厘米，方形龛楣转角现存弧形。龛顶、龛壁缓弧形。内龛床残见基坛痕迹，高约24厘米。

5. 龛内造像

内龛正壁上部可见雕刻痕迹，似2排千佛，每排高度约15厘米。内龛正壁中央下部可见座痕迹，宽约93厘米，座基有两层，束腰，上部不明。

6. 题记

无。

7. 年代判断

不详。

010 龛

1. 相对位置

B区下部上层，009龛右侧，011龛、012龛左侧。

2. 保存状况

外龛壁脱落仅存痕迹，外龛底被泥土掩埋不识。内龛左龛门上部残。龛内造像被凿毁不存。

3. 龛内外遗迹

不详。

4. 龛窟形制

横长方形双重龛，外龛仅存右壁，内龛宽203、高175、深83厘米，方形龛楣转角现存弧形。龛顶、龛壁缓弧形。龛内正壁下部有阴线刻圆拱形框一个，宽36、高60厘米，两侧阴刻柱状痕迹。

5. 龛内造像

不明。

6. 题记

无。

7. 年代判断

不详。

011 龛

1. 相对位置

B区下部上层，010龛右侧，012龛上侧。

2. 保存状况

后代凿毁，仅存尊像身形。严重水沁。

3. 龛内外遗迹

无。

4. 龛窟形制

现存方形单重龛，宽37、高46、深14厘米，现存龛楣缓弧拱形（图版一九：1）。

5. 龛内造像

龛内造立像两尊，后代凿毁，仅存身形，细节不辨（图一九）。

6. 题记

无。

7. 年代判断

不详。

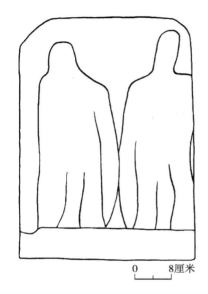

0　　　8厘米

图一九　011龛正视图

012 龛

1. 相对位置

B区下部上层，010龛右侧，012龛下侧。

2. 保存状况

外龛壁、内龛顶及右壁、造像头部均后代凿毁，尊像下半身及座尚存，上半身仅存轮廓。严重水沁。

3. 龛内外遗迹

无。

4. 龛窟形制

现存方形单重龛，宽114、残高111、右侧深22、左侧深34厘米，龛壁缓弧形。龛左壁下方开小龛造立像1尊，编号012-1龛（图版一九：2）。

5. 龛内造像

内龛造主尊立像3尊，小立像2尊，共5尊（图二○），编号见表四。其中5号像位于012-1龛内。

表四　012龛尊像编号表

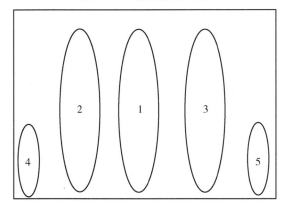

　　1号像，内龛正壁中央主尊佛立像。面部残失，身高约81、头高19厘米，头顶可见扁圆形高肉髻痕迹，头两侧有头光痕迹，形式不明，可见内层圆形，外层有火焰纹痕迹。肩宽19、肘宽24厘米，左手屈肘，臂部残失，右手下垂与身右侧，漫漶不明。身前衣纹漫漶，可见袈裟下缘痕迹，下着裙，裙长覆踝，立于束腰莲座上。座基宽27、通高12.5厘米，台面圆形浅浮雕仰莲瓣，风化严重；束腰窄；座基覆钵形浅浮雕覆莲瓣。

0　　　　　　18厘米

图二〇　012龛正视、横剖底视图

2 号像，内龛正壁右侧佛装立像。头部残失现存方形修补痕迹，身高 77 厘米，头部左侧可见火焰头光痕迹，内层有连珠纹、弦纹。肩宽 16、肘宽 23.5 厘米，左手下垂置左身侧，手持宝珠状物，尖部朝下，中指无名指弯曲，食指、小指伸直；右臂残断不识。上身衣纹漫漶不识，下可见袈裟衣纹、裙纹，裙长覆踝，立于束腰莲座上。座基宽 30、通高 11 米，台面圆形浅浮雕莲瓣，束腰浅，座基方形素面。

3 号像，内龛正壁左侧菩萨立像。面部残失，身高 78.5、头高 17 厘米，头两侧可见冠缯带痕迹，颈部有蚕道。头左侧可见头光痕迹，外层火焰纹，内层由内到外有宝珠纹、弦纹、宝珠纹。肩宽 18.5、肘宽 22 厘米，左手屈肘前臂残断；右手下垂漫漶不识。胸前可见连珠璎珞痕迹，上身着帔帛，自左肩到右胁下。腹部漫漶。膝前可见天衣、璎珞痕迹。下着裙，裙纹呈大 U 字形，裙长遮踝，立于束腰莲座上。身两侧可见下垂天衣置座。座样式与 2 号像通，宽 25、高 10 厘米。

4 号像，内龛右壁下部浮雕立像。头部残失，仅存身形，残高 44 厘米，身体细长，可见身着长袍，双手合拱于胸前，立于龛床上。

5 号像，内龛左壁下部附龛（012－1）内浅浮雕立像。龛宽 21、高 43、深 10 厘米，方形龛楣，转角弧线。像体表面细节不存，可见戴冠，两耳部龛壁浅浮雕下垂冠翘。身着长袍，系宽腰带，双手合拱于腹部似持物。长袍覆足，立于附龛底。

6. 题记

无。

7. 年代判断

晚唐～五代。

013 龛

1. 相对位置

B 区下部下层，014 龛左侧，东距 012 龛直线距离约 7～8 米，其间岩壁凹陷，堆积较多垃圾。

2. 保存状况

外龛顶部残失，右龛壁上部残失，外龛底部状况不明。内龛水沁、风化严重，主尊坐像均头部残失，现存修补孔。内外龛壁均严重长苔，杂草落叶覆盖（图版二〇）。

3. 龛内外遗迹

不祥。

4. 龛窟形制

方形双重龛，外龛约残宽 170、约深 58 厘米，龛壁平，左龛壁上有附龛（013－1 龛），内龛上大下小，上宽 137.5、下宽 130、高 151、深 69.6 厘米，龛顶、龛壁平，转角弧形；内龛床设凹字形基坛，左高右低，高 14.3～19.6 厘米，主尊均位于基坛上。内龛正壁设三层坛，十尊比丘分三排站立。

5. 龛内造像

内龛造三佛二菩萨坐像、十尊比丘立像（7～15 号）、二飞天像（18、19 号）、十尊小化佛像（20～29 号）；外龛造力士像二尊（16、17 号），共 30 尊（图二一～二三），编号见表五。013－1 龛造立像 3 尊。

表五　013 龛尊像编号表

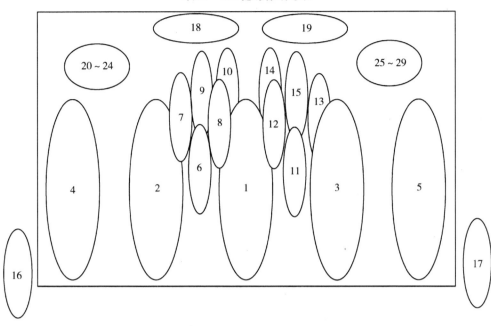

　　1号像，内龛正壁中央高浮雕主尊坐佛像。头部残失现存竖长方形修补孔。约通高110、身残高33厘米。有双重头光，外层宝珠形，宽30、高39厘米，尖部细长，纹饰大部漫漶，右下角可见透雕多重火焰纹；内层由内到外为素面圈、弦纹、连珠纹、弦纹、连珠纹。

　　肩宽17.8、肘宽21.7厘米，左手下垂置腹前，手掌朝上持扁圆球状物，持物下垂有方形布；右手下垂抚右膝。可见颈部似着圆领内衣，外披通肩袈裟，袈裟宽缘搭于左肩；胸腹部可见大U字形衣纹，腰身曲线明显。有双重舟形身光，风化严重左半部纹饰漫漶，外层宽42.7、高39厘米，透雕多重火焰纹，内层由内到外为素面圈、弦纹、连珠纹、弦纹、连珠纹。

　　膝宽约30厘米，结跏趺坐于束腰莲座上，左膝略残。腿部衣纹呈缓弧形，悬裳覆座台面。座台面宽37、通高36.2厘米，台面浮雕双层仰莲瓣，悬裳覆座，上缘呈波浪形，莲瓣尖部形成褶皱；台面下有八棱形框；框下为八棱形束腰，素面；座基两层，上层八棱形，浮雕覆莲瓣，下层方形，素面。座置基坛上。

　　2号像，内龛正壁右侧高浮雕主尊坐佛像。头部残失现存竖长方形修补孔。约通高109、身残高33厘米。有双重头光，样式与1号像头光基本一致，外层宝珠形，宽30、高39厘米；内层中心浅浮雕莲瓣纹。

　　肩宽16.9、肘宽22.6厘米，双手下垂合于腹前，掌朝上食指与拇指相接、指背相对施印。颈部可见似着圆领内衣，外披通肩袈裟，胸腹部可见大U字形衣纹，腰身曲线明显，双腕下垂衣缘覆盖双膝。有双重舟形身光，样式与1号像身光基本一致，外层宽42、高37、厚4.2厘米。

　　膝宽约26.7厘米，结跏趺坐于束腰莲座上，右膝略残。腿部衣纹呈缓弧形。座台面宽33.6、通高38厘米，台面浮雕三层仰莲瓣；束腰部分由3段组成，上段为八棱形框，中段窄，棱角处有柱支撑，下段为八棱形框；座基两层，上层八棱形，浮雕覆莲瓣，下层方形，素面。座置基坛上。

　　3号像，内龛正壁左侧高浮雕主尊倚坐佛像。头部残失现存竖长方形修补孔，肩部漫漶。约通高

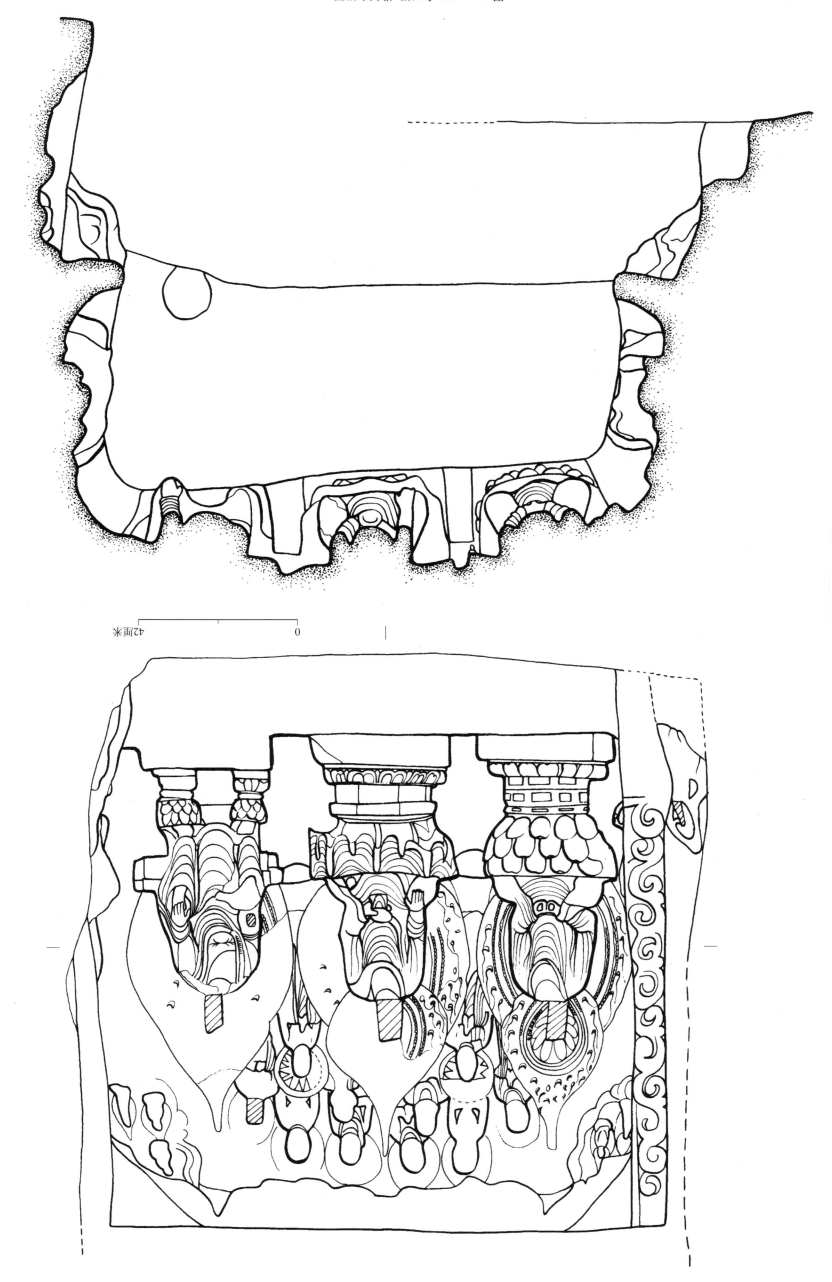

0

42厘米

图二二　013龛纵剖面图（右壁）

105.5、身残高45.3厘米。有头光，风化严重样式不辨，宽26.7、高约35厘米，可见阴刻火焰纹痕迹。

双肩略残，肘宽22.5厘米，左手下垂抚左膝，右手屈肘，肘部以下残断，现存方形修补孔。内着袒右内衣，自左肩至右胁下，系带，带上下浅浮雕对称弧形衣纹。左肩披袈裟，右肩披覆肩衣，覆肩衣于左下腹处掖入袈裟内后翻出。有双重舟形身光，漫漶严重，细节不辨，外层宽约44、高36.5厘米。

013-1

0　　　　　　　　　36厘米

图二三　013龛纵剖面图（左壁）

　　膝宽约 24.2 厘米，倚坐于束腰方座上，右膝略残。腹部略鼓起，双腿间衣纹呈大 U 字形，双腿
衣纹呈小 U 字形，小腿下部内侧可见褶皱。下着裙，裙长露踝，足踏二束腰小莲座。小莲座台面浮
雕 3 层仰莲瓣；束腰呈扁圆球体状；座基两层，上层浮雕覆莲瓣，下层圆形素面框。

　　束腰方座台面宽 35、通高 39.3 厘米，台面有上下两层素面框，上层较宽，下层较窄，平面呈 T

字形；束腰部分由 2 段组成，均为方形素面框，下段略宽；座基方形，漫漶，主尊足踏莲座即置座基上。座置基坛上。

4 号像，内龛右壁高浮雕菩萨坐像。头部残失现存竖长方形修补孔，肩部漫漶，右肩部后代修补，左臂残断。约通高 111.3、身残高 42.7 厘米。有双重头光，右部风化严重；外层头光宝珠形，尖部较长，残宽 32.8、高约 48.4 厘米，透雕 3 重火焰纹。繁缛密集；内层椭圆形，由内到外依次为素面圈、弦纹、连珠纹、弦纹、连珠纹（图版二一）。

左臂残断，右手下垂抚右膝。内着帔帛自左肩至右胁下，胸部有连珠璎珞痕迹，腹部似垂带，细节不辨。左肩下垂带，呈 S 形飘扬置身光内层。双臂内侧残见下垂天衣，垂至腹前交叉搭于右小腿上。有双重舟形身光，右部漫漶严重，外层残宽约 46.8、高 40.5 厘米，透雕 3 重繁复的火焰纹；内层由内到外依次为素面、弦纹、连珠纹、弦纹、连珠纹、弦纹、连珠纹。

膝宽约 22.4 厘米，半跏趺坐于束腰莲座上，右腿盘腿，左腿下垂，双膝均略残，腿部衣纹漫漶。左足踏小莲座，浮雕 3 层仰莲瓣，莲座下有莲茎连接主尊座基。

束腰莲座台面宽约 25、通高约 38 厘米，悬裳覆座台面，裙面可见莲瓣尖凸起，台面边缘亦呈波浪形；台面下有圆形框；框下为束腰部分，由约 3 个扁圆球体组成。座基 3 段，上层漫漶，左右伸出莲茎，左侧莲茎支撑主尊左足踏莲台，右侧茎残断；中层圆形浮雕覆莲瓣，下层方形素面。座置基坛上。

5 号像，内龛右壁高浮雕菩萨坐像。头部残失现存竖长方形修补孔，身体细节漫漶不存。通高约 101.5 厘米。有头光，风化严重细节不辨，外层头光残宽 28.4、高约 40.2 厘米（图版二二）。

左臂残断，右手下垂抚右膝。左胸前可见连珠璎珞痕迹。有双重舟形身光，右部漫漶严重，外层残宽约 45.3、高 37.5 厘米，残存火焰纹痕迹，右下角可见弦纹、连珠纹、弦纹、连珠纹。

膝残宽约 21 厘米，半跏趺坐于束腰莲座上，左腿盘腿，右腿下垂。束腰莲座台面宽约 26.3、通高约 40 厘米，台面风化严重，下有框；框下为束腰部分，由约 3 个扁圆球体组成。座基 2 段，上层浅浮雕覆莲瓣，下层方形素面。座置基坛上。

6～10 号像，内龛正壁 1 号、2 号主尊佛坐像之间浮雕比丘立像 5 尊。6 号、8 号像保存稍好，7 号、9 号、10 号像细节风化不识，仅存身形轮廓。6 号立于正壁下层坛上，7 号、8 号立于第二层，9 号、10 号立于第三层。如 6 号像，通高约 50 厘米，身披袈裟，双手合十于胸前，腹前阴刻左高右低弧线衣纹；有圆形头光，外层弦纹，内以头为中心浅浮雕锯齿状纹饰。其余诸像均双手合十，除 7 号像外均有素面圆形头光。

11～15 号像，内龛正壁 1 号、3 号主尊佛坐像之间浮雕比丘立像 5 尊。风化严重细节大部不识，仅存身形轮廓。11 号立于正壁下层坛上，12 号、13 号立于第二层，14 号、15 号立于第三层。如 11 号像，通高约 46.8 厘米，身披袈裟，双手合十于胸前，腹前阴刻左高右低弧线衣纹；有圆形头光，外层弦纹，内以头为中心浅浮雕锯齿状纹饰。其余诸像除 12 号像外均有素面圆形头光，手势不明。

16 号、17 号像，外龛正壁右、左下角力士立像。风化、长苔严重，头部残失，仅存身形。16 号像残高 34.5 厘米，天衣在头部周围呈圆形，右手上举过头顶，身体两侧可见呈 3 字形天衣痕迹。双腿分开立于座上，座式不明。17 号像可见高度约 34.5 厘米，头顶残见天衣痕迹，左手上举过头顶，右手屈肘叉腰，臂部下有天衣下垂痕迹。两足分开立于座上。16 号、17 号像身体纤细而小，可能为后代改刻。

18 号、19 号像。内龛顶部浮雕乘云飞天像 2 尊（图二四）。右侧 18 号像，左侧 19 号像，头部均

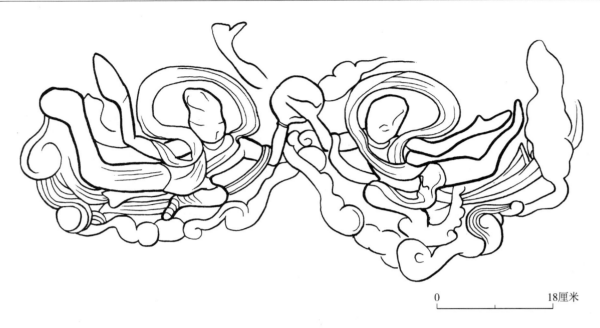

图二四　013龛顶部飞天

漫漶，二像共持一圆形物。18号像身体通长（左腕至右足）35.8厘米，双手展腋平举，左腕可见腕钏，持圆形物；右手似持一莲苞形物；左腿屈膝上抬，右腿微曲后扬；披天衣，在头部绕圆形，搭于肩后绕肘飘于身后。19号像身体通长31.5厘米，姿势与18号像对称，右手持圆形物，左手持物不详；右腿屈膝上抬，左腿微曲后扬；天衣样式与18号像一致。卷云漫漶严重，云尾方向不明。

20～24号像，内龛右壁上部卷云内浮雕坐佛像5尊。均有宝珠形头光，舟形身光，双手下垂合于腹部，结跏趺坐于莲台上，莲台阴刻3仰莲瓣。如21号像，通高14厘米，宝珠形头光宽5.5、高6.4厘米，身光宽8.8、高7厘米，莲台宽6.2、高1.5厘米。卷云合椭圆形圈，每组卷云均带云尾。

25～29号像，内龛左壁上部卷云内浮雕坐佛像5尊。水沁风化严重，可见宝珠形头光、舟形身光，结跏趺坐于台上。如25号像，通高13厘米，宝珠形头光宽5.6、高5.7厘米，舟形身光宽7.5、高5.9厘米，台座漫漶，宽4.8厘米，纹饰不明。

013-1龛，位于013龛外龛左壁中部，左龛楣、龛门残缺，残宽46.5、高50、深约6.5厘米。浮雕立像3尊，风化严重细节不识。中尊似有宝珠形头光，身体残高约28厘米；右尊头部残失现存修补孔；左尊仅存身形。

6. 题记

无。

7. 年代判断

中晚唐。

014龛

1. 相对位置

B区下部下层，013龛右侧，015龛左侧。

2. 保存状况

外龛顶不存，外龛左右龛壁上半部残失；龛内外严重风化、水沁、长苔。龛内主尊、部分立像、全部伎乐天、力士等头部残失，现存方形修补孔。部分尊像身体细节被改刻（图版二三）。

3. 龛内外遗迹

内龛顶上方约 13 厘米处现存水平刻槽一条，约长 180、高 13、深 11 厘米。

4. 龛窟形制

方形双重龛，内外龛同底。外龛宽约 165、残高 170、底深 43 厘米，龛顶龛楣不存，龛壁平。内龛宽 140、高 163、深 77 厘米，龛顶平，左右龛壁较平，正壁略缓弧形，转角缓弧形；内龛床内凹呈弯月形，设 3 层弧形基坛，下层高 5.5 厘米，中层高 21 厘米，上层高 20 厘米；内龛正壁设基坛 5 层，不规则，龛内小立像大约呈上下 5 排站立。

5. 龛内造像

内龛可辨识的造像为造四佛二菩萨坐像（1～6 号），比丘立像 4 尊（7～10 号）、伎乐天 24 尊（13～36 号）、天龙八部中的 6 尊（37～42 号），牵兽人 1 尊（111 号），飞天 2 尊（123、124 号），鸟身像 2 尊（125、126 号），供养天人（菩萨?）立像和无法辨识身份立像共 57 尊（43～110 号）。外龛造力士立像 2 尊（11、12 号）（图二五～二八）。编号见表六。

表六　014 龛尊像编号表

图二五　014龛正视图

图二六 014龛纵剖面图（右壁）

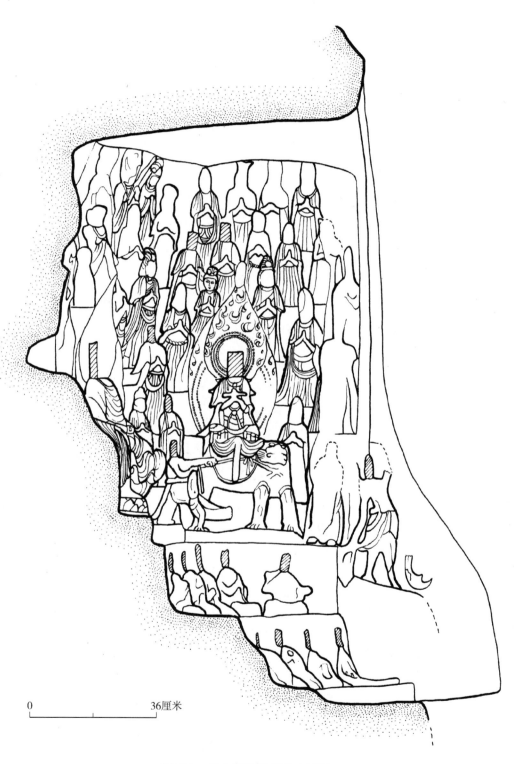

0　　　　　　　　36厘米

图二七　014 龛纵剖面图（左壁）

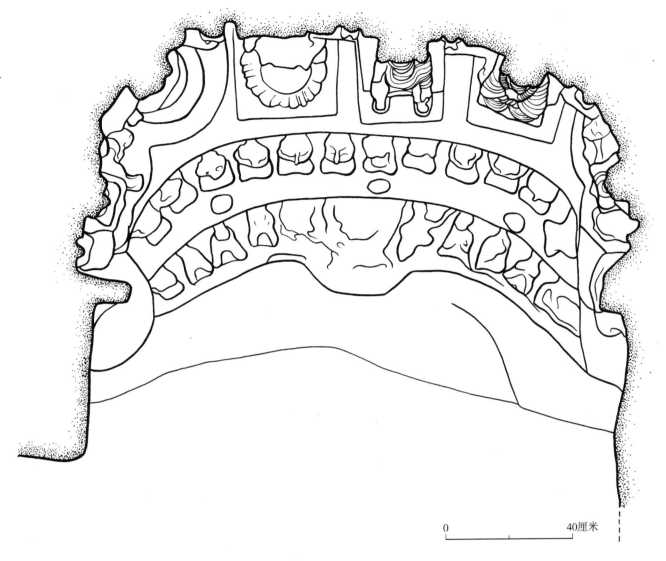

图二八 014龛横剖底视图

1号像，内龛正壁右侧高浮雕佛立像。通高约78厘米，头部残失，现存修补孔。衣纹起伏大，不自然，身体厚度与座相比比例偏小，推测像体后代改刻。

有双重头光，外层宝珠形，宽21、高32厘米，透雕火焰纹；内侧椭圆形，由内到外依次为素面圈、连珠纹、弦纹、连珠纹。头光右部浮雕宝珠形杖首，杖残断。

肩宽9.5、肘宽12厘米，左手下垂置左胯部，屈肘执袈裟衣角；右手下垂紧贴右腿部放置，臂部及手部扁平，为后代改刻。上身内着袒右内衣，系腰带，左肩披袈裟、右肩着覆肩衣，覆肩衣在右腹部掖入袈裟衣缘，腹部可见袈裟衣角右高左低横过腹前，后执于左手；腿部可见袈裟衣缘左高右低横过腿部，阴刻弧线衣纹。下着裙，阴刻竖线裙纹，裙长遮踝露足尖。有双重舟形身光，外层宽30.5、高50.3、最厚4厘米，透雕火焰纹，内层由内向外依次为素面、连珠纹、宽弦纹、连珠纹。

立于扁圆形座上，有浅台面，座身似覆钵，宽约20厘米；有圆形浅座基，座基宽约32厘米。立于内龛床上层基坛上。

2 号像，内龛正壁中部右侧残存佛坐像身形。像体残失，头部有修补孔。通高约 77 厘米，有双重头光，样式与 1 号像一致，外层宽 19.3、高 31 厘米。有双重身光，样式与 1 号像一致，外层宽 29、高 28.3 厘米。可见座基上层浅圆形，浮雕覆莲瓣；下层方形素面，宽 38.8、高 4 厘米。

3 号像，内龛正壁中部左侧高浮雕佛倚坐像。有背屏式座，头部残失现存修补孔，通高 92.5 厘米。

3 号像肩胸部岩片脱落，肩残宽约 11、肘宽 14.5 厘米，右手似屈肘，肘部以下残失；左手下垂抚左膝。上身内着右衽内衣，系腰带；左肩披袈裟，右肩披覆肩衣；覆肩衣在右腹部掖入袈裟衣缘内后翻出搭于右膝；袈裟横过腹前搭于左前臂后沿左腿下垂。腹部衣纹缓弧形，双腿间衣纹大 U 字形，双腿上衣纹小 U 字形。下着裙，裙长露踝，赤足踏小莲座。莲座浅浮雕 3 层仰莲瓣。

膝宽 18 厘米，倚坐于背屏式束腰方座，台面有上下两层素面框，上大下小，上框宽 23.5 厘米；束腰略窄，高 10 厘米；座基双层，上层较窄，下层较宽，主尊足踏小莲座置下层上。

背屏宽 36.4、高 66.3 厘米，3 号像身体后方为竖长方形靠背，似浅浮雕纹饰，漫漶不辨。靠背右、左两侧上部各浮雕一骑马小人像（112 号、113 号），马前蹄高高抬起，112 号像朝右侧，113 号像朝左侧，姿势对称。靠背右、左两侧下部各浮雕一跪像，手上举支撑方框（114 号、115 号）。

3 号像头顶上方有半椭圆形，椭圆形左右两侧伸出横向长条，两端浮雕摩羯状兽头；椭圆形向上方伸出 4 根锯齿状物，将背屏上方划分为 5 个三角形区域，区域内浅浮雕小坐佛像 7 尊（116～122 号），其中最上方一个区域内浮雕 3 尊。化佛外围浮雕弧形云气纹将锯齿状物相连。背屏周边浅浮雕朱雀、云气纹，117 号像左侧有朱雀朝右站立于摩羯头上，长颈扭转朝向左下方。

4 号像，内龛正壁左侧高浮雕佛坐像。头部残失现存修补孔，通高约 78 厘米。有双层头光，外层宝珠形，宽 18.4、高 35.3 厘米，内外层样式与 1 号像一致。

肩宽 11.4、肘宽 12.7 厘米，双手下垂合于腹部，食指弯曲指尖与拇指尖相接，两手食指指背相对而结印。着通肩袈裟，胸腹部阴刻大 U 字形衣纹，衣角搭于双前臂后下垂覆膝。

膝宽 18.8 厘米，结跏趺坐于束腰莲座上，悬裳覆座。座台面宽 23、通高 24 厘米，台面浅浮雕双层仰莲瓣，边缘呈波浪形将悬裳顶起；束腰部分为扁圆球体；座基两层，上层浅圆形浮雕覆莲瓣，下层方形素面。

5 号像，内龛右壁高浮雕菩萨骑象坐像。头部残失现存修补孔，通高 64.5 厘米。有双层头光，外层宝珠形，宽 17.2、高 24.2 厘米，透雕火焰纹；内层椭圆形，由内到外为素面、连珠纹、双弦纹、连珠纹（图版二四）。

右肩部略漫漶，肩残宽 7、肘宽 9 厘米，双手屈肘合于胸前，持一水平向横长条形物。胸前有连珠项圈，双肩下垂连珠璎珞交于腹部，后分两股下垂，其中一股绕左膝下。双肩外侧可见冠缯带或天衣角外翘；肩披父字形天衣，沿双臂内侧下垂至腹部后交叉横过腹前，分别上搭于二肘部，后沿体侧下垂置座侧。有舟形双重身光，外层宽 24.4、高 26.2 厘米，透雕火焰纹，内层由内到外依次为素面、连珠纹、弦纹、连珠纹。

右膝残，膝残宽 11.3 厘米，结跏趺坐于莲座上，悬裳覆座，座台面宽 13.5、高 7 厘米，台面边缘呈波浪形。座下为站立大象一头，头朝龛外，体长 34、高 22.5 厘米，长鼻大耳，腿部粗壮，长尾垂于 49 号像右侧。大象左后腿位置有牵象人身形痕迹，剥落不存。象足下有椭圆形浅台，高约 1 厘米，与 1 号像座下浅台相连。

6 号像，内龛左壁高浮雕菩萨骑狮坐像。头部残失现存修补孔，通高 70.2 厘米。有双层头光，外层宝珠形，宽 16.7、高 32 厘米，透雕火焰纹，上多下少；内层圆形，由内到外为素面、弦纹、连珠纹、双弦纹、连珠纹（图版二五）。

肩宽 7、肘宽 9.7 厘米，双手屈肘合于胸前，持一水平向横长条形物。胸前有连珠项圈，双肩下垂连珠璎珞交于腹部圆形饰物，后分两股下垂，绕膝下。双肩外侧可见上、下两段冠缯带或天衣角外翘；肩披父字形天衣，沿双臂内侧下垂至腹部后交叉横过腹前，分别上搭于二肘部，后沿体侧下垂置座侧的基坛上，末端略向上翻翘。有舟形双重身光，外层宽 24、高 30.1 厘米，上半部透雕火焰纹；内层由内到外依次为素面、连珠纹、素面带、连珠纹。

右膝略残，膝残宽 13 厘米，结跏趺坐于莲座上，悬裳覆座，台面边缘呈波浪形，座台面宽 13.7、高 5 厘米。座下为站立狮子，头朝龛外，体长可见约 31.5、高 24.7 厘米，头朝上略扬起，可见鼻眼，胸前系绳，四只伸直，可见胫骨和爪。狮子右后腿位置有牵兽立像（111 号），牵狮人前方有一鸟身像（125 号）站立。

7～10 号像，内龛正壁 2 号像头光上部两侧浮雕比丘立像 4 尊。头部圆顶，面部漫漶，身着通肩袈裟，双手合十或合拱于胸前，双臂下垂袈裟长衣角。7 号像高约 30 厘米，8 号像高约 23 厘米，9 号、10 号像均高约 18 厘米。

11 号、12 号像，外龛右、左下角浮雕力士立像 2 尊。11 号像位于右下角，像体大部残失仅存身形，残身高约 41.2、座高 25.5 厘米，头部有方形修补孔，天衣围绕头部呈圆形，左手屈肘置腰部右手高举过头顶，手持一水平向长棍状物。下着裙露膝，左足侧迈，右胯略上突。身体右侧可见天衣飘扬，末端翻折朝上卷曲。座式不明。12 号像位于左下角，头部残失现存修补孔，上半身残损仅存身形，残身高约 37.2 厘米，左手上举，右臂下垂，右足侧迈，左胯上突。下着裙露膝，座式不明。

13～24 号像，内龛床中层基坛浮雕伎乐天坐像 12 尊。头部均残失，现存竖长方形修补孔。诸像均盘腿坐于内龛床中层基坛上，尺寸相当，如 22 号像，身体残高约 12、肩宽约 5.5、膝宽约 9 厘米，手臂修长裸露，肘部有天衣痕迹。

诸像双肩后侧龛壁上浅浮雕向上飞扬翻翘的天衣（?），手持乐器。13 号像屈肘腹前双手持一圆形物；14 号像左手下垂置左膝，右手屈肘腹前持一长棍状物，搭右肩置修补孔右侧；15 号像屈肘腹前持圆棍状物，上端残，下端置腿上；16 号像屈肘胸前持一扁竖长方形物；17 号、18 号像持物与 15 号像相似，17 号像所持棍状物稍细；19 号像左手下垂抚左膝，右手屈肘持斜向竖长方形物于右腹前；20 号像屈肘胸前持一横长形物，漫漶不辨；21 号像屈肘胸前持一竖长方形物；22 号屈肘腹前持一竖向物，上端似有二并列管状，下部接近椭圆形；23 号像持物与 15 号相似；24 号像身体表面剥落，持物不明。

25～36 号像，内龛床下层基坛浮雕伎乐天坐像 10 尊、跪坐像 2 尊（?）。风化严重，头部均残失现存方形修补孔。诸像均盘腿坐于内龛床下层基坛上，尺寸相近，如 28 号像，身体残高约 9、膝宽约 8 厘米，双臂下垂长袖覆膝。

25 号像身体剥落；26 号、27 号像相邻而坐，膝头相接，双手均举于胸前，持物不明；28 号像双手举于胸前持一圆形物；29 号像身体朝左侧弯曲，抱一琵琶状物；29 号、32 号之间的龛壁上有一半圆形小台，台上台前似有二站立天人，有弯曲天衣痕迹，编号 30 号、31 号；32 号左手展腋，右手屈肘，抱一胡琴状物，琴头朝左；33号屈肘腹前捧一较大椭圆形物，漫漶不辨；34号屈肘腹前持一竖长形粗棍状物，上端略朝左倾斜；35号屈肘胸前持一细管状物；36号身体剥落，膝前有横向较长的古琴状物。

37号像，内龛右部上部浮雕天王立像。38号像下侧，紧贴右龛门。身高31、头高7.5厘米，头顶束三角形高发髻，阴刻发丝；戴冠，样式不明；面部较大、丰满。肩宽5.7厘米，双手屈肘于腹前持一长剑状物，下端杵地；胸前可见胸甲，肘部有鳍袖，系腰带，腰右侧下垂天衣置腿部，膝下漫漶不识。

38号像，内龛右部上部浮雕立像。37号像上侧，39号像右侧，右龛壁右上角。身高27、头高7.4厘米，头顶戴冠，样式不明；双臂展腋屈肘，左手置左后胯部，右手置右前胯部；系腰带，腿部有U字形天衣，长裙覆踝，露足尖。尊像右侧有龙形物自左肘部向龛顶方向伸出，吻部较细，细节漫漶不辨。

39号像，内龛右壁上部浮雕炎发立像。身体可见高度19.7、头高7.5厘米，头顶有炎发伸至龛顶，面部可见圆眼怒睁，颧骨凸出，戴项圈。右手展臂伸向右侧与肩平，掌心向上，左手屈肘于胸前握一长棍状物，搭于左肩，上端略呈圆形，下端至右胯。系腰带，下腹部有倒三角形衣纹。

40号像，内龛正壁右部上侧浮雕三头六臂立像。64号左侧，71号右侧。可见高度约28厘米，头部漫漶，仅见3面部痕迹，头顶似有冠或炎发，漫漶不辨。带连珠项圈，下垂3股吊坠。双肩披父字形天衣，腹部、肘下可见天衣下垂横过腹前。双臂屈肘合十于胸前；右肩后一臂屈肘上举手掌朝上持弯月形物，一臂仅见上臂；左肩后一臂屈肘上举手掌朝上持圆日形物，一臂屈肘举与肩平，似托物，漫漶不辨。

41号像，内龛正壁左部上侧浮雕天王持弓（？）立像。3号像背屏左上侧，面部漫漶。通高34.2、头部高约8.2厘米。戴胄，头顶有宝珠状物，两耳上侧披巾向上飞扬翻翘。左手屈肘置左腰部持弓状物，横过胸前搭于右肩；右手屈肘穿过弓状物上举。可见胸甲、腹部有半圆形前盾痕迹，天衣自左腰侧下垂绕过腿部。下身着裙，漫漶不辨。立于内龛正壁基坛上。

42号像，内龛左壁上部浮雕手抱长条状物立像。4号像头光右上侧，83号像左侧，95号像右侧。身体可见高度30、头部高8.5厘米，头顶似戴有兽形冠，与龛顶平。颈部有蚕道，双臂屈肘抱长条形物于身前，左手在上，右手在下，搭于左肩。身披交领长袍，腕部可见宽袖下垂。

43～48号像，内龛右壁5号像右侧供养立像6尊，自下而上编号。43号像位于最下侧，5号菩萨像坐象之长鼻右侧，仅存身形，高约26.5厘米，下身着裙露膝，宽腿裤。44号像可见肩披天衣，双手似屈肘合十，肘部下垂天衣。45～47号像位于37号像左侧，仅存身形轮廓。48号像位于5号像头光尖部，头部有修补孔，颈部戴项圈，肩披父字形天衣，双手屈肘合十于胸前，肘部下垂天衣置5号像头光尖部两侧。

49～64号像，内龛右壁1号像与5号像之间浮雕供养立像16尊，大致呈7排站立，自下而上自右而左编号。49号、50号像较小，在最下侧，49号位于5号像象尾左侧，头部残失现存修补孔，身残高约17厘米，上身漫漶，肘部下垂长带似天衣，下着裙，膝腰带，双腿部可见U字形衣纹或天衣痕迹，裙长遮踝，露足尖立于圆形浅座上，浅座置1号、5号像下浅座上。50号像位于1号像座右侧，身高21.5厘米，头顶束高发髻，双手屈肘置腹前，似笼于天衣中，肘部下垂天衣。

51～64号像衣着、姿势、基本一致，其中51号、58号、59号、61号、64号像头部残失现存方形修补孔。以56号像为例，可见高度为31.5厘米，头高7.5厘米，头顶束高发髻，戴宝冠，正冠面较高，发际线平；颈部可见蚕道，戴项圈，下垂3股坠饰；双手屈肘合十于胸前；上身着帔帛自左肩至右胁下，肩披父字形天衣，天衣下垂至腹部交叉横过腹前，上搭于肘部后沿身体两侧下垂；下身着长裙，束腰带，阴刻竖线裙纹。

65～77号像，内龛正壁1号与2号像之间及3号像右上部浮雕供养立像13尊。基本呈5排站立，其中69号像头顶左部残缺，最上排的70～77号像头部细长，肩部内收，为后代改刻。65号像较小，在最下侧，身高27、头高6.2厘米。诸像衣着、手势相似，以66号像为例，身高43、头高10.4厘米，头顶束高发髻，发顶略朝两侧弯曲，阴刻发线，戴冠，正面饰宝珠，发际线平；双耳两侧可见冠缯带2股；戴项圈；双手屈肘合十于胸前，肩披父字形天衣，肘部可见天衣翻翘；天衣沿手臂内侧下垂至腹部横过腹前，上绕肘部后沿体侧下垂；下身着裙，系腰带，腿部阴刻竖弧线裙纹；裙长遮踝，露足尖。77号像在3号像背屏正上方，其头部左侧似伸出对称卷云状物，漫漶不辨。

78～83号像，内龛正壁3号与4号像之间浮雕供养立像6尊。风化、水沁严重，仅存身形，分4排站立。78号像残高26.7厘米，82号像头部不存。

84～99号像，内龛左壁4号与6号像之间浮雕供养立像15尊。高低错落站立，大致呈6排。84号、85号像在最下侧，95号像风化特别严重，细节不存；85号、86号、91号、92号像头部现存修补孔。诸像衣着、姿势相似，以88号像为例，身高32.2、头高7.1厘米，头顶束高发髻，戴冠，双手合十于胸前，手臂细长；上身着帔帛，自左肩至右胁下；肩披父字形天衣，腹前有天衣绕过，搭于肘部下垂；下着裙，系腰带，阴刻竖线裙纹。其中，96号像在42号像左侧，双手笼于宽袖中合拱于胸前。

100～110号像，内龛左壁6号像左侧浮雕供养立像11尊。错落站立，大致呈7排。靠近龛门的四尊风化严重仅存身形，靠近龛顶的二尊头部风化严重。可辨识的诸像衣着、姿势相似，以104号像为例，身高28.6、头高7.9厘米，头顶束高发髻，发髻前有宝珠形饰物。双手屈肘合十于胸前，臂部细长；上身着帔帛自左肩至右胁下，肩披父字形天衣；下着裙，系腰带，可见天衣绕过腿部上搭左肘部后下垂至台。

111号像，内龛正壁左下部6号像右侧之牵狮人。头部残失现存修补孔，残高19厘米，左手伸直、右手屈肘拉绳控狮，双足前后分开站立，似表现用力拉扯狮子。

112～115号像，内龛正壁3号像背屏式座两侧之小人像4尊。见前文3号像。

116～122号像，内龛正壁3号像背屏式座椅背上浮雕化佛坐像7尊。见前文3号像。

123、124号像，内龛顶右、左两侧浮雕飞天像。风化严重，124号像漫漶不辨。123号像位于龛顶右侧，39号像上方，风化严重，可见头顶有高发髻，右臂展腋伸开，右腿向后伸展，周围有若干股天衣飘荡，下有一组带尾卷云，卷云样式与41号像左侧卷云相似。

125、126号像，125号像在111号牵狮人左侧，头部残缺，通高15.2厘米，可见鸟身面朝龛内4号像方向，手向前伸，残断；尾朝龛外覆翼翘尾，双爪立地。126号像位于1号、2号像座之间的龛壁上，头部残失，通高14.6厘米，面朝2号像方向站立，双手屈肘前伸合十，稍向前倾，尾翼在1号像方向，双爪站立在1号像座下浅台上。

6. 题记

无。

7. 年代判断

原龛时代五代～宋初，后代改刻。

015 龛

1. 相对位置

B 区下部下层，014 龛右侧，018 龛左下侧。

2. 保存状况

右龛门不存，龛顶大部残失，龛底风化严重。龛内上部无遗迹风化殆尽，下部小龛风化严重，部分尊像头部有修补孔。严重水沁、长苔。

3. 龛内外遗迹

右龛门被打破边缘下部有方形孔一个，上部有小方形孔；龛顶上方约 17 厘米有横向短槽；龛顶上方约 48 厘米有横向槽一个，槽纵切面三角形（图版二六）。

4. 龛窟形制

横长方形单重龛，约高 161.2、残宽 225、深 15 厘米，龛壁平、浅，似刻经龛。

5. 龛内造像

龛内下部有 6 个小浅龛（015－1～015－6 号）（图二九）。

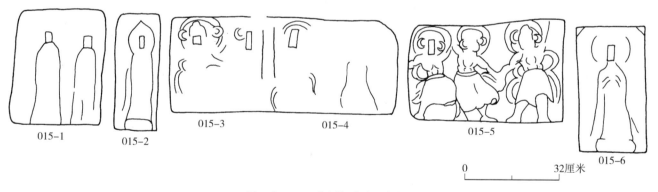

图二九　015 龛下部小龛正视图

015－1 号，方形单重龛。方形龛楣，转角弧形，宽 28.2、高 40.4、深约 5 厘米，风化严重。龛内仅见二尊立像身形痕迹，头部均有方形修补孔。

015－2 号，竖长方形单重龛。方形龛楣，转角弧形，宽 15、高 37.5、深约 3 厘米，风化严重。龛内仅见一尊立像身形痕迹，头部有修补孔，有宝珠形头光，膝下两侧可见天衣痕迹，立于圆饼形座上。

015－3 号，方形单重龛。方形龛楣，转角弧形，残宽 33、高 31.7 厘米，残深约 3 厘米，风化严重。龛内可见二尊立像身形，右侧立像头部两侧有冠缯带飞扬，左手向左侧伸出，右手高举过头，胯部朝右侧突出，身体右侧可见 3 字形天衣，双腿张开立于龛底。左尊立像仅存头部修补孔、身体左侧天衣及足部痕迹。

015-4号，方形单重龛。方形龛楣，转角弧形，残宽36.5、高36厘米，残深约2厘米，风化严重。龛内可见三尊像身形痕迹，右侧立像头顶有圆圈状天衣围绕，头部有修补孔；中尊立像仅存足部痕迹；左尊立像较小，在龛左下角，高约12厘米，头部残失，可见双手合十于胸前。

015-5号，横长方形单重龛。方形龛楣，转角弧形，残宽47、高31.5厘米，残深约3厘米，风化严重。龛内浮雕三尊力士立像，衣着相同，均为头两侧有冠缯带上飘，上身赤裸肌肉明显，下着裙，裙短露膝，裙下缘飘逸；头顶有环状天衣围绕，肩部下垂天衣系腰部后又沿身侧下垂，成3字形。三尊姿态略有差别：右尊左膝以下残失，左手屈肘高举，右手展腋下垂，胯部朝左突；中尊右手屈肘高举与右尊左臂相碰，左手展腋下垂，胯部朝右突；左尊右手展腋下垂与中尊左手相碰，右手屈肘高举，胯朝左突（图版二七）。

015-6号，竖长方形单重龛。方形龛楣带三角斜撑，宽21、高40、深约6厘米，风化严重。龛内浮雕立像一尊，头部有修补孔，有宝珠形头光，舟形身光，双手合十于胸前，下着裙，系腰带，裙纹阴刻竖线。现存尊像的两侧有较大像体的痕迹，应为后代改刻。

6. 题记

无。

7. 年代判断

原龛时代中晚唐，后代改刻。

016 龛

1. 相对位置

B区下部下层，015龛右侧，017龛左下侧，018龛右下侧。

2. 保存状况

外龛顶部分被打破，右龛门被左侧空龛打破。龛内风化、水沁、起壳严重，龛内外均长苔，像体、龛壁部分呈白色（图版二八）。

3. 龛内外遗迹

外龛顶部有横向槽，右部被打破，残长47.7、高5.3厘米。外龛底中部有半圆形坑一个，直径约17、深6.8厘米。内龛底部外缘中央有圆形浅坑一个，直径约8厘米。

本龛左侧有方形双重空龛一个（未编号），位于014龛与本龛之间。右侧内外龛门均无，仅存边线痕迹，龛门位置龛顶与龛底各有一长方形刻槽。内外龛同底，外龛残宽95、高84.5、底深16.5厘米，龛壁平；内龛残宽59、高71、深13厘米，龛壁平，转角直角。

本龛右侧有未雕刻完毕的方形空龛一个（未编号），在119龛正下侧，宽112、高101、深22厘米。

4. 龛窟形制

方形双重龛，外龛宽90.6、高106、深32厘米，龛壁平，龛底中部略低；内龛上部略窄，宽77、高84、深17厘米，方形龛楣带三角斜撑，斜撑延伸至龛壁，龛壁平转角直角，龛顶缓弧形。

5. 龛内造像

内龛造菩萨、僧装立像2尊、小坐像6尊（图三〇）。

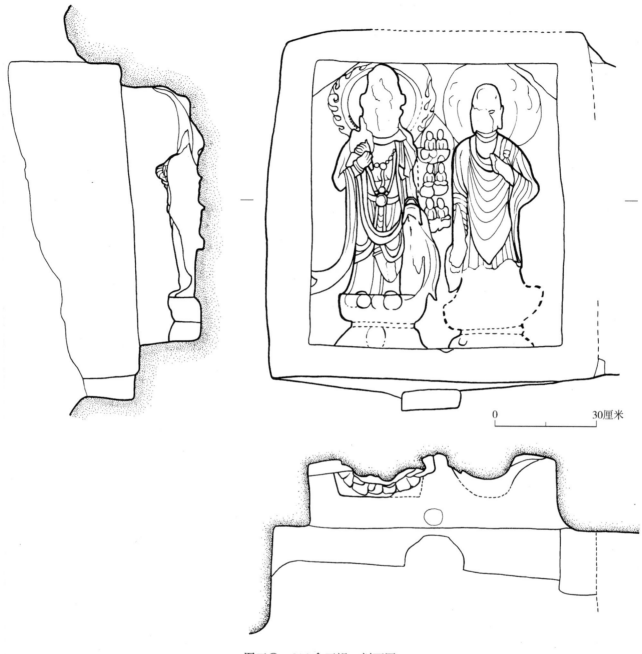

图三〇　016龛正视、剖面图

　　右侧菩萨立像，头、颈部残失仅存外轮廓，身残高66.5厘米。头顶可见高发髻轮廓，耳侧有冠缯带痕迹。有双层头光，外层宝珠形，尖部延伸到龛顶口部内侧，宽31.5、高32.5厘米，残见火焰纹痕迹；内层圆形，残见弦纹、连珠纹痕迹。肩宽17.5厘米，左臂外侧残失，左手下垂，手部残断；右手屈肘举置右胸前，手背朝外执柳枝状物，戴腕钏。胸前戴璎珞，双肩下垂连珠璎珞交于腹部圆形饰物，后沿大腿内侧下垂至膝，绕膝后。双肩下垂天衣，至大腿处交叉横过腹前，上绕至左腕、右肘后沿体外侧下垂，左侧漫漶不辨，右侧至座通高后向右侧翻翘。下身着裙，系腰带，腿部可见U字形裙纹痕迹，裙长遮踝，露足尖。立于束腰莲座上，台面宽25.3、通高15厘米，台面残见双重仰莲瓣痕迹，座基残见覆莲瓣痕迹。

左侧僧装立像，右面部残失，右前臂及手残失，膝部以下及座风化漫漶。圆顶，额略突，残见左眼痕迹。颈部有蚕道，肩宽18、肘宽23.7厘米，左手屈肘置左胸前，手部残失；右手下垂置右身侧，前臂及手残失，手下部可见宝珠形物。身披袈裟，左肩处可见袈裟吊环痕迹，身前衣纹成大U字形，袈裟下角在大腿部成V字形。下身着裙，残见竖线裙纹。

龛壁正中二立像之间浮雕小坐像6尊，分上中下三排，每排2尊，似坐佛像，结跏趺坐于莲台上。

6. 题记

无。

7. 年代判断

中晚唐。

017龛

1. 相对位置

B区下部下层，016龛上侧，018龛右侧，020龛下侧。

2. 保存状况

外龛顶部残失仅存痕迹。主尊面部漫漶，膝部以下风化严重细节不辨；侧壁小立像风化严重仅见身形。龛内外严重长苔（图版二九）。

3. 龛内外遗迹

无。

4. 龛窟形制

竖长方形龛，现存单重，仅见外龛顶部痕迹。宽72.3、高94、深约26厘米，方形龛楣有三角斜撑，斜撑延续至龛壁。龛顶平，右龛壁较平，转角弧形，左龛壁及正壁缓弧形。龛床设基坛，高约10厘米，风化严重。

5. 龛内造像

龛内造一天王立像、二小立像、一半身像共4尊（图三一）。

正壁高浮雕天王立像，身高77、头高16.2厘米，头戴筒形高宝冠，冠正面呈方形，残见天冠台有连珠纹；耳部外侧下垂冠缯带（?）呈大椭圆形，下部垂带置肩。冠缯带上方有浅浮雕素面炎肩。面部漫漶。

肩宽约14、肘宽约25厘米。左手屈肘展腋举与肩平，可见鳍袖痕迹，腕戴钏，手指伸直指左上方，手指粗短。颈部戴Ω形项圈，系披巾，着胸甲，胸甲装饰团花状物。胸甲下系带，腹甲有半圆花瓣形边前盾。下着裙，系绞索状腰带，中部下垂二股系索，挂刀状物于大腿间。腰带两侧下垂天衣在腹部成大U字形，腰侧打结后沿身侧下垂至基坛上，左侧末端似向左翻翘呈鱼尾状。双足分开呈八字形站立于基坛上，双足间残见浮雕半身像。

右侧壁浮雕小立像，风化严重仅辨身形。残高47.7厘米。

左侧壁浮雕小立像，风化严重，仅辨身形。残高43.5厘米。

天王足间浮雕半身像，残高12厘米。细节漫漶，似双手屈肘合十于胸前。

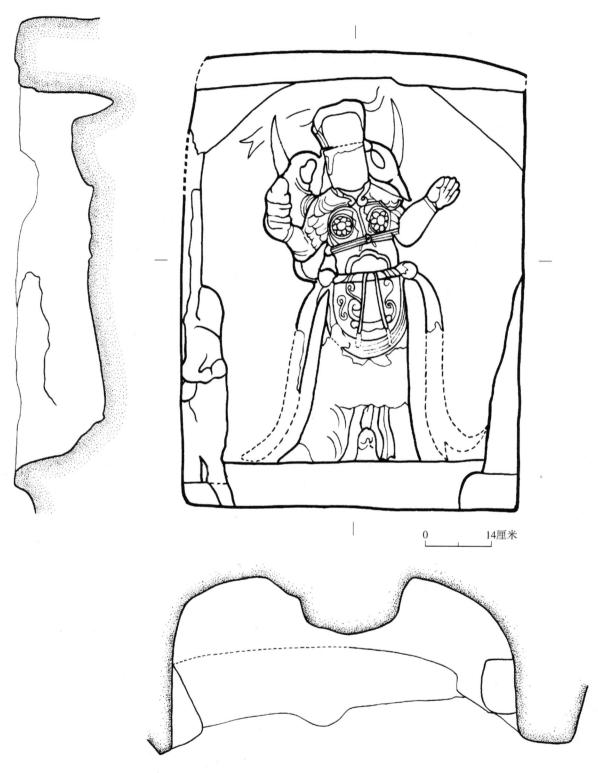

0　　　　14厘米

图三一　017龛正视、剖面图

6. 题记

无。

7. 年代判断

中晚唐。

018 龛

1. 相对位置

B区下部下层，016龛左上侧，017龛左侧，020龛右侧。

2. 保存状况

外龛右龛门上部及018-1号附龛被打破；外龛左龛门上部亦被部分打破。龛外长苔，龛内水沁痕迹明显，龛壁酥粉严重。龛内尊像头部均不存，部分有修补孔（图版三〇）。

3. 龛内外遗迹

外龛左龛门打破015龛右龛门。

龛外下方约7厘米处，左右各有一对称小孔，直径约5厘米。左外龛门中部有一横长方形坑（即015龛右上侧坑）。外龛床左右力士左下各有一圆形坑，直径13.5厘米，坑壁有斜向凿痕。内龛床外缘中部有一圆形浅坑，直径约5厘米。

4. 龛窟形制

方形双重龛，外龛宽142、高137、左壁深51厘米，龛壁平。内龛上部略窄，下宽111、高103.5、顶深70.5厘米，方形龛楣，有三角斜撑；龛顶平，龛壁弧形，龛床内高外低倾斜，两侧较高中间略凹。内龛侧壁各设基坛，左侧高约13.3、右侧高约9.7厘米。

5. 龛内造像

内龛造三佛坐像，四菩萨立像，二比丘立像，外龛造二力士立像，共11尊（图三二～三四），编号见表七。与龛高、深量度相比较而言，尊像位置靠下，体量偏小。

表七　018龛尊像编号表

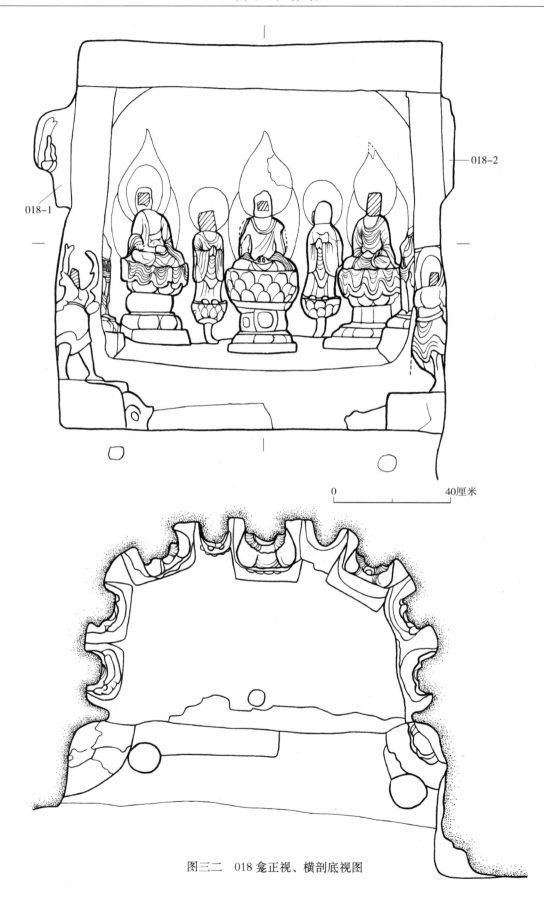

0　　　　　　40厘米

图三二　018 龛正视、横剖底视图

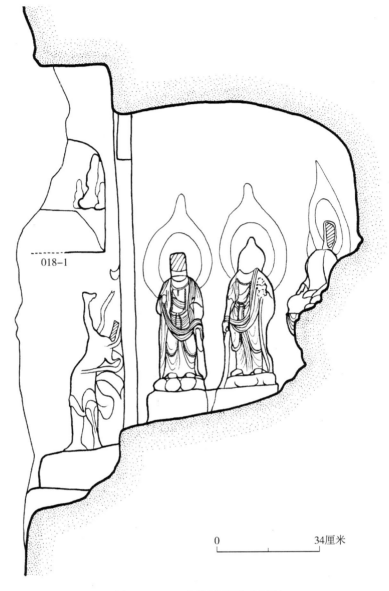

图三三　018龛纵剖面图（右壁）

1号像，内龛正壁右部高浮雕佛坐像。通高76厘米，头部残失现存方形修补孔，身残高22.3厘米，有双重素面头光，外层宝珠形，宽22、高31厘米，内层椭圆形。肩宽10.5、肘宽16厘米，左手下垂置腹前，掌朝上持一扁圆形物；右手下垂，手掌朝外贴大腿根部，前臂未表现，似后代改刻。上身内着袒右内衣，系腰带，外披袈裟，袈裟衣角搭于两腕处后下垂，左侧覆左膝至座，右侧自腕部下垂至座。浅浮雕舟形素面身光，宽27.1、高23.4厘米。

膝宽17厘米，双膝覆盖衣角，膝间衣纹半圆形。结跏趺坐于束腰莲座上。台面宽24.8、座通高27.6厘米，悬裳覆座台面，台面浮雕仰莲瓣，上边缘呈波浪形起伏，台面与龛壁相接处可见一较大轮廓；束腰为扁圆球体；座基双层，上层覆钵形，浅浮雕覆莲瓣，下层方形素面框。

2号像，内龛正壁中央高浮雕佛坐像。通高79.4厘米，头部残失现存修补孔，身残高25.8厘米，有宝珠形素面头光，宽19.7、高26厘米。肩略残，残宽12.4、肘宽14.6厘米，双手下垂合于

0 ——————————— 34厘米

图三四　018 龛纵剖面图（左壁）

腹前，食指拇指尖相接，食指指背相对结印。双臂部扁平，衣纹不自然，似后代改刻。着通肩袈裟，腹部可见斜向弧线衣纹，袈裟衣角搭于两腕处后下垂覆膝至座。浅浮雕舟形素面身光，宽 26、高 26厘米。

　　膝宽 19.2 厘米，双膝覆盖衣角，膝间衣纹半圆形。结跏趺坐于束腰莲座上。台面宽 28、座通高 29.8 厘米，台面浮雕三层仰莲瓣，莲瓣尖略外翻，台面靠近龛壁处有略高轮廓；束腰为 3 个扁圆球体组成，阴刻圆形壶门；座基双层，上层覆钵形，浅浮雕覆莲瓣，下层方形素面框。

　　3 号像，内龛正壁左部高浮雕佛坐像。通高 75 厘米，头部残失现存修补孔，身残高 19 厘米，有宝珠形素面头光，尖部略残，宽 18.5、残高 21.8 厘米。右肩部略残，肩残宽 8.9、肘宽 14.3 厘米，双手下垂置腹前，掌朝上持一扁圆形物；上身通肩袈裟，腹部阴刻 U 字形衣纹，袈裟衣角搭于两腕处后下垂覆膝。浅浮雕舟形素面身光，宽 26、高 25 厘米。

膝宽 17 厘米，双膝覆盖衣角，膝间衣纹半圆形。结跏趺坐于束腰莲座上。台面宽 20.3、座通高 28.5 厘米，悬裳覆座台面，台面浮雕仰莲瓣，上边缘较平，略有起伏，台面靠近龛壁处可见一较高框痕迹；束腰为素面四棱形；座基双层，上层覆钵形，浅浮雕覆莲瓣，下层方形素面框。

4 号像，内龛右壁外侧浮雕菩萨立像。通高 62.5 厘米（头光尖至座底），头部残失现存方形修补孔，身体残高 31.6 厘米。龛壁阴刻双重素面头光，外层宝珠形，右部略残，残宽 19、高 31 厘米，内层椭圆形。肩宽 7.7、肘宽 13.5 厘米，左手下垂执天衣，右手屈肘，前臂以下残断。胸前戴连珠项圈，两侧下垂连珠璎珞至腹部交于腹部圆形饰物，后沿大腿内侧下垂至膝盖后绕向膝后。双肩披父字形天衣，沿体侧下垂至胯下后交叉横过身前，上搭于双手腕部，后沿体侧下垂。下身着裙，系腰带，腹部可见较密集弧线裙纹，腿部可见 U 字形衣纹。左膝略抬，右胯稍上提，双足分开立于莲座上。莲座下为右壁基坛。

5 号像，内龛右壁内侧浮雕菩萨立像。通高 65 厘米（头光尖至座底），头部残失仅存痕迹，身体残高 43.4 厘米。龛壁阴刻双重素面头光，外层宝珠形，残宽 22、高 33 厘米，内层椭圆形。肩宽 9.1、肘宽 14 厘米，左手屈肘至左肩处，持一莲苞状物，前臂未表现，手及莲苞阴线刻，似后代改刻而成；右手下垂执天衣。项圈、璎珞、天衣、裙等衣饰与 4 号像一致，右膝略抬，左胯稍上提，身体略扭。双足分开立于莲座上。莲座下为右壁基坛。

6 号像，内龛左壁内侧浮雕菩萨立像。通高 64 厘米（头光尖至座底），头部残失，身体残高 42 厘米。龛壁浅浮雕双重素面头光，外层宝珠形，残宽 20.3、高 34.5 厘米，内层椭圆形。肩宽 8.5、肘宽 13 厘米，左手下垂执瓶；右手屈肘，手持柳枝状物，前臂未表现，似后代改刻而成。项圈、璎珞、天衣、裙等衣饰与 4 号像一致，左膝略抬，右胯稍上提，身体略扭。双足分开立于莲座上。莲座下为左壁基坛。

7 号像，内龛左壁外侧浮雕僧装立像。通高 64 厘米（头光尖至座底），头部残失，身体残高 32.5 厘米。龛壁浅浮雕双重素面头光，外层宝珠形，残宽 29.9、高 33.8 厘米，内层椭圆形。肩宽 9、肘宽 13 厘米，左手屈肘，手持柳枝状物，前臂薄短，似后代改刻而成；右手下垂身体右侧执衣角。胸前戴项圈，中间垂一小连珠坠饰。上身着袒右内衣，自左肩到右膝下，系腰带；左肩披袈裟，右肩披覆肩衣，覆肩衣于右下腹处掖入袈裟衣缘内后翻出，垂于右身侧。袈裟下角自左肘部下垂至膝下，略呈波浪形。下着裙，可见 U 字形裙纹。双足分开立于莲座上。莲座下为左壁基坛。

8 号像，内龛正壁 1 号、2 号像之间浮雕比丘立像。头部残失现存修补孔。通高（头光顶部至莲茎底部）56.8、身体残高 35 厘米，有浅浮雕圆形头光，直径约 14.9 厘米。肩宽 7.3、肘宽 8.8 厘米，双手屈肘合十，双腕下垂衣角至膝部。身披通肩袈裟，领大而下垂。身前袈裟衣纹成弧形，膝下袈裟下缘成 V 字形。下着裙，有竖线裙纹，裙长遮踝，立于莲座上。莲台宽 10.7、通高 13.8 厘米，浮雕双重仰莲瓣，莲台下有一莲茎支撑，莲茎末端朝 2 号像座基方向。尊像身侧后部可见较大的身形轮廓，现存尊像可能为改刻而成。

9 号像，内龛正壁 2、3 号像之间浮雕比丘立像。头部残失仅存轮廓，可见耳部痕迹。通高（头光顶部至莲茎底部）58.2、身体残高 28 厘米，有浅浮雕圆形头光，直径约 14 厘米。肩宽 8.5、肘宽 9.8 厘米，姿势、衣着与 8 号像一致。莲台宽 12.2、通高 13.2 厘米，浮雕双重仰莲瓣，莲台下有一莲茎支撑，莲茎末端朝 2 号像座基方向。尊像左半身后部可见较大的身形轮廓，现存尊像应为改刻而成。

10 号像，外龛右下角浮雕力士立像。头部残失现存修补孔，身体风化严重仅辨身形。残通高（天衣至足）约 53 厘米，仅辨头部有天衣环绕，右手高举，下身着裙，胯部右提，座高约 15 厘米，样式不辨。

11 号像，外龛左下角浮雕力士立像。头部残失现存修补孔，右前臂残失，右膝以下残失。通高（天衣至足）约 52.5 厘米，头部有天衣环绕。左手高举持棍状物水平置天衣上方。胸部肌肉明显。下身着裙，系腰带，胯部左提。腰两侧下垂天衣置胯部呈大 U 字形；身体左侧龛壁浅浮雕天衣呈 3 字形。裙短露膝，小腿筋骨凸出，戴踝钏。赤足站立，座高约 10 厘米，似岩座。

另外，二力士座下内侧残存痕迹似卧狮，漫漶不清。

018－1 龛，外龛右壁上部附龛。仅辨左半部，残宽 24.4、高约 35.5 厘米，龛楣转角弧形。龛内左上部似浅浮雕一大二小三尊坐像，漫漶不辨。

018－2 龛，外龛左壁上部附龛。左龛壁上部残失。方形单重龛，残宽 35、高 37.8 厘米，龛楣方形带三角斜撑。龛内原造像似浮雕二坐像，有宝珠头光，可能后代改刻，漫漶不辨。

6. 题记

无。

7. 年代判断

晚唐（？）。与龛形相比较，尊像体量偏小，位置靠下，尊像组合独特。疑为后代改刻。

019 龛

1. 相对位置

B 区下部下层，018 龛右侧，021 龛左侧，020 龛下侧，胡公渠渠水正上方。

2. 保存状况

龛体严重风化、大量长青苔。外龛顶、门均大部分残失，仅存痕迹；左外龛门下部被 018 龛打破；力士像被青苔包裹仅辨身形。内龛壁严重水沁、酥粉，呈白色，像体大部仅存轮廓，细节不辨，龛内左上二尊坐像头部残失（图版三一）。

3. 龛内外遗迹

无。

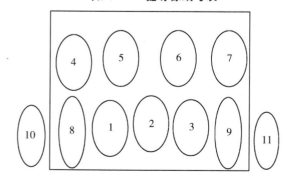

表八　019 龛尊像编号表

4. 龛窟形制

方形双重龛，外龛楣、门大部分残失，仅存痕迹，宽 88、高 91、残深 8 厘米，方形龛楣，其余不详。内龛宽 66.5、高 65.5、顶深 20 厘米，方形龛楣转角弧形，龛顶较平，龛壁弧形，龛床外边缘内凹呈弧形。

5. 龛内造像

内龛造七佛坐像、二立像，外龛造二力士立像，共 11 尊（图三五），编号见表八。

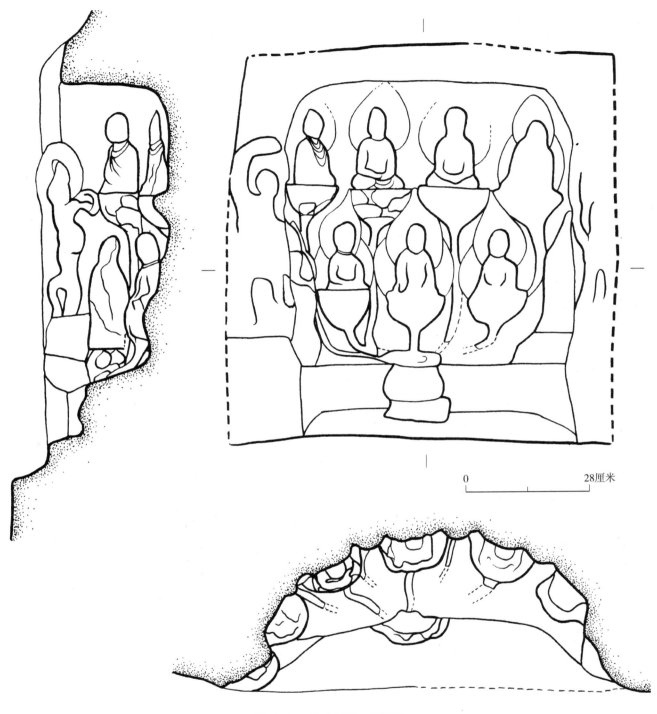

图三五　019龛正视、剖面图

　　1~7号像，内龛正壁、侧壁浮雕佛坐像7尊。风化严重细节大部分不辨。诸像大致相同，双手下垂合于腹部，有宝珠形头光和舟形身光，结跏趺坐于仰莲台上，莲台下有莲茎垂置龛底。如2号像，头光宽12.4、高16厘米，身光宽18.3、高15.1厘米；4号像胸前可见大U字形衣纹；5号像身高19厘米，莲台宽14.5、高10厘米，浅浮雕双重宽仰莲瓣，腿部可见弧线衣纹。

　　8号、9号像，内龛右、左侧壁浮雕立像2尊。风化严重仅辨身形。8号像残高30.2厘米，双手合十于胸前，立于圆饼形座上。

10 号、11 号像，外龛正壁右、左下角浮雕力士立像 2 尊。风化严重细节不辨。

6. 题记

无。

7. 年代判断

不详。

020 龛

1. 相对位置

B 区下部上层，018 龛右侧，022 龛左侧，019、017 龛上侧。胡公渠渠水正上方。

2. 保存状况

风化严重，表面酥粉、起壳，龛内外均大量长青苔。雕刻细节大部分漫漶。左侧立像头部残失，右侧冠。面部残失。右外龛门残缺，外龛顶部残缺（图版三二）。

3. 龛内外遗迹

右龛门外竖向减水槽，龛顶外有水平槽状雕刻痕迹。

4. 龛窟形制

方形双重龛。外龛宽 118、残高 126，深 27 厘米，方形龛楣，龛壁平。内龛宽 97、高 107、深 34 厘米，方形龛楣，有三角斜撑，龛壁缓弧形。

5. 龛内造像

内龛正壁造立像 2 尊（图三六、三七）。

右侧高浮雕菩萨立像，通高 107 厘米，头部正面残失，残身高 83.5 厘米。有双重宝珠形头光，外层宝珠形，宽 41.2、高约 42 厘米，透雕火焰纹，宝珠肩部延伸至龛顶口部，内层风化严重，可见连珠纹。身体细节漫漶严重，左肩低右肩高，双臂残断，残见右臂屈肘。胸前可见连珠项圈痕迹。双肘部下垂天衣置座，略呈波浪形。下身着长裙，腿部较薄，不见足部。立于束腰莲座上，台面残宽 23、座通高 15.5 厘米，台面圆形浮雕双层单层仰莲瓣，上层残缺严重；束腰圆形略微鼓腹；座基为方形浅框。

左侧高浮雕佛装立像，通高约 105 厘米，头部残失现存修补孔。有双重宝珠形头光，样式与右尊菩萨头光相同，外层宽 41.2、高约 42 厘米。肩胸部漫漶严重，可见左臂屈肘置左胸前，右臂下垂置右身侧，手持宝珠状物。腹部可见袈裟下缘衣纹，下身着长裙，裙长覆踝，露足尖。立于束腰莲座上，台面宽 30、座通高 14 厘米，台面圆形浮雕双层单层仰莲瓣，上层残缺严重；束腰圆形略微鼓腹；座基为方形浅框。

6. 题记

无。

7. 年代判断

中晚唐。

0   34厘米

图三六 020龛正视、横剖底视图

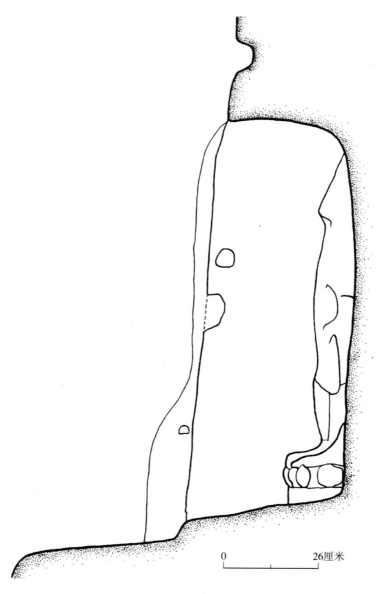

图三七　020 龛纵剖面图（右壁）

021 龛

1. 相对位置

B 区下部下层，019 龛右侧，023 龛左侧，022 龛下侧。造像内容与 019 龛基本一致。

2. 保存状况

风化严重，左外龛楣及左外龛门大部残失，像体细节大部分漫漶，长青苔（图版三三）。

3. 龛内外遗迹

无。

4. 龛窟形制

方形双重龛。外龛宽 90、高 94.5、顶残深 9.5 厘米，方形龛楣，龛壁平，龛底内高外低倾斜。内龛宽 66、高 72、顶深 28 厘米，龛壁缓弧形。

5. 龛内造像

内龛造七佛坐像，二菩萨立像，均以莲茎支撑的莲台为座；外龛残存一力士立像，共 10 尊（图三八）。外龛底部龛床浅浮雕一香炉及二卧狮，香炉宽17、高 19.5 厘米，卧狮身长约 14 厘米。编号见表九。

第 1～7 号像，浮雕坐佛像。位于龛内壁中部及左右龛壁上部，造像基本一致。1 号像带莲座通高 30、身高 21 厘米；2 号像通高 29、身高 21 厘米；3 号

表九　021 龛尊像编号表

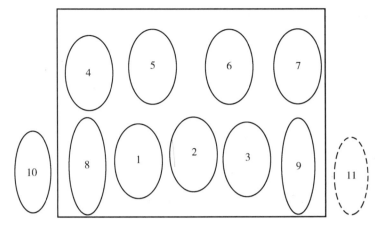

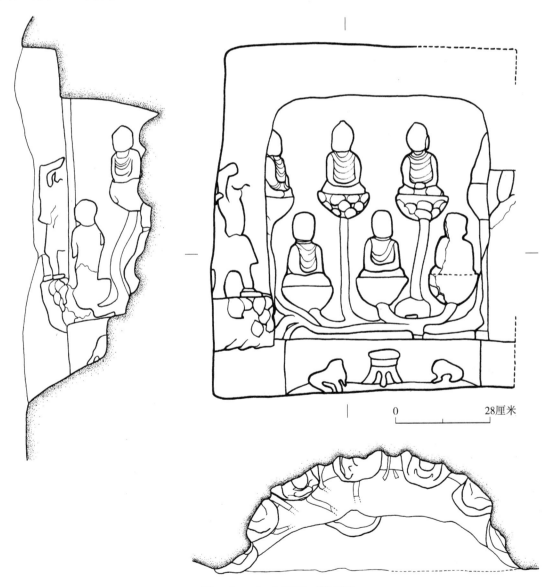

图三八　021 龛正视、剖面图

像通高 26、身高 19.5 厘米；4 号像通高 30 厘米；6 号像通高 28、身高 22 厘米；7 号像通高 27、身高 21 厘米。佛坐像头顶有浅髻，面部方正，耳未垂肩，颈部有蚕道；着通肩袈裟，胸部衣纹呈 U 字形；双手下垂合于腹部，结跏趺坐；莲座浅浮雕 3 层仰莲瓣，1～9 号像莲座均以莲茎相连。

第 8～9 号像，菩萨立像。分别位于内龛左右龛壁下部。8 号像通高 28、身高 21 厘米；9 号像通高 33、身高 28 厘米；身体漫漶严重，略呈 S 形，细节不辨。

第 10 号像，力士立像。位于外龛右侧龛壁下部，通高 53、身高 36、坐高 17 厘米。身体风化严重。左臂下垂屈肘撑于左胯部，右手上举过头顶。双赤足叉开，立于三角岩石座上，岩座上浅浮雕 4 层菱形凸起。

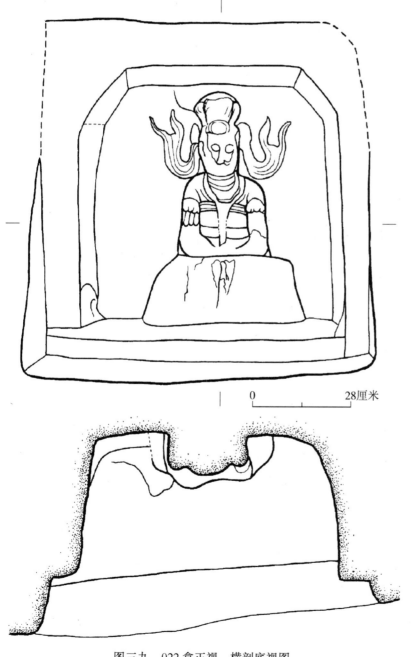

0　　　　　　　　　28厘米

图三九　022 龛正视、横剖底视图

6. 题记

无。

7. 年代判断

不详。

022 龛

1. 相对位置

B 区下部上层，020 龛右侧，024 龛左侧，021 龛上侧。左外龛门即 020 龛右外龛门；右外龛门即 024 龛左外龛门。

2. 保存状况

风化严重。像体细节大部分漫漶。左右外龛楣残缺，右外龛门上部残缺，外龛底部龛床左部残一角。

3. 龛内外遗迹

无。

4. 龛窟形制

方形双重龛。外龛宽 103、高 104、底深 18.5 厘米，龛楣不明，龛壁平；内龛宽 81、高 94、顶深 40 厘米，方形龛楣，有三角斜撑，龛顶、正壁、侧壁均较平，转角弧形（图版三四：1）。

5. 龛内造像

高浮雕倚坐像一尊（图三九、四○）。通高 65、头高 22 厘米，

头顶有扁圆形高发髻，戴筒形冠。头两侧龛壁上各浅浮雕 2
股向上飘扬的缯带，呈 V 字形。

肩宽 22、肘宽 24、膝宽 25 厘米。胸前戴项圈，胸部有
胸甲痕迹，双上臂部有鳍袖痕迹，下半身漫漶不识。台座高
21、宽 54.5 厘米。

6. 题记

无。

7. 年代判断

不详。

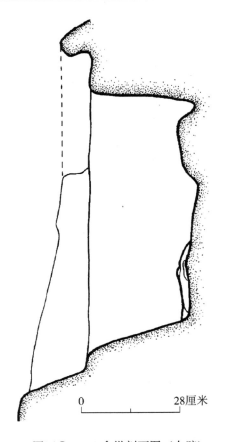

图四〇　022 龛纵剖面图（右壁）

023 龛

1. 相对位置

B 区下部下层，021 龛右侧，025 龛左侧，024 龛下侧。

2. 保存状况

风化严重，像体表面严重起壳。外龛顶残失，左外龛门
仅存阴线刻线条。周围严重被青苔覆盖。

3. 龛内外遗迹

外龛底部龛床被竖向不规则形状槽打破；外龛右下侧有
竖向排列的两个方形小孔（图版三四：2）。

4. 龛窟形制

方形双重龛。外龛宽 70.5、残高 73、深约 5 厘米；内龛宽 60.5、高 62、深约 27 厘米。内龛设
低坛，高约 6.5 厘米。

5. 龛内造像

立像两尊，分别立于龛内壁左右两侧，龛内壁中部空。左侧立像通高 33 厘米，头部残失，左胸
部到左腰残破，右手下垂；身体两侧下垂天衣置座上；右侧立像通高 35 厘米，衣着风化不识。座式
不明（图四一）。

6. 题记

无。

7. 年代判断

不详。

024 龛

1. 相对位置

B 区下部的上层，022 龛右侧，026 龛左侧，023、025 号龛上侧。处于 B 区下部造像岩石的转角
处。左外龛门即 022 龛右外龛门；右外龛门即 026 龛左外龛门。

2. 保存状况

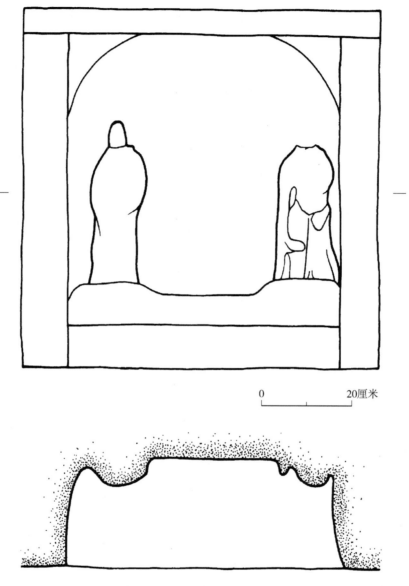

0　　　　　　　　　　20厘米

图四一　023 龛正视、横剖面图

是 B 区下部造像诸龛中保存最好、造像最多、规模最大的龛。外龛顶残失，外龛右龛门上段残失，左外龛门中段被 022 龛右龛门打破。外龛壁、龛底及内龛龛底、侧壁长满青苔。内龛正壁右侧的 2 号像被人为凿毁，残存斜向较粗的凿痕。2 号像右侧龛壁被凿穿一个大洞，直通 026 龛左壁。大洞亦打破内龛右侧壁造像的身光和部分头光（图版三五）。

3. 龛内外遗迹

龛顶外有水平刻槽，约长 160、最宽处 12 厘米。外右龛门中部有不规则孔洞，可通 026 龛左外龛壁。

4. 龛窟形制

方形双重龛。外龛宽 159、高 146、深 51 厘米；龛楣方形，龛顶呈梯形，龛壁平。内龛宽 134、高 138、深 72 厘米，方形龛楣有三角斜撑，龛壁、龛顶平。内龛顶与外龛转角处为斜面。内龛底部龛床三壁设 3 层凹形[1]基坛，内龛正壁上设 2 层基坛，共 5 层。

　　5. 龛内造像

　　内龛底部龛床凹形基坛上正壁高浮雕佛坐像 3 尊、侧壁高浮雕菩萨坐像 2 尊，内龛正壁 2 层基坛上浮雕比丘立像、半身像 10 尊，侧壁上部环形云内残存小坐佛像 8 尊、外龛左右龛壁浮雕力士立像 2 尊。共残存造像 25 尊。另外，龛顶环形云内浮雕人首鸟身像 2 尊（图四二、四三）。编号见表一○。

表一○　024 龛尊像编号表

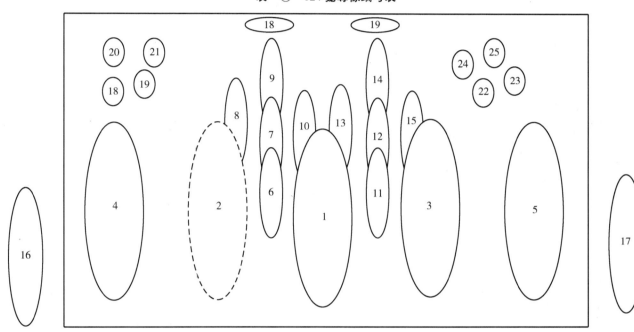

　　1 号像，内龛正壁中央佛坐像。通高 91 厘米，头部残失，现存竖长方形修补孔。有双重头光，外层宝珠形，刻火焰纹，尖部残断，残高 28、宽 27.5 厘米；内层椭圆形，由内向外依次为素面圈、阴刻莲瓣纹、弦纹、连珠纹（图版三六）。

　　身体残高 29、肩宽 18.5、肘宽 23、膝宽 31 厘米，左肩部略残。上身内着右衽内衣，系腰带，右肩覆肩衣覆盖右臂，下垂至右下腹时掖入袈裟内后下垂置腿部。左肩披袈裟，左胸侧下垂环形吊环，袈裟自腹部上绕一角穿环内后下垂置左臂，衣纹以阴刻竖线、横线和弧线为主。左手下垂屈肘置腹前，手掌朝上持扁平碗状物，持物下有一根布条下垂置腿上；右臂前臂及下部衣纹漫漶；右手下垂置腿上，手掌朝内五指伸直。刻双重舟形身光，外层刻火焰纹，高 36、宽 43 厘米；内层由内向外依次浅浮雕莲瓣纹、弦纹、连珠纹。

　　结跏趺坐于双层复合莲座，座通高 33、宽 38 厘米。座位于第 2 层基坛上。上层莲座高浮雕 3 层仰莲瓣，袈裟或摆裙呈 3 个半圆形覆盖上两层莲瓣，袈裟下莲瓣表现为波浪形，袈裟衣纹为细密的连弧纹；下层莲瓣高约 7.5、宽约 7 厘米，肥大丰满。下层为束腰座。

　　2 号像，位于内龛正壁右部，被凿毁，仅存头光大部及左侧身光外轮廓。座位于第 3 层凹形基坛

―――――――――

[1]　"凹形"是以主尊佛角度观察所见形状。下同。

图四二 024龛正视展开图

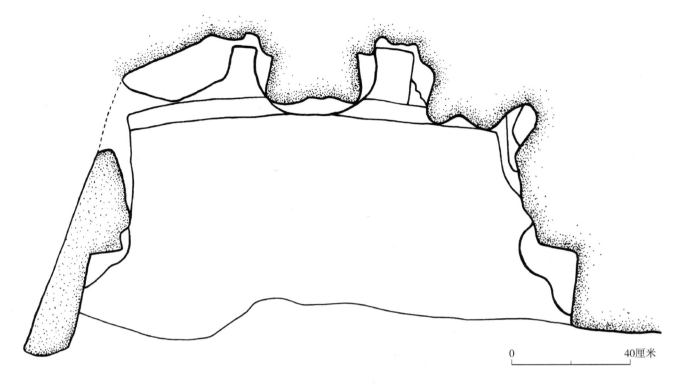

0　　　　　　　　　　　　40厘米

图四三　　024 龛横剖底视图

上。通高约 92 厘米。

　　3 号像，高浮雕佛倚坐像，位于内龛正壁左部。通高 83 厘米，头、颈部被凿毁。双重头光，外层宝珠形，残高 27、宽 25 厘米，右上部残破，刻火焰纹；内层椭圆形，由内到外依次浅浮雕素面圈、莲瓣、弦纹、连珠纹。

　　残身高 67、肩宽 18.5、肘宽 22、膝宽 22 厘米。胸口阴刻一纵线。内着右衽内衣，右肩披覆肩衣，沿右臂下垂；腹前及左肩披袈裟，左胸部有环，袈裟一角穿环下垂覆左前臂后沿身体侧下垂。左手下垂屈肘置左膝，手指漫漶；右臂屈肘，前臂残断。下身着裙，裙长遮踝覆足大部，双腿间衣纹呈 U 字形，腿部衣阴刻纹缓弧 V 字形线。刻双重舟形身光，外层刻火焰纹，高 32、宽 38 厘米；内层由内向外依次浅浮雕莲瓣纹、弦纹、连珠纹。

　　倚坐于束腰座上，高 30、宽 38 厘米。台面、座基均为 T 字形，束腰部分为方柱体，束腰与台面间浅浮雕一条仰莲瓣纹，束腰与座基间浅浮雕一条覆莲瓣纹，风化严重。两足置二小束腰莲座，台面为仰莲瓣，风化严重。

　　4 号像，高浮雕菩萨坐像。位于内龛右侧壁，右半身长满青苔。通高约 96 厘米，左侧身光和头光下部被大洞打破。身高 47、头高 16.5 厘米，面部漫漶，残见口、鼻、眼轮廓，比例匀称；头戴高冠，头顶有高发髻，耳上两侧系冠缯带，缯带沿肩两侧下垂至肘，末端锯齿状。双重头光，外层宝珠形，高 35、残宽 24 厘米，右上部残破，刻火焰纹；内层椭圆形，由内到外依次浅浮雕素面圈、弦纹、连珠纹（图版三七）。

　　颈部 3 蚕道；内似着右衽帔帛，肩披天衣，沿胸两侧下垂置腹部。左臂屈肘，前臂残断；右手下垂置右膝，手部漫漶。左腿屈膝下垂置小莲座上，右腿盘腿置座上。束腰座，高约 31 厘米，塑于第

2 层基坛上。裙摆覆座台面，呈 2 个大 U 字形；座基下部向上伸出 2 莲茎，左侧莲茎上为左脚下的莲座，右侧莲茎上为莲苞。座中部下垂衣带，末端呈鱼尾状。

5 号像，高浮雕菩萨坐像。位于内龛左侧壁，身后龛壁长满青苔。通高约 86、头高 16.5 厘米，面部漫漶；头顶有高发髻，耳上两侧系冠缯带，左侧缯带在头侧呈 3 股短、2 股长共 5 股，长股下垂分别至肩、肘部；右侧缯带仅见 2 股长下垂至肩、肘部。双重头光，外层宝珠形，尖部、右半部残，残高 29、残宽 25 厘米，刻火焰纹；内层椭圆形，漫漶不识。

身高 49 厘米，身体衣纹漫漶严重。左臂下垂，前臂残失。右臂屈肘置右胸前，前臂漫漶，一股天衣绕过前臂沿身体右侧下垂至座台面；左腿盘腿置座上，右腿屈膝下垂置小莲座上，裙长遮踝。左胸部可见璎珞下垂交于腹部圆形，下部不明。束腰座，高约 31 厘米，塑于第 3 层基坛上。裙摆覆座台面，呈 2 个大 U 字形；座基下部伸出莲茎支撑右脚下的莲座。座中部下垂衣带，末端分两侧呈 3 股向上卷曲波浪状。

6 号像，浮雕比丘像。立于龛内壁高基坛第 1 层右部。通高 39、身高 34、头高 7 厘米。面部漫漶，有圆形头光，高 15、宽 15.5 厘米，内为以头为中心的双重放射状锯齿形，外为素面圈带。双大耳，颈部有蚕道，外披通肩袈裟，身前衣纹为斜向弧线。双手合十于胸前。下着裙，裙长遮足。

7 号像，浮雕半身比丘立像。立于 6 号像身后。头部漫漶，可见高度约 13.5 厘米，颈部有蚕道，披通肩袈裟，双手合十于胸前。

8～10 号像，浮雕比丘立像 3 尊。塑于内龛正壁第 2 层基坛上。面部均漫漶，可见高度 8 号像 28.5、9 号像 20、10 号像 23 厘米。颈部有蚕道，披圆领通肩袈裟，双手合十于胸前。胸前衣纹呈 U 字形。此 3 尊像头部均有彩绘头光痕迹。

11 号像，浮雕比丘像。立于龛内壁高基坛第 1 层左部。通高 41、身高 36、头上部残缺。有圆形头光，高 14、宽 15 厘米，内为以头为中心的双重放射状锯齿形，外为素面圈带。双大耳，颈部有蚕道，外披通肩袈裟，身前衣纹为斜向弧线。双手合十于胸前。下着裙，裙长遮足。

12 号像，浮雕半身比丘立像。立于第 11 号像身后，头部漫漶，可见高度约 15 厘米，颈部有蚕道，披通肩袈裟，双手合十于胸前。

13～15 号像，浮雕比丘立像 3 尊。塑于内龛正壁第 2 层基坛上。面部均漫漶，可见高度 13 号像 26、14 号像 21、15 号像 28 厘米。颈部有蚕道，披圆领通肩袈裟，双手笼于袈裟下平置胸前。第 13 号像胸前衣纹呈 U 字形。

16 号、17 号像，浮雕二力士立像，立于外龛壁下部。16 号像立于外龛右壁下部，通高 47、身高 40 厘米。头顶有三角形横板。天衣绕头部呈圆形。左手下垂至身体左侧，手执天衣一角；右手上举至头部右侧，手执长条状物。身体右侧龛壁上浅浮雕 3 字形天衣，双腿间可见 V 字状裙摆。座为圆饼形。17 号像通高 51、身高 40 厘米，左手上举执条状物，右手下垂执天衣。身体左侧龛壁上浅浮雕 3 字形天衣。其余与 16 号像基本一致。

18～21 号像，内龛右壁上部浅浮雕环状云内，小坐佛像残存 4 尊。通高约 9 厘米。

22～25 号像，内龛左壁上部浅浮雕环状云内，小坐佛像残存 4 尊。通高约 8.5 厘米。

另外，龛顶浅浮雕 2 环形云，云内各浮雕人首鸟身像 1 只。头部残失，三足，有翼，头向龛口，足向龛内。足尖有飘带。

6. 题记

无。

7. 年代判断

中晚唐。

025 龛

1. 相对位置

B区下部下层，023龛右侧，027龛左侧，024龛下侧。左外龛门即023龛右外龛门；右外龛门即027龛左外龛门。

2. 保存状况

龛内造像风化严重，细节完全漫漶。外龛右龛门、力士像被第23龛打破（图版三八）。

3. 龛内外遗迹

龛外左下部有上下两个方孔。

4. 龛窟形制

方形双重龛，外龛宽63、高63.5、深15厘米，方形龛楣，龛壁平；内龛宽51、高57、深17厘米，方形龛楣带三角斜撑，

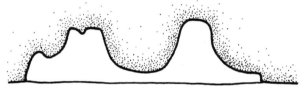

图四四　025龛正视、横剖面图

龛壁龛顶缓弧形。内龛底部龛床水平莲茎向上伸出3支竖向莲茎支撑莲台。

5. 龛内造像

内龛高浮雕坐像3尊，均结跏趺坐于莲台上；外龛右龛门下部浮雕力士立像1尊，共4尊（图四四）。

中央主尊坐像通高（带莲座及茎）约49.5、身高29.5、肩宽9.5、肘宽12.5、膝宽14、座宽15.5厘米。双手下垂置于腹前，似捧一圆饼状物。

主尊左侧坐像头部残失，残身高24厘米，双手下垂置于腹前。

主尊右侧坐像左手下垂置左膝，右手屈肘，手残断，前臂上下垂衣角置膝部；莲座上残存线刻莲瓣。

力士立像风化严重，约通高43、约身高26厘米。左手下垂置左胯部，右手上举过头顶。力士所在位置为外龛门上，龛门为斜面。衣着、座式不明。

6. 题记

无。

7. 年代判断

不详。

026 龛

1. 相对位置

B区下部上层，024龛右侧，028龛左侧，027龛上侧。左外龛门即024龛右外龛门；右外龛门即028龛左外龛门。

2. 保存状况

像体风化较严重，起壳、酥粉。外龛门长青苔（图版三九）。

3. 龛内外遗迹

左外龛门中部有小洞，与024龛相通；左右外龛门上部均被方形孔打破，孔边长约10厘米。外龛左龛壁、内龛左龛门及力士像被大洞打破，与第24龛右龛壁相通。外龛底部龛床右下侧有方形小洞一个。026龛、028龛上方有弧形不规则刻槽，似减水槽。刻槽最高处距离026龛龛顶约30厘米。

4. 龛窟形制

方形双重龛，外龛宽98、高121、深98厘米；方形龛楣，龛壁、龛顶平；外龛底部龛床设基坛，高约10厘米；龛口大正壁小，呈梯形。内龛残宽66、高53、深21厘米；方形龛楣带弧形三角斜撑，龛壁、龛顶缓弧形；内龛底部龛床边向龛内呈缓弧形。

5. 龛内造像

高浮雕一坐佛、二菩萨、三比丘、一力士立像，浅浮雕十伎乐天像，共残存16尊（图四五）。编号见表一一。

1号像，内龛中央高浮雕主尊佛坐像。通高45、身高24厘米。头顶右部残缺，面部风化，有圆形髻，双大耳，头残高10厘米。有双重头光，外层宝珠形，宽16、高21厘米，纹饰不明；内层椭圆形，由内向外依次为素面圈、弦纹、连珠纹、弦纹。颈部有蚕道，肩宽10、肘宽12.5、膝宽14厘米。身着通肩袈裟，胸前衣纹阴刻半圆形形，双臂衣纹斜向弧形。双手下垂置腹部，似捧一扁圆形物。结跏趺坐于束腰莲座上，腿部衣纹阴刻半圆形。有舟形身光，外层宽22、高15厘米，纹饰不明；内层浅浮雕连珠纹。莲座台面浅浮雕双层仰莲瓣，莲瓣约宽5、高6厘米；束腰素面圆形；座基为浅浮雕单层覆莲瓣。座下有多边形台基，可见3边，高约4.5厘米。

2号像，内龛右龛壁高浮雕萨立像。通高44.5、身高29、头高6.5、面宽3.7厘米，面部漫漶。有宝珠形头光，宽9、高17厘米。颈部有蚕道，肩披天衣，下着裙。左手沿身左侧下垂，右手屈肘上举置右肩。座式漫漶。

表一一 026龛尊像编号表

0   20厘米

图四五 026龛正视、横剖面图

3 号像，内龛左龛壁高浮雕菩萨立像。通高 44.5、身高 29、头高 7.5 厘米。头顶有高发髻，宝珠形头光，残宽 10、高 15.5 厘米。右肩天衣下垂至膝上绕过身前搭于左手前臂。左手屈肘置左肩，右手沿身右侧下垂，手执瓶状物。裙长遮踝。座式漫漶。

4 号像，内龛正壁主尊右侧浮雕比丘立像。通高 42、身高 26.5、头高 6 厘米。面部漫漶，有圆形头光，高、宽均约 11 厘米。耳大，颈部有蚕道。肩宽 7.5、肘宽 8、膝宽 7.5 厘米。身披通肩袈裟，身前衣纹半圆形。双手合十于胸前。下着裙，露足，立于双层仰莲座上，座有自龛底伸出的莲茎支撑，座（含莲茎）高 12、宽 13 厘米。

5 号像，内龛正壁主尊左侧浮雕比丘立像。通高 42、身高 27.5、头高 7 厘米。面部漫漶，有圆形头光，高 11.5、宽 11 厘米。耳大，颈部有蚕道。肩宽 7.5、肘宽 8、膝宽 7 厘米。身披通肩袈裟，胸部衣纹半圆形，腹部衣纹斜向弧形。双手合十于胸前。下着裙，露足，立于双层仰莲座上，座有自龛底伸出的莲茎支撑，座（含莲茎）高 10.5、宽 13 厘米。

6 号像，外龛正壁右侧基坛上浮雕力士立像。通高 33、头高约 8 厘米。头两侧可见上飘冠缯带，身体两侧均有天衣痕迹。左手下垂，右手上举与头齐高，手持长棍状物。

7～16 号像，外龛正壁基坛上浅浮雕伎乐天像 10 尊。风化严重。7～10 号、13～16 号为坐像，通高约 12 厘米；11 号、12 号为立像，通高约 17 厘米。

6. 题记

无。

7. 年代判断

中晚唐。

027 龛

1. 相对位置

B 区下部下层，025 龛右侧，029 龛左侧，026 龛下侧。左外龛门即 025 龛右外龛门；右外龛门即 029 龛左外龛门。

2. 保存状况

风化严重。外龛门、壁、底均长青苔。外龛顶大部分残脱。内龛壁及像体酥粉、起壳现象严重。内龛右壁两尊造像上部残脱（图版四○：1）。

3. 龛内外遗迹

外龛顶上侧有一段水平槽，大部分残脱。槽右端有不规则圆形小孔。

4. 龛窟形制

方形双重龛，外龛宽 83、高 77、深 32 厘米，方形龛楣，龛壁、顶均平。内龛宽 65、高 55、深 22 厘米，龛楣处有缓弧形斜撑，龛壁缓弧形。内龛设凹字形基坛，高约 5 厘米。

5. 龛内造像

内龛高浮雕一佛坐像、浮雕二菩萨、二比丘立像；外龛高浮雕二力士立像，共 7 尊（图四六）。编号见表一二。外龛底部龛床浮雕卧狮 2 只。

1 号像，内龛正壁高浮雕主尊佛坐像。风化严重，通高 31、身高 14.5 厘米，头部残失，现存方

表一二　027龛尊像编号表

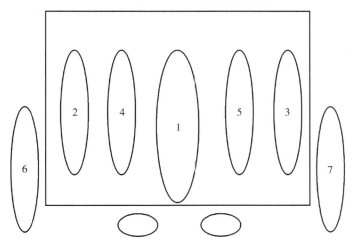

3号像，内龛左壁浮雕菩萨立像。通高41、身高36、头高9厘米。身体大部漫漶不识。头戴高冠，有高发髻。头左侧有冠缯带痕迹。左手不明，右手屈肘上举执物，天衣自右前臂沿身体右侧下垂置座。右小腿部可见横向衣纹，裙长遮足。立于基坛上。

4号像，内龛正壁主尊右侧浮雕立像，推测为比丘立像。身体上部大部分残断，仅存痕迹，通高约39厘米。可残见袈裟下部、下着裙，裙长遮踝，露足，立于基坛上。

5号像，内龛正壁主尊左侧浮雕比丘立像。高39、头高7.5厘米，面部漫漶。内着圆领内衣，外披袈裟，腹前衣纹呈斜向弧形。双手合十，袈裟沿前臂下垂至膝。下着裙，裙长遮踝、露足。立于基坛上。

形修补孔，宽4、高7厘米。身体衣纹漫漶，肩宽10、肘宽11、膝宽13厘米。双手下垂合于腹部，捧一物有圆形凸起，似宝珠。结跏趺坐于束腰座上，座高14.5厘米，台面及座基纹样均风化不识。座下为基坛。

2号像，内龛右壁浮雕菩萨立像。风化严重，肩胸部以上残失仅存痕迹。通高43厘米。身体略呈S形，腹部有天衣痕迹，左手沿左身侧下垂，手执一物；右手屈肘上举，手部残失。右前臂沿身体右侧下垂天衣。立于基坛上。

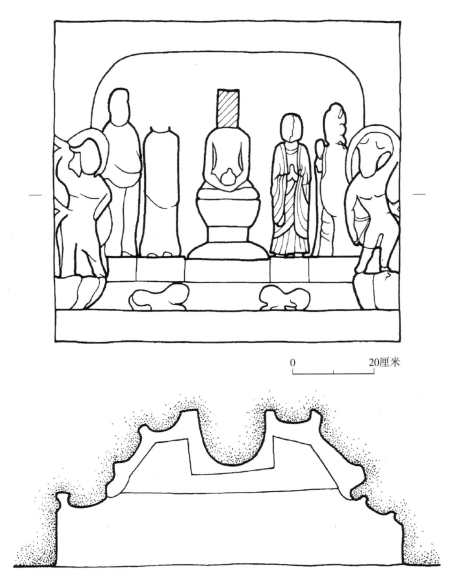

0　　　　　　20厘米

图四六　027龛正视、横剖面图

6 号像，外龛正壁右下角高浮雕力士立像。通高 42、身高 31 厘米。身体风化严重，可见围绕头部有圆形天衣痕迹，头部有高发髻，左右两侧伸出冠缯带。身着天衣、在两侧呈 3 字形天衣。左手下垂似至胯部，右手上举与头平，手执物，不明。下身着裙。左脚向前迈出，右胯部突出。赤足立于岩座上，岩座中部有纵向深凹沟。

7 号像，外龛正壁左下角高浮雕力士立像。通高 43、身高约 31 厘米。身体风化严重，左胯部突出，身体呈 S 形。头部围绕椭圆形天衣，头左右两侧有冠缯带伸出。左手上扬，手部不明；右手下垂，似执天衣一角。右脚向前迈出，下着裙，衣纹风化不识。赤足立于岩座上，样式与 6 号像岩座同。

另外，内龛底部龛床外下部、外龛正壁浮雕卧狮 2 只，尾朝龛门相向而卧，头似扭转朝龛外，头部破损严重。腹贴龛底。身长约 13 厘米。

6. 题记

无。

7. 年代判断

中晚唐。

028 龛

1. 相对位置

B 区下部上层，026 龛右侧，030 龛左侧，029 龛、031 龛上侧。左外龛门即 026 龛右外龛门；右外龛门即 030 龛左外龛门。

2. 保存状况

风化严重，龛门、像体均严重酥粉，细节大部分漫漶（图版四〇：2）。

3. 龛内外遗迹

龛上方约 33 厘米处有圆形孔洞一个。026 龛、028 龛上方有弧形不规则刻槽，似减水槽。刻槽最高处距 028 龛龛顶约 51 厘米。左外龛门下方约 36 厘米有方形孔洞一个；右龛门下方约 11 厘米有方形小孔一个；外龛底部龛床中部下方约 29 厘米有三角形脚窝一个。

4. 龛窟形制

横长方形双重龛。外龛口宽 75.5、高 74、深 22 厘米，方形龛楣，龛壁平，龛口略大于内壁；内龛底部龛床与外龛底部龛床高差约 24.5 厘米。内龛宽 72、高 53、深 25 厘米；龛顶平，龛壁略呈弧形；内龛底部龛床设基坛，高约 7.5 厘米。内外龛同左右龛壁。

5. 龛内造像

浮雕立像 6 尊（图四七）。编号见表一三。内龛底部龛床浅浮雕香炉 1 个，卧狮 2 只。

1 号像，内龛正壁最右侧浮雕立像。风化严重，

表一三　028 龛尊像编号表

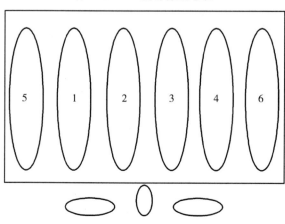

肩宽9.9、肘宽11厘米。身着通肩袈裟，胸前衣纹半圆形，腹前衣纹斜向弧形。左臂屈肘置左胸前，手部残断，右手屈肘置腰部，手部漫漶。袈裟自前臂下垂。下着裙。圆饼形座，纹饰不明，高约3.5厘米。

2号像，内龛正壁右部浮雕立像。身体大部分脱落，仅存痕迹。约通高39、身高36、座高3厘米。

3号像，内龛正壁左部浮雕立像。通高38、身高34、肩宽约8.5、肘宽约11厘米。头顶有圆形高发髻，胸前有斜向弧形衣纹，肩披天衣，左手屈肘置左胸前，右手沿身体右侧下垂。座高约4厘米，纹饰不明。

4号像，内龛正壁左端浮雕立像。通高39厘米，风化严重，头高约9.5厘米，头顶有圆形高发髻。肩宽约9厘米，颈部有蚕道，左手屈肘，前臂残断；右手屈肘举置右胸前，前臂处有天衣沿身体右侧下垂置座上；腹部有斜向弧形衣纹。座高约4.5厘米，纹饰不明。

5号、6号像，内龛右、左龛壁浮雕比丘立像。身体严重风化，仅能识别双手合十。5号像通高37、6号像通高34厘米。

另外，内龛底部龛床中部浮雕圆筒形香炉一个，卧狮2只尾朝左右龛门相向而卧，头部残失，前足朝龛外。均风化严重。

6. 题记

无。

7. 年代判断

不详。

0　　　　　　　　20厘米

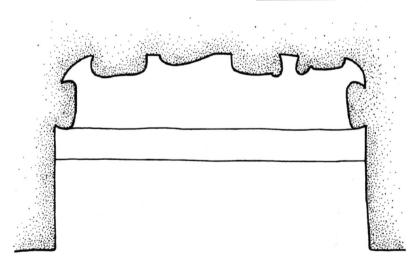

图四七　028龛正视、横剖面图

029 龛

1. 相对位置

B 区下部下层，027 龛右侧，031 龛左侧，028 龛下侧。左外龛门即 027 龛右外龛门；右外龛门即 031 龛左外龛门。

2. 保存状况

风化严重，细节大部不识，像体表面酥粉、龛门、外龛底部龛床长青苔。左外龛门上端被方形孔打破。龛内造像 2 尊头部不存，有方形修补孔（图版四一：1）。

3. 龛内外遗迹

左外龛门上端被方形孔打破。外左龛楣上方约 15 厘米处有方形孔洞。此方形孔洞与第 31 龛上方孔洞大小相似，位置水平，且阴刻一直线相连。右龛楣上方有三角形脚窝一个。外龛底部龛床上有大小两个圆形小坑，直径约 7 和 5 厘米。

4. 龛窟形制

横长方形双重龛。外龛宽 81、高 68、深 25 厘米，方形龛楣，龛壁平。内龛宽 62、高 51、深 17 厘米，方形龛楣有弧形三角斜撑。龛壁、龛顶缓弧形。

表一四　029 龛尊像编号表

5. 龛内造像

高浮雕佛坐像一尊、菩萨立像二尊、浮雕比丘立像二尊、力士立像二尊，共造像 7 尊（图四八），编号见表一四。另，外龛底部龛床浮雕狮子 2 只。

1 号像，内龛正壁中央主尊佛坐像。通高 30.5、身高 15.5 厘米，头部残失，现存竖长方形修补孔，宽 3.6、高 6.7 厘米。肩宽 12、肘宽 12、膝宽 15 厘米。着通肩袈裟，胸前可见反折衣角，腹部衣纹呈 U 字形。双手合于腹前，手部漫漶。结跏趺坐。座为束腰莲座，高 15、宽 20.5 厘米。台面为双层仰莲瓣，悬裳覆座，正面成半圆形衣纹；中部为鼓腹束腰；座基矮，似浅浮雕覆莲。座下有方形基坛，高约 4 厘米。

2 号像，内龛右壁高浮雕菩萨立像。通高 40、身高 34.5、头高 10 厘米。头戴三面宝冠，球形高发髻，缓弧形发际线，面部漫漶。头两侧有冠缯带，下垂置肩。肩部可见璎珞痕迹。左手沿身体左侧下垂，右手屈肘置右肩部紧贴力士天衣，似执物；天衣自右前臂下垂置座，正面膝部可见横向天衣痕迹，裙长遮踝，露足尖。立于方形台座上，样式不明，高约 5.5 厘米。

3 号像，内龛左壁高浮雕菩萨立像。通高 43、身高 37 厘米。头高约 10 厘米，戴三面宝冠，梳高发髻，发线向后卷曲成漩涡状。面部风化，头左侧下垂冠缯带置肩。左手下垂，右手屈肘上举置右肩。天衣自右前臂下垂置座。身体衣纹漫漶不识。座高约 6 厘米，样式不明。

4 号像，内龛正壁右部浮雕比丘立像。约通高 35、肩宽 8 厘米，头圆，面部漫漶，身体衣纹漫漶，仅见双手合于胸前，似捧圆形物。立于圆座上，座高约 5 厘米。

5号像，内龛正壁左部浮雕比丘立像。通高约30厘米，头部残失，现存长方形修补孔，约宽4、高5厘米。身体漫漶严重，仅见双手合于胸前，似捧一长方形物。立于圆座上，座高约5厘米。

6号像，外龛正壁右下部浮雕力士立像。通高约43、身高32.5厘米。头高约9厘米，头顶梳高发髻，天衣呈圆形环绕头部。左手下垂，肘微曲似置左胯部；右手上举与头齐，手掌外翻。腿部可见裙纹。双脚叉开立于岩石座上，右胯微突。座高约7厘米。

7号像，外龛正壁左下部浮雕力士立像。通高约44、身高约33厘米。头顶有高发髻，天衣呈椭圆形环绕头部。左手上举与头齐，右臂下垂，手部残断。下着裙，腰部可见裙边反折下垂部分衣纹，左胯略突，腿部可见裙纹。双脚叉开立于岩座上。

另外，外龛底部龛床与内龛底部龛床高差处浮雕2卧狮，头部残失，尾朝龛门相向而卧，腹贴于龛底，前足朝龛外，后足弯曲。残身长约17.5厘米。

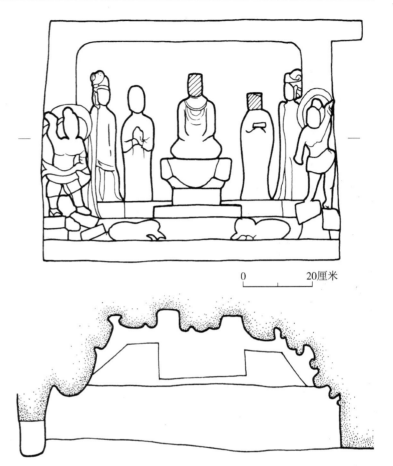

图四八　029龛正视、横剖面图

6. 题记

无。

7. 年代判断

中晚唐。后代进行修补。

030龛

1. 相对位置

B区下部上层北端，028龛右侧，031龛、032龛上侧。028龛右外龛门即本龛左外龛门。

2. 保存状况

龛内渗水严重，像体酥粉、起壳，外龛门长青苔。龛内3尊造像头部全残失。

3. 龛内外遗迹

龛外上部有人字形减水槽，左侧槽长约60、右侧槽长约68厘米，二者夹角约90°。左外龛门下部有方形小孔，外龛左下方约21.5厘米处有方形不规则孔洞一个，外龛右下方约19厘米处有方形不规则孔洞一个（图版四一：2）。

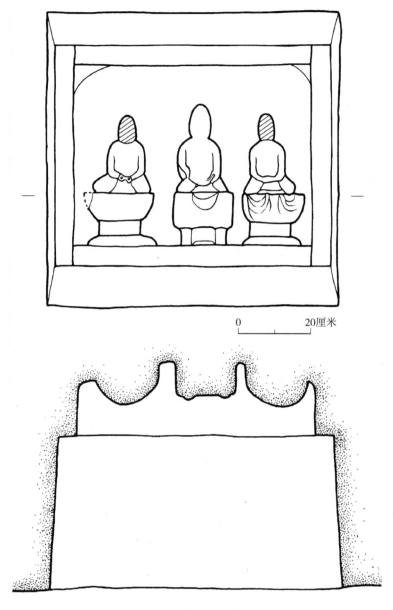

0　　　　　　　20厘米

图四九　030龛正视、横剖面图

4. 龛窟形制

方形双重龛，外龛口宽80、高76、深52厘米，方形龛楣，龛壁、龛顶平，口大内壁小，龛底呈缓坡，平面呈梯形。内龛宽66、高54、深17厘米，方形龛楣有缓弧形三角斜撑，龛顶、龛壁呈缓弧形。内龛底部龛床设长方形基坛，高约5厘米。

5. 龛内造像

内龛正壁高浮雕佛坐像3尊（图四九）。

中央高浮雕主尊佛倚坐像，头部残失，风化严重，通高约37厘米，肩宽约11、肘宽约13、膝宽约15厘米。衣纹漫漶，胸前可见从左肩至右胁下的斜向衣纹痕迹。倚坐于方形台座上，台座宽17、高13厘米。两腿间可见半圆形衣纹。足踏束腰莲花小座。

主尊左侧高浮雕佛坐像，头部残失，现存竖长方形修补孔，残通高28、肩宽10、肘宽10.5厘米。胸部可见阴刻左肩至右胁下弧形衣纹及竖线褶皱纹，应为右衽内衣束腰带；双手下垂置腹部执物，执物漫漶不识。腹前阴刻弧形衣纹。结跏趺坐于束腰座上，悬裳覆座；座宽18、高15.5厘米；座台面为多边形，悬裳衣纹阴刻

缓弧 V 字形，转角处凸起，上边缘略呈波浪形；束腰部分为3个圆形凸起；座基漫漶不清。

主尊右侧高浮雕佛坐像，头部残失，现存不规则形修补孔，残通高30.5、肩宽9.5、肘宽10.5厘米。着通肩袈裟，双手下垂置腹部，食指弯曲指尖与大拇指尖相接，双手指背相对结印。结跏趺坐于束腰座上，膝宽13、座宽17、高15厘米。座台面似有悬裳覆盖，可见三角形痕迹和边缘波浪形起伏；束腰为3个圆形凸起；座基漫漶，似覆莲。下有方形浅台基。

6. 题记

无。

7. 年代判断

中晚唐。后代修补。

表一五　031 龛尊像编号表

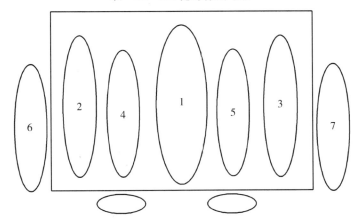

031 龛

1. 相对位置

B 区下部下层，029 龛右侧，032 龛左侧，028 龛、030 龛下侧。左外龛门即 029 龛右外龛门；右外龛门即 032 龛左外龛门。

2. 保存状况

整体风化严重，外龛门、底均长青苔。中央主尊、主尊左侧比丘像头部均残失。外龛龛底被水泥覆盖。

3. 龛内外遗迹

龛顶中上约 9 厘米处有不规则孔洞一个；右外龛门上部有竖长方形孔一个。

4. 龛窟形制

方形双重龛，外龛宽 74、高 64、深 36 厘米。方形龛楣，龛壁平，龛底被水泥覆盖。内龛宽 59、高 50、深 16 厘米，方形龛楣有缓弧形三角斜撑；龛顶、龛壁缓弧形（图版四二：1）。

5. 龛内造像

内龛高浮雕佛坐像一尊、浮雕菩萨立像二尊、比丘立像二尊，外龛浮雕力士立像二尊，共 7 尊（图五〇），编号见表一五。外龛底部龛床浮雕卧狮 2 只。

1 号像，内龛正壁高浮雕主尊佛坐像。风化严重。通高 31 厘米，头部残失，现存竖长方形修补孔，宽 4、高 6 厘米，孔洞周围可见少许雕刻痕迹，是否为头光不明。身着通肩袈裟，肩宽 11、肘宽 11 厘米。两手下垂置腹前，拇指尖与食指尖相接，两手指背相对而置施印。结跏趺坐于束腰莲座上，膝宽 12.5、座宽 17、高 13 厘米。座台正面破损，似浅浮雕仰莲瓣；束腰为若干圆球体相连；座基浅浮雕覆莲瓣，莲瓣下有浅方形基坛，高约 1.5 厘米。

2 号、3 号像，内龛右、左壁各浮雕菩萨立像一尊。风化严重，通高 40、身高 35 厘米，头戴宝冠，梳高

图五〇　031 龛正视、横剖面图

发髻。2 号像左手沿身体左侧下垂，右手屈肘置右肩，手臂与力士像天衣相接。前臂有天衣沿身体侧下垂置座上。3 号像左手屈肘置左，右手沿身体左侧下垂。座高约 5 厘米，纹饰不明。

4 号、5 号像，内龛正壁主尊右、左两侧各浮雕比丘立像一尊。风化严重，4 号像通高约 35、身高约 31、头高 8、肩宽 9 厘米，衣纹不明，双手下垂置腹部，似拱手。5 号像头部残失，残通高 28.5 厘米，衣纹不明，双手合十于胸前。二像均立于方形台座上，座高约 4 厘米。

6 号像，外龛正壁右下部浮雕力士立像。风化严重，通高约 44、身高 31 厘米，身体面向龛外，头部转向右侧龛门而立。头部似戴冠、梳高发髻，天衣自左肩部到右胯部呈环形环绕头部；耳上两侧飘扬冠缯带。右手上举过头顶似持物，右胯突出，自右胯部翻出天衣下垂置座；左手下垂于身体左侧执天衣一角。下着裙，裙长露膝，双赤足叉开分别立于岩座上座下部被水泥覆盖，样式漫漶，残高约 10 厘米。

7 号像，外龛正壁左下部浮雕立像立像。风化严重，通高 46、身高 29.5 厘米。身体面向龛外，头部转向右侧龛门而立。头部似戴冠、梳高发髻，天衣自左胯部到右肩呈圆形环绕头部；耳上两侧飘扬冠缯带。左手上举过头顶似持物，左胯突出，自左胯部翻出天衣下垂置座；右手屈肘置右胯部。下着裙，裙长露膝，双赤足叉开分别立于岩座上分开的两块岩石上，座高约 12 厘米。

另外，外龛壁中部龛底上浮雕 2 卧狮，尾朝龛门相向而卧，身长约 11 厘米。6 号像左侧狮子头部残失，7 号像右侧狮子头部转向龛外，狮足、腹下均被水泥覆盖。

6. 题记

无。

7. 年代判断

中晚唐。后代修补。

032 龛

1. 相对位置

B 区下部下层北端，031 龛右侧，032－1 龛左侧，030 龛下侧。左外龛门即 031 龛右外龛门。

2. 保存状况

风化严重。主尊头部残失，外龛门及龛外长青苔。

3. 龛内外遗迹

外龛顶上方约 15 厘米处有不规则孔洞一个；左外龛门上有竖长方形孔洞一个；右外龛门上部被横长方形框打破；右外龛门下部有一孔贯穿至龛外右侧，直径约 9 厘米。右外龛门上方约 6 厘米有梭形脚窝一个，可见人工开凿痕迹（图版四二：2）。

4. 龛窟形制

方形双重龛，外龛宽 64、高 60、深约 17 厘米，方形龛楣，龛壁、龛顶平，龛底较窄；内龛宽 54.5、高 50.5、深 17.5 厘米，左龛楣有缓弧形三角斜撑，右龛楣有三角斜撑，龛壁、龛顶缓弧形，内龛底部龛床设凹形基坛，高约 4 厘米。

5. 龛内造像

内龛正壁高浮雕佛坐像 1 尊，左右浮雕 2 菩萨立像。内龛底部龛床浮雕卧狮 2 只（图五一）。

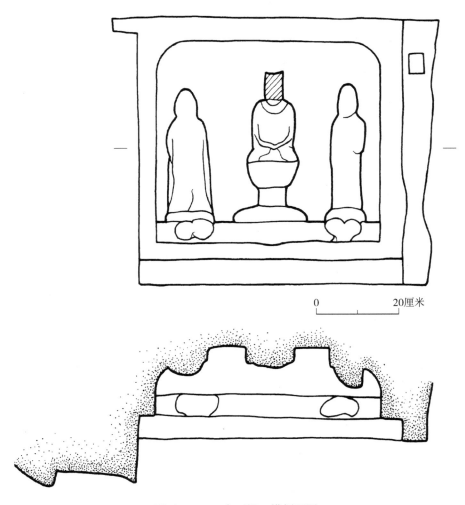

图五一　032 龛正视、横剖面图

中央主尊头部残失，残通高 30、残身高 15.5、肩宽 9、肘宽 11 厘米，身着通肩袈裟，双手下垂置腹前，食指尖与拇指尖相接，指背相对而置结印。结跏趺坐于束腰莲座上，膝宽 13 厘米，悬裳覆座，座宽 15、高 14 厘米。座台面似浅浮雕大仰莲瓣，束腰细长，座基浅浮雕大覆莲瓣。

主尊左侧菩萨立像，头右部残失，通高 32、身高 29、肩宽 8 厘米，左臂残失，立于圆饼形坐上，座高约 3 厘米。

主尊右侧菩萨立像，头部破损，残通高 33、身高 31、肩宽 8、肘宽 11.5 厘米。身体两侧可见下垂天衣。立于圆饼形台座上，座高约 2 厘米。

另外，内龛底部龛床上浮雕卧狮 2 只，尾朝龛外相对而卧，风化严重，残身长约 10.5 厘米。左侧狮子头向龛外。

6. 题记

无。

7. 年代判断

不详，后代修补。

032 右龛

1. 相对位置

B 区下部下层，032 龛右侧。

2. 保存状况

风化严重，龛内外均长青苔。

3. 龛内外遗迹

龛底下方约 5 厘米处有圆形孔贯通 032 龛右外龛壁下部。

4. 龛窟形制

单层方形龛，圆拱形龛楣。宽 24、高 28、深约 6 厘米。

5. 龛内造像

龛壁右侧浅浮雕佛坐像 1 尊，通高 14.5 厘米，头顶似有髻，结跏趺坐。龛壁左侧浅浮雕立像 1 尊，残高 13 厘米。细节漫漶不识。

6. 题记

无。

7. 年代判断

不详。

033 龛

1. 相对位置

B 区上部南端，034 龛左侧，距 B 区下部上层 030 龛直线距离约 2.4 米。本龛右外龛门即 034 龛左外龛门。

2. 保存状况

地表水丰富，外龛顶长青苔。龛内风化严重，水流侵蚀严重，像体酥粉、起壳。内龛正壁 3 主尊头部均残失，两侧壁菩萨坐像头身比例不符，应为后代改刻。外龛力士头部残失。外龛顶残失，右外龛门大部残破。外龛底部龛床与现代水泥地面齐平，有现代砖砌横长方形香台一个（图版四三）。

3. 龛内外遗迹

内龛顶上方约 15 厘米处有水平槽一条，约宽 14.5、横长 145.5 厘米。内龛底部龛床外缘有两圆形浅坑，直径 8～9 厘米。

4. 龛窟形制

方形双重龛，外龛顶残失，宽 150、残高 136、深约 36 厘米，龛楣、龛顶不明，龛壁平。内龛宽 123、高 114、深 59 厘米，方形龛楣有三角斜撑，三角斜撑上浅浮雕卷草纹；龛顶平，龛壁平，转角处呈缓弧形，龛底设凹字形基坛，以阴刻线分段，一像一段。内龛门、龛楣浅浮雕波浪状卷草纹带，宽约 10～12.5 厘米，卷草以大 C 字形交互并列，分叉部分伸出小芽；茎蔓圆，粗细较均匀，卷曲末端为圆形。

5. 龛内造像

内龛正壁高浮雕佛坐像 3 尊（1～3 号）、侧壁高浮雕菩萨坐像 2 尊（4 号、5 号）、正壁浅浮雕比丘立像10尊（8～17号）、鸟身人首像2尊（18号、19号）、小坐佛像10尊（20～29号）、龛顶2环状浮雕云，云内各造1像（30号、31号），漫漶不识。共造像31尊（图五二～五五）。编号见表一六。

表一六　033龛尊像编号表

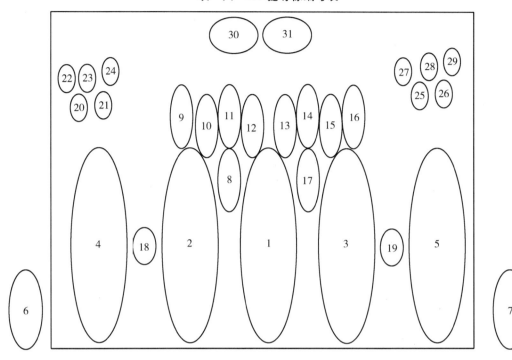

　　1号像，内龛正壁中央佛坐像。通高95厘米，头部残失，现存竖长方形修补孔，宽6、高9.5厘米，孔内残存竖长方形砂岩石块。双重头光，外层宝珠形，宽28.5、高45厘米，透雕火焰纹；内层圆形，由内到外依次为素面圈、浅浮雕5莲瓣、弦纹2道、连珠纹。

　　身体残高24、肩宽15、肘宽17.7厘米。肩、胸部漫漶，身着通肩袈裟，腹前阴刻U字形衣纹。左臂略弯下垂手置腹前，持扁平球形持物；袈裟一角自左前臂下垂覆左腿左侧置座上；右手下垂伏右膝上，手指朝下，手掌朝内。双重身光，外层宽37、高36.5厘米，透雕火焰纹；内层由内向外依次浅浮雕大莲瓣纹（宽约7厘米）、弦纹、连珠纹。

　　结跏趺坐于束腰座上，膝宽22厘米，腿部衣纹阴刻平行半圆形。台座宽33、高27厘米，座台面大部被悬裳覆盖，呈六边形，转角处向上凸起呈波浪形、悬裳中部亦有凸起，似表现悬裳下的双层莲瓣；悬裳上阴刻平行细半圆形衣纹，下端厚重，略向上翻起，正面为4个半圆形波折，二侧面各有4个半圆形波折。台面下段有多边形台，用2道水平阴刻线分为三层，中间一层阴刻花纹。束腰部水平并列三个大扁平球体，直径约11厘米。座基浅，风化严重，浅浮雕大覆莲瓣，莲瓣宽约10厘米。座基下为基坛，宽33.5、高5厘米。

　　2号像，内龛正壁右侧佛坐像。通高94厘米，头部残失，存竖长方形修补孔，孔宽5.7、高9.2厘米，孔内残存竖长方形砂岩石块。双重头光，外层宝珠形，宽28.5、高45厘米；内、外层样式均与1号像头光基本一致；外层头光上部火焰纹之间透雕三叶纹。

　　身残高22、肩宽14、肘宽19.5厘米。肩部略漫漶。内着左肩至右胁下内衣，右肩披覆肩衣，左腋部有袈裟吊环，袈裟一角穿过吊环下垂。双手下垂置腹前，拇指尖与食指尖相接，指背相对而置施

图五二　033 龛正视图

　　印。舟形双重身光，外层身光宽 39、高 35.5 厘米，内、外层样式均与 1 号像身光相同。

　　结跏趺坐于束腰莲座上，膝宽 21.5 厘米。腿中部衣纹阴刻半圆形，悬裳覆座。台座高 27.5、宽 33 厘米，样式与 1 号像台座基本一致，不同之处为座台面下部的三层多边形台上无纹饰。基坛宽 43、高 4.5 厘米。

　　3 号像，内龛正壁左侧高浮雕佛倚坐像。通高 95 厘米，头部残失，现存大、小两个修补孔，大孔为方形，边长约 9 厘米，较浅；小孔为竖长方形，宽 4.5、高 6.5 厘米，孔外尚存少量颈部砂岩。有双重头光，样式与 1 号像相同，外层头光宽 31、高 47 厘米。

　　身体残高 41、肩宽 14.5、肘宽 20.5 厘米。内着左肩至右胁下的内衣，肚脐附近有横向纽（带?）

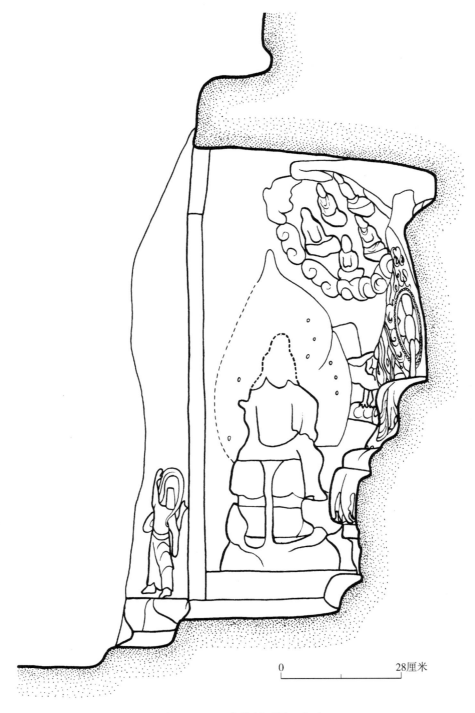

图五三　033龛纵剖面图（右壁）

相系；右肩、臂披覆肩衣，覆肩衣一角在右下腹部披入袈裟，翻出后下垂至右大腿内侧；外披袈裟，
袈裟一角自下腹部绕过身前，搭于左前臂上后沿身体左侧下垂置座。双重身光，样式与1号像相通，
外层宽38、高34.5厘米。

　　双腿分开倚坐于束腰座上，膝宽21、座宽32.5、高27厘米。腿部、双腿间均阴刻平行U字形
衣纹，裙长露踝，赤足踏束腰小莲座。座台平面为凸字形，分上下两层；束腰横长方形，宽约24、

图五四　033 龛纵剖面图（左壁）

高 7 厘米；座基平面为横长方形，分 3 层，小莲座位于最下一层上；小莲座台面浮雕仰莲，座基浮雕覆莲，宽约 8.4、高约 7 厘米。座下基坛宽 36、高 6 厘米。

　　4 号像，内龛右壁高浮雕菩萨半跏趺坐像。水侵、风化严重，像体严重酥粉、起壳。通高 81、身高 44、头高 13 厘米，面向龛左壁。头的位置低于头光，颈短，比例不符，应为后代改刻。头部戴高

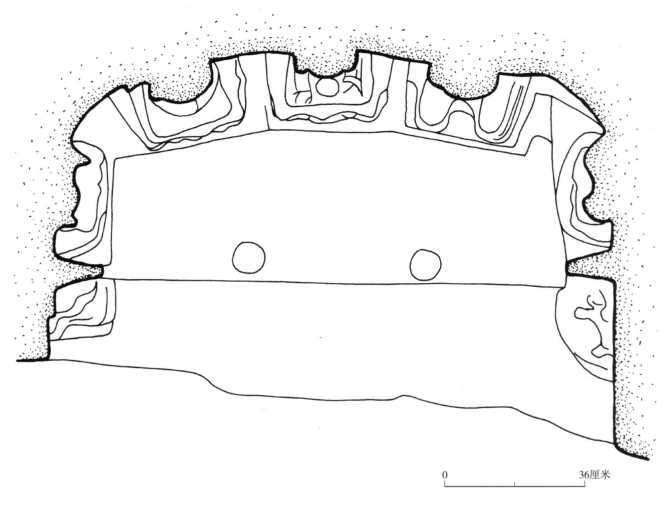

图五五　033 龛横剖底视图

宝冠或梳高发髻，头两侧耳上有冠缯带痕迹。有头光，外层宝珠形，宽 24、高 36 厘米，残件阴刻火焰纹。内层漫漶不识（图版四四）。

肩宽 16、肘宽 21 厘米。腹前可见天衣痕迹。左手前臂残断，可见天衣自腹部上绕至肘；右手下垂置右膝。有身光，外层宽 35.5、高 32 厘米，阴刻火焰纹，内层漫漶不识。

左脚下垂踏小莲座，右腿盘腿于座上，足尖置左膝右侧。膝宽 20 厘米，座为束腰座，宽 26、高 27 厘米。悬裳覆座，样式与 1 号像相似，不同之处为座基中部伸出左右两支莲茎，左侧莲茎支撑左脚下束腰小莲座，右侧莲茎上为梭形莲蕾。座台面中部下垂条状天衣置座基。座下基坛宽 27.5、高 6.5 厘米。

5 号像，内龛左壁高浮雕菩萨瓣跏趺坐像。水侵风化严重，岩层表面剥落。通高 78、身高 44、头高 14 厘米，面向龛右壁。头小，且位置低于内层头光，颈短，比例不符，应为后代改刻。头顶有圆形高发髻，头两侧可见呈三段式的冠缯带，其中两股沿肩、臂下垂至肘部。有双重头光，外层宝珠形，宽 26.5、高 32 厘米，残件阴刻火焰纹，内层由内向外依次为素面圈、阳刻弦纹、连珠纹。

肩宽 16、肘宽 19.5 厘米，左手下垂置左膝，右手下垂置右膝，右前臂较细，比例不符，似前臂残后改刻。有舟形身光，宽30、高25.5厘米，阴刻火焰纹。内部漫漶不识（图版四五）。

左腿盘腿于座上，右腿下垂置小莲座，膝宽20.8厘米。座为束腰座，高28、宽28厘米，样式与4号像座基本一致。悬裳覆座，台面风化严重，可见边缘呈波浪形；束腰部由3个扁平的球状体组成；座基浅浮雕覆莲瓣，中央伸出2支莲茎，左侧为莲苞，右侧莲茎支撑菩萨右脚下的小莲座。座下基坛宽43、高8.5厘米。

6号像，外龛右龛壁下部浮雕力士立像1尊。通高44.5厘米，头部残失，现存竖长方形修补孔，残身高23厘米。像体风化严重，头部环绕环状天衣，左臂展开下垂至胯部，手执天衣一角；右手上举过头部，似执棍状物，右腋下伸出天衣飘扬，沿外龛壁下垂至座。下着裙，可见左膝上裙边，赤足立于不规则座上，似岩座。

7号像，外龛左龛壁下部浮雕力士立像1尊。通高47、身高36厘米，像体风化严重。头顶环绕环状天衣，左手屈肘上举，肘为直角，腋下伸出天衣绕执腰部，翻转后沿左腿侧呈3字形下垂；右手展开朝右下方，右腰侧翻转出天衣下垂。下着裙，可见两层，上层短，止于膝上；下层长，遮踝。足、座漫漶。此像头小、颈短，左右两臂及腿部裙纹比例失调，形式呆板，似后代改刻。

8~12号像，内龛正壁右上部第1、2号像头光之间浮雕比丘立像5尊。8号像通高33厘米，面、颈部残失，内着圆领内衣，外批通肩袈裟，胸部袈裟衣纹呈U字形，双手合十于胸前，袈裟覆盖手臂，腹部衣纹为左高右低斜向阴刻缓弧线，不露足。9号像头部残失，可见高度12厘米，着通肩袈裟，双手合十，手部被10号像头部遮挡；10号像可见高度23、肩宽12厘米，头左侧残失，着通肩袈裟，双手合十；11号像可见高度21、头高9、肩宽9.5厘米，双手合十；12号像可见高度21、肩宽11厘米，头部残失，着通肩袈裟，双手合十。

13~16号像，内龛正壁左上部第1、3号像头光之间浮雕比丘立像5尊。13、14号像仅存轮廓痕迹；15号像可见高度20厘米，面部残失，着通肩袈裟，双手合十；16号像可见高度14厘米，身体漫漶，头部残失现存竖长方形修补孔；17号像通高42、肩宽11厘米，面部残失，双手合十于胸前，袈裟覆盖手臂，腹部衣纹为左高右低斜向阴刻缓弧线。

18、19号像，内龛正壁右侧、左侧各浅浮雕人首鸟身像1尊。18号像位于2号像右侧，通高24厘米，人首，头高5.3厘米，面部漫漶，双手胸前合十。肩部长双翼，左翼长9.7、右翼长8厘米。鸟身，腹部阴刻细羽。有双爪，均可见3尖趾。有长尾羽，长约13厘米，反翘至2号像身光右侧，部分被身光遮盖。立于台状云上，云台约宽11、高4厘米，浅浮雕卷云。19号像位于3号像左侧，像体风化脱落严重，仅见轮廓。可见高度约26厘米，可见人首，双手合十，双肩翼的痕迹；双爪有3尖趾，有长尾翼长约16.7厘米，尾端呈三角形。立于台状云上，云左侧有云尾向上延伸。

20~24号像，内龛右壁至侧壁的拐弯上部，有环状云，约宽41、高42厘米，云上端有带状尾，绕圆形弯后伸向云外内侧。云环由8组相对卷云纹组成，每组约宽10、高5厘米。云环内浮雕佛坐像5尊，分2排，下排2尊，上排3尊，均结跏趺坐于单层仰莲台上，身着通肩袈裟，双手垂于腹部相叠，是否持物不明。20号像通高10厘米，头右部残；21号像通高12.5厘米，基本完整；22号像通高13.2厘米；23号像头顶残，残高11.5厘米；24号像通高14.5厘米。

25~29号像，内龛右壁至侧壁的拐弯上部，有环状云，水侵严重，风化脱落仅存痕迹，云环内残见5尊坐佛痕迹。

30、31 号像，内龛顶部中央浅浮雕 2 环状云，云内各有 1 尊像。似飞天，漫漶不明。

6. 题记

无。

7. 年代判断

晚唐。后代修补。

034 龛

1. 相对位置

位于 B 区上部，033 龛右侧，034 龛左侧。本龛左外龛门即 033 龛右龛门，本龛右外龛门即 035 龛左龛门。

2. 保存状况

外龛顶部分残缺，左右外龛门上部均被打破。内看门上卷草纹风化严重。龛内造像严重水侵、风化，主尊面部、华盖左部残缺，左右两壁造像大部漫漶。龛外长青苔。外龛底部龛床与现代水泥地面齐平，有现代砖砌横长方形香台一个。

3. 龛内外遗迹

内龛底部龛床有 3 个圆形浅坑，直径 5~6 厘米；外龛底部龛床右部有一个圆形浅坑，直径约 8.5 厘米。

4. 龛窟形制

方形双重龛，外龛宽 138、高 144、深 30.8 厘米，龛楣方形，龛壁平，左龛门上部斜向残缺三角形，右龛门上部整齐残缺竖长方形，龛顶宽度略小，平面略呈梯形。内龛宽 108、高 112、深 54 厘米，方形龛楣有三角斜撑，龛壁平，龛顶平略外高内低倾斜，正壁与侧壁转角处接近直角；龛底内高外低倾斜，略凹。内龛门外浅浮雕卷草纹，左龛门外卷草纹宽约 12.5 厘米，右龛门外卷草纹约下宽 15、上宽 10 厘米。卷草以大 C 字形交互并列，分叉部分伸出小芽；茎蔓圆，粗细较均匀，卷曲末端为圆形（图版四六）。

5. 龛内造像

内龛正壁高浮雕千手观音倚坐像 1 尊（1 号），右、左壁下部各浮雕明王像 1 尊（2、3 号）、供养人跪像 4 尊（4~7 号），右、左壁上部环状云内各浅浮雕佛坐像 5 尊（8~12、13~17 号），龛顶 2 环状云内各浅浮雕飞天 1 尊（18、19 号）。共 19 尊（图五六~五九）。编号见表一七。

1 号像，内龛正壁高浮雕千手观音倚坐像。头顶、面部残缺，部分手臂残失。坐（头顶圆形物至足）高 67.5 厘

表一七　034 龛尊像编号表

图五六　034 龛正视图

　　米。头上方有华盖，盖身大部残失，残宽 35.7、高 29 厘米，盖顶有两层多棱形框，框上浅浮雕卷云纹样，两侧向下翻卷，盖顶宝珠形。

　　头顶有较高冠状物，顶为圆形。耳部两侧可见冠缯带痕迹，三短股至耳旁，三长股长披肩至肘侧，一长股垂置胸部；颈部三蚕道。肩宽 18 厘米，胸前戴项圈，两侧下垂连珠璎珞，交于腹部圆形饰物，后沿大腿内侧下垂，绕膝下。肩披父字形天衣，下垂至膝部后交叉横上搭双腕，后下垂覆大

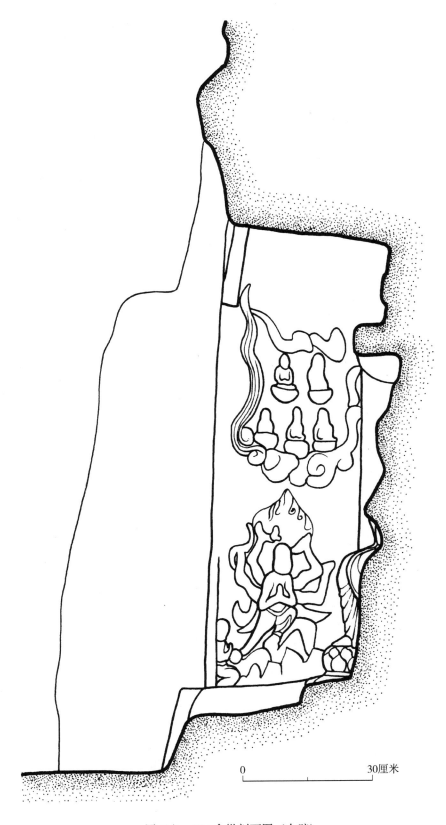

图五七　034 龛纵剖面图（右壁）

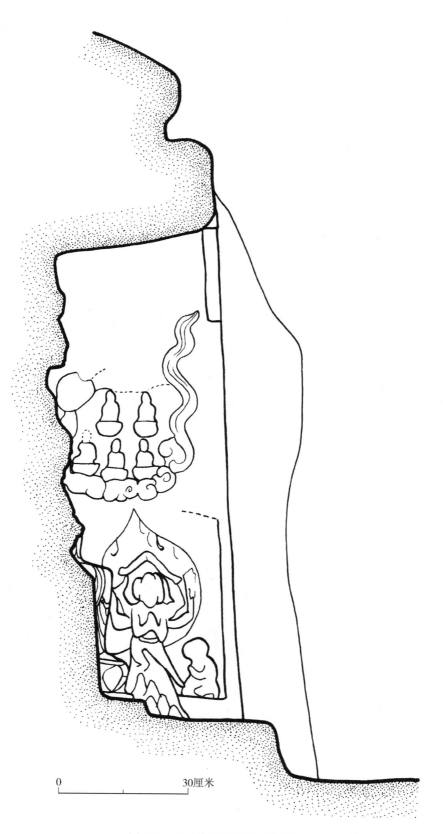

0   30厘米

图五八 034龛纵剖面图（左壁）

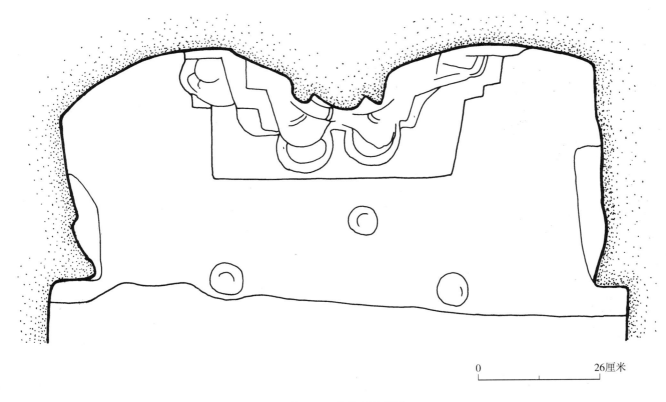

图五九　034龛横剖底视图

腿、座侧。下着裙，系腰带，小腿部可见 U 字形裙纹，裙长遮踝，露足尖，足踏小束腰莲座。膝宽 25 厘米，倚坐与束腰方形座上，台面宽厘米，座通高厘米，台面两层素面框，上层大下层小；束腰方形素面框；座基双层素面框，上层小下层大，下层靠近龛壁处有二阶梯状转角。菩萨足下莲座位于下层座基上。小束腰莲座台面宽 7、通高 11 厘米，台面浅浮雕 3 层仰莲瓣，束腰浅，座基浅浮雕覆莲瓣。

尊像高浮雕手臂可辨识约 20 只，所在范围约宽 55、高 40 厘米，大致呈方形。其中二臂双手合十于胸前，戴腕钏；二臂屈肘高举似捧头顶高冠状物，上臂搭天衣下垂；身体右侧手臂约 10 只，部分可见戴腕钏，持物风化不辨；身体左侧可辨手臂约 6 只，个别可见戴腕钏，持物不辨。

尊像周围龛壁浅浮雕圆形，约宽 86.5、高 69 厘米，由内到外依次为浅浮雕 3 层手掌，素面圈、火焰纹背光。内层手掌可见 16 只手掌，拇指在上；中层手掌可见 32 只手掌；外层手掌可见 37 只手掌，手掌约宽 2.5、长 4 厘米。背光宝珠形，火焰纹风化较严重，仅见圆形凹坑，尖部延伸至龛顶口部。

2 号像，内龛右壁下部浮雕明王跨立像。通高约 42 厘米，身体细节大部漫漶。可见有宝珠形火焰头光，宽约 11 厘米；六臂，二臂胸前合十，四臂屈肘上举，均持物，其中右下臂似持蛇状弯曲物，其余漫漶不辨。下身似着裙，左腿屈膝上抬踩岩座，右腿伸直后跨，腿侧龛壁似浅浮雕天衣痕迹。岩座浅浮雕山石，左高右低，高约 11 厘米。尊像右下侧有小跪像（6 号）（图版四八）。

3 号像，内龛左壁下部浮雕明王跨立像。通高约 42 厘米，风化严重细节大部不辨。可见有宝珠形背光，残见火焰纹痕迹。似有三头六臂，头部漫漶不辨，二臂胸前合十，二臂屈肘上举至头顶似持一直角形物，其余二臂屈肘持物，漫漶不辨。下着裙，右腿屈膝上抬踩岩座，左腿伸直后跨。岩座浅浮雕山石，右高左低。尊像左下侧有小跪像（7号）（图版四七）。

4号像，内龛正壁1号像右下侧浮雕供养人跪像。身体左半部漫漶，通高21厘米。头部似戴冠，右手屈肘举胸前，朝1号像方向跪坐于1号像座基下层右部。

5号像，内龛正壁1号像左下侧浮雕供养人跪像。身体细节漫漶，通高23.4厘米。头顶似有发髻，左手屈肘举胸前持一方形物，左腿屈膝直立，右腿下跪于1号像座基下层左部。

6号像，内龛右壁下部2号像右侧供养人跪像。身高约14厘米，双手合十胸前，面朝2号像方向跪坐。

7号像，内龛左壁下部3号像左侧供养人跪像。身高约13厘米，低头，双手屈肘胸前合十，面朝3号像方向跪坐。

8～12号像，内龛右壁上部环状卷云内浮雕佛坐像5尊。风化严重。卷云约宽28、高41厘米，云尾朝向内龛右侧三角斜撑方向。5尊佛像三下二上，可见双手下垂合于腹部，结跏趺坐于莲台上。

13～17号像，内龛左壁上部环状卷云内浮雕佛坐像5尊。风化严重。卷云约宽34、高47.5厘米，云尾朝向内龛左侧三角斜撑方向。5尊佛像三下二上，可见结跏趺坐于莲台上。

18、19号像，内龛顶部环状卷云内浮雕飞天像2尊。火焰背光右侧为18号像，左侧为19号像。18号像风化严重细节不辨，仅见环状卷云及飞天大致身形。19号像卷云宽约26厘米，云尾朝龛顶口中央位置，头在左腿在右，头顶朝龛顶口方向，右手平举屈肘持一圆形物。

6. 题记

无。

7. 年代判断

晚唐。

035 龛

1. 相对位置

B区上部，034龛右侧，036龛左侧。本龛左外龛门即034龛外右龛门，本龛右外龛门即036龛左外龛门。

2. 保存状况

龛体风化严重，左外龛门上部、左龛楣被打破，左内内龛部分残破。右外龛门上部被横向方形凹槽打破，下部不规则残破。龛内壁3主尊、2比丘造像像体均被凿毁，仅存头光、身光；两侧壁菩萨造像风化严重；外龛左侧力士像头部残失；龛顶造像风化严重，漫漶不识。龛顶外长青苔。外龛底部龛床与现代水泥地面齐平，有现代砖砌横长方形香台一个。

3. 龛内外遗迹

外龛顶上方5～10厘米有水平刻槽，竖高约9、横长约317厘米，延伸至036龛右外龛楣上方。内龛底部龛床有圆形浅坑3个，直径6～7.5厘米。

4. 龛窟形制

方形双重龛，外龛宽150、高145、深25厘米，方形龛楣，左龛楣残失，龛壁、龛顶平；内龛宽

117、高 115.5、深 73 厘米，方形龛楣有三角斜撑，龛顶平，顶与壁转角、龛壁上部为弧形，下部两侧壁与正壁均较平，转角接近直角。内龛正壁底设山字形基坛，分列 3 主尊；山字形基坛后设双层基坛，上层高 11、下层高 18 厘米，分列 2 比丘；两侧壁底设方形基坛（图版四九）。

内龛门、楣均浅浮雕卷草纹，宽约 15 厘米，龛楣卷草以大 C 字形交互并列，分叉部分伸出小芽，卷曲末端为大三叶形；龛门两侧卷草以 e 字形交互并列，分叉部伸出小芽，卷曲末端为圆形。圆茎蔓粗细较均匀。龛楣三角斜撑浅浮雕卷草纹。

5. 龛内造像

内龛正壁残存主尊造像头光、身光 3 尊，小立像 2 尊，左右侧壁各高浮雕菩萨立像 1 尊，龛顶浅浮雕飞天 2 尊，外龛浮雕力士立像 2 尊（图六〇）。共 11 尊，编号见表一八。

表一八　035 龛尊像编号表

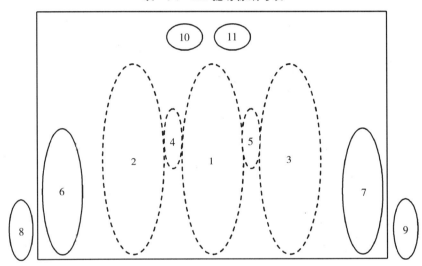

1 号像，内龛正壁中央主尊像。仅存头光、身光及部分座、基坛，像体不存。1 号像痕迹通高 94 厘米，有头光，宝珠形，宽 29.5、高 34.5 厘米，透雕火焰纹，火焰呈内外双层交错分布。头光内部为圆形凹坑，横向直径 18.5、深 3 厘米，坑壁分布粗点状凿痕，凹坑一致延续至肩部，应为后代改刻所致。头光顶部有高浮雕伞形华盖，可见 3 边；伞脊明显突出，边角上翘，伞缘成连弧形，伞缘上浅浮雕大连珠纹；伞内有半圆形突出部分连接头光，似伞轴。有双重身光，椭圆形，宽 44、高 38.5 厘米，外层透雕火焰纹，火焰呈内外双层交错分布，内层为素面圈带。台座残存痕迹宽 34、高 28 厘米，可见 5 边，有束腰。座下基坛宽 41、高 20 厘米，素面。

2 号像，内龛正壁右侧造像。像体不存，痕迹通高 88 厘米，仅存头光和身光右部、座下部及基坛。头光痕迹宽 29、高 38 厘米，透雕火焰纹。基坛宽约 47、高 12 厘米。

3 号像，内龛正壁左侧造像。像体不存，痕迹通高 86 厘米，仅存座下部及基坛，身光痕迹宽 36、基坛宽 52、高 11 厘米。

4 号像，内龛正壁 1 号像右侧立像。像体不存，仅残留痕迹。通高约 43 厘米，圆形头光，宽约 16 厘米。残见圆饼形座，直径约 13、高 2.7 厘米。座下为双层基坛。

5 号像，内龛正壁 1 号像左侧立像。像体不存，仅残留痕迹，通高约 44 厘米，圆形头光，宽约

图六〇　035龛正视、纵剖面（右壁）图

14.6厘米。残见圆饼形座，直径约14、高2.5厘米。座下为双层基坛。

6号像，内龛右壁高浮雕菩萨立像。像体风化严重，通高87厘米，头顶略残缺，残身高50厘米。面部漫漶，头两侧似有冠缯带下垂。颈部有蚕道。有双重头光，外层宝珠形，宝珠尖部向右侧倾斜，外层宽25、高37.5厘米，可见火焰纹痕迹；内层漫漶，残见圆形素面圈。肩披天衣，腹部可见横向天衣交错，小腹略鼓，可见腰带痕迹和圆饼状物，有两股璎珞从圆饼状物下垂的痕迹。

肩宽约14.5、肘宽约19.5厘米，左手沿身体左侧下垂，手部残，手下部有天衣沿腿部下垂置座；右手屈肘举于右肩部，手部残，前臂下垂天衣，呈波浪形沿身体右侧下垂置座。腿部可见横向弧线裙纹。赤足，双脚略呈八字形，分别立于2小束腰莲座上，2座通宽约22厘米，小座约宽11、高10厘米，座台浮雕双层仰莲瓣，座基漫漶不识。座下有方形素面基坛，约宽25、高11厘米。

7号像，内龛左壁高浮雕菩萨立像。像体风化严重，表面酥粉、起壳，细节基本不识。通高约96厘米，有宝珠形头光，宽34、高47厘米，宝珠尖部长约19厘米，可见火焰纹痕迹。头右部残缺，面部漫漶。肩宽14、肘宽20.5厘米，左手屈肘举置左肩，手部残缺，前臂下垂天衣至膝部；右手沿身体右侧下垂，手执环状物，风化不识，手下有天衣下垂置基坛。小腹鼓，左胯略突出。双足分立于2小莲座上，样式与7号像相似。座下有方形素面基坛，宽29.5、高6.5厘米。

8号像，外龛正壁右下部浮雕力士立像。通高37、身高26厘米，身体朝左龛门方向，头朝龛外。头顶天衣呈环状围绕，与外龛壁形成三角平台。左手上举，右手下垂，左胯略突出，腰部伸出天衣一段。腿部裙两层，短至膝上，长至遮踝。双足叉开，分立于方形岩座上。座宽约15、高11厘米。似经后代改刻。

9号像，外龛正壁左下部浮雕力士立像。通高35厘米，头部残失，现存较深的竖长方形修补孔。头部有天衣呈环状围绕，左手下垂按左腿，右手上举，手部残。右胯突出，双足叉开立于岩座上。腿部裙2层，短至膝上，长至遮踝。岩座风化严重，高约14厘米。

10～11号像，内龛顶部靠近龛口浅浮雕一对乘云人物，似飞天，风化严重。头向龛口，双手屈肘上举，似持物。一腿屈膝弯曲，一腿伸直向身后伸出。云端长，呈波浪形向龛口伸出。

6. 题记

无。

7. 年代判断

晚唐。后代改刻。

036龛

1. 相对位置

B区上部，035龛右侧，037龛左侧。本龛左外龛门即035龛外右龛门，本龛右外龛门即037龛左外龛门。

2. 保存状况

风化严重，内外龛门楣均长青苔。左外龛门上部被横长方形槽打破，下部不规则残缺；右外龛门、楣均被037号龛打破。龛内正壁3主尊身体薄、细，均为后代改刻，2力士头部均残缺，现存竖长方形修补孔。外龛底部龛床与现代水泥地面基本齐平。

3. 龛内外遗迹

外龛顶上方约 11.5 厘米处有水平刻槽，左端延伸到 035 龛左龛楣上方。刻槽上下约宽 9、深 6、横长约 317 厘米。内龛底部龛床上有 3 个圆形浅坑，直径约 5.4～7 厘米。

4. 龛窟形制

方形双重龛，外龛宽 137.5、高 146、残深约 30 厘米，方形龛楣，右龛楣残失，龛壁、龛顶平；内龛宽 107、高 124、深 72 厘米，方形龛楣有三角斜撑，龛顶平，顶与壁转角为弧形；两侧壁内扩，与正壁转角接近为锐角。内龛底龛床设凹字形基坛，分列 3 主尊；凹字形基坛上设横长基坛，高约 10 厘米，分列 2 比丘。内龛底龛床外缘向内凹陷呈半圆形（图版五〇）。

内龛门、楣均浅浮雕卷草纹，宽约 16 厘米，龛楣卷草以大 C 字形交互并列，分叉部分伸出小芽，卷曲末端为大三叶形；圆茎蔓粗细较均匀。龛楣三角斜撑浅浮雕卷草纹，样式与 035 龛相同。

5. 龛内造像

内龛正壁主尊坐像 3 尊、比丘立像 2 尊，左右侧壁浅浮雕供养人像 2 尊，龛顶浅浮雕飞天像 2 尊；外龛浮雕力士立像 2 尊、伎乐天像 9 尊，共 20 尊，编号见表一九（图六一）。

1 号像，内龛正壁中央主尊像。身体薄、细、小，应为后代改刻，座亦应为后代改刻；头光、身光、华盖、基坛保留原状。现存造像身体无头，头部有方形修补孔，肩约宽 8.5、残高 20 厘米，左手不明，右手屈肘持如意，结跏趺坐，膝宽约 21.5 厘米，腿部薄。

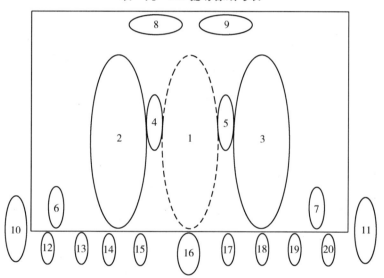

表一九　036 龛尊像编号表

头光为双重头光，外层宝珠形，宽 32、高 29 厘米，透雕火焰纹；内层为圆形，由内向外依次为素面圈、浅浮雕卷草纹带、弦纹、连珠纹。卷草纹带宽约 4 厘米，由 C 字形交互并列卷草组成，呈连续 S 形。头光上方有高浮雕华盖，伞形，可见 3 边，伞脊突出，边缘反翘，伞缘成弧形波浪形，正面伞背上有 2 并列分布的凸起，漫漶不识；伞顶有卷云纹装饰，风化严重。

身光为双重身光，外层宽 41.5、高 34 厘米，透雕火焰纹；内层与外层交界处由内向外依次为连珠纹、素面带、连珠纹。从身光高度推测此像原应为坐像。

现存座约高 20、宽 27 厘米，台面浅浮雕上下 2 层波浪状线条，似悬裳。台面下部为 3 个扁圆球体，球体上浮雕带状物。此座应为后代改刻。座下有圆形浅座基和方形基坛。

2 号像，内龛正壁右侧主尊骑像坐像。通高 79 厘米，主尊身体薄而小，头部现存竖长方形修补孔，肩约宽 9、身体残高 17 厘米，左手屈肘于胸前，持圆形物；右手下垂抚右腿部。结跏趺坐，腿部薄。此像应为后代改刻。

有头光，为双重头光，外层宝珠形，宽 26.5、高 37 厘米，透雕火焰纹；内层由内向外依次为素

图六一 036龛正视、横剖面图

面圈、连珠纹、素面带、连珠纹。双重身光，外层宽 41.5、高 34 厘米，呈扁圆形，透雕火焰纹上部宽、下部窄。外层与内层交界处由内向外依次为连珠纹、素面带、连珠纹。座为高浮雕大象，仅尾部与正壁相连。通长 30.5、高 24.5 厘米。象首基本保存完好，可见长鼻痕迹和双大耳。左侧两肢大部分保存，右侧两肢残断，仅见右后趾。

3 号像，内龛正壁左侧主尊骑狮坐像。通高 79 厘米，主尊头部残失，现存竖长方形修补孔，身体薄而小，双手屈肘合于上腹部，似持物，手下有倒三角形垂物。结跏趺坐，腿部薄。此像应为后代改刻。

双重头光，外层宝珠形，宽 24.5、高 37 厘米，样式与 2 号像头光基本一致。双重身光，外层宽 35、高 32 厘米，样式与 2 号像身光基本一致。座为高浮雕狮子，风化严重，高 27、通长 28.5 厘米。可见头部的鼻、嘴及牙齿，三肢残缺，仅存右后肢。

4 号像，内龛正壁右侧 1、2 号像之间浮雕比丘立像。通高 46.5、身高 39.5、头高 8 厘米，夹于 1 号、2 号像身光之间，头圆而丰满，五官端正。有圆形头光，内部凹陷，中心为圆素面圈，周围是放射状锯齿纹；外围凸出，浅浮雕大连珠纹。颈部有蚕道，肩部被遮挡，身着通肩袈裟，双手合十于胸前，前臂下垂袈裟至膝下，下着裙长至坛上，遮足。

5 号像，内龛正壁右侧 1 号、3 号像之间浮雕比丘立像。通高 44、身高 37.5、头高 10 厘米，夹于 1 号、3 号像身光之间。头部瘦长，头顶凸，面部漫漶。有圆形头光，样式与 4 号像一致。肩宽 9.5、肘宽 12.5 厘米，颈部有竖向筋状物，着通肩袈裟，双手合十于胸前，双前臂下垂袈裟至膝下。下着裙，长置坛上，遮足。

6 号像，内龛右壁下部浅浮雕小像。现存像体通高约 19 厘米，细部漫漶，立于坛上。此像应为后代改刻。头上方有椭圆形凹坑，坑内凿痕明显，通高约 30 厘米。

7 号像，内龛左壁下部浅浮雕小像。现存像体通高约 20.5 厘米，立于坛上的圆饼形座上。面部可见五官，似比丘。此像应为后代改刻。头上方有椭圆形凹坑，凿痕明显，通高约 31 厘米。

8 号像，内龛龛顶右侧浅浮雕乘云飞天像。头顶朝龛左侧，腿朝龛楣三角斜撑左角，通长 35 厘米，整体成新月形弯弧。面朝主尊方向，约头高 6.5、肩宽 5 厘米，左臂向上屈肘似托有一物，右臂微张下垂，手持天衣一端。左腿屈膝高抬，腿部缠绕天衣，阴刻斜向密集衣纹；右腿向后舒展伸长，置右龛楣三角斜撑左角处。

9 号像，内龛龛顶左侧浅浮雕乘云飞天像。头顶朝龛门外，腿朝龛内，通长约 35 厘米，乘云呈 U 字形，尾部伸置右龛楣三角斜撑右角处。面朝主尊方向，头高约 5 厘米，双臂高举合于头顶，捧一圆形物。双肘处下垂天衣沿身体两侧飘扬。左腿屈膝高抬，右腿向身后伸长，腿部缠绕天衣。

10 号像，外龛正壁右下部浮雕力士立像。通高约 55 厘米，头部残失，现存竖长方形修补孔。头部有环状天衣围绕，顶部与外龛壁之间呈三角形。左手微展下垂，持长棍状物向上伸出，左腰部伸出天衣上下分开；右手高举，前臂残失，右肩部下垂天衣绕至右腰。右胯突出，腹部可见横向衣纹似裙带；下着长裙，双腿间阴刻平行 U 字形衣纹，裙长遮踝。双足八字形张开分别立于二分开的岩座上，座高约 18 厘米，漫漶。

11 号像，外龛正壁左下部浮雕力士立像。通高约 52 厘米，头顶环绕天衣残失，仅存痕迹，高约 5 厘米。面部扁平，左手伸直上举，手指张开，应为后代改刻。右臂残断。腰部伸出上下两股天衣，向上弯曲至腋下，向下沿身体侧竖向下垂。下着裙，有上下两层，上层短至腹股沟，下层长至遮踝。双腿见可见2道U字形衣纹。双足八字形张开分别立于二分开的岩座上，座高约16厘米，中部为竖向凸出岩石。

12～20号像，外龛底龛床与内龛龛床台阶处浮雕9尊伎乐天像。其中16号为立像，其余均为坐像，通高约16厘米。12号、13号之间有横向古琴状乐器，16号风化严重，似2人执手相对而立；18号手持半弓状乐器于身体右侧；20号于身体左侧持琵琶状乐器。

6. 题记

无。

7. 年代判断

晚唐，明代改刻。

037 龛

1. 相对位置

B区上部，036龛右侧，038龛左侧。本龛左外龛门即036龛外右龛门，本龛右外龛门即038龛左外龛门。

2. 保存状况

外龛顶、左右龛楣被后代水平刻槽打破，残见粗圆点状凿痕。左外龛门下部及小立像大部残失；龛内2主尊头、肩、臂等均被后代改刻。莲座、龛底风化严重，长青苔（图版五一）。

3. 龛内外遗迹

内龛底龛床外缘有圆形浅坑2个；基坛中部有圆形浅坑1个。

4. 龛窟形制

方形双重龛，外龛宽101.5、残高136、残深13厘米。龛顶、龛楣均被后代刻槽打破，外龛底部龛床被打破，与现代水泥地面齐平；内龛宽71.5、高107.5、深34厘米。方形龛楣有三角斜撑，正壁平略呈缓弧形，左龛壁平直，右龛壁平向内扩，龛顶平，龛顶与正壁转角为缓弧形，龛顶向两侧壁转角处为多边形，与三角斜撑长边对齐。内龛底龛床上设浅横长方形基坛，高约1厘米。

5. 龛内造像

内龛高浮雕主尊立像2尊，外龛右下部残存立像1尊（漫漶不识），共3尊（图六二）。

右侧立像通高约104.5厘米，头、肩部后代改刻，无颈。有双重头光，外层宝珠形，宽33、高38.5厘米，透雕火焰纹，尖部延伸到龛顶中部；内层椭圆形，由内向外依次为素面圈、弦纹、连珠纹、弦纹、连珠纹。身体残高55、肘宽约26厘米。肩、胸部均为后代改刻，左手沿身体左侧下垂，右手屈肘置右胸部，均为后代改刻。腰部系腰带，中央有圆形饼状物，向下垂两股连珠璎珞，垂至膝上弯向腿外侧。腹部两侧下垂天衣，在膝上部横向绕过身前。两腿间下垂裙带，于膝部打结。裙长遮踝，小腿部阴刻U字形衣纹。赤足立于束腰莲座上，莲座宽32、高约10厘米。莲台浮雕仰莲瓣，束腰较短，座基浅，似浅浮雕覆莲瓣。座下为方形基坛。

左侧立像通高约104.5厘米，有双重头光，外层宝珠形，宽35、高44厘米。内层被后代改刻为圆形凹坑，直径约20、深4厘米，坑底浅浮雕头、颈部。左臂屈肘置左腹部，手持一物；右臂沿身

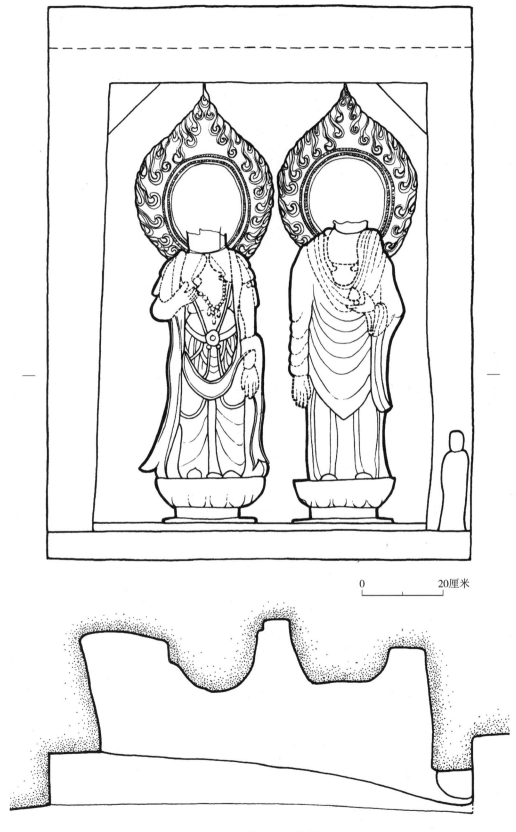

0　　　　　　　20厘米

图六二　037龛正视、横剖面图

体右侧下垂，均为后代改刻。着通肩袈裟，身前衣纹呈大U字形，袈裟一端膝下呈倒悬三角形。下着裙，腿部阴刻竖向衣纹，裙长遮踝，赤足立于束腰莲座上，莲座样式与右像莲座相似，宽27、高13厘米。座下是方形浅基坛。

6. 题记

无。

7. 年代判断

晚唐，明代改刻。

038 龛

1. 相对位置

B区上部西端，037龛右侧，本龛左外龛门即037龛外右龛门。

2. 保存状况

左外龛门上部一段被横向刻槽打破；内龛2主尊造像头部残缺。内龛右壁水侵风化，酥粉、起壳。外龛门及龛外长青苔（图版五二）。

3. 龛内外遗迹

龛顶上方约10~12厘米处有水平刻槽一道，上下高约13、横长127厘米。

4. 龛窟形制

方形双重龛，外龛上宽116、下宽126、高141、深22厘米，上小下大，方形龛楣，龛顶、壁平。内龛宽103、高117、深20厘米，方形龛楣有三角斜撑，龛壁、顶均平直，龛顶与两侧壁转角处为多边形，与三角斜撑长边对齐。内龛底部龛床上设2独立方形基坛。

5. 龛内造像

内龛正壁高浮雕立像2尊，左右龛门下部浮雕供养人小立像2尊，共4尊（图六三）。

右侧菩萨立像

通高117厘米，头上部残，残存左唇部及下颚。身高残高72厘米。可见双耳垂大，头两侧有冠缯带4股，2股短分至耳中部，2股长分至肩、肘。有双重头光，外层宝珠形，宽40、高47厘米，透雕火焰纹，尖部延伸至内龛顶龛门缘；内层椭圆形，由内向外依次为素面圈、阴刻弦纹、浮雕连珠纹、弦纹、连珠纹。

颈部有蚕道，肩宽20、肘宽27.8厘米，似着圆领内衣，胸前戴项圈，自肩下垂两股璎珞交于腹部圆饼状物，后分4股下垂，中间2股下垂至膝上后弯向腿后侧，两边2股弧线分向左右胯部（图六四）。肩披天衣，沿腰两侧下垂至膝上后交错横过身前，左肩下垂天衣上绕至右肘沿左手下垂，末端呈鱼尾状；右肩下垂天衣上绕至左肘，后沿身体右侧下垂置座。下着裙，腰部系腰带，裙边反折，胯部S形褶皱。小腿部阴刻斜向裙纹，裙长遮踝，露双赤足立于束腰莲座之上，左膝略曲。

束腰莲座通高约18.7、宽34.3厘米，台面圆形，浮雕双层仰莲瓣，下为八角形（可见五边）低台，束腰、座基亦为八角形。座下有方形基坛，内外宽约22.5、横长34.8、高1.7厘米。

左侧佛装立像

通高116.5厘米，头、颈部残失，无修补孔，残身高70厘米。有双重头光，样式与右侧菩萨立

图六三　038 龛正视、横剖面图

像一致，外层头光宽41、高40厘米。

肩宽20.6、肘宽26.8厘米，胸前可见圆领内衣，戴项圈，左肩覆袈裟，右肩披覆肩衣，覆肩衣在腹部掖入袈裟边缘内，翻出后衣角成波浪形褶皱。身前袈裟衣纹为左高右低斜向弧线，袈裟下缘衣纹亦呈波浪状褶皱。左臂屈肘，前臂残断，肘部下垂袈裟一端呈波浪状褶皱。右手沿身体右侧下垂至膝部，手持宝珠形环状物，上阴线刻对称卷云纹，食指、小指伸直，中指、无名指弯曲。下着裙，腿部阴刻竖向衣纹，裙长遮踝，露赤足，立于束腰莲座上，右膝略曲，左胯略突出。莲座样式同右侧菩萨像莲座，宽33、高20.5厘米，座下基坛横长34、内外宽22.2、高2厘米。

右内龛门下部小立像

右内龛门下部被缓弧形均匀打破，龛门上浮雕小供养人立像1尊，女性，高35.5厘米，头高9.6厘米，面部漫漶，戴扁平梳形发饰，束扇形高发髻，发髻两侧亦有圆形发饰，头两侧绺发垂至耳垂。衣饰漫漶，双手笼于袖中合于胸前。立于内龛龛床上。

左内龛门下部小立像

左内龛门下部被缓弧形均匀打破，龛门上浮雕小供养人立像1尊，男性，高34.5、头高8.8厘米，面部漫漶，头戴冠，头两侧下垂翅。双手合十于胸前身着长袍，系腰带，袍长遮踝，露足。

6. 题记

无。

7. 年代判断

晚唐。

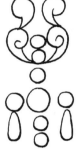

图六四　038龛右侧菩萨立像
披发及璎珞细节

三 C 区造像

C 区造像群位于 B 区造像西侧约 50 米处的江北崖壁上，约东西长 10、上下高 6 米，龛窟编号 039～082（其中 072、073 龛划分为 D 区，065 龛西侧有方形题记框一个，未纳入编号），题记二则（T2、T3）。崖面上浅浮雕佛塔 6 座（1～6 号塔）（图六五）。崖壁下为沿江古道，依山开凿的石梯步向下延伸。崖面上有现代修建排水沟一条，距离地面约 4～6 米，造像大部分位于现代排水沟以下至石梯步以上，仅 039～042 龛位于排水沟以上。崖面上有 2 排延续的东西向槽，约 20 处类似柱洞、脚窝或者香油坑之类的不规则坑洞。以小型龛为主，上下大致可分 5 排，风化严重，最下排头部均残失，残留修补孔，上 4 排头部保存状况较好。其西端崖面呈直角转折。转折处向西为 D 区造像群（图版五三）。

图六五 C 区龛窟平面分布图

039 龛

1. 相对位置

C 区东端上部，040 龛下侧，041 龛左侧。

2. 保存状况

外龛顶残失，外龛左部、内龛左部均残失，外龛右龛门下部残失，外龛底龛床大部残失。龛内外地表水丰富，龛内严重长青苔（图版五四）。

3. 龛内外遗迹

龛下侧为现代砖砌排水沟、水泥围墙。

4. 龛窟形制

横长方形双重龛，外龛顶、左龛门残失，残宽94、残高70、残深10厘米。内龛左龛门残失，残宽84、高61、深21.5厘米。右龛楣方形有缓弧形三角斜撑，龛壁、龛顶缓弧形，龛床内高外低倾斜，高度差约4厘米。主尊座下有半椭圆形基坛。

5. 龛内造像

内龛正壁中央高浮雕主尊佛坐像1尊，浮雕比丘立像2尊，右侧壁浮雕骑像菩萨坐像1尊及牵兽人立像1尊，左侧壁残存兽足和牵兽人立像1尊，外龛右龛壁残存力士立像痕迹1尊，共残存造像7尊。编号见表二〇。另外，外龛底龛床中部浮雕宝珠形物1个，卧狮痕迹2只（图六六）。

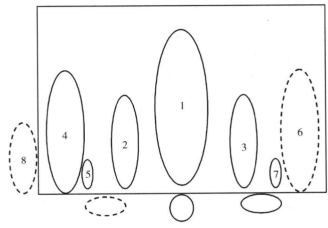

表二〇　039龛尊像编号表

1号像，内龛正壁中央高浮雕主尊佛坐像。通高约55厘米，头部残失，现存竖长方形修补孔，宽4、高8厘米。有双重头光，外层宝珠形，宽18、高21厘米，纹饰不明；内层素面椭圆形。肩宽约12.5、肘宽15厘米，肩、胸部衣纹漫漶，上腹部可见左肩到右胁的斜向衣纹，腰部似束腰带。双手下垂，手掌朝上合于腹部，右手在下左手在上，手持圆形物。双前臂均有衣角下垂覆腿部。有双重身光，外层宽28、高24厘米，似有纹饰，漫漶不明；内层素面。结跏趺坐于束腰莲座上，莲座宽19、高15.5厘米，座台为圆形，浅浮雕三层仰莲瓣，莲瓣宽而肥大；束腰处为3个扁圆形球体组成；座基浅浮雕单层覆莲瓣，莲瓣肥大中部有凹线。座下为半椭圆形基坛，宽22、高5厘米。

2号像，内龛正壁主尊右侧浮雕比丘立像。通高约32.5厘米，头部残失，现存方形修补孔。身体残高27.5厘米，圆形头光，宽11.5、高12.5厘米。肩宽约8、肘宽约10厘米，颈部可见锁骨及筋，身着通肩袈裟，胸前衣纹呈大U字形，双手屈肘合十于胸前，双臂下垂袈裟置膝下，阴刻平行竖线衣纹。腹、腿部衣纹阴刻V字形。下着裙，裙长遮踝，阴刻3组八字形衣纹。赤足立于内龛床，脚略呈八字形。

3号像，内龛正壁主尊左侧浮雕比丘立像。通高约33厘米，头部残失，现存方形修补孔。身体残高约28厘米，圆形头光，宽13、高12.5厘米。肩宽约9、肘宽约11厘米，着通肩袈裟，胸部衣纹略漫漶；双手屈肘合十于胸前，前臂下垂袈裟，腹、腿部衣纹为左高右低斜向弧线。下着裙，阴刻竖线衣纹，裙长遮踝，赤足立于内龛床，脚略呈八字形。

4号、5号像，4号像为内龛右壁高浮雕骑像菩萨坐像。通高约50.5厘米，头部残失，现存竖长

图六六　039龛正视、横剖面图

方形修补孔，身体残坐高约13厘米，有双重头光，外层宝珠形，约宽13、高13厘米，纹饰不明；内层素面椭圆形。胸前带项圈，内着左肩到右胁下内衣，束带；外披天衣，自肩部沿手臂内侧下垂于腹部，交叉绕过身前分别搭于左右前臂，后下垂置座。双手下垂各抚双膝。悬裳覆座，座台边缘呈波浪形，以凸出处为界衣纹为对称4组平行U字形；座上下垂衣带置象头部。座下为站立大象，面部漫漶，可见双大耳、长鼻痕迹，前肢呈八字形竖直站立。象身左侧浮雕小立人像1尊（5号像），头部残失，残高约12.5厘米，身着筒袖长袍系腰带，手曲于腹前持竖长棍状物，上端为圆球体形，赤足与大象同立于圆形浅座上，座高约1厘米。

　　6号、7号像，内龛左臂高浮雕像。大部残脱，仅存兽足、爪及部分兽身。兽足右侧浮雕小立人像（7号像），头部残失，残高约8厘米，身着长袍系腰带，右手屈肘于胸前似执物。与兽同立于方形座上，约边长15.5、高2.5厘米。

8 号像，外龛右壁下部力士立像。大部分残失，仅存头部环绕天衣、头部的后代修补孔、左肩部轮廓。

6. 题记

无。

7. 年代判断

晚唐。后代修补。

040 龛

1. 相对位置

C 区东端上部，039 龛右上侧，041 龛左上侧。

2. 保存状况

龛大部分残失仅存龛壁、龛底及部分造像痕迹。严重长青苔。

3. 龛内外遗迹

不明。

4. 龛窟形制

横长方形，约残宽 95、残高 50、残深 2 厘米，其他形制不明。

5. 龛内造像

仅见正壁主尊坐像轮廓及两侧似头部的凸起，残破不识。

6. 题记

无。

7. 年代判断

不详。

041 龛

1. 相对位置

C 区东部上部，039 龛右侧，042 龛左侧。

2. 保存状况

龛顶、龛底、龛门均残失，龛内造像头部及左侧主尊造像上身残失，仅存轮廓。龛内严重长青苔。

3. 龛内外遗迹

龛下侧为现代砖砌排水沟。

4. 龛窟形制

龛形不明。可见右侧龛楣缓弧形，龛壁缓弧形。残宽 61、残高 56、残深 16 厘米。

5. 龛内造像

龛正壁残存高浮雕坐像 2 尊（图六七）。

左侧坐像

龛内正壁左侧高浮雕半跏趺坐菩萨像残躯，头部及身体大部残失，仅存轮廓，残通高约 50 厘米，

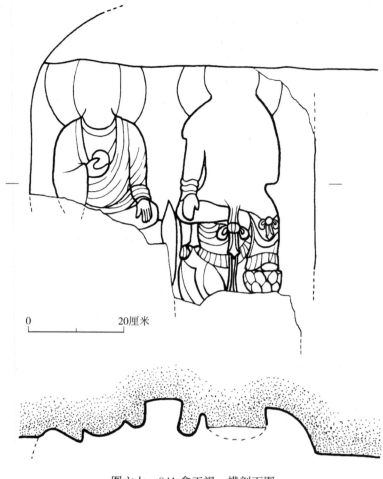

图六七　041龛正视、横剖面图

可见头光痕迹宽 22 厘米，右肩部可见天衣或冠缯带痕迹，可见左手屈肘，右手下垂抚右膝，手腕处有水平向天衣或腕钏。膝宽约 20.5 厘米，腹中部下垂衣带，于座前打八字形结。右腿屈膝置座上，足置左膝右侧，足尖朝下。左腿下垂置圆形小莲座，宽 7.5、残高 4.5 厘米，浅浮雕双层仰莲瓣；膝部有璎珞或天衣打八字结，腿部衣纹为 U 字形，下着裙，阴刻短竖线裙纹，裙长遮踝，露赤足。悬裳覆座，座式不明，座宽 21、残高 17.5 厘米，衣角于座右部呈 Ω 形衣纹，下露裙，于座前成半圆形，阴刻短竖线裙纹。座下部右侧与小莲座基本对称位置有竖棍状物似莲茎。之下部分残失。

右侧坐像

龛内正壁右侧高浮雕跏趺坐（？）佛装坐像，头部残失，腿部以下残失。残存头光痕迹宽 21 厘米。宽约 17.5、肘宽约 20 厘米。胸前有弧形带状物，内着左肩到右胁下内衣，左肩披袈裟，右肩披覆肩衣，腹部衣纹自左肩到右胁下呈弧形。左手抚左膝，手指自然下垂，覆肩衣衣角横过腹前搭于左前臂后下垂；右手屈肘置胸前，手掌朝上持圆球形物，覆肩衣覆右臂。左腿屈膝置座上，其余不明。

6. 题记

无。

7. 年代判断

晚唐～五代。

042 龛

1. 相对位置

C 区中上部，041 龛右侧，近现代摩崖题刻 "东方……" 左下侧。

2. 保存状况

龛顶、龛右壁、龛底大部残失，龛左壁、龛门全部残失。龛内外严重长青苔。

3. 龛内外遗迹

龛下侧为现代砖砌排水沟。

4. 龛窟形制

方形龛，形制大部不明，可能为圆拱形龛楣，龛壁较平略呈缓弧形，龛顶缓弧形，约残宽85、残高70、残深13.5厘米。

5. 龛内造像

正壁高浮雕立像2尊，立像之间龛壁下部前浮雕三足香炉1只（图六八）。

正壁左侧高浮雕菩萨立像

通高约70厘米，座左下部残失。身高约59.5、头高18厘米，戴冠梳高发髻，冠座浅浮雕对称云纹，正面浅浮雕某物漫漶不明，高发髻略竖长形，对称浅浮雕倒八字形发线，发髻顶部为圆球状。面部高9厘米，眉弓较凸出，缓弧形，眼内角圆，尾上眼睑压下眼睑，鼻高而直，嘴小唇线轮廓清晰，下颚有弯月形折褶。头两侧耳上方浅浮雕冠缯带，圆圈结下有长短2股下垂，短至肩上，长至腋部。颈部有2蚕道，颈与胸之间有明显弧形界线。宝珠形头光，宽27.5、高25厘米，素面，宝珠尖部延伸到龛顶。

肩宽约10.5、肘宽17.5厘米，内着左肩到右胁下内衣，系腰带。胸前戴项圈，中部下垂两股连珠璎珞，交于腹部大圆饼状物，后下垂两股连珠璎珞沿大腿内侧下垂至膝上部后分别向身后绕去。右

0　　　　　　20厘米

图六八　042龛正视、横剖面图

肩部浅浮雕S形纹似披发，肩披天衣，沿手臂内侧下垂置大腿中部，交叉绕过身前，分别搭于双手前臂后下垂，左侧末端残，右侧下垂置香炉上。左手屈肘置左肩，戴腕钏，手掌翻转持柳枝状物；右臂较长，右手沿身体右侧下垂至膝下，持细颈圈足瓶，戴腕钏。下着裙，裙长遮踝，露足立于莲座上。腿部衣纹阴刻大U字形，双腿间下垂一根衣带置座。莲座高约7厘米，左部残，阴刻水平横线分为上下两部，上部浅浮雕覆莲瓣，下部素面。

　　正壁右侧高浮雕比丘立像

　　通高约70厘米，身高约52.5、头高12.2厘米，额高而丰满，无发。眉弓较凸出，缓弧形，眼内角圆，尾上眼睑压下眼睑，鼻高而粗直，嘴小唇线轮廓清晰，下颚有弯月形折褶。双大耳，耳垂圆厚。颈部有2蚕道，颈与胸之间有明显弧形界线。宝珠形头光，宽23.5、高25厘米，素面，宝珠尖部延伸到龛顶。

　　肩宽约14、肘宽20厘米，内着圆领内衣，领与胸之间落差较大，似表现衣质厚。左肩披袈裟，右肩披覆肩衣，覆肩衣于胸部掖入袈裟内。身前袈裟衣纹为阴刻左肩到右胁下斜向弧线，袈裟一角在膝上方呈倒三角形。左手沿身体左侧下垂，手持圆球形物，袈裟覆臂；右手屈肘置右肩，前臂漫漶，肘部下垂覆肩衣一角。下着裙，阴刻竖向裙纹，裙下似还有一层裙，遮踝，露足立于莲座上。座高约6厘米，阴刻水平横线分为上下两部，上部浅浮雕覆莲瓣，下部素面。

　　2主尊之间下部浮雕三足香炉，宽9、高6.5厘米，高炉身半圆形，三兽足向外撇。

　　6. 题记

　　无。

　　7. 年代判断

　　晚唐～宋初。

043 龛

　　1. 相对位置

　　B区最东端下部，所处崖面比C区其他龛所处崖面内陷约1米。第44龛左侧。

　　2. 保存状况

　　龛周围有明显的斜向开凿痕迹，外龛仅存阴线刻痕迹，内龛龛顶、左龛门、龛底均残失仅存痕迹。主尊面部脱落，龛壁水蚀严重，下部风化酥粉严重，龛壁呈黑色（图版五五）。

　　3. 龛内外遗迹

　　无。

　　4. 龛窟形制

　　双重龛，外龛仅存横长方形阴线刻框，宽117、高99、深约6厘米，内龛接近圆形，左龛门、龛底残失，高不明，宽90、深约20厘米。圆形龛楣，右龛门上浅刻宽约3厘米的素面圈带，龛底设高基坛（岩座?），主尊坐基坛上。

　　5. 龛内造像

　　龛内高浮雕菩萨坐像1尊，通高约89厘米，头面部大部残脱仅存轮廓，身高约60、头高19厘米，似戴冠，颈部无蚕道。肩宽22.5厘米，肩部有下垂的冠缯带，胸前戴连珠项圈，内似着圆领内衣，腰部有横向裙边及腰带打结。外披天衣，腹部衣角外翻呈波浪形。双前臂均残断。结跏趺坐于基坛上，左腿在下，右腿在上，腿部衣纹阴刻弧线纹。悬裳覆座，中间下垂接近方形衣角，两侧对称下垂接近椭圆形衣角，衣纹均阴，中间弧形，两侧U字形，边缘为波浪形褶皱。悬裳下为浮雕莲蕾、莲花、莲茎及Λ字形山石，漫漶严重结构不明（图六九）。

6. 题记

外龛左上角，阴刻竖长方形题记一铺（T2）。题记区域经过平整加工，约宽13、高17厘米。题记左书阴刻，为"大明国直隶茅（?）州府長□　信/士曹元□……/大慈大悲觀世音一尊□　説/全

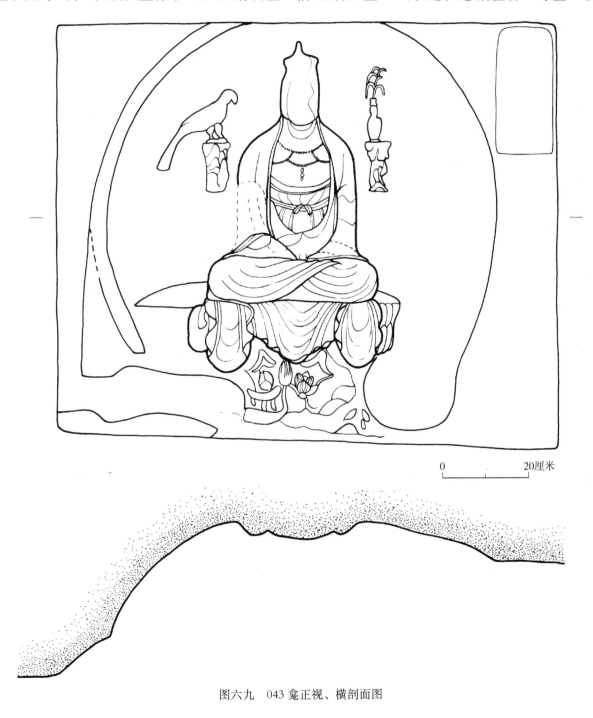

0　　　　　　20厘米

图六九　043龛正视、横剖面图

（金？）民（氏？）老年康健 子□繁□如意/一……朔……日吉旦"。

7. 年代判断

明代。

044 龛

1. 相对位置

C区东端下部，043龛右侧，与043龛所在崖面凸出约1米，045龛左侧，046龛左下侧。

2. 保存状况

内外龛龛顶、龛楣均残失，龛底大部分残失，周围岩石水侵严重，龛壁中间呈黑色，龛底岩石严重起壳脱落（图版五六：1）。

3. 龛内外遗迹

龛右下方（045龛正下方）有方形凿坑一个，宽约60、高65、深10.5厘米；方形坑内有竖长方形凿坑一个，宽12.4、高39、深10厘米。

4. 龛窟形制

方形双重龛，内外龛均较浅。外龛基本完全残失，仅存痕迹，宽63、高61、残深约9厘米；内龛宽43、高44、残深约18厘米。内龛底龛床内高外低，高度差约8厘米，龛床边缘起壳严重。

5. 龛内造像

内龛现存浮雕佛坐像1尊，菩萨立像2尊，外龛残存立像身体轮廓1尊，座1个，卧狮轮廓1个（图七○）。

内龛正壁中央主尊佛坐像。头部残失，现存方形修补孔，体型小、薄、窄，修补孔上方有较高大的宝珠形头光的痕迹，身体两侧亦有凿痕，应为后代改刻。现存造像残通高约21.5、残身高约13厘米，双手似下垂合于腹部，胸腹部可见弧形阴刻衣纹。束腰莲座风化严重，宽17.5、高12.5厘米，座台似有仰莲瓣，束腰为3个扁圆球体，座基似有覆莲瓣。

内龛右壁菩萨立像。头部残失，现存不规则形修补孔，体型小、薄、窄，修补孔上方有较明显的点状凿痕，痕迹

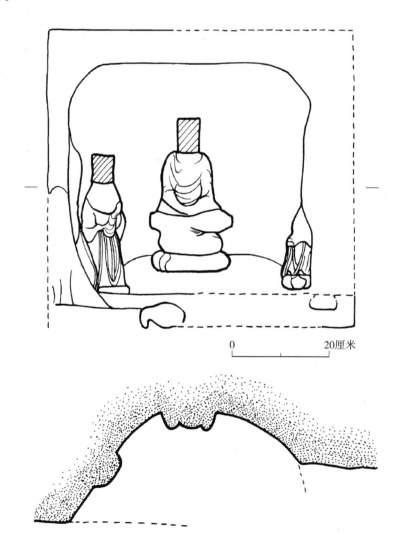

图七○ 044龛正视、横剖面图

轮廓似头光和肩部，应为后代改刻。现存造像仅见身体腰部及其以下，双手均屈肘，手势不明，手腕处下垂两条天衣，腹前有横向天衣痕迹，腿部裙纹为长竖线阴刻纹。裙底、足漫漶不识，立于圆饼形座上，座式不明。

内龛左壁菩萨立像。身体大部残失，仅存膝部及其下部分，右手垂于身体右侧执天衣一角，腿部阴刻竖弧线裙纹，裙长覆足，露足尖部，立于单层仰莲圆座上。

外龛正壁右下角立像痕迹。外龛正壁右下方残存腿、环状天衣痕迹，推测为力士立像。

外龛正壁左下角残存座痕迹，推测为力士立像之座。外龛底龛床右部残存卧狮痕迹。

6. 题记

无。

7. 年代判断

明代。后代修补。

045 龛

1. 相对位置

C区东部，044龛右侧，046龛下侧。外龛壁残存部分与044龛外龛残存右壁相连。

2. 保存状况

外龛绝大部分脱落，仅存痕迹。内龛龛楣、门、底均风化起壳严重，龛内3尊造像头部均残失，存方形修补孔（图版五六：2）。

3. 龛内外遗迹

龛下方有方形凿坑一个，宽约60、高65、深10.5厘米；方形坑内有竖长方形凿坑一个，宽12.4、高39、深10厘米。

4. 龛窟形制

方形双重龛，内外龛均较浅。外龛约残宽54、高44、龛顶残深4厘米；内龛宽39、高39、深约12厘米。

5. 龛内造像

龛内造像3尊，大部分被凿毁，仅存身形（图七一）。

内龛正壁中央主尊造像。头部有方形修补孔，结跏趺坐于束腰座上。其上方有较大的头光痕迹，高度、大小均与身体不符。现存造像应为后代改刻。

主尊右侧立像。头部为方形修补孔，身体不存，立于单层仰莲座上，右手屈肘持莲茎、莲苞。手肘下部垂下天衣置座。

主尊左侧立像。头部为方形修补孔，身体不存，仅见轮廓，左手屈肘持莲茎、莲苞。

外龛左下部残见似腿部痕迹，造像不明。

6. 题记

无。

7. 年代判断

始凿年代不详，后代改刻。

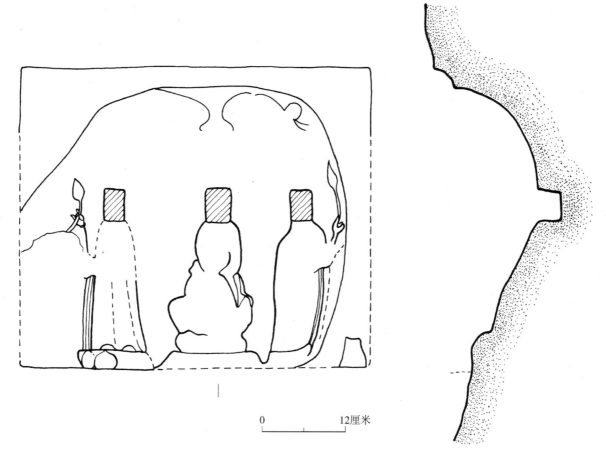

图七一　045 龛正视、纵剖面图

046 龛

1. 相对位置

C 区东部，045 龛上侧，050 龛左侧，039 龛右下侧。

2. 保存状况

外龛顶、门、底大部分残失，内外龛均风化严重，龛内水侵痕迹明显，大部分呈黑色，龛内中部造像风化严重，仅存痕迹。龛外长青苔（图版五七）。

3. 龛内外遗迹

龛顶正上方有不规则形孔一个。龛下侧有横向刻槽一个，向龛右侧延伸约长 190、上下宽 10 厘米。

4. 龛窟形制

横长方形双重龛，内外龛均较浅。外龛风化严重，约宽 76、高 60、深 9 厘米，左龛楣弧形，右龛楣方形。龛壁平。内龛宽 67.5、高 49、深约 7.5 厘米，缓弧形龛楣，龛壁平。

5. 龛内造像

浮雕小坐佛像下中下 3 排，上排佛坐像 9 尊（1～9 号），中排风化严重，存 2 尊，其余 6 尊仅存莲座（10～17 号）；下排佛坐像 8 尊（18～25 号），共 25 尊，编号见表二一。外龛左右下角有凸出石块，是否原有造像不明（图七二）。

　　上排造像 9 尊。造像体量大致相同，自右向左编号 1～9 号像。如 2 号像，通高约 31.5、身高约 19 厘米。头高约 7 厘米，弧形发际线，头顶有圆髻。内着圆领内衣，腹部衣纹为阴刻横向缓弧形，左肩披袈裟，右肩披覆肩衣。结跏趺坐于单层仰莲座上，座台浅浮雕 3 瓣仰莲，上排莲座台面均相连，单个莲座宽约 14、高约 14 厘米，座下浅浮雕花萼及向左弯曲的短茎。5 号像双手合十于胸前，其余像均双手下垂合于腹部，

表二一　046 龛尊像编号表

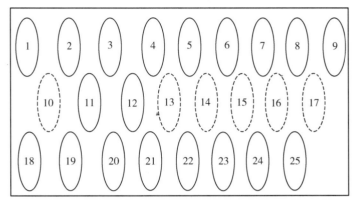

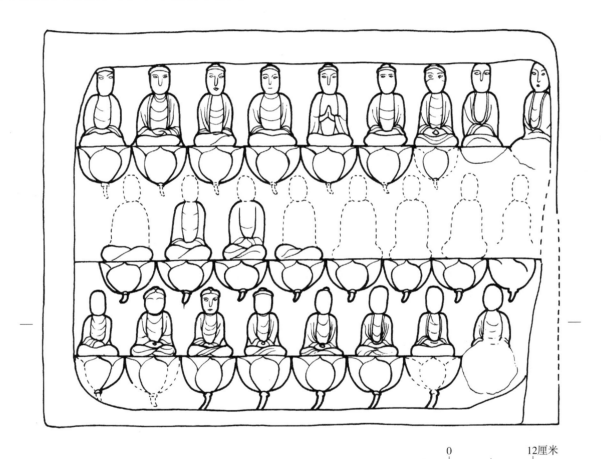

0　　　　　12厘米

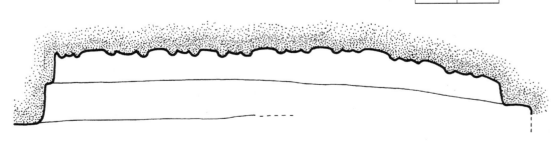

图七二　046 龛正视、横剖面图

第 7 号像双手相叠，拇指相对；第 8 号像双手覆于袈裟内。8 号、9 号像莲座残脱。

中排造像 8 尊。位置均在上排造像的二莲座之间，与上排样式基本一致。11 号、12 号身体保存较完整，头部残失，像通高约 30、身高约 20 厘米，双手合于腹部，12 号像袈裟覆盖双手；其余像体均风化不存。各莲座台面相连，单个莲座约宽 13、高 10 厘米，样式与上排相似，不同之处为座下莲茎向右弯曲。

下排造像 8 尊。位置均在中排造像的二莲座之间，其中 18 号像向上基本对齐 1 号像，与上排样式基本一致。约通高 29、身高 16.5 厘米。19 号、20 号像头部可见人字形发际线和圆髻，头高约 6.5 厘米。19～22 号像手掌上下相叠，拇指相对施印；其余均双手合于腹部手部不明。莲座台面相连，样式与上排相同，单个莲座约宽 13、高 12.5 厘米，18 号、19 号像莲茎向左弯曲，其余均向右弯曲。

6. 题记

无。

7. 年代判断

明代。后代修补。

047 龛

1. 相对位置

C 区东部，046 龛右下侧，045 龛右侧，048 龛上侧，049 龛左上侧。

2. 保存状况

外龛顶、壁均残缺仅存痕迹和部分龛底；内龛门、楣造像均风化严重，龛内水侵严重，起壳，长青苔，大部分呈黑色（图版五八：1）。

3. 龛内外遗迹

龛顶上方约 35 厘米处、046 龛下方有横向刻槽一条，向龛右上方侧延伸，约长 190、上下宽 10 厘米。

4. 龛窟形制

方形双重龛，内外龛均较浅。外龛基本残脱，残宽约 47、残高 43、深 3 厘米，龛楣、顶、壁均不存；内龛宽 35、高 40、深约 8 厘米。龛楣弧形，龛顶、龛壁缓弧形，龛壁上半部空缺无造像，龛底内高外低倾斜。

5. 龛内造像

浮雕佛坐像 1 尊，菩萨立像 2 尊，共 3 尊。外龛正壁左右下角有凸出岩石，是否为造像不明（图七三）。

内龛正壁中央佛坐像大部分残脱，仅存身形，头部为方形修补孔，通高约 20、肩宽约 6、身长约 8 厘米。座为束腰座，宽约 5、高 11.5 厘米。

内龛右壁浮雕菩萨立像。通高约 24.5 厘米。头高约 7 厘米，面部漫漶，头顶似有高发髻。胸前有横向阴刻衣纹。两肩各披天衣 2 股，一股沿两臂内侧下垂至腹部后交叉横过腹前绕至两前臂上，后左手执一角下垂，右侧沿身体下垂置座。另一股在双肩呈 S 形后沿身体两侧下垂。左手下垂执天衣，右手屈肘似持物，漫漶不明。下着裙，腿部有横向天衣，双腿间有衣带下垂，裙长遮踝，露足尖，立

于圆饼形座，座约宽 11.4、高 3.5
厘米。

内龛左壁浮雕菩萨立像。通高
约 25.5 厘米。头部漫漶，衣裙、
天衣样式与右侧菩萨立像基本一
致，不同之处为左手屈肘持物，右
手下垂执天衣。座左下部残缺。

6. 题记

无。

7. 年代判断

明代。后代修补。

048 龛

1. 相对位置

C 区东部，047 龛下侧，046
龛右下侧，049 龛左侧。

2. 保存状况

外龛顶、左龛门大部分残脱，
龛底风化严重；中央主尊、左壁造
像头部残失。龛内水侵严重，长青
苔，起壳（图版五八：2）。

图七三　047 龛正视、横剖面图

3. 龛内外遗迹

龛左侧方形坑，即为 045 龛下方方形坑。

4. 龛窟形制

方形双重龛，内外龛均较浅。外龛宽 51、高 50、深约 17 厘米。龛门、顶大部分脱落，方形龛
楣，龛底内高外低呈坡状。内龛宽 34、高 38、深 11 厘米，缓弧形龛楣，龛顶、龛壁均缓弧形。龛底
龛床边缘向内凹。

5. 龛内造像

内龛浮雕佛坐像 1 尊，菩萨立像 2 尊；外龛正壁左右下角残见立像痕迹，共 5 尊。另外，外龛龛
床上浅浮雕 1 香炉及 2 卧狮（图七四）。

内龛正壁中央浮雕主尊佛坐像。头部残失，现存竖长方形修补孔，修补孔外围有椭圆形凿痕。约
残通高 24、残身高 10.5、胸及上腹部完全漫漶，肩宽约 9、肘宽约 9 厘米，双手下垂合于腹部，前臂上
搭衣角，双手手掌朝上相叠，似持有圆形物。结跏趺坐于山石台座上，膝宽约 11.5 厘米，腿部衣纹阴
刻弧线，左腿在下右腿在上。台座高约 10.5 厘米悬裳覆座台面，座身浮雕 Λ 形山石，层层叠叠。

内龛右壁浮雕菩萨立像。头、胸部部风化严重，漫漶不识，通高 30 厘米。头顶有高发髻痕迹，
胸腹部较头部鼓出，双臂内侧下垂天衣，与下腹部交叉横过身前，搭于双肘部后沿身体下垂。左手下

图七四　048 龛正视、纵剖面图

垂，手部漫漶，右手屈肘上举置右肩部，手持物，漫漶不识。下着裙，裙长覆足，露三角形足尖，双腿间阴刻竖向衣纹。立于单层仰莲座上，莲座高约 2.5 厘米，左高右低，依主尊座之山势而置。

　　内龛左壁浮雕菩萨立像。头部残失，现存竖长方形修补孔，上半身破损风化严重，衣着、天衣、座式均与右侧菩萨像相似，不同之处是左手屈肘上举，持物；右手下垂，指尖似置主尊座上；座之仰莲瓣下有素面圈座基。

　　外龛正壁左右下角均残见立像及座痕迹 1 尊，台座与内龛底高度接近，身体严重破损。

　　外龛龛底与内龛相接处龛床上，浅浮雕香炉 1 个及卧狮 2 只，漫漶不清，仅存腿足痕迹。

6. 题记

无。

7. 年代判断

明代。后代修补。

049 龛

1. 相对位置

C 区东部，047 龛、048 龛右侧，051 龛左上侧。

2. 保存状况

龛形基本完整，龛内造像大部分头部残失，仅存方形修补孔，像体风化、起壳、脱落严重，龛底内高外低呈斜面。龛内少部分区域长青苔，呈黑色（图版五九）。

3. 龛内外遗迹

龛底边缘中盐有圆形浅坑1个，龛底左侧残缺部分可见残坑1个，龛右下方有三角形坑一个，中下方有不规则形坑2个。

4. 龛窟形制

横长方形双重龛，内外龛同底，底部龛床内高外低呈坡状。外龛宽115、高83、深22厘米，方形龛楣，龛顶、壁平。内龛宽113、高70、深约5厘米，方形龛楣，龛壁平。

5. 龛内造像

内龛浮雕佛坐像4排，由上而下第1排佛坐像14尊（1～14号），第2排13尊（15～27号），第3排13尊（28～40号），第4排13尊（41～53号），共53尊，编号见表二二（图七五）。

表二二　049 龛尊像编号表

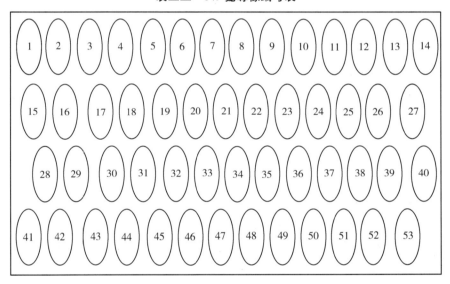

坐像身形基本一致，大部分头不存，现存方形修补孔，仅1、2、8、13、14号等5尊头部尚存或大部分尚存。可识造像均身着圆领通肩大衣，胸腹部衣纹为左高右低斜向弧线，双手下垂合于腹部，结跏趺坐于双层仰莲座，下层3莲瓣，上层可见2莲瓣，莲座下有莲茎。如2号像，通高约18、身高11.5、座高4、茎长2.5厘米。上下两排佛像交错而置，下排佛像头部一般位于上排佛像2莲座之间。第1排莲座台面几乎全部相连，仅10号像莲座未与两边莲座相连；莲茎弯曲方向为1～7号向右弯曲，8～11号向下，12～14号向左弯曲。其余3排莲座均未相连，独立而置，第2、4排莲茎大部分向下；第3排28、35～40号向右，其余向左弯曲。

6. 题记

外龛外左上角阴刻题记一铺（T3）。所在区域无加工痕迹，字体略倾斜，左书阴刻，为"□□□□/五十三佛"。

7. 年代判断

原龛时代不详，后代曾修补。

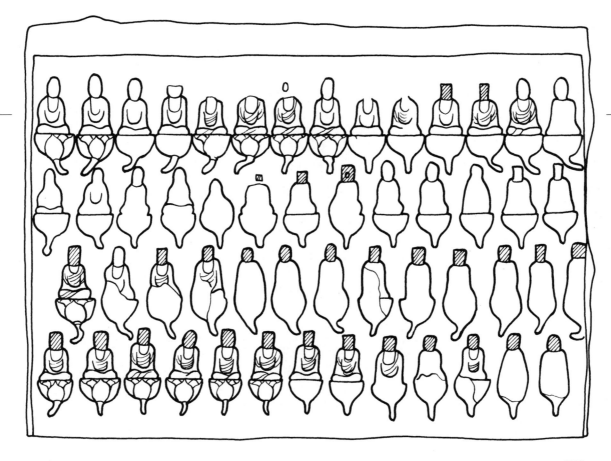

0 ⊢——⊢——⊢ 20厘米

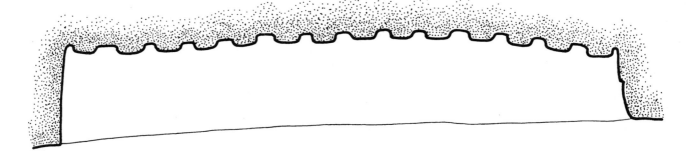

图七五　049 龛正视、横剖面图

050 龛

1. 相对位置

C 区东部，045 龛右侧，047 龛上侧。

2. 保存状况

龛门风化严重，长青苔，龛内造像风化严重，身体细节大部不存。

3. 龛内外遗迹

龛外下侧有横向刻槽，向右侧延伸约 2.3 米，上下宽约 14 厘米。

4. 龛窟形制

单层方形龛，约宽 33.5、高 32、深 5 厘米，龛楣风化严重，似缓弧形，龛壁、顶缓弧形。

5. 龛内造像

浅浮雕坐像 3 尊（图七六）。

正壁浅浮雕坐像 1 尊。通高约 25 厘米，上半身风化严重仅存轮廓，双手合于腹部，结跏趺坐于龛床。

右壁浅浮雕坐像 1 尊。通高约 25 厘米，风化严重，头部可见戴高冠，胸前有斜向衣纹，双手合于腹部，结跏趺坐于龛床。

左壁浅浮雕坐像 1 尊。通高约 26 厘米，风化严重，头部可见戴冠痕迹，双手合于腹部，结跏趺坐于龛床。

6. 题记

无。

7. 年代判断

不详。

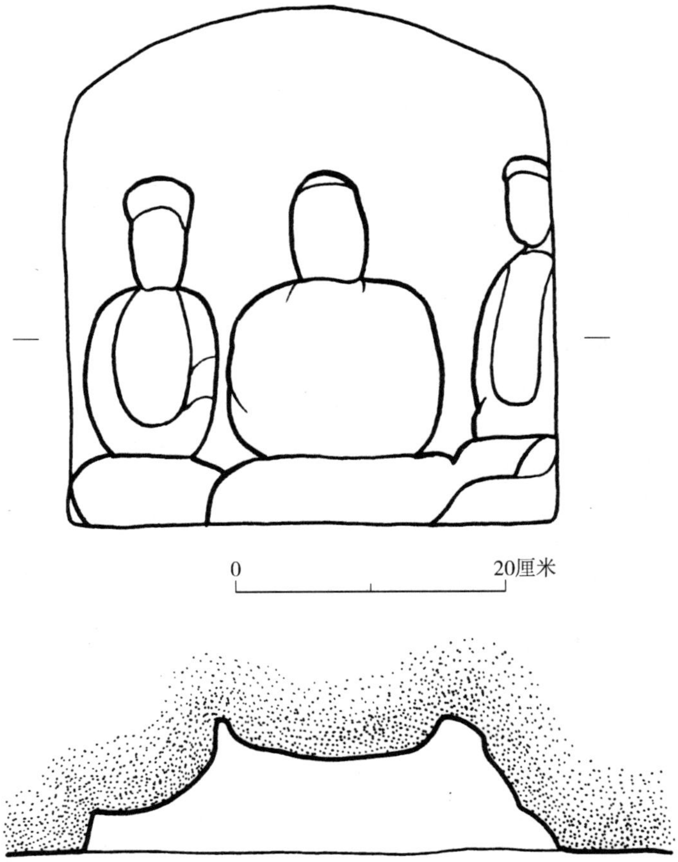

图七六　050 龛正视、横剖面图

051 龛

1. 相对位置

C 区中部，050 龛右侧，052 龛左侧。

2. 保存状况

外龛门、顶、壁风化脱落严重，内龛造像 2 主尊头部均残失；外龛浅浮雕狮子像风化严重，其中 1 供养人头部残失。龛外长青苔（图版六〇）。

3. 龛内外遗迹

龛外左下角有三角形坑一个，边长约 15 厘米，坑内有圆形小坑。龛下方约 27 厘米处有横向开凿痕迹，约长 32、上下宽 6.5、深 4 厘米。内龛龛床中部处有圆形浅坑，直径约 7 厘米。

4. 龛窟形制

竖长方形双重龛，外龛凸字形，宽 74、高 88、深约 16.5 厘米，方形龛楣，龛壁平，龛门、顶风化严重；内龛竖长方形，宽 52.5、高 61.5、深 31.5 厘米。方形龛楣带缓弧形三角斜撑，龛顶平，由外向内倾斜；龛壁平，转角处弧形。

5. 龛内造像

内龛高浮雕坐像 2 尊，外龛浅浮雕立像 4 尊，编号见表二三。外龛底部浅浮雕卧狮 2 只及香炉 1 只（图七七）。

1 号像，内龛右壁高浮雕佛坐像。通高 58 厘米，头部残失，现存竖长方形修补孔。残身高 20 厘米，有双重头光，外层宝珠形，宽 19.5、高 28 厘米，透雕火焰纹；内侧椭圆形，素面。

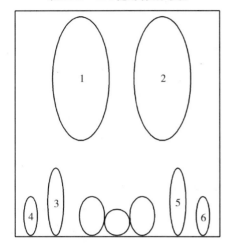

表二三　　051 龛尊像编号表

肩宽 12、肘宽 14 厘米，身着通肩袈裟，领部衣缘外翻，胸腹部阴刻 U 字形衣纹。双手下垂合于腹部，拇指尖与食指尖相接、食指背相对施印而置。双手腕处下垂衣角覆膝，膝部扁平不符比例，似后代改刻。有舟形双重身光，外层宽 27.5、高 23.5 厘米，透雕火焰纹。

结跏趺坐于束腰莲座上。座宽 23、高 14 厘米，座台浮雕 3 层仰莲瓣，中部残破，上层莲瓣似被悬裳遮盖。束腰部由 3 个扁平球体组成，风化严重，上下均有素面圈带相夹。座基有上下两层，均为多边形（八边形），可见 4 边，边长约 11～12 厘米。

2 号像，内龛左壁浮雕菩萨坐像。通高 58 厘米，头部残失，现存竖长方形修补孔。残身高 35 厘米，有双重头光，外层宝珠形，宽 20.5、高 23 厘米，透雕火焰纹；内侧椭圆形，素面。

肩宽 14、肘宽 16.5、膝宽 20 厘米。胸部戴项圈，项圈两侧下垂璎珞，交于腹部圆形连珠圆饼形物。左肩部漫漶，左手屈肘置左胸部，持物覆盖肩部，持物下段呈短棒状。右肩部阴刻环状垂发，肩部（天衣或冠缯带）褶皱有上下两层左右对称 S 形，右手下垂覆右腿部。右臂内侧一股天衣绕过腹前搭于左前臂，后沿身体左侧下垂置左膝。

半跏趺坐于束腰座上，宽约 22.5、高 18 厘米。左脚下垂，右腿屈膝盘于座上，腿部下垂悬裳覆盖座台面，衣纹呈左高右低弧形，左侧衣缘阴刻上下两层左右对称 S 形。左腿膝部环绕璎珞，系带，有连珠。腿部衣纹阴刻左右两组竖向斜弧线，不相交。裙长覆踝，脚步漫漶，脚尖略向外撇。座台面几乎被悬裳覆盖；束腰部漫漶，仅见鼓腹；座基为多边形，可见 3 边，边长约 10～11.5 厘米。

3 号像，外龛正壁右下部浅浮雕立人侧面像。女性，通高 26.5、头高 9 厘米，头顶束高发髻约 3.5 厘米，面部漫漶，面朝左上侧 2 号像方向。胸前似着圆领衣，双手笼于袖中合于胸部，袖宽大向右侧飘逸，下着长裙覆足。

4 号像，外龛正壁右下角浅浮雕小立人侧面像。通高约 15.5 厘米，耳后束球形小发髻，双手合于胸前捧匣状物，面朝左侧 3 号像。身着袍。

5 号像，外龛正壁左下部浅浮雕立人侧面像。通高约 19 厘米，头部残失，现存方形修补孔。身朝龛右侧，双手合于上腹部，捧方形物。身着长袍，筒袖，束腰带。袍长覆足，露足尖。

6 号像，外龛正壁左下角浅浮雕人正面像。通高约 16 厘米，双耳部有圆形发髻，衣纹漫漶，双手合于胸部捧物似宝珠。

另外，外龛正壁下部浅浮雕蹲狮 2 只，面朝龛外，2 狮中间为 3 足香炉一个。风化严重仅辨轮廓。

6. 题记

无。

7. 年代判断

晚唐。后代改刻、修补。

0　　　　　　　　20厘米

图七七　051 龛正视、横剖面图

052 龛（及 1 号塔）

1. 相对位置

C 区中部，051 龛右侧，053 龛左侧，054 龛左下侧。

2. 保存状况

外龛门、底风化严重，长青苔。龛内造像头部均残失，现存修补孔（图版六一：1）。

3. 龛内外遗迹

内龛床左部有圆形浅坑一个。龛右下方 16 厘米处有不规则圆孔一个，直径约 5 厘米；龛下方约 55 厘米处有方形开龛刻痕，约宽 54、高 40、深 12 厘米，有右高左低斜向开凿痕迹。另外，龛外右上方至左上方，约 11～64 厘米处有左高右底斜向塔顶檐面，檐上端有束腰似塔顶基座。据此推测 051 龛、052 龛所在位置应为该塔（C 区 1 号塔）塔身，即 051 龛、052 龛及 049 龛右上部打破塔身。

4. 龛窟形制

方形双重龛，外龛宽 77、高 82、深 20 厘米，方形龛楣，龛顶、壁均不平整，有明显凿痕；内龛宽 60、高 62.5、深 29 厘米，方形龛楣，龛顶略呈缓弧形，外高内低略倾斜，龛壁及转角均为弧形。内龛床上设山字形基坛，左侧较高，右侧较低，基坛正面有较明显凿痕。

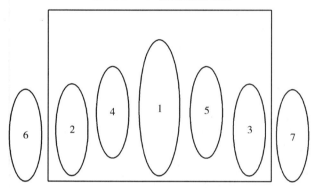

表二四　052 龛尊像编号表

5. 龛内造像

内龛基坛上高浮雕主尊佛坐像 1 尊，浮雕菩萨坐像 2 尊、比丘立像 2 尊；外龛浮雕力士立像 2 尊，共 7 尊，编号见表二四（图七八）。

1 号像，内龛正壁高浮雕主尊佛跏趺坐像。通高 31.5 厘米，头部残失现存方形修补孔，身残高 18.5 厘米。未见雕刻头光，隐约可见宝珠形彩绘头光。胸部可见圆领痕迹，肩宽 9.5、肘宽 10.5 厘米，双手下垂合于腹部。结跏趺坐于束腰莲座上，膝部风化严重，残宽 13.5 厘米，腿部可见半圆形衣纹。莲座宽 18.5、通高 13 厘米，台面莲台浅浮雕 2 层仰莲瓣，莲瓣宽大；束腰部为多边形（八角束腰?），风化严重；座基浅，浅浮雕单层覆莲。莲座下为基坛，半圆形，高 11.5 厘米。

2 号像，内龛右壁浮雕菩萨半跏趺坐像。通高 29 厘米，头部残失现存不规则形修补孔，身体残高约 19、肩宽 6.5 厘米，胸前戴项圈，上身着左肩到右胁下帔帛，腰部系腰带，下着裙。天衣自两肩下垂置腹部后交叉，分别搭于两前臂后沿身体两侧下垂。两股璎珞自项圈下垂，交于腹部圆饼形物。左手下垂抚左膝，右手屈肘上举，手部漫漶。半跏趺坐于束腰莲座上，膝宽 10 厘米，左腿下垂置束腰小莲座上，右腿盘腿置座上，右脚置左膝内侧，脚尖向下。右踝部可见下垂的衣带。莲座座台风化严重，可见悬裳覆盖座台，边缘呈波浪形似表现悬裳下仰莲瓣；束腰部可见鼓腹；座基上层浅浮雕覆莲瓣，下层半圆形素面，左脚下小莲座位于座基下层左部，风化严重，似浅浮雕仰莲瓣，有束腰，通高约 3 厘米。座下基坛略低于主尊基坛，通高约 7.5 厘米。

3 号像，内龛左壁浮雕菩萨半跏趺坐像。通高 36.5 厘米，头部残失现存小修补孔，身体残高 19 厘米。肩宽 8 厘米，胸前有项圈痕迹，上身着左肩到右胁下帔帛，腰部系腰带，下着裙。天衣自两肩下垂置腹部后交叉，分别搭于两肘后下垂。两股璎珞自项圈下垂，交于腹部圆饼形物。左手屈肘上举，手部指向龛外；右手下垂抚左膝，手部漫漶。半跏趺坐于束腰莲座上，膝宽 10 厘米，左腿盘腿置座上，右腿下垂置束腰小莲座上。莲座风化严重，可见座台边缘呈波浪形，束腰样式不明，座基圆饼形；右脚下小莲座位于圆饼座基右部，浅浮雕仰莲瓣，束腰，通高约 3 厘米。座下基坛略高于主尊基坛，通高约 12.5 厘米。

4号像，内龛正壁主尊右侧浅浮雕比丘立像。通高23厘米，头部残失，身体残高20.5、肩宽7、肘宽8厘米，肩胸部衣纹漫漶，双手合十于胸前，左腕下垂袈裟长，右腕下垂袈裟短，腹前袈裟衣纹阴刻左高右低斜向弧线。下着裙，遮踝，露足尖。立于横长方形座上，座下为基坛，与主尊基坛等高。

5号像，内龛正壁主尊左侧浅浮雕比丘立像。通高26、身高25厘米。头顶略残，头高约5厘米，面部漫漶。肩宽约7.5、肘宽8厘米，胸部可见圆领似着通肩袈裟，双手合十于胸前，左腕下垂袈裟长，右腕下垂袈裟短，腹前袈裟衣纹阴刻左高右低斜向弧线。下着裙，遮踝，露足尖。立于圆饼形座上，座下为基坛，与主尊基坛等高。

6号像，外龛正壁右下角浮雕力士立像。通高35厘米，头部残失，现存竖长方形修补孔。修补孔四周有椭圆形天衣围绕痕迹。身体残高24.5厘米，上身赤裸，左手下垂，肘部绕过天衣；右手上举置外龛右壁，持棍状物。下着裙，系腰带，胯部搭翻转的裙边阴刻U字形衣纹，右胯略突；裙长露膝，下摆沿腿部轮廓飘逸。左胯部伸出天衣一角向左呈弯钩状。左膝略弯，右腿直立。赤足立于岩座之上，座式漫漶。座下外龛龛床上浅浮雕一匍匐状人（或卧兽？）。

图七八　052龛正视、横剖面图

7号像，外龛正壁左下角浮雕力士立像。通高45厘米，头部残失现存方形修补孔。修补孔四周有椭圆形天衣围绕痕迹。身体残高27厘米，体态较直，上身赤裸，左手上举置外龛左壁，五指伸张；右手直下垂，手部漫漶。下着裙，系腰带，腰带自脐部下垂置两脚间；左胯略突；裙长露膝，下摆沿腿部轮廓飘逸。双腿直立，左胯部伸出天衣一角向左呈弯钩状。赤足立于双层方形座上，座式漫漶。

6. 题记

无。

7. 年代判断

原龛时代不详。龛内造像大小不均，高低不等，身体大小与龛大小相较体量偏小，位置偏低，应为后代改刻。

053 龛

1. 相对位置

C 区中部，052 龛右侧，054 龛下侧，C 区第 2 号塔塔基下侧。

2. 保存状况

风化严重，外龛左右龛门、龛壁均残失，龛底部分岩石脱落。内龛风化严重，龛内部分长苔呈黑色。龛内 3 尊造像头部均残失，现存修补孔。龛顶上方及右部长青苔。内外龛正壁均有较密集的点状凿痕分布（图版六一：2）。

3. 龛内外遗迹

龛顶为 C 区第 2 号塔的塔基部分。左龛门下方约 16 厘米处有三角形坑一个，边长约 13 厘米。坑内有圆形小坑，直径约 5 厘米。

4. 龛窟形制

方形双重龛，外龛宽 53.5、高 53.5、深 8.5 厘米，两侧龛壁大部分残失，龛楣及左右龛壁状况不明，龛顶平，龛底内高外低倾斜。内龛宽 39.5、高 42、深 16 厘米，左右两侧龛壁较平，龛楣、龛顶、龛正壁均缓弧形，龛床较龛顶向外突出，龛床内高外低倾斜。

5. 龛内造像

内龛浮雕佛坐像 1 尊，菩萨立像 2 尊，共 3 尊（图七九）。

内龛正壁中央浮雕主尊佛跏趺坐像。通高 25 厘米，头部残失，现存外方内圆的不规则修补孔。身体残高 13、肩宽 8、肘宽 9 厘米，双手下垂合于腹部，胸腹部可见阴刻半圆形衣纹，左臂部可见竖

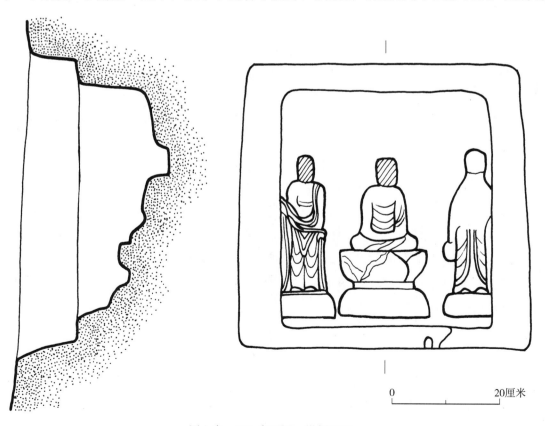

图七九　053 龛正视、纵剖面图

向弧线衣纹。膝宽11.5厘米，结跏趺坐于束腰莲座上，腿部可见左高右低斜向衣纹。束腰莲座通高12、宽6厘米，圆形座台残见浅浮雕单层仰莲瓣，束腰低平，座基圆形纹饰不明。

内龛右壁浮雕菩萨立像。通高24.5厘米，头部残失，现存不规则修补孔。左手下垂，手执天衣一角；右手屈肘上举，指向龛外。双肩下垂天衣自腹部交叉后，左肩下垂天衣搭于右肘部后沿身体侧下垂；右肩下垂天衣执于左手后沿左腿侧下垂。胯部一下双腿间可见三角形衣角，阴刻V字形衣纹。下着裙，双腿阴刻U字形衣纹。裙长遮踝，露足。立于圆饼形座上，座上有浅台，座基纹饰不明。

内龛左壁浮雕菩萨立像。通高31.5厘米，头部残失仅存轮廓，上半身风化严重，可见左手屈肘指向龛外，右手下垂手执圆形物。自腰部下垂两对襟式裙边，阴刻斜向裙纹。裙长遮踝，露足，立于圆饼形座上，座式不明。

6. 题记

无。

7. 年代判断

明代。后代修补。

054龛（及2号塔）

1. 相对位置

C区中部第2号塔塔身，052龛右侧，053龛上侧，C区第3号塔左侧。

2. 保存状况

龛内造像风化严重，仅存像体轮廓。塔顶檐右部脱落，塔身表面多处岩石呈不规则片状剥离，表面凹凸不平。

3. 龛内外遗迹

054龛位于2号塔塔身中部。2号塔顶有上窄下宽的梯形框开凿痕迹；塔身左侧紧贴1号塔右檐，二者相距1.8厘米。

2号塔通高90.5厘米，自上而下分为塔顶、塔檐、塔身、塔基4个部分。塔顶高19厘米，自下而上依次可识别3层：横长方形层、鼓腹层、莲瓣纹层，之上部分漫漶不识，似葫芦形。塔檐宽约49、高约30.5厘米，檐面有棱，将檐面分为正面和左右侧面；檐因岩石脱落凹凸不平，右侧檐脱落处可见6层阶梯状结构，上宽下窄。塔檐下与塔身相接处有2层横长方形框，上层宽下层窄。塔身高25.5厘米，两侧岩石脱落界限宽度不清，宽约35厘米，正面为054龛。塔身下为塔基，三层束腰形基座，宽约46、高15.5厘米；束腰窄而内凹，台面和座基岩石剥离严重样式不明，仅辨为横长方形（图八〇）。

4. 龛窟形制

方形单层龛，宽18.8、高18.5、深3厘米。龛壁、龛顶均缓弧形。

5. 龛内造像

龛内浮雕立像3尊。龛内正壁中尊立像漫漶不识，通高16.5厘米，可见左手屈肘，右手沿身体右侧下垂，立于圆饼形座上。龛内右壁立像通高17厘米，可见头顶束高发髻，双肩披天衣下垂至腹部交叉，左手下垂执天衣一角，右手屈肘指向龛外，天衣搭于肘部。下着裙，裙长覆踝，立于圆饼形

0　　　　　　　　　20厘米

图八〇　054 龛及 2 号塔正视、纵剖面图

座上。龛内左壁立像通高约 17 厘米，可见头顶有高发髻痕迹，身体漫漶，仅见左手屈肘指向龛外，立于圆饼形座上。

6. 题记

无。

7. 年代判断

054 号龛为明代开凿，2 号塔开凿时代不详。

055 龛（及3号塔）

1. 相对位置

C区中部第3号塔塔身，054 龛及 2 号塔右侧，063 龛左侧。

2. 保存状况

龛内造像风化严重，头部仅存轮廓。塔檐左、右部均部分脱落，塔基表面多处岩石呈不规则片状剥离，表面凹凸不平（图版六二）。

3. 龛内外遗迹

055 龛位于 3 号塔身中部。3 号塔顶有上窄下宽的三角形框开凿痕迹与 2 号塔顶的开凿痕迹相连，成 M 字形；塔身右侧约 16 厘米处可见明显的开凿框和点状开凿痕迹，开凿框约高 108、深 12 厘米；左距 2 号塔约 14.5 厘米。

3 号塔通高 156 厘米，自上而下分为塔顶、塔檐、塔身、塔基 4 个部分。塔顶高 30 厘米，自下而上依次可识别 9 层：地层为束腰基座，之上为 4 层莲瓣纹层与素面横长方形框交替，之上部分塔尖似葫芦形。塔檐宽约 70、高约 38 厘米，檐面有棱，将檐面分为正面和 2 侧面，檐因岩石脱落凹凸不平，斗拱部位呈缓弧形下收。檐下与塔身相接处有 2 层横长方形框，下缘阴刻对称连弧纹。塔身约高 44、宽 49 厘米，正面为 055 龛。塔身下为塔基，束腰形基座，通高 44 厘米，台面宽约 63 厘米，台面上有方形小基坛；束腰稍窄；座基为上下二层，下层较宽，约 69.5 厘米，上层略窄（图八一）。

4. 龛窟形制

方形单层龛，宽 26、高 34、深 7.5 厘米。龛壁、龛顶均缓弧形，龛床上有方形基坛，高约 3.5 厘米。

5. 龛内造像

龛内浮雕立像 3 尊。

0   20厘米

图八一　055 龛及 3 号塔正视、横剖面图

龛内正壁浮雕中尊佛立像。通高 25 厘米，头部漫漶，有圆形头光，宽 7.5、高 6 厘米。肩、胸部漫漶，可见左手屈肘横置腹部，似持一圆形物，右手沿身体右侧下垂。外披袈裟，自身前绕过，一角搭于左前臂下垂，身体右侧亦可见下垂衣角。下着裙，可见竖向裙纹，裙长覆踝，露足，立于圆饼形座上。

龛内右壁浮雕菩萨立像。通高 23.5 厘米，可见头顶束高发髻，双肩披天衣下垂至腹部交叉后搭于双肘部。左手下垂执天衣一角，右手屈肘指向龛外。下着裙，双腿部可见 U 字形衣纹，裙长覆踝，露足，立于圆饼形座上。

龛内左壁浮雕菩萨立像。通高约 24 厘米，可见头顶有高发髻痕迹，天衣样式与右壁立像同，左手屈肘指向龛外，右手下垂执天衣。下着裙，可见竖向裙纹，裙长遮踝，露足，立于圆饼形座上。

6. 题记

无。

7. 年代判断

055 号龛为明代开凿，3 号塔开凿时代不详。

4～6 号塔

1. 相对位置

三塔位于 C 区西部下部，061、062 龛下侧，053 龛右侧。三塔共用一横长方形外框，最左侧为 4 号塔，中间为 5 号塔，最右侧为 6 号塔。

2. 保存状况

外框顶部被 062 龛打破；5、6 号塔顶之间被 061 龛打破；左侧框门被打破。4 号塔檐及顶全部被打破，仅存边缘痕迹，有密集点状凿痕；5 号塔檐、顶大部分脱落；尚存痕迹；6 号塔檐大部分脱落，尚存痕迹，塔顶保存较好。3 塔塔基均脱落严重，仅 4 号塔基尚存痕迹（图版六三）。

3. 相关遗迹

4 号塔身正面为 056 龛；4、5 号塔身之间为 057 龛；5 号塔身正面为 058 龛；5、6 号塔身之间为 059 龛；6 号塔身正面为 060 龛；4、5 号塔顶之间为 062 龛；5、6 号塔顶之间为 062 龛（图八二）。

4. 形制

三塔共用横长方形外框形制不规则，上部略窄，下部宽，顶部不规则，塔尖所在位置向上凸出，底部平。通宽 209、通高 136、最深 19 厘米。三塔塔基相连。

4 号塔通高约 136 厘米，塔顶及檐仅存轮廓，塔顶通高约 44 厘米，下部可见 4 层基坛，上部为葫芦形。檐面缓弧形向上略翘。塔身宽 29、残高 27 厘米，正面为 056 龛。塔基为束腰基座，通高约 41 厘米；台面为 3 层，中间一层较宽，右缘被打破；束腰处可见柱间拱形；座基左侧可见 3 层，由上而下增大，上 2 层薄，下层最高。

5 号塔通高约 140.5 厘米，塔顶及檐仅存轮廓，塔顶通高约 35.5 厘米，下部可见 3 层方形基坛，下大上小；基座上为圆球形物，圆球形物上为横长方形框，尖部漫漶，似葫芦形。檐面缓弧形向上略翘，通高约 27.7 厘米，斗拱部为缓弧形向下内收。檐下与塔身之间有横长方形框相接。塔身宽 32.5、高 34.5 厘米，正面为 057 龛。塔基通高约 42 厘米，大部分脱落不识，座基左侧可见 3 层，由

图八二　056~060、062龛及4~6号塔正视、横剖面图

上而下增大，上两层薄，下层厚，与3号塔座基相连。

　　6号塔通高约148.5厘米，塔檐仅存轮廓，塔顶通高约42.5厘米，下部为一层方形基坛，其上为扁圆球形物，圆球形物上为扁圆横长方形框，其上为圆球形物，尖部漫漶，似葫芦形。檐面缓弧形向上略翘，通高约28.5厘米，斗拱部为缓弧形向下内收。檐下与塔身之间有横长方形框相接。塔身宽40、高34厘米，正面为058龛。塔基通高约43.5厘米，脱落不识。

　　5. 题记

　　无。

　　6. 年代判断

　　不详。

056 龛

1. 相对位置

C 区西部，第 4 号塔塔身，057 龛左侧。

2. 保存状况

龛顶大部残失仅存痕迹；龛内造像头部均残失，现存不规则修补孔，主尊身体漫漶不识（图版六四）。

3. 龛内外遗迹

见上文"4～6 号塔"。

4. 龛窟形制

方形单层龛，宽 24、高 23.5、深约 4 厘米。龛壁、龛楣为缓弧形，龛床上有方形基坛，高约 3 厘米。

5. 龛内造像

浅浮雕 1 坐像 2 立像，共 3 尊。

正壁中央主尊坐像。头部残失，残高 12、肩宽约 5 厘米，结跏趺坐于山形岩座上，座高 6.5 厘米，悬裳覆座台面。

主尊右侧菩萨立像。头部残失，残高 11、肩宽约 4.5 厘米。双肩下垂天衣自腹部交叉，左手下垂执天衣一角，右手屈肘指向龛外，天衣搭于肘部后下垂。下着裙，双腿之间可见 U 字形裙纹，裙长遮踝，可见连续波浪形裙缘，露足，隐约可见圆形座痕迹。

主尊左侧菩萨立像。头部残失，残高约 12、肩宽约 4 厘米。天衣样式与右侧菩萨相同，左手屈肘指向龛外，右手下垂执天衣一角。双腿间可见竖线裙纹，裙长遮踝、露足。可见圆形座痕迹。

6. 题记

无。

7. 年代判断

明代。

057 龛

1. 相对位置

C 区西部，第 4、5 号塔身之间，056 龛右侧，058 龛左侧，061 龛下侧。

2. 保存状况

龛内造像头部均残失，现存不规则修补孔。

3. 龛内外遗迹

见上文"4～6 号塔"。

4. 龛窟形制

方形双重龛，内外龛左右龛壁共有，外龛宽 26、高 30.5、深约 6 厘米，龛壁龛顶平，龛床中部有方形凹坑，浮雕某物漫漶不识。内龛宽 26、高 26、深约 4 厘米，龛壁、龛顶缓弧形，龛床上设基坛，高 12 厘米，正面阴线刻一条横线及三壸门。中间壸门方形，左右两侧扁宝珠形。

5. 龛内造像

内龛基坛上浅浮雕 3 尊坐像。

内龛正壁中尊佛坐像。头部残失，现存不规则修补孔。残高 8.5、肩宽 5、肘宽 6、膝宽 6 厘米。肩部漫漶，腹部阴刻长 U 字形衣纹，双手下垂合于腹部，双手腕处均搭袈裟一角覆盖双膝。结跏趺坐于基坛上，右腿在上左腿在下，腿部阴刻人字形衣纹。

正壁右侧坐像。头部残失，现存不规则修补孔。残高 8、肩宽 5.5、肘宽 6、膝宽 6 厘米。肩部漫漶，腹部可见平行弧形衣纹，双手下垂合于腹部，手掌向上相叠，双手腕处均搭袈裟一角覆盖双膝。结跏趺坐于基坛上，右腿在上左腿在下，腿部阴刻人字形衣纹。

正壁左侧坐像。头部残失，现存不规则修补孔。残高 7.5、肩宽 4.5、肘宽 4.5、膝宽 6 厘米。与右侧坐像基本一致。

6. 题记

无。

7. 年代判断

明代。后代修补。

058 龛

1. 相对位置

C 区西部，第 5 号塔身正面，057 龛右侧，059 龛左侧。

2. 保存状况

风化严重，主尊及右侧立像头部残失。龛床边缘界限不清，向外倾斜。

3. 龛内外遗迹

见上文"4～6 号塔"。

4. 龛窟形制

方形单层龛，宽 17、高 24、深 4.5 厘米，圆拱形龛楣，龛顶、龛壁缓弧形。

5. 龛内造像

浅浮雕一佛二菩萨立像。

正壁中央佛立像。头部残失，残高 10.5、肩宽 3.5、肘宽 5 厘米，肩部漫漶，双手屈肘合于胸前，手部漫漶。双手腕处均下垂衣角，左侧窄，右侧宽。腹部至膝下有左高右低斜向弧形袈裟衣纹；袈裟下着裙，阴刻竖向裙纹，裙长露踝，立于圆饼形座上。

正壁右侧菩萨立像。头部残失，尚可见头顶高发髻痕迹，通高 12、身高 10.5 厘米，双肩下垂天衣自腹部交叉，左手下垂执天衣一角，右手屈肘指向龛外，天衣搭于肘部后下垂。下着裙，双腿之间可见 U 字形裙纹，裙长遮踝，露足，座漫漶，可见低平方形座痕迹。

正壁左侧菩萨立像。通高 14、头部高 4.5 厘米。面部漫漶，可见束高发髻。肩宽 4 厘米，天衣样式与右侧菩萨相同，左手屈肘指向龛外，右手下垂执天衣一角。腿部风话严重，仅辨腿形，裙长遮踝，露足，座漫漶，可见低平方形座痕迹。

6. 题记

无。

7. 年代判断

明代。后代修补。

059 龛

1. 相对位置

C 区西部，第 5、6 号塔身之间，058 龛右侧，060 龛左侧，062 龛下侧。

2. 保存状况

风化严重，未雕刻完毕，龛内正壁右部尚未雕刻。2 立像头部不存。

3. 龛内外遗迹

见上文"4~6 号塔"。

4. 龛窟形制

方形双重龛，左侧龛壁可见内龛门痕迹，右侧龛门未雕刻完毕，内龛龛床位置不明确。外龛宽 26.5、高 32、深 8 厘米，龛壁平，龛顶由内向外斜向。内龛宽 24.5、高约 26 厘米，龛壁、龛顶平。内龛龛床上设高基坛，约 8.5 厘米，上有雕刻痕迹。

5. 龛内造像

龛内浅浮雕一佛坐像一比丘，共 2 尊。

内龛正壁中央佛坐像。头部残失现存方形修补孔，残高 9.5、肩宽 5.5、肘宽 6 厘米，膝盖略残，膝残宽 7 厘米。胸部可见左高右低斜向衣纹，双手下垂合于腹部，手部漫漶。结跏趺坐于莲座上，腿部可见左高右低斜向弧线衣纹。莲座高 3 厘米，浅浮雕双重仰莲瓣，外层莲瓣宽大。莲座置基坛上。

主尊左侧比丘立像。头部残失，残高 11、肩宽 5、肘宽 6 厘米。肩部漫漶，可见双手合十于胸前，双前臂下垂衣角，左侧窄而长，右侧宽而短。腹部至膝部可见左高右低斜向弧线袈裟衣纹，袈裟下着裙，阴刻竖向裙纹，裙长露踝，立于基坛上。

主尊右侧龛壁未雕刻完毕，凹凸不平。

6. 题记

无。

7. 年代判断

明代。后代修补。

060 龛

1. 相对位置

C 区西部，第 5 号塔身正面，057 龛右侧，059 龛左侧。

2. 保存状况

风化严重，立像身体细节大部分漫漶。

3. 龛内外遗迹

见上文"4~6 号塔"。

4. 龛窟形制

方形单层龛，宽 19、高 24、深 4 厘米，圆拱形龛楣，龛顶、龛壁缓弧形。

5. 龛内造像

内龛正壁浅浮雕立像 1 尊。头上部残失，残高 19.5、肩宽 6.5、肘宽 6 厘米。肩部漫漶，左手屈肘置胸前，前臂下垂衣角，宽而短。右臂风化不识，可见下垂衣角窄而长。腹部可见左高右低斜向衣纹。腿部及座式漫漶。

6. 题记

无。

7. 年代判断

明代。后代修补。

061 龛

1. 相对位置

C 区西部，第 4、5 号塔顶之间，057 龛上侧，062 龛左侧，063 龛下侧。

2. 保存状况

风化严重，龛内壁面严重酥粉化，起壳脱落。造像后代改刻，原像头部均不存，可见身形痕迹，现存改刻造像体短、薄、比例失调（图版六五）。

3. 龛内外遗迹

见上文"4～6 号塔"。龛外中左侧约 38 厘米处有不规则形坑一个。

4. 龛窟形制

方形双重龛，外龛宽 43.5、高 47.5、深 16 厘米，方形龛楣，龛壁龛顶平。内龛宽 26、高 37.5、深 7 厘米，龛楣弧形，龛顶较平，龛壁缓弧形。

5. 龛内造像

内龛浅浮雕一佛二菩萨像，共 3 尊。外龛床浮雕 1 香炉及 2 卧狮（图八三）。

正壁中央主尊佛坐像。头部残失，现存不规则修补孔，残通高 26、身高 13.5 厘米。修补孔周围可见宝珠形头光痕迹。体薄，肩宽 7.5 厘米，胸腹部可见半圆形衣纹，双手下垂合于腹部，肘宽 9.5 厘米，双前臂处搭衣角垂于膝后。结跏趺坐于束腰莲座上，膝宽 11.5 厘米，右腿在上，左腿在下，腿部可见人字形衣纹。座通高

0　　　　　　10厘米

图八三　061 龛正视图

12.5 厘米，台面圆形浅浮单层仰莲瓣；束腰部分由 3 个扁圆球体组成；座基圆形有雕刻痕迹。

主尊右侧菩萨立像。头顶有竖长方形修补孔，通高 25 厘米，修补孔周围有宝珠形头光痕迹，身体左右两侧均有原造像的身形痕迹。身体扁而略向内倾斜，细节漫漶，仅见身体两侧有天衣下垂及双腿裙痕，立于圆饼形座上，座高 3 厘米。

主尊左侧菩萨立像。头顶有不规则形修补孔，通高 24 厘米，修补孔周围有宝珠形头光痕迹，身体左右两侧均有原造像的身形痕迹。细节漫漶，仅见左手屈肘置胸部，右手下垂，身体两侧有天衣下垂，立于圆饼形座上，座高 2 厘米。

另外，外龛床紧靠内龛床部分，浮雕 1 香炉及 2 卧狮，风化严重，仅辨身形。

6. 题记

无。

7. 年代判断

原龛开凿时代不详，现存造像为明代改刻。

062 龛

1. 相对位置

C 区西部，第 5、6 号塔顶之间，059 龛上侧，061 龛右侧，063 龛右下侧、064 龛左下侧。

2. 保存状况

风化严重，龛内壁面严重酥粉化，起壳脱落。壁面有较明显的斜向凿痕。左右二坐像之座风化严重细节不辨。

3. 龛内外遗迹

见上文"4~6 号塔"。龛正壁中央上部有一方形孔，约宽 6.8、高 6 厘米。龛顶上方约 15 厘米有方形孔，与龛内孔位置上下对齐。

4. 龛窟形制

方形双重龛，外龛宽 44.5、高 43.5、深 13.5 厘米，方形龛楣，龛顶、龛壁平，龛床中部有方形凹坑，约宽 24.5、深 5 厘米。内龛宽 34、高 27.5、深 7.5 厘米，龛楣方形，转角略呈弧形；龛壁、龛顶均缓弧形。

5. 龛内造像

内龛浮雕三佛二比丘像，共 5 尊，编号见表二五。外龛床浮雕 1 香炉 2 卧狮像。

1 号像，内龛正壁中央浮雕主尊佛坐像。通高 18、身高 12、头高 4.5 厘米，面部漫漶。肩宽 5 厘米，肩部漫漶，腹部可见左高右低斜向弧形衣纹。双手下垂合于腹部，手势不明；双手腕处搭衣角下垂覆膝。结跏趺坐于莲座上，右脚在上，左脚在下，腿部可见人字形衣纹。座宽 8、高 6 厘米，台面圆形似浅浮雕仰莲瓣，台面以下样式不明。

表二五　062 龛尊像编号表

2 号像，内龛右壁浮雕佛坐像。通高 18.5、身高 14、头高 5 厘米，面部右侧残脱。肩部漫漶，宽约 5.5 厘米，腹部可见半圆形衣纹。双手下垂合于腹部，手掌上执圆形物。双腕处搭衣角下垂覆膝。结跏趺坐，右脚在上，左脚在下，腿部可见人字形衣纹。座漫漶，仅辨有山形岩石。

3 号像，内龛左壁浮雕佛坐像。通高 18、身高 12.5、头高 4 厘米，面部残。肩部漫漶，宽约 5 厘米，双手屈肘合于胸前手势不明。腿部及座漫漶不识。

4 号像，内龛正壁主尊右侧浅浮雕比丘立像。通高 17、身高 15.5 厘米。头部、肩部漫漶，双手合十于胸前，双前臂下垂衣角，左侧长较窄，右侧短较宽。腹部至膝下可见左高右低斜向袈裟衣纹，袈裟下着裙，阴刻竖向裙纹，裙长遮踝，露足，立于方形台座上。

5 号像，内龛正壁主尊左侧浅浮雕比丘立像。通高 17、身高 15.5 厘米。头部、肩部漫漶，双手合十于胸前，双前臂下垂衣角，立于方形台座上，细节漫漶。

6. 题记

无。

7. 年代判断

原龛开凿时代不详，现存造像为明代改刻。

063 龛

1. 相对位置

C 区西部，第 3 号塔右侧，061 龛上侧，064 龛左侧，066 龛下侧。

2. 保存状况

风化严重，龛内有水迹。外龛顶右部残脱，左侧外龛门现存明显斜向凿痕似后代改刻，龛床上卧狮头部残失，二力士头部残失。内龛主尊头部不存，其余尊像头部均残（图版六六）。

3. 龛内外遗迹

龛外左右有 4 个方形或不规则形洞。外龛右下角处有一不规则孔洞打破外龛右壁，孔洞内小外大，形式似穿，大孔直径约 6 厘米；龛外右下方约 20 厘米处有方形孔一个（即 062 龛上方孔洞），宽 8、高 4.5 厘米。外龛左下角外侧 3 厘米处有方形孔一个，宽 8.5、高 4.5 厘米；龛外左下方约 32 厘米处有不规则孔洞一个（即 061 龛外左侧孔洞）。

右龛门外约 22 厘米处，有竖向略倾斜不规则沟槽一条，沟壁上有明显的水平向开凿痕迹。沟槽向上经过 065 龛右侧、068 龛右侧，与 068 龛上方水平向刻槽相连。

4. 龛窟形制

方形双重龛，外龛宽 101、高 90、深 12.5 厘米，方形龛楣，龛顶右部残失，龛顶、龛壁平；内龛宽 87、高 63、深 32.5 厘米，方形龛楣，转角处略带弧形，龛楣方框左右延伸到外龛壁；龛壁、龛顶缓弧形，龛床边缘内凹呈弯月形。

5. 龛内造像

内龛造一佛二菩萨二弟子像，外龛造二力士像，共 7 尊，编号见表二六。外龛床造卧狮 2 只（图八四）。

1 号像，内龛正壁中央高浮雕主尊佛坐像。通高 63 厘米，头部残失，现存竖长方形修补孔，身体

表二六　　063 龛尊像编号表

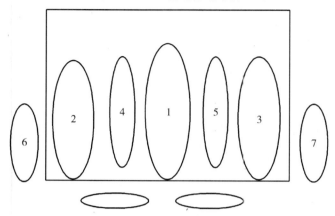

残高 26.5 厘米。有双重头光，外层宝珠形，宽 18.5、高 31 厘米，透雕卷云状火焰纹；内层椭圆形，由内向外依次为素面圈、弦纹、连珠纹、弦纹。

肩宽约 10.5 厘米，肩部漫漶，胸前可见自左肩到右胁下内衣，系带，带上下均阴刻弧线褶皱。左肩披袈裟，右肩披覆肩衣，覆肩衣衣角在右下腹部掖入袈裟衣缘内又翻出后覆腿部。肘宽 13 厘米，左右两手均下垂抚膝，手部残失。有双重身光，外层宽 24.5、高 22 厘米，透雕卷云状火焰纹，左下部窄，右下部较宽；内层椭圆形，由内向外依次为素面圈、弦纹、连珠纹、弦纹。

倚坐于方形台座上，膝宽约 13 厘米，左膝位于座边缘而右膝外侧座较宽。双腿间可见大 U 字形衣纹，双小腿正面亦阴刻 U 字形衣纹。袈裟下着裙，裙长覆踝，露足，足置束腰小座上。台座通高 18.5 厘米，方形台面宽约 17.5 厘米，方形高束腰，座基方形，宽约 22.5、高 3 厘米。佛足下束腰小座纹饰漫漶不识，约宽 4.5、高 3.5 厘米。

2 号像，内龛右壁高浮雕菩萨立像。通高 51、身高 39 厘米。面部残失，头高 10 厘米，双耳较大。有双重头光，外层宝珠形，宽 15、高 22 厘米，透雕火焰纹，内层与 1 号像头光内层一致。

左手下垂置身左侧，腕戴双钏，手执瓶状物；右手屈肘置右肩部，手执杨柳状物，肘部下垂天衣一股。胸前带项圈，双肩下垂连珠璎珞相交于腹部团花，后分两股沿大腿内侧下垂，至膝下绕过膝部。上身着帔帛，自左肩至右胁下，系腰带，腰带上下阴线刻弧形衣纹。自右肩下垂一股天衣，于膝上方绕过身前搭于左前臂，后沿身左侧下垂。下身着裙，可见裙带及翻转裙缘，阴刻 U 字形衣纹。双腿部均阴线刻 U 字形裙纹。左膝略弯向上抬起。立于龛底，无座。

3 号像，内龛左壁高浮雕菩萨立像。通高 52、身高 40 厘米。前额部残失，头高 11.2 厘米，双耳较大。有双重头光，风化严重，外层宝珠形，可见火焰纹痕迹。

左手屈肘置右肩部，手执杨柳状物，肘部下垂天衣一股。右手下垂置身右侧，手执瓶状物；胸前带项圈，双肩下垂连珠璎珞相交于腹部圆形饰物，后分两股沿大腿内侧下垂，至膝下绕过膝部。上身着帔帛，自左肩至右胁下。自双肩各下垂天衣，于胯下方交叉绕过身前，分别搭于左右前臂，后沿身左侧下垂。下身着裙，腿部阴刻 U 字形衣纹。立于圆形浅座上，座高约 2.5 厘米，阴线刻覆莲瓣纹。

4 号像，内龛正壁 1 号像右侧浮雕比丘立像。通高 41、身高 34 厘米。面部残缺，有圆形头光，宽 12.5、高 13 厘米，素面。肩宽 9.5 厘米，身着通肩袈裟，颈部可见外翻的袈裟衣缘。肘宽 12.5 厘米，双手合于胸部，手指残断。双前臂均搭衣角，有内外两层，内层自腕部下垂，宽袖，左略长；外层自接近肘部下垂，有短衣角和长衣角两股。右侧衣角略长。胸部至膝下阴线刻 Y 字形袈裟纹，袈裟下角呈 V 字形。下着裙，阴刻竖向裙纹，裙长覆踝，立于圆饼形座，座高 3.5 厘米，有浅台面，下部纹饰漫漶。

5 号像，内龛正壁 1 号像左侧浮雕比丘立像。通高 40.5、身高 32.5 厘米。面部残缺，可见大耳。

0   20厘米

图八四 063龛正视、横剖面图

有圆形头光，宽11.5、高12厘米，素面。肩宽9.5厘米，胸部可见外翻的袈裟衣缘呈V字形，上腹部可见U字形衣纹。肘宽12厘米，双手合于胸部。双前臂均搭衣角，自腕部下垂，左侧略长。腹部至膝下阴线刻左高右低斜向弧线袈裟纹。下着裙，阴刻竖向弧线裙纹，裙长覆踝，露足，立于圆饼形坐，座高3.5厘米，有浅台面，下部纹饰浅浮雕覆莲瓣，莲瓣肥硕，中部有凹线。

6号像，外龛正壁右下角浮雕力士立像。通高38、身高33厘米。头部漫漶，右手屈肘于腰部手执长棍状物，左手横过颈部扶棍上方。上身赤裸，胸腹部可见明显肌肉，右胯向上突出。下着裙，系腰带，裙上缘外翻，裙缘褶皱呈S形、Ω形。裙长露膝，左腿外侧龛壁上有鱼尾状天衣伸出。赤足立于岩座上，左小腿部分残，右腿部可见筋骨突出。岩座高约5厘米，浅浮雕山形。

7号像，外龛正壁左下角浮雕力士立像。通高42.5厘米，头部残失现存方形修补孔，身体残高25厘米。左臂高举过头顶，手持长棍状物；右手下垂置右胯部，手似执天衣一角，腕戴钏。上身赤裸，胸腹部可见明显肌肉，左胯向上突出。下着裙，系腰带，裙上缘外翻，搭于双腿间，阴刻U字形衣纹，衣缘收尖。裙长露膝，右腿外侧龛壁上有鱼尾状天衣伸出。赤足立于岩座上，腿部可见筋骨突出，双踝戴钏。岩座高约6厘米，浅浮雕山形。

另外，外龛龛床上紧贴内龛位置浮雕2狮相对而卧，头部残失，身长约19厘米，身下有方形浅基坛，约高1.5、宽20厘米。

6. 题记

无。

7. 年代判断

晚唐。

064 龛

1. 相对位置

C区西部，第6号塔上侧，061龛右上侧，063龛右侧，065龛下侧。

2. 保存状况

风化严重，像体表面水沁酥粉，呈灰色。外龛顶、外龛左龛门大部分不存。内龛右壁菩萨立像头、肩部不存，主尊佛坐像左侧比丘立像面部残失。外龛床2卧狮头部残失，香炉风化严重（图版六七）。

3. 龛内外遗迹

左外龛门外有不规则孔，龛左下方有方形孔，即前文"063龛"外龛左下角、龛外右下方描述之二孔。外龛顶楣右上方约14厘米有圆形孔一个，直径约6厘米。

4. 龛窟形制

方形双重龛，外龛宽81、高76.5、深10.5厘米，方形龛楣，龛顶右部残失，龛顶、龛壁平。内龛宽57、高58、深27厘米，龛楣弧形，龛壁、龛顶缓弧形。

5. 龛内造像

内龛造一佛二菩萨二弟子像，外龛造二力士像，共7尊，编号见表二七。外龛床造卧狮2只、香炉1个（图八五）。

1号像，内龛正壁中央高浮雕主尊佛坐像。通高58、身高26.5、头高10厘米。头顶有覆钵形肉髻，双耳宽短，面部漫漶仅见眼部轮廓。有双重头光，外层宝珠形，宽20.5、高30.5厘米，可见阴刻火焰纹；内层圆形，由内向外依次为素面圈、双弦纹。

颈部有3蚕道，肩宽约10厘米，着通肩袈裟，左肩部可见袈裟衣角从圆领内外翻搭于左肩。胸腹部阴刻U字形衣纹。肘宽11.5厘米，双手下垂合于腹部，持扁圆形物，双腕处搭衣角，下垂覆膝。双手下部可见半圆形衣纹。有双

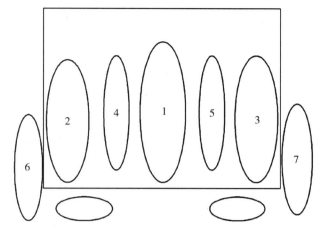

表二七　064龛尊像编号表

重身光，外层宽22、高18厘米，阴刻火焰纹，内层由内向外依次为素面圈、弦纹。

结跏趺坐于束腰台座上，膝宽约15厘米，腿部扁平，悬裳覆座。座通高16.5厘米，多边形台面宽约16厘米，悬裳在垂于台面下呈4组U字形并阴刻U字形纹，台座边缘呈波浪形似表现内莲瓣尖；束腰部分由并排3个球形组成；座基分3层，从上而下第一层较窄、浅，浅浮雕覆莲瓣，第二、三层均为方形，第二层比第三层窄。

2号像，内龛右壁高浮雕菩萨立像。通高51厘米，头颈部残失，有头光，宝珠形，风化严重。左手下垂置身左侧，手执天衣；右手屈肘置右肩部，手部残失，肘部下垂天衣一股。胸前带项圈，双肩下垂连珠璎珞相交于腹部圆形饰物，膝部亦可见连珠痕迹。下身着裙，双腿部均阴线刻U字形裙纹。膝部可见横向天衣痕迹。裙长露踝，立于小座上，座式漫漶不识。

3号像，内龛右壁高浮雕菩萨立像。通高51.5厘米，有宝珠形头光，风化严重。面部漫漶，可见头顶束圆形高发髻。胸前似带项圈，双手屈肘合于胸部似持一扁圆形物，肘部下垂天衣。下身着裙，系腰带，腰带中部下垂两股连珠璎珞至膝下后绕。胯部可见翻转裙缘痕迹，腿部可见U字形裙纹痕迹。裙长遮踝，立于圆饼形座上，座浅浮雕覆莲瓣纹。

4号像，内龛正壁1号像右侧浮雕比丘立像。通高33.5、身高30.5厘米。头左上部残缺，面部漫漶。肩宽约8厘米，身着通肩袈裟。肘宽9.5厘米，双手合于胸部，手指漫漶。双前臂均搭衣角，右前臂可见内外两层，内层自腕部下垂，外层自接近肘部下垂。胸部至膝阴线刻V字形袈裟纹，袈裟下角呈V字形。下着裙，阴刻竖向裙纹，裙长覆踝，立于素面方形座，座高3厘米。

5号像，内龛正壁1号像左侧浮雕比丘立像。通高33、身高30厘米。面部残缺，肩宽7.7厘米，身着通肩袈裟。肘宽9.5厘米，双手合于胸部，手指漫漶。双前臂均搭衣角，腕部可见衣缘外翻呈弧形。胸部至膝阴线刻V字形袈裟纹，袈裟下角呈V字形。下着裙，阴刻竖向裙纹，裙长覆踝，立于素面方形座，座高3厘米。

6号像，外龛正壁右下角浮雕力士立像。通高44.5厘米。头部圆球形高发髻，面部可见五官痕迹，双耳外侧有外翻冠缯带痕迹，天衣呈圆形围绕头部。左手下垂似执天衣一角，戴腕钏；右手高举过头顶，执横向棍状物。右肩下垂天衣在外龛右壁上呈ε形。上身赤裸，左胯略突出，左胯部下垂天衣飘于身左侧略呈S形。下着裙，系腰带，腰带外翻沿双腿间下垂置座。裙长露膝，腿部阴刻横向弧

0   20厘米

图八五　064龛正视、横剖面图

线裙纹。赤足立于岩座上，左足高右足低，可见筋骨痕迹。岩座高约5.5厘米，残见山形。

　　7号像，外龛正壁左下角浮雕力士立像。通高42厘米。头部圆球形高发髻，面部可见五官痕迹，头部周围有圆形头光状物，细节漫漶。右手高举过头顶，右手下垂执天衣一角，戴腕钏；左肩下垂天衣在外龛左壁上呈3字形。上身赤裸，左胯突出。下着裙，系腰带，裙缘外翻垂于胯部。裙长露膝，大腿部阴刻V字形裙纹，可见膝下筋骨痕迹。赤足立于岩座上，左足低右足高，岩座高约10厘米，残见山形。

另外，外龛龛床中部紧贴内龛床处浮雕香炉 1 只，大部分残失；6、7 号像内侧浮雕卧狮 1 对，相对而卧，头部残失，左狮残身长约 15.5 厘米，尚可见尾部；右狮残身长 12.5 厘米。

6. 题记

无。

7. 年代判断

晚唐。3 号像菩萨手部比例不协调，姿势独特，应为后代改刻；6 号像力士面部及裙与 7 号像力士差别较大，体态呆板，疑为后代改刻。

065 龛

1. 相对位置

C 区西端中部，063 龛右侧、064 龛上侧，067 龛、068 龛下侧。

2. 保存状况

风化严重，外龛顶部和左侧龛壁大部不存，龛床岩石脱落严重，左侧力士立像身体大部不存仅见轮廓。内龛造像头部残失，身体细节大部漫漶。

3. 龛内外遗迹

右龛门外约 14 厘米，有上下二小孔，上孔位于右龛楣外，下孔位于龛右下角外。形状不规则，接近圆形，直径约 5.5 厘米。

右龛门外侧约 37 厘米处有竖向沟槽一条，见 063 龛。右龛门外侧跨过沟槽直线距离约 36 厘米处的岩壁上有方形框一个，可能为题记外框，壁面漫漶不识。框宽 43.5、高 35.5 厘米，深约 1 厘米。

4. 龛窟形制

方形双重龛，外龛方形，宽 63、高 62.5、残深约 6.7 厘米，方形龛楣，龛顶不存，左龛门大部不存，被打破处横向凿痕明显。内龛宽 50.5、高 48、深约 23 厘米，龛楣转角弧形，龛壁缓弧形，龛顶较平，转角处弧形，龛底略内高外低倾斜。正壁中央主尊座下设圆形浅基坛，高约 2 厘米。

5. 龛内造像

内龛浮雕一佛二菩萨二比丘立像，外龛浮雕二力士立像，共 7 尊，编号见表二八。外龛龛床上残见 1 香炉 2 卧狮痕迹（图八六）。

1 号像，内龛正壁中央浮雕主尊佛坐像。头部残失，现存不规则形修补孔，有圆形头光，约宽 17.4、高 17.2 厘米，头光顶部可见有宝珠形头光痕迹。身体薄约 2 厘米，约肩宽 8、肘宽 10、膝宽 13 厘米。胸前可见 U 字形衣纹，双手下垂合于腹部，腕部可见搭衣角痕迹，结跏趺坐，腿部可见人字形衣纹痕迹。座通高约 12 厘米，台面圆形宽约 18 厘米，纹饰漫漶；束腰窄，座基圆形，浅浮雕覆莲瓣。座下为圆形浅基坛。

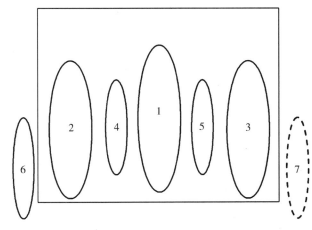

表二八　065 龛尊像编号表

0　　　　20厘米

图八六　065 龛正视图

2 号像，内龛右壁浮雕菩萨立像。通高约 41.5 厘米，身体严重漫漶，细节不辨，有宝珠形头光痕迹，宽约 14.3 厘米，右侧紧贴右龛门。身体较薄，两侧可见下垂天衣痕迹，立于圆形台座上。

3 号像，内龛左壁浮雕菩萨立像。通高约 42 厘米，头部残失，身体严重漫漶，可见头顶有宝珠头光顶部痕迹，身体两侧均下垂天衣，立于圆形台座上。

4 号像，内龛正壁 1 号像右侧比丘立像。通高约 32.5 厘米，头部残失现存方形修补孔，有圆形头光，宽 12、高 10.8 厘米，身体薄，细节不存，座被打破现存一凹坑。

5 号像，内龛正壁 1 号像左侧比丘立像。通高约 33 厘米，头部大部分不存，可见圆形头光，宽 14、高 10.5 厘米。身体薄，可见胸前 V 字衣领，双手合于胸前，立于方形座上。

6 号像，外龛正壁右下角浮雕力士立像。通高约 33.5 厘米，身体大部分漫漶，头顶与龛壁间呈三角形平面，右手高举过头顶，身体右侧可见天衣痕迹，立于岩座上。

7 号像，外龛正壁左下角力士像。身体大部分被打破，仅见腿部及岩座痕迹。

另外，外龛龛床上紧贴内龛床位置中央浮雕一香炉，两侧浮雕二卧狮，风化严重仅辨轮廓。卧狮头部残失。

6. 题记

无。

7. 年代判断

龛内造像身体小、薄，改刻痕迹明显，应为后代改刻。原龛时代不详。

066 龛

1. 相对位置

C 区西部上部，063 龛上侧，067 龛左侧，076 龛下侧。

2. 保存状况

外龛床残失，龛内风化严重，造像细节大部不存，改刻痕迹明显。右侧外龛门上部被 067 龛左外龛门和力士像打破。

3. 龛内外遗迹

龛顶上方约4厘米处有水平向槽一条，西至068龛西侧，东至1号塔顶部。此槽底部较平整，宽度较一致，人工开凿的可能性较大。约通长414、最宽处8.5厘米。

4. 龛窟形制

方形双重龛，外龛约宽48、高46.8、深7厘米，方形龛楣，龛顶、壁平，龛床不存。内龛宽37.8、高36.2、深15.7厘米，龛楣转角弧形，龛顶、侧壁均平，龛正壁缓弧形。

5. 龛内造像

内龛浅浮雕一佛二菩萨像，共3尊（图八七）。

内龛正壁中央主尊佛坐像。通

图八七　066龛正视图

高36厘米。头部残失，现存不规则修补孔，孔周可见明显的点状改凿痕迹。可见头光痕迹，上部残，宽约16.5厘米。身体薄，胸前可见横向衣纹，双肩下垂衣领。坐姿漫漶，圆形束腰座，腰部较窄。

主尊右侧浅浮雕菩萨像。通高约34厘米。头小，面部扭曲丑陋，头部周围有明显的点状改凿痕迹，宝珠形头光，左手下垂，右手屈肘指向龛外，腹部可见交叉天衣痕迹。座式不明。

主尊左侧浅浮雕菩萨像。通高约35厘米。头小，头部周围有明显的点状改凿痕迹，宝珠形头光，左手屈肘指向龛外，右手下垂持圆形物，身体两侧均可见下垂天衣，大腿部有横向天衣痕迹。立于圆形浅台座上。

6. 题记

无。

7. 年代判断

龛内后代改刻痕迹明显，原龛时代不明。

067龛

1. 相对位置

C区造像西端上部，066龛右侧，068龛左侧，065龛上侧，077龛下侧。

2. 保存状况

风化严重，外龛顶部残脱，左外龛壁打破066龛右外龛壁。龛内造像风化严重，大部细节漫漶，仅辨身形。

3. 龛内外遗迹

龛外上方有水平向槽，见 066 龛。

4. 龛窟形制

方形双重龛，内外龛同底，龛床由内向外倾斜。外龛宽 35、高约 27、深 3.5 厘米，方形龛楣，龛顶大部不存，龛壁平；内龛宽 28.5、高 25、深约 4.5 厘米，龛楣转角弧形，龛壁、龛顶缓弧形。

5. 龛内造像

内龛浅浮雕一佛坐像二菩萨立像，外龛浅浮雕二力士立像，共 5 尊。

内龛正壁中央主尊佛坐像。头部残失现存不规则形修补孔，孔宽 2.5、高 4.5 厘米，像残通高约 16.5 厘米，衣纹漫漶，可见双手下垂合于腹部，结跏趺坐于束腰座上，座高约 6 厘米，束腰窄，纹饰漫漶。

主尊右侧菩萨立像。通高约 19 厘米。身体扁薄，头部扭曲，五官丑陋。衣纹大部分漫漶，可见左手下垂，右手屈肘置右肩，膝部有天衣痕迹呈人字形。立于圆饼形座上。

主尊左侧菩萨立像。通高约 19.5 厘米。身体扁薄，头部与身体位置不当，身体细节漫漶不识，可见右手下垂。

外龛正壁右下角力士立像。通高约 18.5 厘米。头部环绕天衣，左手下垂，右手高举过头顶，膝部可见裙纹痕迹和筋骨痕迹，立于浅座上，座式不明。

外龛正壁左下角力士立像。通高约 18.5 厘米。头顶可见圆形发髻，头周围天衣呈圆形，左手屈肘上举，右手下垂，胸部可见肌肉痕迹，下部着裙，膝部可见裙缘痕迹。立于座上，座式漫漶不识。

6. 题记

无。

7. 年代判断

不详。

068 龛

1. 相对位置

C 区造像西端上部，067 龛右侧，065 龛上侧，077 龛下侧。

2. 保存状况

风化严重，外龛顶右部、右龛壁残脱，龛内造像风化严重，大部细节漫漶，仅辨身形。

3. 龛内外遗迹

龛外上方有水平向槽，见 066 龛；右龛门外侧约 2～23 厘米处有竖斜向沟槽一条，见 063 龛。水平槽与竖向沟槽在右龛楣外约 2 厘米处相接。

4. 龛窟形制

方形双重龛，内外龛同底，龛床由内向外倾斜。外龛宽 34、高约 29、深 2 厘米，方形龛楣，龛壁平。内龛宽 27.5、高 26、深约 4 厘米，龛楣转角弧形，龛壁、龛顶缓弧形。

5. 龛内造像

内龛浅浮雕一佛坐像二菩萨立像，外龛浅浮雕二力士立像，共 5 尊（图八八）。

068　　　　　067

0　　　　　10厘米

图八八　067、068 龛正视图

内龛正壁中央主尊佛坐像。通高约 21.5 厘米。仅见轮廓，衣纹、座式漫漶不识。

主尊右侧菩萨立像。通高约 18 厘米。身体扁薄，衣纹大部分漫漶，可见身体两侧有天衣下垂，膝部有天衣痕迹呈人字形。座式漫漶。

主尊左侧菩萨立像。通高约 18.5 厘米。身体扁薄，身体细节漫漶不识，可见右手下垂。

外龛正壁右下角力士立像。通高约 19.5 厘米。右手高举过头顶，膝部可见裙缘痕迹，立于浅座上，座式不明。

外龛正壁左下角力士立像。通高约 19 厘米。头周围可见天衣痕迹，下着裙，膝部可见裙缘痕迹。立于座上，座式漫漶不识。

6. 题记

无。

7. 年代判断

不详。

069 龛

1. 相对位置

C 区西端中部，第 6 号塔右侧约 75 厘米、070 龛左侧约 70 厘米、071 龛下方约 130 厘米处。

2. 保存状况

风化严重，外龛顶、右侧龛门及右部龛底均大部分不存。龛壁严重酥粉，内龛主尊坐像头部残失，像体细节不存仅见轮廓（图版六八：1）。

3. 龛内外遗迹

左外龛门中部外侧有三角形坑一个，边长约 18 厘米，坑内有圆形小坑一个。

图八九　069 龛正视图

4. 龛窟形制

方形三重龛，外龛残宽约 85、高 108、深约 34 厘米，龛顶、右龛门大部分不存，龛底右部不存。中龛方形，约宽 73、高 80、顶部深 26 厘米，方形龛楣，有三角斜撑。龛门、龛壁形制不规整，有明显的凿痕。内龛呈凸字形，上小下大，宽 42～60、高 53、深 11 厘米，龛门风化严重界限不清。

5. 龛内造像

内龛中央残存坐像一尊。通高约 45 厘米。头部残失现存竖长方形修补孔。有圆形头光，宽 19.5、高 15.5 厘米。身体漫漶仅辨轮廓，双手下垂合于腹部。坐于束腰座上，腿部及座纹饰漫漶。有身光，上宽下窄（图八九）。

6. 题记

无。

7. 年代判断

后代重刻，现外、中两层龛可能为原外、内龛，现内龛为后改刻。原龛时代不明。

070 龛

1. 相对位置

D 区东端中部，069 龛右侧约 70 厘米、072 龛下侧，083 龛左侧。

2. 保存状况

整体风化严重，龛内造像面部均漫漶，龛床岩石脱落严重，内外龛龛床均界限不清（图版六八：2）。

3. 龛内外遗迹

外龛右下角外侧有不规则形脚窝一个，龛下方约 35 厘米有脚窝一个。

4. 龛窟形制

方形双重龛。外龛宽 61、高 55、深约 9 厘米，方形龛楣，龛顶右部风化严重，龛壁平；内龛宽 45、高 40.5、深约 16 厘米，方形龛楣，转角处略呈弧形，龛壁、龛顶缓弧形。

5. 龛内造像

内龛浮雕一佛二菩萨二比丘像，共 5 尊，外龛残存 2 力士腿部痕迹，编号见表二九（图九〇）。

表二九　070 龛尊像编号表

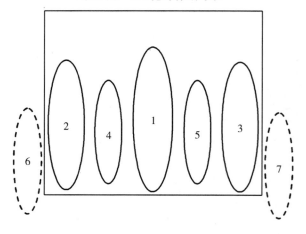

1号像，内龛正壁中央浮雕主尊佛坐像。头上部残失，座下部界限不明，残通高约21厘米，胸部可见横向衣纹，双肩下垂衣缘，双手下垂合于腹部，结跏趺坐，右腿置左腿上，腿部可见人字形衣纹。束腰座，束腰窄细，纹饰不明。

2号像，内龛右壁浮雕菩萨立像。头部漫漶，座式不明，残身高约22.5厘米，胸部有横向衣纹，双肩下垂天衣于腹部交叉，左手下垂，右手屈肘指向龛外，手持一物。腿部可见竖向裙纹。

3号像，内龛左壁浮雕菩萨立像。头部漫漶，座式不明，残身高约25厘米，双肩下垂天衣于胯部交叉，双手屈肘共持一滚状物，左手在胸部，右手在右下腹部。腿部可见斜向不规则裙纹，足部漫漶。

4号像，内龛正壁1号像右侧比丘立像。身高22厘米。面部漫漶，胸部可见V字形衣领双手笼于袖中合拱于胸前，臂上下垂袈裟衣角。下着裙，足部漫漶。

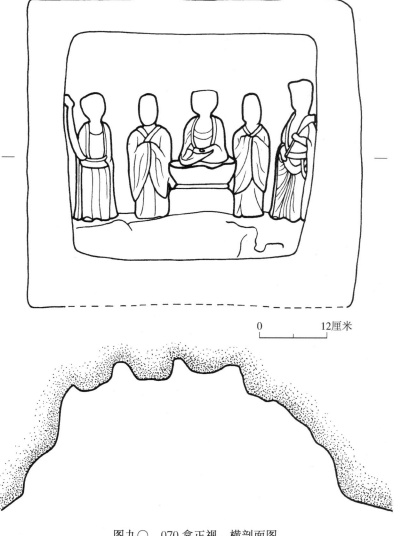

图九〇 070龛正视、横剖面图

5号像，内龛正壁1号像左侧比丘立像。身高22厘米。面部漫漶，胸部可见V字形衣领双手笼于袖中合拱于胸前，臂上下垂袈裟衣角。下着裙，足部漫漶。

6号、7号像，外龛正壁右、左下角残存力士腿部痕迹。

6. 题记

无。

7. 年代判断

明代。

071龛

1. 相对位置

C区西端上部，069龛上侧，072龛左侧。

2. 保存状况

整体风化严重，外龛右龛门不存，龛内造像大部细节漫漶。

3. 龛内外遗迹

无。

4. 龛窟形制

方形双重龛，外龛残宽 74、高 79、深 10.5 厘米，方形龛楣，右龛门不存，龛壁平，龛床风化严重。内龛宽 41.5、高 54、深 27 厘米，方形龛楣带弧形三角斜撑，龛壁、龛顶弧形。

5. 龛内造像

内龛浮雕一佛二菩萨坐像，二比丘立像，外龛浮雕二力士立像，共 7 尊，编号见表三〇（图九一）。

1 号像，内龛正壁中央浮雕佛坐像。身高 22 厘米，座式漫漶不识，头高 9.5 厘米，头顶有乳形肉髻，人字形发际线，面部五官较大。肩宽 10 厘米，肘宽 10 厘米，双手下垂合于腹部持扁圆形物，腕部

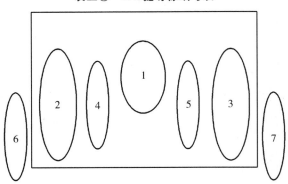

表三〇　071 龛尊像编号表

0 　　　　　　　16厘米

图九一　071 龛正视、纵剖面图

搭衣角下垂覆膝，右腿置左腿上，腿部阴刻人字形衣纹。座式不明。

2号像，内龛右壁高浮雕菩萨坐像。严重漫漶，可见坐像身形，残高25厘米，身体饱满，下部可见兽足，应为兽座菩萨坐像。

3号像，内龛左壁高浮雕菩萨坐像。严重漫漶，可见坐像身形，残高27厘米，下部可见兽足似象腿部。

4、5号像，内龛正壁1号像右、左两侧浮雕比丘立像。身高约24厘米，面部五官较大，双手笼于袖中合拱于胸前，臂部下垂袈裟。座式不明。

6、7号像，外龛正壁右、左下角残存力士立像。风化严重仅辨身形，通高约42厘米，6号像左手上举，右手下垂置腰部，着裙。7号像左手下垂置腰部，右手上举，着裙系腰带。

6. 题记

无。

7. 年代判断

主尊身形较小而单薄，位置内凹，疑明代改刻。原龛造像年代不详。

074 龛

1. 相对位置

C区西端上部，063龛上侧，066龛左上侧，075龛左侧，080龛下侧。

2. 保存状况

整体风化严重，龛内造像大部细节漫漶。龛左部长成片黑色苔藓，龛右部长团状白色苔藓。主尊座台面右部残失。外龛床香炉及二卧狮风化严重仅辨身形。

3. 龛内外遗迹

龛下方约10厘米处为水平向刻槽，见前文066龛。龛上方约9厘米处有西高东低略呈倾斜状的细刻槽，通长305厘米，向西延续至077龛左龛楣，向东断断续续延续172厘米。

4. 龛窟形制

方形双重龛，外龛宽46、高36、顶部深14.5、龛床深约4厘米，方形龛楣，龛壁龛顶平，龛顶深龛床浅，龛床风化严重。内龛宽30、高27、顶深8.5、底深约4厘米，龛楣转角处弧形，龛顶、两侧壁较平，龛正壁弧形，顶深底浅。

5. 龛内造像

内龛浮雕一佛二菩萨二弟子像，外龛浅浮雕二力士立像，共7尊，编号见表三一。外龛床残见一香炉二卧狮痕迹（图九二）。

1号像，内龛正壁中央浮雕主尊佛坐像。通高约24.5厘米。头顶可见圆髻痕迹，面部漫漶。身体漫漶不识。座通高约9厘米，台面圆形右部残失，左部可见浅浮雕仰莲瓣；束腰处由3个扁圆球体组成；座基圆形，纹饰不明。

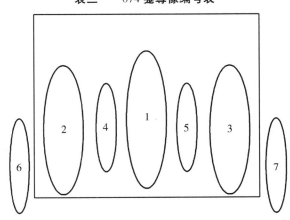

表三一　074龛尊像编号表

图九二　074 龛正视图

2 号像，内龛右壁浮雕菩萨坐像。通高约 25 厘米。风化严重细节大部分不辨。颈部可见 3 蚕道，双手下垂合于腹部，坐姿不明，座式漫漶，下部可见二粗壮兽足痕迹。

3 号像，内龛右壁浮雕菩萨坐像。通高约 25.5 厘米。风化严重，右肩部残失。双手下垂合于腹部，坐姿不明，座式漫漶，下部可见二粗壮兽足痕迹，座左部有明显的衣纹痕迹，似悬裳。

4 号像，内龛正壁 1 号像右侧比丘立像。通高 22 厘米。面部漫漶，可见双手合于胸前，似笼于袖中，裙长露足，立于方形台座上。

5 号像，内龛正壁 1 号像左侧比丘立像。通高 21 厘米。面部漫漶，胸前可见双领下垂，双手屈肘合十于胸前，臂部下垂衣角。足、座漫漶不识。

6 号像，外龛正壁右下角浮雕力士立像。通高约 25.5 厘米。风化严重，可见头顶有圆形天衣痕迹，右手上举，胯部有裙纹，腿部漫漶，踝部可见裙纹，立于座上，座式漫漶。

7 号像，外龛正壁左下角力士像。通高约 26 厘米。风化严重，可见头顶有圆形天衣痕迹，头顶束高发髻，左手上举，右手下垂置胯部。腿部可见长裙，裙长及踝，立于座上，座上可见 3 块不规则物，似岩座。

另外，外龛龛床上紧贴内龛床位置中央浮雕一香炉，两侧浮雕二卧狮，风化严重仅辨轮廓。

6. 题记

无。

7. 年代判断

不详。

075 龛

1. 相对位置

C 区西端上部，063 龛上侧，074 龛右侧，076 龛左侧，080、081 龛下侧。

2. 保存状况

风化严重，外龛右下角脱落，龛床岩石片状剥离严重，龛壁长黑色青苔，二力士立像身体细节大部漫漶。内龛龛壁酥粉，长白色青苔，造像细节大部漫漶。

3. 龛内外遗迹

龛顶上方约 2.5～9.5 厘米有窄倾斜刻槽一条，见 074 龛。龛底下方约 8 厘米有较宽水平刻槽一

条，见 066 龛。外龛右龛楣右侧约 6.5 厘米有
不规则圆形洞一个，直径约 6 厘米。

4. 龛窟形制

方形双重龛，外龛宽 39、高 33.5、龛顶
深 12、龛床深 2 厘米，方形龛楣，龛壁龛顶
平，龛顶深龛床浅，龛床风化严重；内龛宽
29.5、高 26.5、顶深 7、底深约 3 厘米，龛楣
转角处弧形，龛顶、两侧壁较平，龛正壁弧
形，顶深底浅。

5. 龛内造像

内龛浮雕一佛二菩萨像，外龛浅浮雕二
力士立像，共 5 尊。外龛床残见一香炉二卧狮
痕迹（图九三）。

0　　　　　　　　10厘米

图九三　075 龛正视图

内龛正壁中央浮雕主尊佛坐像一尊。通
高约 22.5 厘米。头顶有圆形髻，面部漫漶，
颈部可见圆领痕迹，肩宽 6.5、肘宽 7、膝宽 8.5 厘米。胸部两侧均可见双领下垂痕迹，双手下垂合
于腹部，腕部搭衣角，下垂覆膝。结跏趺坐于圆形束腰座上，宽 9、高 6 厘米，束腰窄，纹饰漫漶。

内龛右壁浮雕菩萨立像一尊。通高约 22 厘米。头顶可见高发髻痕迹，面部和身体大部细节漫漶，
可见左手下垂，右手屈肘置右肩部持物，一股天衣自右肩下垂至小腿部后绕过身前。下着裙，裙长露
踝，立于座上，座式漫漶。

内龛左壁浮雕菩萨立像一尊。头顶部残，残高约 20 厘米，面部及胸部漫漶。左手屈肘置左肩部
持柳枝状物，右手下垂置右身侧，手下垂天衣。腰部可见束腰带，下着裙，两腿间可见竖向垂带，腿
部裙纹缓弧形，裙长遮踝，立于座上，座式漫漶。

外龛正壁右下角浅浮雕力士立像一尊。约通高 28、身高 24 厘米。头顶可见宝珠形（头光?），
头部漫漶。左手下垂，带腕钏；右手高举过头顶，右肩部可见天衣。身体右侧龛壁上有天衣痕迹，
腰部可见肌肉刻画痕迹，右胯突出。下着裙，裙长露膝，赤足立于座上。座右下角及龛底残失，
样式不明。

外龛正壁左下角浅浮雕力士立像一尊。约通高 28.5、身高 22.5 厘米。头顶可见宝珠形（头
光?），头部漫漶，可见束高发髻。左手高举过头顶，右手下垂，身体左侧龛壁上有天衣痕迹。下着
裙，系腰带，裙长露膝，赤足立于座上。座样式不明。

另外，外龛龛床中央浅浮雕一香炉，香炉两侧浅浮雕二狮相对而卧，风化严重，仅存痕迹。

6. 题记

无。

7. 年代判断

不详。

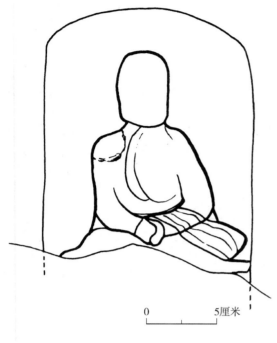

图九四　076龛正视图

076龛

1. 相对位置

C区西端上部，067龛上侧，075龛右侧，077龛左侧，081、082龛下侧。

2. 保存状况

风化严重，龛下部大片岩石脱落，龛底残缺，龛顶和两侧壁壁长黑色青苔，龛正壁酥粉，长白色青苔，造像细节大部漫漶。

3. 龛内外遗迹

龛顶上方约2.5～9.5厘米有窄倾斜刻槽一条，见074龛。龛底下方约15厘米有较宽水平刻槽一条，见066龛。外龛左上方有不规则圆形洞一个，见075龛。

4. 龛窟形制

方形单层龛，宽16、残高17、顶深6厘米。龛两侧壁平，龛顶及正壁缓弧形。

5. 龛内造像

龛内浮雕坐像一尊，残高约15厘米，头部漫漶，右肩部残缺，双手下垂合于腹部，左手腕处可见搭衣角，下垂覆膝，可能为结跏趺坐，腿部以下残缺（图九四）。

6. 题记

无。

7. 年代判断

不详。

077龛

1. 相对位置

C区西端上部，068龛上侧，076龛右侧，082龛下侧。

2. 保存状况

龛右半部由于岩石脱落而不存，仅存左侧小半部。

3. 龛内外遗迹

左外龛门外有窄水平刻槽一直延续至074龛顶上方，见074龛。龛顶残存部分之右侧约40厘米处可见水平短刻槽一条，约长48、上下宽2.8厘米，其位置、大小与前述刻槽大致相当。

4. 龛窟形制

可能为方形双重龛，外龛龛壁平，顶部深19.8厘米，内龛左龛楣转角弧形。其余不明。

5. 龛内造像

外龛左下角可见力士立像残躯1尊，残高30厘米，细节漫漶；内龛左壁可见立像1尊，残高22.5厘米。其余造像不明。

6. 题记

无。

7. 年代判断

不详。

078 龛

1. 相对位置

C区西部上部，1号塔上侧约87厘米处，079龛右侧。

2. 保存状况

风化严重，内龛顶脱落，龛床上堆积酥粉化岩粒，所有造像头部均漫漶，外龛左下角力士立像下半身残缺（图版六九）。

3. 龛内外遗迹

左龛门外左下角有水平开凿框，宽约54.5厘米，框内壁面平整，上半部脱落。龛顶上方有人字形槽，部分脱落，似人工开凿。

4. 龛窟形制

方形双重龛，外龛宽76、高64、龛底深约14厘米，方形龛楣，龛壁龛顶平，龛床内高外低；内龛门宽58、龛壁宽59.5、残高46、深约21厘米，龛楣转角弧形，龛顶较平大部残失，龛壁缓弧形。

5. 龛内造像

内龛浮雕一佛二弟子二菩萨像，外龛浮雕二力士像，共7尊，编号见表三二。外龛床浮雕一香炉二卧狮（图九五）。

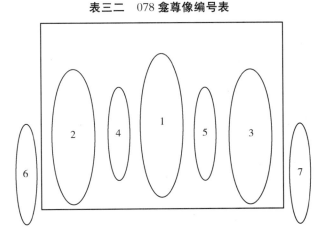

表三二　　078龛尊像编号表

1号像，内龛正壁中央高浮雕主尊佛坐像。约通高44.5、身高22厘米。面部漫漶，有宝珠形头光，约宽15.5、高18.5厘米，宝珠顶部延伸至龛顶。肩宽10厘米，颈部可见蚕道，内着自左肩到右胁下的内衣，左肩披袈裟，右肩披覆肩衣。肘宽12.5厘米，双手下垂合于腹部手心朝上持一圆形物。膝宽14.2厘米，腿部衣纹漫漶，结跏趺坐于圆形束腰座上，座宽19、高12厘米，悬裳覆座台面，大部漫漶；束腰部分由3个圆球体组成，中间一个球体正面可见2道同心圆圈纹；座基较浅，残见覆莲瓣痕迹。

2号像，内龛右壁浮雕菩萨立像。身体大部风化不识，通高约40厘米。头部漫漶，可见宝珠形头光痕迹，左手屈肘置右肩手持物，右手下垂置身右侧。身体略呈S形，左胯部突出，腰部可见竖向连珠璎珞，膝部有横向连珠璎珞。腿部裙纹呈U字形，足及座风化严重漫漶不识。

3号像，内龛左壁浮雕菩萨立像。身体大部风化不识，通高约41厘米。头部漫漶，可见宝珠形头光，左手下垂置身左侧，右手屈肘置右肩手持物。身体略呈S形，右胯部突出。胸前戴项圈，项圈下垂两股连珠璎珞，交于腹部圆形装饰物后下垂，腿部以下漫漶不识。

0 ————— 12厘米

图九五　078龛正视图

4号像，内龛正壁1号像右侧浅浮雕比丘立像。通高约32厘米。头部漫漶，有圆形头光，宽13、高11.5厘米。上身可见双肩下垂衣领，呈U字形，双手合于腹部，手部漫漶，手或腕部下垂袈裟衣角。袈裟下着裙，裙长遮踝，露足尖，立于方形浅台座上。

5号像，内龛正壁1号像左侧浅浮雕比丘立像。通高约32.5厘米。头部残损，有圆形头光，宽12、高12厘米。颈部可见圆弧形似内衣领，双手合于胸前，手部漫漶，手或腕部下垂袈裟衣角。袈裟下着裙，裙长遮踝，露足尖，立于浅台座上，座式不明。

6号像，外龛正壁右下角浮雕力士立像。风化严重，通高29.5厘米。可见头顶有圆形头光（或天衣?）面部漫漶，头左侧可见飘扬的冠缯带。左手下垂按左胯部，右臂漫漶，似浅浮雕于外龛右壁上。下着裙，裙长露膝，赤足立于坐上，座式漫漶。

7号像，外龛正壁右下角浮雕力士立像。风化严重，身体腰部以下残脱，可见头顶有圆形头光（或天衣?），面部漫漶，有高发髻。左手上举，手部置外龛左壁上，右手下垂。

另外，外龛龛床与内龛床相接处中央，浅浮雕香炉一只，可见有3足；香炉两侧浅浮雕相对而卧的二狮，头部均残失，左侧狮子身体大部被脱落岩粒掩埋。

6. 题记

无。

7. 年代判断

晚唐～五代（?）2号、3号菩萨立像左、右手势与常见菩萨立像手势相反。

079 龛

1. 相对位置

C区西部上部，074 龛左上侧，078 龛右侧，080 龛左侧。

2. 保存状况

龛内外均长黑色青苔，造像头部和肩部、身体左部有严重水沁痕迹，像体岩石酥粉脱落。

3. 龛内外遗迹

龛外下方约 10 厘米处有水平窄刻槽一条，见 074 龛。龛顶上方约 13 厘米处有水平向框痕迹，向东延伸到 078 龛右龛楣，向西延伸到 080 龛上部，框内壁面平整。

4. 龛窟形制

竖长方形单层龛，宽 34.5、高 58.5、深 9.5 厘米，宝珠形龛楣，龛壁平，龛顶弧形。

5. 龛内造像

龛内正壁浮雕菩萨立像 1 尊，可见右臂屈肘置右肩处，手部漫漶，持物，肘部下垂天衣置身体右侧，肘部内侧可见天衣褶皱呈 S 形。右腹部可见璎珞，交于腹部圆形装饰物，后沿右腿部下垂置膝，绕置身后。下着裙，系腰带，裙纹不明，裙长遮踝，立于覆莲座上。莲座宽 17.5、高 4 厘米，座身浅浮雕双重覆莲瓣，座上有圆形浅台面（图九六）。

6. 题记

无。

7. 年代判断

晚唐～五代？

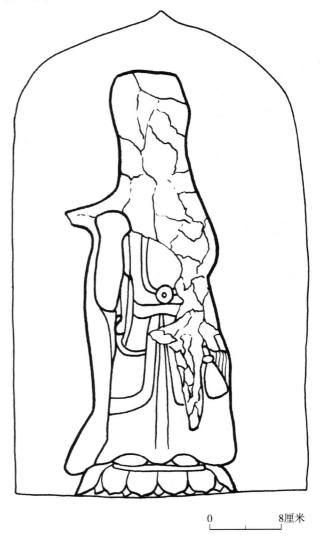

0 _____ 8厘米

图九六　079 龛正视图

080 龛

1. 相对位置

C区西端上部，074、075 龛上侧，079 龛右侧，081 龛左侧。

2. 保存状况

龛形保存完整，造像身体完整，细节部分漫漶。龛壁像体均表面酥粉，外龛顶长白色苔，内龛顶黑色苔。

3. 龛内外遗迹

龛外下方约 14.5 厘米处有窄水平刻槽，见 074 龛。龛上方约 15 厘米处有水平向框，至右龛楣上

图九七　080 龛正视图

部呈东高西低斜向，延伸至 081 龛龛顶，斜向部分长约 48 厘米。

4. 龛窟形制

方形双重龛，外龛宽 48.5、高 53、顶深 15.4 厘米，方形龛楣，龛壁、龛顶平整；内龛宽 43.5、高 38.5、深约 11.5 厘米，方形龛楣转角处为弧形，龛顶平，龛壁缓弧形，龛门下部为二力士身体。

5. 龛内造像

内龛一佛二菩萨像，外龛二力士立像，共 5 尊。外龛龛床上浮雕一香炉二卧狮（图九七）。

内龛正壁中央高浮雕主尊佛立像。通高 38.5、像高 21、头高 8.5 厘米。头顶有圆形肉髻痕迹，面部漫漶。有宝珠形头光，宽 17、高 18 厘米，宝珠尖部延伸到龛顶。肩宽 8.5 厘米，颈部可见弧形，着内衣自右肩到左胁下，左肩披

袈裟，右肩披覆肩衣，覆肩衣衣角在腹部掖入袈裟衣缘后翻出垂于右腿上。肘宽 10.5 厘米，双手屈肘举于胸前，手势漫漶，前臂下垂衣角覆盖双膝。膝宽 12 厘米，较扁，结跏趺坐于圆形束腰莲座上。座宽 15、高 12 厘米，台面圆形浅浮雕双层仰莲瓣，莲瓣肥大；束腰由 3 个扁圆球体组成；座基覆钵形，上浅浮雕对称卷云纹。

内龛右壁浮雕菩萨立像。通高 37.5、身高 25.5 厘米。头部漫漶，头高约 7.5 厘米，可见束圆形高发髻，耳大，耳后下垂冠缯带 2 股。有宝珠形头光，宽 13.5、高约 20 厘米。胸前戴项圈，项圈下垂 2 股连珠璎珞交于腹部连珠团花，后分别沿腹部下垂至膝部，绕置身后。左手下垂置身左侧，持物，戴腕钏；右手屈肘举于右肩胸间，持物，戴腕钏。上身着帔帛自左肩至右胁下。下着裙，系腰带，裙缘翻折垂于胯部呈 3 联弧形，腿部裙纹为大 U 字形。裙长遮踝，立于圆形座上，纹饰不明。

内龛左壁浮雕菩萨立像。通高 35、身高 25 厘米。头部可见束圆形高发髻，面部漫漶，大耳。有宝珠形头光，宽 13、高 16 厘米。颈部可见蚕道，胸前戴连珠项圈，项圈下垂两股连珠璎珞交于腹部团花，后分别沿腹部下垂置膝部。左手下垂置身左侧，持物，戴腕钏；右手屈肘置右胸部，持物，戴腕钏，肘部下垂天衣置身右侧。上身着帔帛下身着裙，样式与右壁菩萨像一致。足部略漫漶，立于圆形座上。

外龛正壁右下角浮雕力士立像。通高约 27 厘米。身体遮挡内龛右龛门下部，头部略残，可见五官痕迹，面朝左龛门方向。天衣呈圆形围绕头部，搭于右肩后在身体右侧呈 ε 形下垂，搭于左肩后绕置臂后呈 3 字形垂于身体左侧。左手屈肘按左胯部，右手高举手持一物。胸腹部前可见乳头、胸肌及

腹肌、肚脐。下着裙，系腰带，裙缘翻折在胯部呈波浪形，裙长露膝，赤足左脚跨前立于岩座上。

外龛正壁左下角浮雕力士立像。通高约27.5厘米。身体遮挡内龛左龛门，天衣围绕头部，头顶有高发髻痕迹，面朝右龛门方形，可见五官痕迹。左手高举，浅浮雕于外龛右壁上，右手下垂按右胯部。胸腹部、裙与右侧力士一致。右脚跨前立于岩座上。

另外，外龛床紧贴内龛床处中央浅浮雕一个三足香炉，香炉两侧浅浮雕二狮相对而卧，狮身体基本完整，风化严重，细节不识。

6. 题记

无。

7. 年代判断

晚唐。内龛左壁菩萨立像手势与常见手势相反。

081 龛

1. 相对位置

C区西端上部，075、076龛上侧，080龛右侧，082龛左侧。

2. 保存状况

左龛楣被打破；龛正壁长绿色苔，龛壁转角处长白色苔；龛底风化严重。龛内造像身体酥粉，细节大部漫漶。

3. 龛内外遗迹

龛底下方5～11厘米处为西高东低窄槽，见074龛。左龛楣被一斜向框打破，见080龛。

4. 龛窟形制

单层龛，宽35.5、高39.5、龛顶深18、龛底深8厘米。龛楣圆拱形，龛正壁、龛顶、侧壁均平，转角处弧形。

5. 龛内造像

龛内浮雕坐像1尊，通高27.5、身高24.5厘米，头部圆，无肉髻，头高7.5厘米，面部可见五官痕迹，眼较大。颈部漫漶，可见身着通肩袈裟，袈裟衣角搭于左上臂后沿身侧下垂。肩宽10厘米，双手下垂合于腹部，掌心向上重叠，是否持物不明。结跏趺坐于方形座上，左膝略残，踝处可见衣纹。悬裳覆座，座宽20.5、高3厘米，右侧可见浅浮雕莲瓣痕迹（图九八）。

6. 题记

无。

7. 年代判断

不详。

0 ⊢——⊣ 7厘米

图九八 081龛正视图

082 龛

1. 相对位置

C区西端上部，076、077龛上侧，081龛右侧。

2. 保存状况

外龛右下角风化严重略残缺；龛内造像身体风化严重，酥粉起壳，细节大部漫漶。

3. 龛内外遗迹

右侧外龛门下方约12厘米处有窄水平刻槽，见074龛。

4. 龛窟形制

方形双重龛，外龛宽47.7、高53、顶深17、底深4厘米，方形龛楣，龛顶、龛壁平，顶深底浅；内龛宽37、高43.5、深约10.5厘米，方形龛楣转角略呈弧形，龛壁龛顶均缓弧形，左龛门窄，几乎与外龛壁平，左右龛门下部均为力士像身体，龛底内高外低。主尊束腰座下有方形浅基坛，宽15.5、高1.5厘米。

5. 龛内造像

内龛浮雕一佛二菩萨像，外龛浮雕二力士像，共5尊。外龛床浅浮雕一香炉二卧狮（图九九）。

0   10厘米

图九九 082龛正视图

内龛正壁中央浮雕佛坐像。通高36.5、像高24、头高7.8厘米。头顶有圆球形肉髻，面部可见五官痕迹，双耳垂至腮部。肩宽9、肘宽10厘米，双手屈肘举于胸前，手指呈轻握物状。双腕下垂衣角，腹部可见缓弧形衣纹。膝宽11.5厘米，腿部扁，结跏趺坐于圆形束腰座上。座宽12、高12.5厘米，台面圆形纹饰漫漶；束腰为一扁圆体，鼓腹；座基覆钵形，纹饰不明。

内龛右壁浮雕菩萨立像。通高35.5、身高31厘米。身体扁平，头部凹陷漫漶，残见有高发髻痕迹，应为后代改刻。胸前戴项圈，左手下垂至胯部，戴腕钏，手下有天衣下垂至座；右手屈肘举置右肩部，持物。下着裙，系腰带，腿部裙纹为大U字形。裙长遮踝，立于圆形座上，纹饰不明。

内龛左壁浮雕菩萨立像。风化严重，身体仅存轮廓，可见右手下垂置右身侧，手下有天衣下垂，立于圆形座上。

外龛正壁右下角浮雕力士立像。通高约40厘米。头部可见高发髻和五官痕迹，面朝左龛门方向。左手下垂横过腹前置右胯部，右手高举置外龛右壁上，手持剑状物，剑尖向下倾斜。下着裙，系腰带，裙上缘翻折，下缘垂至膝上，立于台座上，座式漫漶。

外龛正壁左下角浮雕力士立像。通高约34厘米，头部可见发髻，面部漫漶。左手上举，漫漶不识；右臂下垂横过腹前置左胯部。下着裙，系腰带，裙上缘翻折，下缘垂至膝上，立于方形岩座上。

另外，外龛床紧贴内龛床中央浮雕一香炉，残见2足；香炉两侧残见二卧狮痕迹，风化严重。

6. 题记

无。

7. 年代判断

龛内造像有明显改刻痕迹，可能为明代重刻。原龛时代不详。

四　D区造像

　　D区造像位于C区造像西侧、D区东侧。C、D两区之间崖壁大致以069、071龛所在崖壁转折断裂处为界，D、E两区之间以104、105龛之间的岩壁裂缝为界，约东西长15.5、高9.5米，龛窟自东向西自上而下编号为072、073、083～104龛，共24龛（不包括附龛），题记一则（T4）。其中100龛未找到对应龛像。090龛左侧一龛原未纳入编号，命名为"090左龛"。龛窟以大型龛为主，保存相对较好，后代改刻较少。大致坐北朝南，面向青衣江，造像所在岩石下为沿江古道。崖面上部091、099龛顶上部有人字形刻槽，崖面有若干条状刻槽、方形柱洞等遗存。崖面中上部有"五石书院"左书题刻一则，崖面西侧上部有"古泾口"竖书题刻一则，其下有横长方形和方形题记框各一（图一〇〇；图版七〇）。

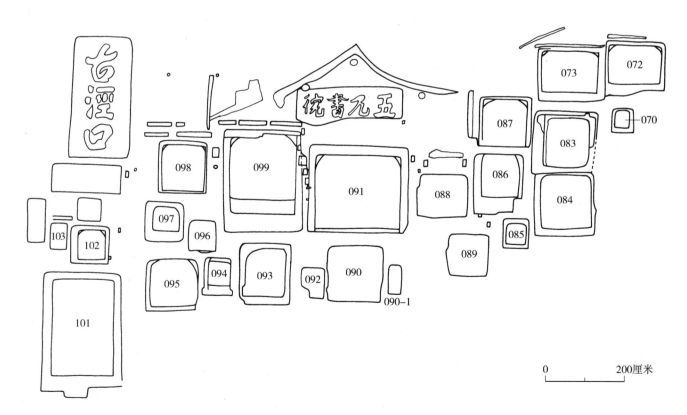

图一〇〇　D区龛窟立面分布图

072 龛

1. 相对位置

D区东端上部，070龛上侧，071龛右侧，073龛左侧。

2. 保存状况

风化严重，外龛左部长青苔严重，龛顶右部及左龛门上部大部残失，龛床右部被打破。正壁左右下角力士像风化严重，左侧力士像仅存身形及天衣；左壁附龛风化严重，仅存身形。

内龛水沁痕迹明显，龛壁和像体酥粉现象严重，右壁像体及龛壁均长青苔；内龛四主尊坐佛头部均残失；龛顶浮雕造像身体漫漶（图版七一~七三）。

3. 龛内外遗迹

龛外上方约15厘米处有水平刻槽一条，约残长113、宽10.5厘米。外龛左侧中部有人工开凿的方形框痕迹，用途不明。内龛龛床边缘有4个圆坑，一大三小，大坑直径约11、小坑直径约6.5厘米。

4. 龛窟形制

横长方形双重龛，外龛宽155、高143.5、深32厘米。方形龛楣，龛壁平，龛顶形制不明。内龛门宽141、左右龛壁宽165、高96.5、深56厘米，方形龛楣带三角斜撑，龛床边缘内凹呈弧形，有三层基坛，下层宽122、高5.5厘米；中层宽117、高5厘米；上层宽115、高6.5厘米。主尊基坛上有设高坛立比丘像。左壁转弯处设两层基坛，下层高约20、上层高15厘米。内龛正壁、侧壁均设基坛2~4层，高低不等。

5. 龛内造像

内龛造四佛二菩萨坐像（1~6号），十比丘像（7~16号）、神将立像9尊（17~25号）、供养天人像11尊（26~36号）、天龙八部众（37~44号?）、牵兽人立像1尊（45号）、背屏式座内七化佛、骑马人像、朱雀等13尊（46~58号）、一佛二菩萨像4组12尊（59~70号）、小化佛坐像2组10尊（71~75号、76~80号）、飞天二尊（83号、84号）、人首鸟身像2尊（85号、86号）。外龛造二力士立像（87号、88号）、残存伎乐天像10尊（89~97号），外龛右、左壁造像14尊。内外龛共113尊，编号见表三三（图一〇一~一〇五）。

1号像，内龛正壁右部高浮雕佛坐像。头颈部残失现存竖长方形修补孔。有双层宝珠形头光，外层宽21.6、高35.3厘米，尖部细长止于龛顶，透雕火焰纹；内层由内到外依次为弦纹带、连珠纹。头光右部有宝珠形杖首一个，宽8.6、高10.5厘米，尖部向外翻卷，下部垂环，中间似三宝珠相叠。

左肩略残，肩残宽11.7、肘宽17.9厘米，左手下垂置腹部，手掌朝上持一扁圆形物；右臂下垂置右腿部，手残断。着圆领通肩袈裟，左腹部衣纹竖线纹，右腹部衣纹呈左高右低弧线，两臂衣纹深刻，褶皱凸出，双腕下垂衣角覆膝。有双层身光，外层宽32.3、高34.1厘米，透雕火焰纹，火焰较大；内层由内到外依次为弦纹带、连珠纹。

膝宽20.8厘米，结跏趺坐于束腰莲座上，腿部衣纹半圆形。台面宽23、座通高25厘米，悬裳覆座台面，上缘呈波浪形，正面裙下缘呈圆角W形，台面下部可见仰莲瓣，瓣身有竖线状纹路；束腰为扁圆球体，阴刻三圆形壶门，壶门内有阴线刻团花状纹饰；座基阴线刻于上层基坛正面，阴刻宽覆莲瓣4枚。

表三三　072龛尊像编号表

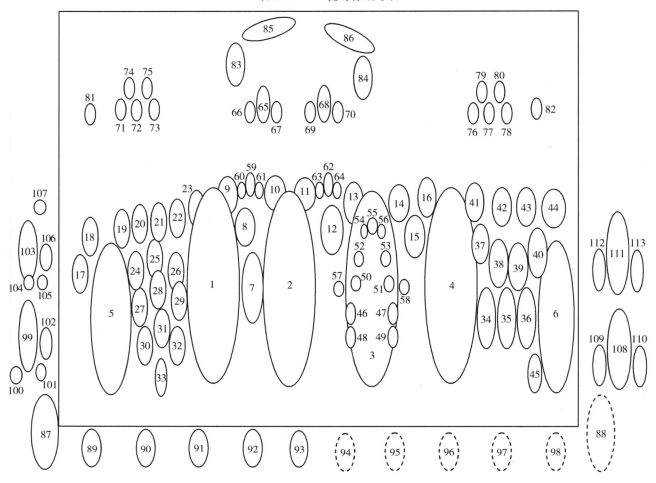

2号像，内龛正壁中央右侧高浮雕佛坐像。头颈部残失现存竖长方形修补孔。有双层宝珠形头光，样式与1号像头光相似，外层宽21.6、高35.3厘米。内层头光中间向上伸出左右二股长带状物，于头光右左侧绕成圆环，环内浅浮雕一佛二菩萨（51～69号、62～64号），长带上绕至龛顶内侧，绕城右左两个圆环，环内浅浮雕一佛二菩萨（65～67号、68～70号）；长带向龛口方向上扬，末端漫漶。

肩胸部漫漶，肩残宽10.9、肘宽14.4厘米，双手下垂置腹前，拇指食指指尖相接、食指指背相对施印。腹部、臂部、腿部衣纹与1号像相似。有双层身光，样式与1号像身光相似，外层宽28.4、高29.5厘米，右侧透雕火焰纹，左侧部分被3号像背屏遮挡，仅见内层弦纹、连珠纹。

膝宽19.2厘米，结跏趺坐于束腰莲座上。台面宽19.8、座通高23厘米，悬裳覆座，样式与1号像座台面相似；束腰为扁圆球体，表面漫漶；座基覆钵形，略右高左低，左部漫漶，右部可见浅浮雕宽覆莲瓣纹，莲瓣中间有凹沟，两侧鼓起。莲座置上层基坛。

3号像，内龛正壁中央左侧高浮雕佛坐像。通高71.8厘米，头颈部残失现存修补孔，有背屏式座。左肩、前胸略残，肩残宽11.2、肘宽16.6厘米，左手下垂抚左膝，手薄，腕部衣纹不规则（似后代改刻?）；右手屈肘略抬，肘部以下残失。双臂衣纹深刻。上身内着袒右内衣，系腰带，腹部略鼓；左肩披袈裟，右肩披覆肩衣，覆肩衣衣角于右下腹部掖入袈裟衣缘后翻出。

图一〇一 072 龛正视图

26厘米

图一〇二　072 龛纵剖面图（右壁）

0　　　　　　　　　28厘米

图一〇三　072 龛纵剖面图（左壁）

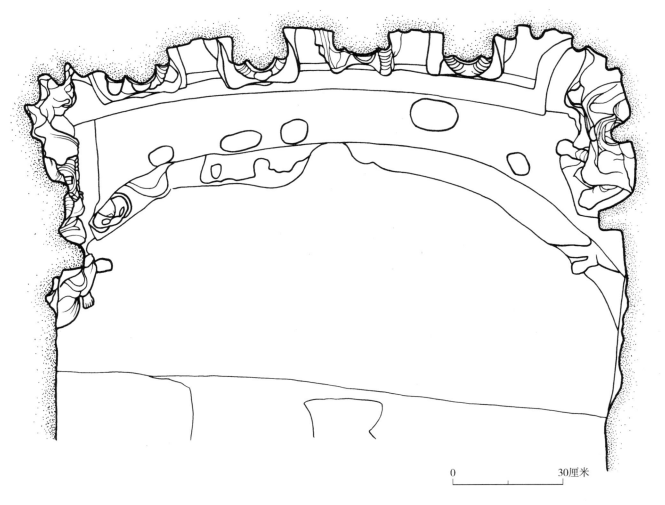

图一〇四　072龛横剖底视图

　　膝宽17.8，倚坐于背屏式束腰座上，双腿间袈裟衣纹呈大U字形，腿部呈竖线状，袈裟下缘置小腿中部，下边缘平，褶皱残。下着裙，裙纹呈U字形，裙长遮踝，足踏束腰小莲座。小莲座宽约6.4、高约7厘米，台面浅浮雕双层仰莲瓣，束腰处鼓腹，座基浅浮雕单层宽覆莲瓣，置上层基坛。

　　背屏式方座，座身为方形座，台面宽约21.5、高约20.5厘米，略束腰，腰部高、台面窄，似有前后三层相叠。背屏宽约36.8、高约63.9厘米，由主尊颈肩部后侧水平横条状物分为上下两部分：下部中间为素面方形，左右两侧均雕刻小人像2尊（46~49号）；横条状物左右两端浅浮雕摩羯头，上吻向上长伸至4、3号像身光内层，左右摩羯头上浅浮雕一鸟扭头低看状（57、58号）；上部中间为竖向椭圆状物，向上延伸出4条框，将背屏上部分割为5个梯形，4条框的末端由摩羯头部伸出的弧线框相连，相连处浅浮雕对称卷云，云端浮雕宝珠；5个梯形内浅浮雕坐佛像共7尊（50~56号）。

　　4号像，内龛正壁左部高浮雕佛坐像。头颈部残失现存竖长方形修补孔。有双层宝珠形头光，样式与1号像头光相似，外层宽19.3、高29.7厘米。

　　左肩、胸部残，肘宽13厘米，双手下垂置腹前似手掌相叠。腹部可见袒右内衣痕迹，系腰带，略鼓腹。臂部、腿部衣纹与1号像相似。有双层身光，样式与1号像身光相似，外层宽28.4、高

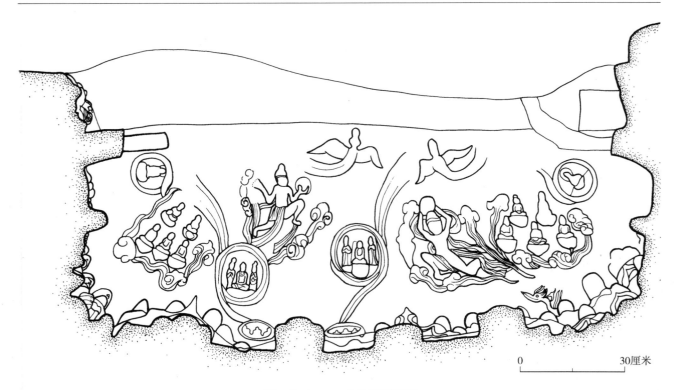

图一〇五　072 龛横剖顶视图

29.5 厘米，左侧透雕火焰纹，右侧部分被 3 号像背屏遮挡，外层下部阴线刻斜线纹。

膝宽 18.5 厘米，结跏趺坐于束腰莲座上。台面宽 20.1、座通高 22.1 厘米，悬裳覆座，样式与 1 号像座台面相似；束腰为扁圆球体，表面漫漶；座基覆钵形，残见覆莲瓣纹痕迹。莲座置上层基坛。

5 号像，内龛右壁高浮雕菩萨坐像。象座，保存较好。通高 82.3、身高 32.6 厘米。头部略朝左侧倾斜，高 11.3 厘米，头顶束三角形高发髻，戴冠，冠正面三角形。头两侧有冠缯带 5 股，均短，下股止于肩。面部尚可见眉眼轮廓。颈部有蚕道。

肩宽 9.9、肘宽 18.2 厘米，左手下垂抚左膝，右手屈肘置右腰部，手残，似持一长茎状物，上端至左胸部，形似细长莲苞。胸前戴连珠项圈，下垂 3 股坠饰。上身着帔帛，自左肩至右胁下；腹部圆鼓；双肩披父字形天衣，下垂至腹部后交叉横过身前，搭于双腕部后下垂至象身。下身着裙，系腰带，腰带中间下垂长带隐天衣下。膝宽约 18 厘米，结跏趺坐于象背圆座上，悬裳覆座，上边缘呈波浪形，似表现座上仰莲瓣；悬裳正面两片衣襟呈圆角 W 形，阴线刻 U 字形裙纹，下边缘略漫漶。有双重身光，样式与 1 号像身光相似，略小，外层宽 27.7、高 25.1 厘米，下部不见火焰纹。

大象立于云台上，头高 22.6 厘米，戴辔头，可见耳眼，长鼻下垂，下部残断。脖至尾部系带，后腿部系带下垂二璎珞坠饰。戴鞍，鞍面阴线刻一圆形团花及二组带尾卷云。左肢略前迈，右肢直立。立于浅台上，高约 2.5 厘米，台侧面浅浮雕卷云纹。

6 号像，内龛左壁高浮雕菩萨坐像。狮座，菩萨面部残缺。通高 79.5、身高 32、头高 13.1 厘米，头顶残见高发髻痕迹，戴冠，漫漶不辨。头两侧有短冠缯带，下股止于肩。颈部有蚕道。

肩宽 9.2、肘宽 16.8 厘米，左手展腋屈肘举与肩平，食指中指伸直其余弯曲，指向左上方；右手下垂抚右膝，手残。胸前戴连珠项圈，可见下垂 4 股连珠坠饰。腹部圆鼓，系带；天衣、裙、腰带样式与 5 号像相似。膝宽约 20 厘米，结跏趺坐于狮背圆座上，悬裳覆座，样式与 5 号像相同。有双重身光，样式与 1 号像身光相似，略小，外层宽 30、高 30.5 厘米，下部不见火焰纹。

狮立于浅台上，头高 27.3 厘米，可见耳上翻，圆眼，三角形耳，卷毛鬃。戴鞍，鞍面阴线刻团花纹上部。左前肢略前迈，右前肢直立。立于浅台上，高约 2 厘米，漫漶不辨。狮右后肢处有牵兽人立像（45 号）。

7~16 号像，内龛正壁 1~4 号像头光之间浮雕比丘像 10 尊。7~10 号在 1 号、2 号头光之间，11~13 号在 2 号、3 号之间，14~16 号在 3 号、4 号之间。7 号可见全身，其余均为半身像或头像。7 号像通高 26.8 厘米，头略侧向左，颈部有蚕道，着圆领通肩袈裟，双手胸前合十，腕部下垂长衣角至膝下，身前可见斜向衣纹，腿部可见竖线裙纹，裙长覆踝，露足尖，立于内龛正壁下层基坛上。8 号像头略向左下侧倾斜，着圆领通肩袈裟，双手合十，腕部下垂衣角。9 号像仅见头部和前胸，有蚕道，圆领通肩。10 号像位于 2 号像头光尖部右侧，仅见头部及右肘；11 号像位于 2 号像头光尖部左侧，仅见头颈及右肩，有蚕道。12 号像仅见头颈及肩，着圆领通肩，双手似合拱于胸前。13 号像仅见头颈。14 号像可见头、肩及左臂，圆领通肩，左臂屈肘置胸前，腕部下垂衣角。15 号像可见头及右肩，圆领通肩。16 号像头略偏向右侧，圆领通肩袈裟，右手屈肘置右胸部合十，腕部下垂衣角。

17~25 号像，内龛右壁上部 5 号像头光两侧浮雕神将立像 9 尊。细节保存较好，头顶均有高发髻，身披铠甲，双手屈肘合于腹前持物或合拱，臂部下垂宽袖。胸甲样式可分为三式，发髻样式可分四式，见表三四。17 号像可见高度 25.3 厘米，束 C 式发髻，着 A 式胸甲，似持棍状物；18 号像可见高度 21.5 厘米，束 A 式发髻，着 B 式胸甲，持物不明；19 号像可见高度 23.2 厘米，束 D 式发髻，着 C 式胸甲，持物朝下；20 号像可见高度 29.8 厘米，束 B 式发髻，着 C 式胸甲，持物朝下；21 号像可见高度 31.5 厘米，B 束式发髻，着 A 式胸甲，持剑朝下；22 号像可见高度 34.5 厘米，束 A 式发髻，着 A 式胸甲，双手合拱；23 号像可见高度 13.8 厘米，束 A 式发髻，着 A 式胸甲，未见手部；24 号像可见高度 26.5 厘米，束 A 式发髻，着 A 式胸甲，持剑朝下；25 号像可见高度 26.1 厘米，束 C 式发髻，着 B 式胸甲，双手合拱。

表三四　072 龛尊像胸甲、发髻分式表

	A 式	B 式	C 式	D 式
胸甲				
发髻				

26～33 号像，内龛右壁 5 号像与 1 号像之间浮雕供养天人立像 8 尊。诸像均束高发髻，肩披父字形天衣，有的可见帔帛自左肩至右胁下，下身着长裙，系腰带，阴刻弯曲竖线纹，有的腰带下有 3 个倒三角形饰。26 号可见高度 25.1 厘米，束 B 式发髻，双手屈肘合拱于胸前，手部盖帕；27 号可见高度 21.4 厘米，束 A 式发髻，头略向左上侧抬起，双手屈肘合拱于胸前，手部盖帕；28 号可见高度 25.7 厘米，束 B 式发髻，双手屈肘合十于胸前；29 号可见高度 20.5 厘米，束 B 式发髻，双手屈肘合拱于胸前，手部盖帕；30 号可见高度 21.5 厘米，束 A 式发髻，头略上台，着帔帛；31 号可见高度 19.4 厘米，束 B 式发髻，双手屈肘合十于胸前；32 号可见高度 24.6 厘米，束 A 式发髻，头向右上侧抬，双手屈肘合十于胸前；33 号为全身立像，高 25.7 厘米，髻略残，似 B 式发髻，双手屈肘合于胸前捧三角形物，腰带下有 3 个倒三角形饰。

34～36 号像，内龛左壁 6 号像与 4 号像之间下部浮雕供养天人立像 3 尊。均立于内龛正壁的下层基坛上。34 号像通高 30 厘米，束 A 式发髻，肩披父字形天衣，双手合十于胸前，下着裙，系腰带，腰带下有 3 个倒三角形饰。35 号通高 28.5 厘米，束 A 式发髻，披父字形天衣，天衣在腿部交叉横过身前呈 U 字形，双手屈肘合于胸前，手部盖帕。36 号通高 27.5 厘米，束 B 式发髻，上身着帔帛，自左肩至右胁下，披父字形天衣，下着裙，裙纹似细长 V 字形。

37～44 号像，内龛左壁 6 号像与 4 号像之间上部浮雕天龙八部众 8 尊。37～40 号立于内龛右壁中层基坛，41～44 号立于上层基坛。

37 号像通高 27.5 厘米，下颚似有髯，束 D 式发髻，着 A 式胸甲，双手屈肘与胸前，左手下右手上执一折叠的长绳状物。38 号像通高约 35 厘米，束 A 式发髻，着 A 式胸甲，双手合于胸前持长剑状物，剑尖杵地。39 号像通高 32.5 厘米，束 B 式发髻，着 A 式胸甲，腹部圆鼓，双手合十于胸前。40 号像可见高度 26 厘米，束 B 式发髻，着对襟长袍，胸部系带，双手笼于袖中合拱于胸前。

41 号像可见高度 17.5 厘米，在 4 号像头光尖部左侧，头束高发髻，髻正中有下宽上细的长条状物自额伸向髻顶，左手屈肘置腹前。42 号像通高 29.2 厘米，头戴胄，着 A 式胸甲，头顶右侧龛壁有一浅浮雕龙形（长上吻，尖耳），左手屈肘置左胸前执斧状物扛于左肩上。43 号像通高 35.4 厘米，头顶戴兽头帽，披对襟大衣胸部系带，双手笼于袖中合于胸前，执长板状物置右肩，上端与耳上部平。44 号像通高 35.5 厘米，三头六臂，正面头较大，束 C 式高发髻，侧面二头较小，二臂双手合十，左上臂屈肘高举，手掌朝上持弯月状物；左下臂屈肘平举，手握矩状物；右侧二臂屈肘，前臂被 43 号像遮挡。

45 号像，6 号像兽座牵兽人立像。立于狮座右后腿处，头部残失，残高 17.3 厘米，双手屈肘于胸前拉绳，绳系狮脖；下身着短裙，双腿屈膝，左前右后半蹲，向后用力拉扯状。

46～49 号像，3 号像背屏式座下部之小人像 4 尊。46 号、47 号在上，骑马状怪兽，前蹄扬起朝外侧，站立小台上，马身高 9.4 厘米；48 号、49 号在下，向左侧跪，双手高举支撑小台。

50～56 号像，3 号像背屏式座上部浅浮雕小坐佛像 7 尊。结跏趺坐于梯形框内。50 号、51 号在最下层，52 号、53 号在中层，54～56 号在上层（稍小）；尊像高约 4.5～6.5 厘米，头顶有肉髻，有头光和身光，着通肩袈裟，双手下垂合于腹部。

57～58 号像，3 号像背屏式座两侧浅浮雕鸟 2 尊。面朝 3 号像站立，头扭转看外侧，高约 6 厘米。

59～61 号像，内龛正壁 2 号像头部伸出右上侧卷云圈内浅浮雕一佛二菩萨像 3 尊。圈直径约 12

厘米，佛像结跏趺坐，双手下垂合于腹部，两侧菩萨立像，细节漫漶。

62~64 号像，内龛正壁 2 号像头部伸出左上侧卷云圈内浅浮雕一佛二菩萨像 3 尊。圈直径约 11 厘米，三尊样式同上。

65~67 号像，内龛龛顶 2 号像头部伸出右侧卷云圈内浅浮雕一佛二菩萨像 3 尊。圈直径约 15 厘米，可见中尊坐佛像着通肩袈裟，双手下垂合于腹部，结跏趺坐与圆形莲台上；两侧菩萨立像亦有小圆座。

68~70 号像，内龛龛顶 2 号像头部伸出左侧卷云圈内浅浮雕一佛二菩萨像 3 尊。圈直径约 15.7 厘米，三尊样式同上。

71~75 号像，内龛龛顶右部 U 状卷云内浅浮雕坐佛像 5 尊。卷云宽约 22 厘米，有 3 组带长尾的卷云组成。下排三尊，上排二尊，佛像大小样式相似，如 72 号，通高约 9.3 厘米，有肉髻，着通肩袈裟，双手下垂合于腹部，结跏趺坐于圆形小莲台上。

76~80 号像，内龛龛顶左部 U 状卷云内浅浮雕坐佛像 5 尊。卷云宽约 32.3 厘米，由 4 组带长尾卷云组成。佛像样式大小与 71~75 号像相似。

81 号、82 号像，内龛龛顶右、左两侧靠近三角斜撑处浅浮雕圆圈内坐佛像各 1 尊。圆圈样式与 69~70 号三尊所在圆圈相似，81 号像圆圈直径 9 厘米，坐佛有头光，细节漫漶。81 号像圆圈直径 8.8 厘米，坐佛有圆形头光。

83 号、84 号像，内龛龛顶中部浅浮雕 V 状卷云内飞天像 2 尊。头朝龛口方向，足朝龛内。83 号像通高 22 厘米，头顶束圆形高发髻，双臂展腋屈肘举与肩平，左手捧一圆形物，右手漫漶，腰部下垂裙和长天衣下飘，左足屈膝平抬，右腿略弯后展。84 号像通高约 24 厘米，衣着与 83 号相似，双手高举合于头顶捧一圆形物，右腿屈膝平抬，左腿后展。

85 号、86 号像，内龛龛顶中央浅浮雕人首鸟身像 2 尊。靠近龛口，头朝龛口方向，头顶有圆形高发髻，展开双翅做飞翔状，长尾后展，通长约 17 厘米。

87 号、88 号像，外龛正壁右、左下角浅浮雕力士立像各 1 尊。99 号像左下侧。87 号像通高 27 厘米，头顶束高发髻，可见圆眼轮廓，头两侧有天衣围绕，头顶与外龛壁之间形成三角形小平台。左臂屈肘上举，右臂展腋下垂，手部均残断。下身着裙，露膝。身体两侧有天衣飘扬，自肩部到腰部，从腰部下垂置足外侧，呈 3 字形。88 号像身体大部分残缺，仅存轮廓，通高 26.8 厘米，可见身体左侧天衣痕迹。

89~98 号像，外龛正壁下部浅浮雕伎乐天坐像 10 尊。仅 89 号像身体尚存，其余均严重残损，仅存身体轮廓。89 号像坐高 18、头高 7 厘米，头顶束高发髻，身披对襟大衣，双手屈肘合于胸前捧三角形物，双臂下垂宽袖，阴刻竖线衣纹。93 号像身体左侧可见弓状物似竖琴。

99~102 号像，外龛右壁下部小浅龛内浮雕天王立像等 4 尊。99 号天王立像身高 31、头高 8.5 厘米，头顶束发髻，戴卷云纹浅冠，头两侧耳上方有冠缯带下垂至肩后向上翻翘。面部可见锁眉圆眼，嘴紧闭，嘴角下撇。肩宽 8.2 厘米，双手屈肘横握长剑，左手略高，剑尖朝左。颈部戴 Ω 形项圈，着胸甲，臂部可见鳍袖，腹部略凸，有半圆形前盾。下身着裙甲，系腰带，腰带两侧向内下垂天衣于腿部呈 U 字形，向外下垂天衣置身侧。胯部浅浮雕对称卷云纹。裙甲左右对襟分开，短至膝上。可见下垂长带置云座。裙下可见上下二层裤纹，露踝钏，着履立于云台上的小鬼手上。云台高 4.5 厘米。天王左右两足外侧均有小鬼半身像各一。99 号像头部左侧的上层云台与龛壁之间有三角斜撑。

100 号在足右侧,可见高度 7.3 厘米,面朝 99 号像,右手屈肘置 99 号像右足底部。101 号在足左侧,可见高度 8.1 厘米,面朝龛左,左手屈肘置 99 号像左足底部。102 号身体大部漫漶,通高 19.2 厘米,可能着长袍,身体下部有竖线衣纹。

103~107 号像,外龛右壁上部小浅龛浮雕天王立像等 5 尊。103 号天王像身高 30.9 厘米,头右部残失,可见戴筒形宝冠,圆眼,五官挺拔。左耳上侧可见冠缯带下垂置肩后向上翻翘。右肩臂部残,左手屈肘举于左肩平,手掌朝上捧一单层塔状物,塔尖向上延伸至浅龛上方,阴线刻一小坐佛(107 号)。双肩下垂连珠璎珞,交于腹部圆饼状物,后分两股下垂至膝上,绕向身后。胸部可见胸甲,左肘部鳍袖向左侧飘扬。腹部略鼓,有前盾,着裙甲,系大连珠形腰带,腰带两侧下垂天衣置身前呈 U 字形,胯部裙纹呈对称卷云纹状。裙甲对襟,长至膝下,下缘为羽状流苏。小腿部胫骨可见,戴连珠踝钏,立于云台上的小鬼手上。云台高约 4 厘米。

104 号为 103 号天王双足之间的小半身像,可见高度 6.4 厘米,头顶有发髻痕迹,可见胸前圆领或项圈。双臂展腋屈肘,双手托天王双足。105 号为 103 号天王左足左侧小鬼像,可见高度 6.8 厘米,面部丑陋,胸肌发达,面朝天王方向,左手屈肘捧天王左足。106 号像为 103 号天王左侧立像似女眷,身高 20.3 厘米,头戴横筒状冠,可见卷云纹,人字形发际线,面部丰满。身着对襟长袍,胸前系带,双手笼于袖中朝举胸前捧一盘,盘内盛扁圆状物,手部下垂宽袖。裙长覆足,立于云台上。107 号像高约 4.6 厘米,阴刻,有宝珠形头光,舟形身光,双手下垂合于腹部,结跏趺坐于 103 号像捧塔塔尖升起的云台上。

108~110 号像,外龛左壁下部浮雕立像 3 尊。像体脱落仅存身体下部痕迹及卷云台痕迹。

111~113 号像,外龛左壁上部残存像痕迹 3 尊。像体脱落仅存身体下部痕迹。

6. 题记

无。

7. 年代判断

中唐。后代修补。

073 龛

1. 相对位置

D 区东端上部,072 龛右侧,087 龛上侧。

2. 保存状况

外龛左壁、龛顶残失,风化严重,尊像大部仅存轮廓;内龛主尊部分头部有修补孔,其余头部残破。龛壁尊像岩石酥粉严重,龛顶有明显水沁痕迹,起壳严重(图版七四~七六)。

3. 龛内外遗迹

龛顶上方约 11 厘米处有水平横长刻槽一条,长约 183、宽约 8、深 0~6 厘米;龛顶中部正上方约 60 厘米处有一斜向刻槽,左高右低,延伸到龛右上角,长约 97 厘米。

4. 龛窟形制

横长方形双重龛,外龛宽 167、高 133、龛底深约 52 厘米。方形龛楣,龛壁平,龛顶形制不明。

内龛门宽153、左右龛壁宽167、高85.3、深61厘米，方形龛楣带三角斜撑，龛顶平，龛壁缓弧形，龛门比左右龛壁窄，龛床边缘内凹呈弧形。正壁主尊座下有浅基坛，宽约112、高约5、深约18厘米。内龛正壁有不规则基坛，胁侍尊像大致呈2～4排站立。另外，在内龛右壁上侧1号、2号像之间浅浮雕菩提树一颗，高浮雕4组椭圆球体树叶。

5. 龛内造像

内龛造四佛二菩萨坐像（1～6号），十比丘立像（7～16号），武将像10尊（26～35号），天龙八部众3尊（44号、45号、51号），供养天人（菩萨）像及不可辨识尊像22尊（17～25号、36～43号、46～50号），小化佛坐像2组10尊（52～61号），飞天像2尊（62号、63号），牵兽人1尊（64号），背屏式座上小人4尊、化佛5尊（65～73号）。外龛造力士立像2尊（74号、75号），残存伎乐天像轮廓8尊（76～83号），编号见表三五（图一〇六～一一〇）。

表三五　073龛尊像编号表

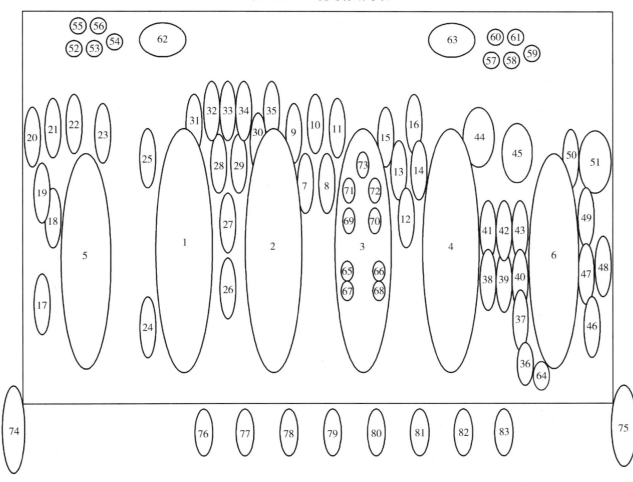

1号像，内龛正壁右部高浮雕佛坐像。通高69.5厘米，身体表面残损严重，头顶似有高肉髻轮廓，左臂不明，右手下垂置右膝，结跏趺坐于束腰莲座上，其余身体缺细节不辨。有双层宝珠形头光，外层宽19.5、高33厘米，尖部细长置31号像头部右侧，透雕火焰纹；内层由内到外依次为素面圈、宽弦纹带、连珠纹。有双层身光，外层宽28、高25.5厘米，残见火焰纹痕迹；内层由内到外依次为素面圈、宽弦纹带、连珠纹。

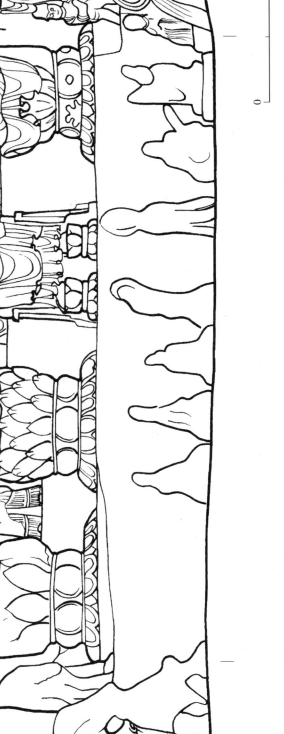

图一〇六　073龛正视图

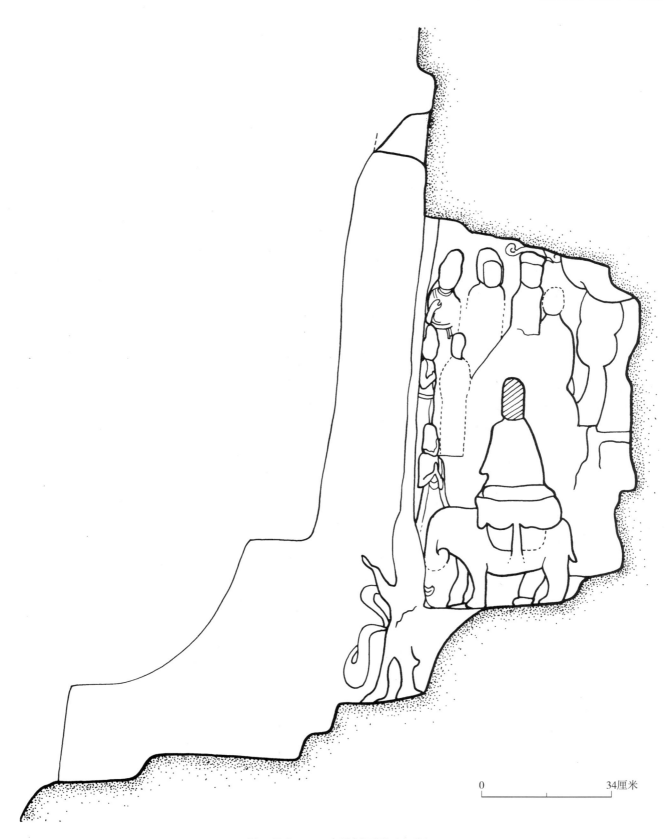

图一〇七 073龛纵剖面图（右壁）

0   28厘米

图一〇八　073 龛纵剖面图（左壁）

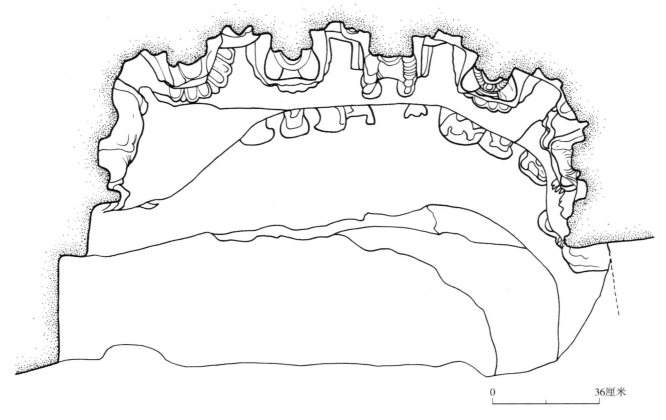

0　　　　　　　　　36厘米

图一〇九　073龛横剖底视图

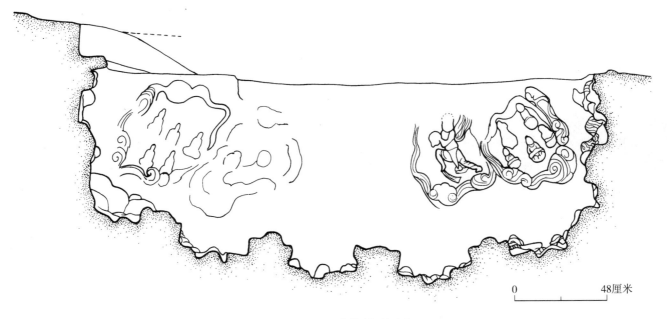

0　　　　　　　　　48厘米

图一一〇　073龛横剖顶视图

　　结跏趺坐于束腰莲座上，台面左侧残损，莲座通高 20.7 厘米，台面浅浮雕 2 层仰莲瓣，莲瓣长而丰满；束腰处上下均有浅框，腰为扁圆球体状，浅浮雕 3 圆形壶门；浅浮雕双层覆莲瓣，上层莲瓣宽，中间凹陷两侧鼓起呈椭圆形；下层莲瓣窄，露尖。莲座置基坛上。

　　2 号像，内龛正壁中央右侧高浮雕佛坐像。通高 69.5 厘米，头部残失现存修补孔。有宝珠形头光，样式与 1 号像相似，外层宽 19.5、高 33.8 厘米。左肩略残，肩残宽 10.7、肘宽 13.5 厘米，双手下垂合于腹前，拇指与食指指尖相接施印，双腕下垂衣角覆膝。颈、胸部残损，似着通肩袈裟，腹部衣纹呈 U 字形，两臂衣纹深刻，褶皱凸出。有双层身光，样式与 1 号像相似，外层宽 26.7、高 27 厘米。膝宽 17 厘米，结跏趺坐于束腰莲座上。台面宽 21.5、座通高 19.2 厘米，台面浅浮雕 3 层仰莲瓣，上层瓣尖高于台面呈波浪形，三层瓣尖均外翻；束腰与座基样式与 1 号像座基相似。

　　3 号像，内龛正壁中央左侧高浮雕佛倚坐像。通高 73.2 厘米，头部残失现存修补孔，有背屏式座。左肩略残，残宽 10、肘宽 14.6 厘米，左手下垂置左膝，手部及左膝均残损；右手肘部以下残失。双臂衣纹深刻。上身内着袒右内衣，系腰带，腹部略鼓；左肩披袈裟，右肩披覆肩衣，覆肩衣衣角于右下腹部掖入袈裟衣缘后翻出。膝宽 16.4 厘米，倚坐于背屏式束腰座上，双腿间袈裟衣纹呈大 U 字形，腿部呈竖线状，袈裟下缘置小腿中部，边缘褶皱呈 S 形。下着裙，小腿部裙纹呈 U 字形，裙长露踝，足踏束腰小莲座。小莲座约宽 6.5、高 5 厘米，台面浅浮雕单层仰莲瓣，束腰处鼓腹，座基浅浮雕单层覆莲瓣，置基坛上。

　　背屏式束腰座，座身为须弥束腰方形座，台面约宽 21、高 19.5 厘米，工字型框前后三层相叠。背屏约宽 33、高 51 厘米，由主尊头部后侧水平横条状物分为上下两部分。下部中间为素面方形，左右两侧均雕刻小人像 2 尊（65～68 号）。横条状物左右两端浅浮雕摩羯头状装饰。上部中间为竖向椭圆状物，向上延伸出 4 条框，将背屏上部分割为 5 个扇形。4 条框的末端有弧线框相连，相连处浅浮雕对称卷云，云端浮雕宝珠。5 个扇形内浅浮雕坐佛像各 1 尊（69～73 号）。

　　4 号像，内龛正壁左部高浮雕佛坐像。通高 68.7 厘米，头上部残失，下半部可见嘴角上翘似微笑。有宝珠形头光，样式与 1 号像相似，外层宽 19.6、高 31.3 厘米。左肩略残，肩残宽 11.2、肘宽 12 厘米，双手下垂合于腹前，手掌朝上相叠持扁圆形物，双腕下垂衣角覆膝。颈部有三蚕道，着圆领通肩袈裟，腹部衣纹呈左高右低弧线，两臂衣纹深刻，褶皱凸出。有双层身光，样式与 1 号像相似，外层宽 26.8、高 28 厘米。膝宽 17 厘米，结跏趺坐于束腰莲座上，腿部衣纹半圆形。台面宽 21.5、座通高 19.2 厘米，悬裳覆座台面，边缘呈波浪形，下部可见仰莲瓣，瓣身有竖线状纹路；束腰与座基样式与 1 号像座基相似，束腰圆形壶门内有阴线刻小圆圈，二壶门之间有阴线刻枝状物。

　　5 号像，内龛右壁高浮雕菩萨坐像。风化严重仅辨身形，残通高约 62 厘米。头部有竖长方形修补孔，有头光、身光。结跏趺坐于象座上，悬裳覆座台面，正中有长带下垂。象头高 22 厘米，朝向龛外，象鼻朝内卷曲；象背有半圆形鞍，右侧腿稍前迈，左侧腿直立；残见象尾痕迹。象鼻前方右龛门下部残缺，内侧龛壁上可见衣纹痕迹，推测可能为牵象人痕迹，残损难辨，未纳入编号。

　　6 号像，内龛左壁高浮雕菩萨坐像。头部正面残损，通高 66 厘米，头顶有高发髻痕迹，两耳侧有冠缯带痕迹，长股下垂执双上臂两侧，末端略向上翻翘。有双层头光，外层宝珠形，宽 19.3、高 28.4 厘米，透雕火焰纹；内层椭圆形，由内到外依次为素面圈，宽弦纹带、大连珠纹。

　　肩宽 9、肘宽 14.8 厘米，左手屈肘展腋伸向左侧，手持莲苞状物；右手下垂抚右膝，手部漫漶。

上身内着袒右内衣，腹部系带。肩披父字形天衣，下垂至腹部交叉横过腹前，右襟上搭于左肘部后下垂，左襟搭右前臂后下垂至座。下着裙，系腰带。膝宽 14.4 厘米，结跏趺坐于狮子座上，悬裳覆座台面，两片裙襟呈圆角 W 形，中间下垂长带至狮腹部。

狮头高 22.8 厘米，嘴鼻部残失，可见圆眼凸出，两侧浅浮雕卷鬃毛。脖系带。右前足略前迈上提，爪直立抓地；左前足右上部阴刻斜向细毛。狮背戴半圆形鞍。狮尾置 36 号像头右侧，阴刻竖线毛纹。狮左后腿处高浮雕牵兽人立像（64 号），手拉长绳牵连接狮脖系带。

7～16 号像，内龛正壁 3 号像背屏两侧浮雕比丘像 10 尊。7～11 号在背屏右侧呈 2 排站立，12～16 号在背屏左侧呈 3 排站立；7、12 号为全身立像，其余为上半身像，尊像姿势、大小相似，头部均不同程度残损。以 12 号像为例，通高 25、头高 4.7 厘米，圆顶，面部五官轮廓尚存，颈部有蚕道；肩宽 6.7、肘部被遮挡，双手屈肘合十于胸前，双腕下垂衣角，左襟短，右襟长；身前可见左高右低斜向袈裟衣纹，膝部以下可见竖线裙纹，裙长覆踝，露足尖，立于内龛正壁第二层基坛上。以 9 号像为例，面部略残，头向 3 号像方向略偏；可见身高约 17 厘米，肩宽 6.8 厘米，双手合十于右胸前，双腕下垂衣角；着圆领通肩袈裟。

17～22 号像，内龛右壁 5 号像右侧浮雕立像 6 尊。其中 18 号像仅存身形轮廓，细节不辨。17 号像位于最下侧，象座头部上方，高约 25 厘米，头部轮廓似有高发髻；双手合十于胸前，手臂纤细；肩披天衣，肘部下垂天衣带，下身着裙，系腰带，阴刻竖线裙纹，立于下层基坛。19 号像高约 28 厘米，头顶可见高发髻，双手合于胸前，手似向下持一短棍状物，下着裙，可见腰带，立于第二层基坛。20 号像可见头顶有发髻，右肩部有衣纹。21 号像可见头顶有兽头状物，可能为八部众之一。22 号像可见头顶有高发髻，发髻两侧伸出对称卷云状物，可能为八部众之一。20～22 号像立于上层基坛。

23～25 号像，内龛右壁 5 号像与 1 号像之间残存浮雕立像 3 尊。其中 23 号、24 号像仅见身形轮廓，细节不辨，24 号像立于 1 号像座右侧，下层基坛上。25 号像立于第三层基坛上，菩提树左侧，1 号像头光右侧；通高约 29 厘米，面部漫漶，头顶可见高发髻痕迹，两耳侧有冠缯带向上飘扬；肩宽 6.8 厘米，双手合十于胸前；着胸甲，肘部可见鳍袖，系腰带，腿部有下垂天衣，着裙甲，可见三层甲片，裙长遮踝，露大履尖。

26～35 号像，内龛左壁 1 号像与 2 号像之间下部浮雕武将立像 10 尊。保存较好，自下而上分 4 排站立。

第 1 排：26 号像通高 23.5、头高 6.5 厘米，头戴胄，胄侧沿从肩向上翻翘；上身漫漶，双手似合于腹部，向下持一长棍状物，上细下粗；着长裙甲，可见两层甲片，裙长遮踝，露足尖。

第 2 排：27 号像可见高度 18.3、头高 5.5 厘米，头顶可见高发髻，颈部戴披巾，双手合十于胸前，肘部垂下长袖，着胸甲，系腰带，腹部略圆鼓。

第 3 排：28 号像可见高度 20、头高 7 厘米，头顶竖高发髻，戴冠；双手屈肘合于胸部，朝下杵一长棍状物；着胸甲，下着裙甲，系腰带，可见两层甲片。29 号像可见高度 17.7 厘米，头顶可见发髻痕迹，着胸甲，双手合于胸前，左手在上、右手在下持一长棍状物。

第 4 排：30 号像风化较严重，可见高度 17 厘米，可见头顶竖发髻，戴宝珠形冠，头朝左侧略倾斜，双手合十于胸前，肘部可见垂袖。31 号像可见高度 21、头高 8.5 厘米，面朝左侧倾斜，双手合于胸前，持物不明。32 号像可见高度 20、头高 7.4 厘米，头顶竖高发髻，戴冠，眉头紧锁，圆眼怒睁，颧骨处有褶皱；颈戴 Ω 形项圈，双手合于胸前，捧一扁圆形物；着胸甲，略鼓腹，着裙甲，系腰带，可见两层裙甲片。33 号像可见高度 24.5、头高 8.5 厘米，竖较大高发髻，戴冠，冠面宝珠形；锁眉、圆眼、嘴角向下；双手合于胸部捧一扁圆形物；颈部系披巾，有鳍袖，腹部圆鼓可见半圆形前盾，下着裙甲，系腰带，腰带下可见两襟卷云纹状。34 号像可见高度 23.4、头高 7.4 厘米，与 33 号像持物相似，发髻略小。35 号像在 2 号像宝珠头光尖部上侧，头顶漫漶，似有发髻，着胸甲，有鳍袖，可见左手举于胸前。

36～43 号像，内龛左壁 4 号像与 6 号像之间下部浮雕供养天人像 8 尊。自下而上分 4 排站立。除 41 号像头部残缺外，其余均束高发髻，各尊像高度、衣饰、手势有差别。

第 1 排：36 号像通高 21.7 厘米，头略抬看右上侧，着 V 字形领长袍，双手笼于袖中合十胸前，指尖下垂衣袖。

第 2 排：37 号像通高 28.1 厘米，头略抬看左上侧，双手合十胸前，披父字形天衣，下着裙，衣纹均为竖线纹。

第 3 排：38 号像通高 24.5 厘米，颈部有蚕道，双手笼于袖中合拱于胸前，手部下垂衣袖；披圆领长袍，腹部有重叠 V 字形衣纹，腿部裙纹长 U 字形。39 号像通高 25.4 厘米，衣着手势与 37 号像相似。40 号像衣着与 38 号像相似，手部屈肘合十胸前，无袖。

第 4 排：41 号像可见高度 21.5 厘米，衣着姿势与 36 号像相似。42 号像通高 26.3 厘米，颈部有蚕道，双手笼于袖中合拱，袖较宽；披对襟长袍，胸下系带；裙纹竖线纹。43 号像可见高度 19.5 厘米，细节大都不辨，双手似笼于袖中合拱。

44 号、45 号、51 号像，内龛左壁 4 号像、6 号像上部浮雕天龙八部众 3 尊。均立于最上一排基坛。

44 号位于 4 号像头光尖部左侧，可见高度 24.3 厘米。头顶戴兽头帽，兽鼻宝珠形，大圆眼，双耳向后侧竖起，阴线刻细毛；颈部有蚕道，着圆领长袍，双手笼于袖中合拱，衣袖宽大下垂，阴刻弯曲竖线纹；左臂抱一竖长条状物搭左肩，伸至龛顶。

45 号像可见高度 27.8 厘米。三头六臂，正面头较大，竖高发髻，戴卷云纹小冠，两侧头较小；二臂屈肘胸前合十；右上臂屈肘高举手掌朝龛外持一圆形物；右下臂屈肘平举手握一斧状物；左上臂屈肘高举，手掌朝上持一圆形物；左下臂屈肘平举，手掌朝上持一弓箭状物。下身着裙，系腰带，裙纹竖线纹。

46 号像通高 27.2 厘米。面部残失，头顶竖线状炎发，胸前戴项圈，下垂 3 股坠饰，肩胸、臂部肌肉鼓起。右手下垂置右胯部手持一短棍状物；左手屈肘置左肩部，手持一长蛇状物，蛇头自左肩上伸置头顶左侧，蛇身缠绕前臂，蛇尾下垂置膝部。下身着短裙，足部残。

46～50 号像，内龛左壁 6 号像左侧浮雕供养天人立像 5 尊。自下而上分 4 排站立，48 号、50 号头部残失。46 号通高 28.4、肩宽 3.4、肘宽 5.9 厘米。身体细长，头顶束高发髻，戴冠，双手胸前合十，肩披父字形天衣，肘部下垂天衣带，下身着裙，裙纹呈细长 V 字形。裙长覆右踝，露左踝。47 号通高 23 厘米，衣着、手势与 38 号相似。48 号通高 23 厘米，着圆领长袍，双手笼于袖中合拱，袖较宽平垂，裙纹竖线纹。49 号可见高 16.2 厘米、50 号通高 23.6 厘米，此二尊衣着、手势与 42 号相似。

52～56 号像，内龛龛顶右部环状卷云内浅浮雕坐佛像 5 尊。风化严重，像体脱落仅存痕迹。

57~61号像，内龛龛顶左部环状卷云内浅浮雕坐佛像5尊。卷云带长云尾，风化严重。诸像大小姿势相似，如58号像，通高8.7厘米，头顶有肉髻，着通肩袈裟，双手下垂合于腹前，结跏趺坐于圆形莲台上。

62号、63号像，内龛龛顶中部右、左浅浮雕环状卷云内飞天像2尊。62号像风化严重仅存身形，细节不辨。63号像高约21厘米，头顶朝龛口、足朝龛内，头朝左侧略转，双手屈肘朝右侧捧一圆形物，身体左侧龛壁浅浮雕上扬天衣，左腿高抬右腿后展，腰部下垂长三角形带，腿部有天衣缠绕，左足下有天衣下垂。

64号像，6号像狮座牵兽人。高浮雕，通高19厘米。面朝龛外，头顶似有炎发，圆眼，双手前伸执长绳连接狮颈部系带，双膝弯曲向后略蹲，合膝分足，做用力拉扯状。披前后襟短袍，系腰带，似着长裤、靴。

65~68号像，3号像背屏式座下部之小人像4尊。65号、66号在上，骑马状怪兽，前蹄扬起朝外侧站立圆台上，马身高8.3厘米。67号、68号在下，侧跪状双手高举支撑圆台。

69~73号像，3号像背屏式座上部浅浮雕小坐佛像5尊。结跏趺坐于圆台上，有头光和身光。73号在最上，较大，高约8厘米，双手下垂合于腹部。

74号、75号像，外龛正壁右、左下角浅浮雕力士立像各1尊。74号残损严重，残高33厘米，残见右手上举，身体右侧龛壁上有S形天衣飘扬，座式漫漶不识。75号头部残失，通高35.4厘米，头顶有椭圆环状天衣，左臂上举，肘部以下残失；右手展腋下垂置右胯部似执天衣；胸前戴连珠项圈，下垂3短坠饰；胸腹部肌肉凸出；胯向左上提，下着短裙，系腰带，裙上缘翻折在胯部呈V字形，裙短露膝，膝及小腿筋骨凸出；戴踝钏，双足分开赤足立于座，座式漫漶不识。

76~83号像，外龛正壁下部残存雕伎乐天像轮廓8尊。风化严重仅存轮廓。其中79号、80号为立像，其余为坐像。81号像所持物长条状，82号所持物似弓，83号双手举胸前持横长方形物，其余漫漶不识。

6. 题记

无。

7. 年代判断

晚唐~五代。后代修补。

083龛

1. 相对位置

位于D区崖面东段，造像群最下层，龛下方即为步行石阶梯，084龛下侧，085龛、086龛左侧。

2. 保存状况

因所处位置在人行石阶梯旁，保存状况较差，外龛无顶，左侧壁风化状况严重，龛底、两侧壁遍布青苔。内龛三壁、龛顶附着烟熏痕迹，龛顶因风化造成表层大面积剥落。龛内造像风化严重，小面积表层剥落，中尊头部破损（图版七七~七九）。

3. 龛内外遗迹

龛外上侧有水平横向刻槽，与084龛外龛底端相连。

4. 龛窟形制

方形双重龛，平面呈半椭圆形，外龛宽158、残高161、深34厘米，无顶，龛壁平；内龛宽145、高140、深85厘米，龛楣方形，有三角斜撑，龛顶平，三壁缓弧形，与龛顶连接处为缓弧形。

5. 龛内造像

内龛正壁双层方形台座上高浮雕千手观音倚坐像1尊，观音束腰座两侧浮雕人物立像2尊，方形台座右侧浮雕人物立像3尊，正壁及两侧壁浮雕环形云24团，其中皆有人物群像。龛内共残存造像108尊。编号见表三六（图一一一～一一四）。

表三六　　083龛尊像、分区编号表

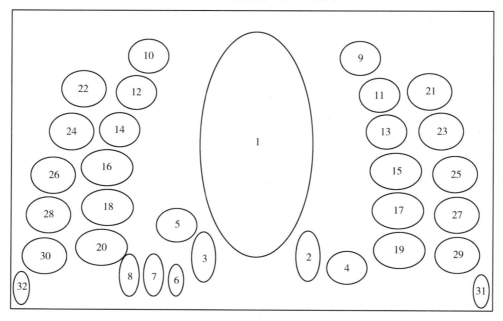

1号像，内龛正壁千手观音倚座像。通高130厘米，头部风化破损，有双重身光，高99、宽114厘米，外层宝珠形，浅浮雕火焰纹，焰尖延伸到内龛龛顶，内层椭圆形，由内而外依次浅浮雕三层掌印。内层左侧十四个掌印，右侧十三个掌印；中层左侧二十五个掌印，右侧十六个掌印；外层左侧二十八个掌印，右侧二十六个掌印。

菩萨身体残高79、肩宽20、膝宽29厘米。头部风化严重，顶部有现代修补水泥。上身祖胸，着内衣，高至两腋处，内衣系带，于胸下形成自然褶皱。胸部饰连珠挂饰。双肩披天衣，沿两腋下垂，绕手腕而上，下垂至大腿。双臂屈肘，双手于腹前合掌，带腕钏，手掌比例较小。双手下侧，腹上有两道连珠璎珞相交腰部团花形饰物，后沿两大腿内侧绕膝盖下端至身侧。下身着裙，裙长至脚踝，不覆足。系腰带，两股腰带自双腿正中下垂于小腿部打蝶结，尾端呈燕尾状，垂至台座上。双膝分开比肩宽，膝部残破，后经大面积水泥填补。双腿自然垂放，坐须弥式方形束腰座，裸足分别踩小型束腰莲座，表面残破。

菩萨上身两侧各浮雕九臂，同心圆状分布，皆从扇状大袖而出，戴腕钏。头部两侧两臂，屈肘合掌于头顶，手掌残失，只见痕迹。其下两臂，屈肘而上，左侧手托圆状物，右侧手臂及手掌风化剥落，可辨识托圆状物。其下两臂，屈肘而上，左侧手持棒状物，右侧手腕残断。其下两臂，屈肘而

0　　　　　　　　　　　32厘米

图一一一　083龛正视图

上，左侧手托化佛一尊，右侧手持莲。其下两臂，屈肘而上，左侧手握棒状物，右侧手握宝铎。其下两臂，屈肘而上，左侧手握棒状物，右侧手托圆状物。其下两臂，屈肘而上，左侧手持宝镜，右侧手持杨柳枝。其下两臂，屈肘而上，左侧手握棒状物，右侧手掌印，掌心向外。其下两臂，屈肘而上，左侧手握棒状物，右侧手持囊状物。

菩萨头部上方高浮雕华盖，残高22厘米。宝珠形顶，伞状部分残破。

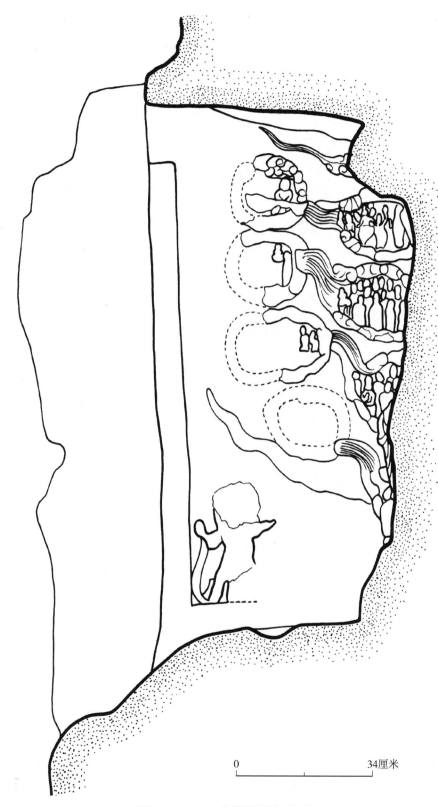

0 ⊢━━━━━━┥ 34厘米

图一一二　083 龛纵剖面图（右壁）

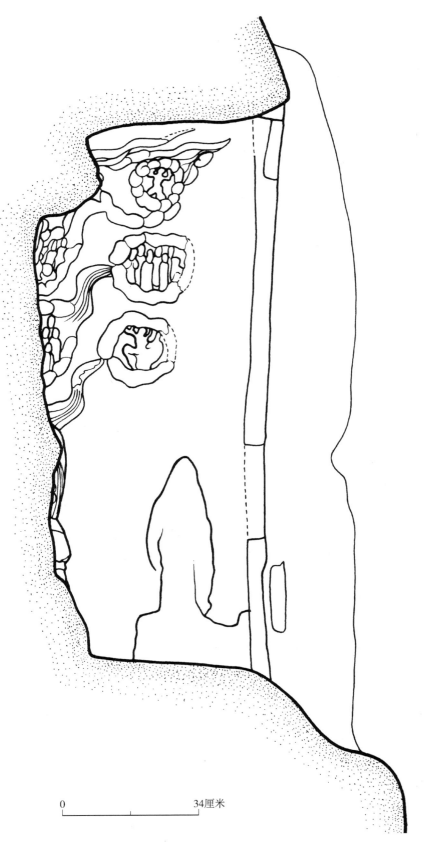

0　　　　　　　　　34厘米

图一一三　083龛纵剖面图（左壁）

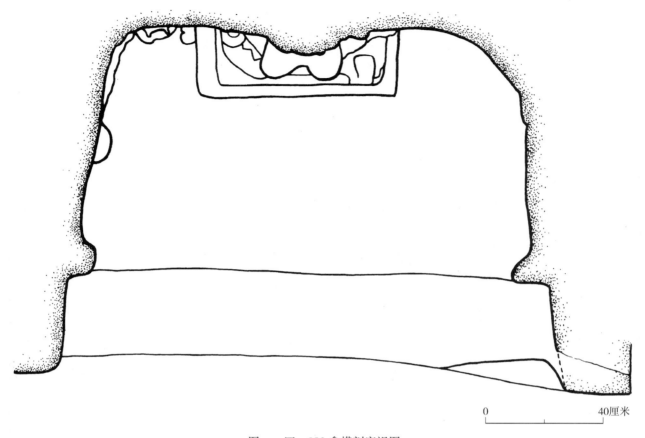

图一一四　083 龛横剖底视图

2 号像，位于 1 号像束腰座左侧。残高 29 厘米，通体风化严重，头部残破。上身及头部向左倾。右臂屈肘高举，手置于头部上侧。左臂屈肘，小臂横于腹前，左手持立杖上端。下身着长裙，垂及足背，裸足并立于方形台上。

3 号像，位于 1 号像束腰座右侧，位置与 2 号像对称。残高 26 厘米，正面立像，头部风化严重，残破不识。着广袖长袍，下身着裙，双臂屈肘于胸前捧物，宽袖垂覆身体两侧至腿部，长裙覆足立于方形台上。

4 号像，位于 2 号像左侧。尾环状云中 2 尊立像，云头朝下，云脚拖向左上方。造像正面而立，风化严重。两像着长袍，可辨头部戴高冠或帽。左侧立像可辨双手于胸前合掌，右侧立像身体风化，漫漶不识。

5 号像，位于 3 号像右上侧。环状云中 4 尊像，环状云上部隐于中尊火焰纹身光。造像正面而立，风化严重，头部似戴冠或帽。左端像仅从云朵中露出胸以上部分。另三躯皆为立像，下身隐于卷云之中，着长袍，双手合掌于胸前。

6 号像，位于中尊脚下双层方形台座右侧，5 号像下侧。造像站立于龛床上，上身和头部微侧向中尊方向，风化严重。

7 号像，位于 6 号像右侧，5 号像右下侧。身体微侧向 1 号像方向，通体风化严重。头结高髻，带筒形宝冠，系冠缯带垂于头部两侧。左手振臂屈肘上举，手托圆锥状物，可辨为宝塔。右臂屈肘，下臂横于腹前。双腿分开同肩宽，裸足外"八"站立方形低台之上。

8 号像，位于 7 号像右侧。风化剥落严重，详细不明。

9 号区

位于内龛左侧壁，中尊身光左上端外侧，与右侧壁 10 号像位置对应。尾状环云中 6～7 尊像，云脚尾部蜿蜒向龛顶。环云及其内造像表面风化严重，内容难辨。

10 号区

位于内龛右侧壁，中尊身光右上端外侧，与左侧壁 9 号像位置对应。尾状环云中 7 尊坐像，云脚尾部蜿蜒向龛顶。环云及其内造像表面风化严重，有剥落现象。可辨环云中造像坐于台座之上，双手于腹前。

11 号区

位于内龛左侧壁，9 号像左下侧，与右侧壁 12 号像位置对应，风化严重。尾状环云中 2 尊立像，云脚尾部蜿蜒向左上方。云头侧立像正面而立，头顶炎发，三面相。身体两侧各四臂，共八臂，正面二臂合掌于胸前，二臂于头部两侧高举，二臂屈肘向上，二臂于身体两侧下垂。因风化严重，各臂手印或所持法器皆难辨。扭胯向中尊方向，下身着裙，裙长至膝下。双腿分开比肩宽，双足外八字站立。云尾侧立像正面而立，通体风化严重，有剥落现象，头部和衣饰漫漶不识。左臂上举，右臂伸向左大腿方向。扭胯向云尾方向，左腿直立，右腿向云头方向伸出。

12 号区

位于内龛右侧壁，10 号像右下侧，与左侧壁 11 号像位置对应，表面风化，局部剥落。环状云中 2 尊立像，云脚尾部蜿蜒向右上方。

13 号区

位于内龛左侧壁，11 号像左下侧，与右侧壁 14 号像位置对应，表面风化，局部剥落。环状云中有立像 6 尊，云脚向左上方延伸。从云头向云脚方向，第一尊正面立像，风化严重。第二尊正面立像，头部三面相，炎发。身体两侧各三臂，两臂屈肘于腹前合掌；两臂屈肘沿头部两侧上举，持圆状物；两臂沿身体两侧下伸。第三尊小腿以下部分隐于卷云中，风化严重，漫漶不识。第四尊位于第三尊左后方，头戴宝冠，部分身体被第三尊和第五尊遮挡。第五尊位于第三尊左侧，胸部以下部分隐于云朵中，头部漫漶不识。第六尊位于第五尊左后方，胸部以下部分隐于云朵中，头部漫漶不识。

14 号区

位于内龛右侧壁，12 号像右下侧，与 13 号像位置对应，表面风化严重。环状云中从云头向云脚方向有立像 6 尊，云脚向右上方延伸。第一尊位于云头，表面剥落严重，可辨为立像，二臂屈肘胸前合掌，衣制不明。第二尊位于第一尊右侧，立像，风化严重，面部不识。身体两侧各三臂，共六臂，两臂屈肘于腹前合掌；两臂沿头部两侧上举，持圆状物；两臂沿身体两侧下伸。第三尊位于第二尊右侧，小腿以下隐于卷云中，风化严重，漫漶不识。第四尊位于第三尊后侧，风化漫漶不识。第五尊位于第四尊右侧，腰部以下隐藏于云朵之中，双臂屈肘于腹前。第六尊位于第五尊右后方，左壁被第五尊身体遮挡，右臂屈肘，手置于腹前。

15 号区

位于内龛左侧壁，13 号像左下侧，与第 16 号像位置对应，表面风化。环状云中 11 尊立像，云脚向左上方延伸。立像分上下三排站立，最下两排各四人，最上排三人，上两排人像与前排错位站立。第一尊位于最下一排云头处，头部和身体侧向中尊方向，圆顶，双臂屈肘与胸前，小腿以下隐藏于云朵之中。第二尊位于第一尊左侧，正面像，圆顶，左壁屈肘，手置于左胸处，手印不详，右臂屈肘，手置于右髋部，脚踝以下隐藏于卷云之中。第三尊位于第二尊左侧，头部和身体微侧向中尊方向，圆顶，外着双领下垂袈裟，下身着裙，下身正面五重U字形衣褶重叠，双臂屈肘，双手置于胸前，脚踝以下隐藏于云朵之中。第四尊位于第三尊左侧，头部和身体侧向中尊方向，圆顶，外着袈裟，双臂屈肘，双手合于胸前，下身着裙，小腿部以下隐藏于卷云之中。第五尊位于第四尊左后方，全身像，面部表层脱落，身体微侧向中尊方向，双手隐于衣中，于胸前合掌。第六尊位于第五尊右侧，第三尊和第四尊中后方，下身被遮挡，有圆顶，身体微侧向中尊方向，双手藏于衣中，于胸前合掌。第七尊位于第六尊右侧，第二尊和第三尊之间后侧，下身被遮挡，圆顶，正面像，双手藏于衣中，合掌与胸前。第八尊位于第七尊右侧，下身被遮挡，圆顶，正面像，双手隐于衣中，合掌于胸前。第九尊位于第五尊和第六尊中后方，下身被遮挡，圆顶，正面像，手势风化不识。第十尊位于第六尊和第七尊中后方，下身被遮挡，圆顶，正面像，双手隐于衣中，合掌于胸前。第十尊位于第七尊和第八尊中后方，下身被遮挡，圆顶，正面像，手势风化不识。

16号区

位于内龛右侧壁，14号像右下侧，与左侧壁15号像位置对应。环状云中11尊立像，人像风化严重，云脚向右上方延伸。立像分上下三排站立，最下一排5人，中排4人，上排3人，上两排人像与下排错位站立。下排人像身体皆微侧向中尊方向，双手合于胸前，下腿部隐于卷云之中。中排人像皆为正面像，腰部以下部分被前排人像遮挡。上排人像皆为正面像，胸部以下部分被前排遮挡。

17号区

位于内龛左侧壁，15号像下侧，与右侧壁18号像位置对应。环状云中9尊立像，云脚向左上方延伸，人像风化严重，面部皆有剥落状况。立像分上下两排，下排4人，上排5人，错位站立。第一尊位于下排环状卷云云头处，头部和身体微侧向云尾方向，头顶结髻，双手合于胸前。第二尊位于第一尊左侧，身体微侧向中尊方向，头顶结髻，着通肩衣，双臂屈肘，双手于腹前持棒状物，宽袖垂于身体两侧。第三尊位于第二尊左侧，身体微侧向中尊方向，头部剥落严重，双臂屈肘，双手置于腹前，宽袖垂于身体两侧。第四尊位于第三尊左侧，身体侧向中尊方向，头部剥落严重，双臂屈肘，双手置于腹前，腿部隐藏于卷云之中。第五尊位于第四尊左后方，左侧身体隐藏于云朵之中，头部微侧向中尊方向，戴高冠，右臂屈肘于腹前。第六尊位于第五尊右后方，胸部以上被遮挡，头部剥落严重。第七尊位于第六尊左前方，头部、身体侧向中尊方向，胸部以下被下排第三尊遮挡，头部剥落严重，双臂屈肘于腹前。第八尊位于第七尊右侧，头部、身体侧向云尾方向，右侧身体被下排第二尊遮挡，头部剥落严重，头顶结高髻，手臂动作不明。第九尊位于第八尊右侧，第一尊左后方，头部和身体微侧向云尾方向，胸部以下被下排人像遮挡。

18号区

位于内龛右侧壁，16号像下侧，与17号像位置对应。环状云中12尊立像，云脚向右上方延伸。立像分上下三排站立，最下一排4人，中排5人，上排3人。人像风化，着广袖衣，下身着裙，双臂屈肘，双手于胸前，所持物不清。

19 号区

位于内龛左侧壁，环云及其中人像基本剥落，仅残存上部 4 片云朵和 3 尊人像头部。

20 号区

位于内龛右侧壁，18 号像下侧，与左侧壁 19 号像位置对应，表面风化严重。环状云中 5 尊立像，云脚向右上方延伸。立像分上下二排站立，上排 2 人，下排 5 人。上排两人头顶炎发，带冠，胸部以下被前排人像遮挡。下排云头侧二立像，头顶结髻，着广袖衣，下身着裙，双臂屈肘，双手合掌于胸前。云尾侧立像，身体朝向韵味方向，头部侧像对壁方向。双臂屈肘，双手捧宫殿形物，左腿踏出，右腿屈膝而立。

21 号区

位于内龛左侧壁，左侧龛口内侧，11 号像左侧，风化剥落严重。环状卷云，云脚向左上方延伸，尖端残失，云尾内复有环云一圈，其内立像 1 尊，头戴高冠，双臂振臂，屈肘向上。双脚大分开站立。

22 号区

位于内龛右侧壁，右侧龛口内侧，14 号像右上侧，与左侧壁 21 号像位置对应，风化剥落严重。环状卷云中人像 2 尊，云尾、云脚脱落，第一尊云头处人像，双腿屈膝，左脚向中尊方向踏出。双手于身前，持袋形物口部，袋形物在立像身后大幅膨胀。另一像位于第一尊上方，身体侧向中尊方向，左手前伸，右手置于身后。

23 号区

位于内龛左侧壁，左侧龛口内侧，13 号像左侧，21 号像下方，与右侧壁 24 号像位置对应。环状卷云中立像 7 尊，云尾云脚脱落，人像两排站立，下排 4 尊，上排 3 尊，错位站立。第一尊位于下排云头处，身体微侧向中尊方向，头梳高髻，面部丰满。双领下垂，于胸部下束高腰带。右手屈肘，手置于腹前，左手垂臂于体侧，宽袖下垂。第二尊位于第一尊左侧，头部和身体侧向中尊方向，头梳高髻，面部丰满。双领下垂，于胸部下束宽带。双臂屈肘，双手置于腹前。宽袖垂于下身体侧。第三尊位于第二尊左侧，头部和身体微侧向中尊方向，头结高髻，面部破损。身体大面积剥落。第四尊位于第三尊左侧，头部和身体风化严重，大面积脱落。第五尊位于第四躯右后方，头部和身体风化严重，身体两侧被前排遮挡。第六尊位于第五尊右侧，头戴高冠，着右衽衣，左臂垂于身体前方，宽袖垂体侧。第七尊位于第六尊右侧，头结高髻，面部丰满。双领下垂，于胸部下束宽带。腰部以下被下排遮挡。

24 号区

位于内龛右侧壁，右侧龛口内侧，22 号像下方，与左侧壁 23 号像位置对应。环状卷云内人像不识，云尾、云脚脱落，风化严重。

25 号区

内龛左侧壁，左侧龛口内侧，15 号像左侧，23 号像下方，与右侧壁 26 号像位置对应。风化剥落情况严重，云尾、云脚脱落。环状卷云内人像 4 尊，第一尊位于云头处，正面立像，头部风化不明，双臂屈肘，双手置于腹前，宽袖垂于体侧。第二～四尊并列而坐，其座相连，脱落仅存痕迹。第二尊位于第一尊左侧，风化严重，双臂屈肘，双手置于腹前，下身剥落。第三尊位于第二尊左侧，头部残，身体两侧各三臂，共六臂，两臂屈肘于腹前合掌，两臂振臂上举，两臂振臂下伸，下身表面脱落。第四尊位于第三尊左侧，头部身体皆脱落，仅存痕迹。

26 号区

内龛右侧壁，右侧龛口内侧，24 号像下方，与右侧壁 25 号像位置对应。风化剥落情况严重，仅存云头部分，其内人像脱落不识。

27～30 号区

27 号、29 号像位于内龛左侧壁，左侧龛口处，25 号像下方，分别位于 17 号、19 号像左侧。28 号、30 号像位于内龛右侧壁，右侧龛口处，26 号像下方，分别位于 18 号、20 号像右侧，与左侧壁 27 号、29 号像位置对应。全部脱落，仅残存环云痕迹。

31 号像，内龛左侧壁，内龛龛口内侧，29 号像左下侧。脱落严重，仅见痕迹，可辨有立像 1 躯。

32 号像，内龛右侧壁，内龛口缘处，30 号像右下侧，与着侧壁 31 号像位置对应。脱落严重，仅见痕迹，可辨有立像 1 尊。

6. 题记

无。

7. 年代判断

晚唐，后代改刻、现代修补。

084 龛

1. 相对位置

位于 D 区东段崖壁，造像群中层，083 龛上侧，073 龛下侧，086 龛左上侧，087 龛左下侧。

2. 保存状况

外龛龛口左侧上端残失，正壁风化严重，仅存右侧卷草纹，正壁上侧、左侧皆长满青苔。内龛龛顶风化剥落严重，正壁、两侧壁上附着烟熏痕迹，两侧壁风化残损严重（图版八〇）。

3. 龛内外遗迹

龛外上方有横向水平凹槽，龛外下方有横向水平凹槽，打破 083 龛外龛龛顶。

4. 龛窟形制

方形双重龛。外龛宽 126、高 133、深 32 厘米，龛楣方形，龛顶平，龛壁平。内龛宽 114、高 117、深 48 厘米；内龛正壁平，两侧壁弧形，龛顶弧形。内龛正壁龛床上设凹形基坛，高 16 厘米。

5. 龛内造像

内龛凹形基坛上高浮雕千手观音倚坐像 1 尊（图版八一），束腰座两侧前方半浮雕人物立像 2 尊，正壁两侧下端，束腰座外侧，观音身光下侧，左侧半浮雕立像 2 尊，浅浮雕人像 8 尊，右侧半浮雕立像 2 尊，浅浮雕人像 3 尊。内龛左侧壁风化残损严重，残存小型造像 12 尊。内龛右侧壁风化残损严重，残存小型造像 33 尊。内龛右侧龛口外沿有 6 尊眷属像，内龛龛顶与侧壁连接处有环状卷云，左侧卷云中浮雕佛坐像 5 尊，右侧卷云中浮雕佛坐像 5 尊。共残存造像 84 尊，编号见表三七（图一一五～一一八）。

表三七　084龛尊像、分区编号表

1号像，内龛正壁千手观音倚座像。通高99、像高74、肩宽16、肘宽22、膝宽24厘米。头顶结高发髻，带三面宝冠，三面刻卷草纹，正面上端浅浮雕化佛。耳后两侧结冠缯带，垂于肩侧。狭额，低发际线，眼部、嘴部、下颚残损。耳垂较大，垂及肩上侧。

颈部三道刻纹，胸部风化残损，戴胸饰，着偏袒右肩内衣，胸下系带，起褶皱，腹部隆起。两条璎珞上端连接胸饰两侧，相交于腹下圆状饰物后沿大腿内侧绕双膝下至体侧，膝下有垂饰。双臂屈肘，戴腕钏，双手合掌于胸前。双肩披天衣，沿两腋垂下，于双膝之间呈U字形，左侧天衣绕右下臂垂于体侧，沿束腰座正面左侧垂及座。右侧天衣绕左下臂垂于体侧，沿束腰座正面右侧垂及座。

下身着裙，裙长及足背。大腿风化、膝部残损，腰间系带，沿两大腿之间垂下，于双膝间下侧系蝶结后垂及座。双膝分开比肩宽，倚座须弥式方形束腰座，座高30厘米，双脚分开，裸足踏小型束腰莲座宽9、高9厘米。

菩萨上身两侧各高浮雕16臂，同心圆状分布，皆从扇状大袖而出，戴腕钏。头部两侧两臂，屈肘于头顶捧弯月状物，其上有坐佛一尊。左侧手臂由上至下、由内而外，第一臂屈肘而上，手托圆状物。第二臂屈肘而上，手托卷云中坐佛一尊。第三臂屈肘而上，手托卷云中坐佛一尊。第四臂屈肘而上，手握棒状物。第五臂下臂残断。第六臂下臂残断。第七臂屈肘而上，所持物不明。第八臂屈肘而上，手握块状物。第九～十二臂残断。第十三臂手持棒状物，第十四臂手持束状物，第十五臂下臂残损。右侧手臂由上至下、由内而外，第一臂屈肘而上，手托圆状物。第二臂屈肘而上，手持棒状物。第三臂屈肘而上，手持粗棒状物。第四臂屈肘而上，手持圆状物。第五臂下臂残断。第六臂下臂残损。第七臂屈肘而上，手持物不明。第八臂下臂残损。第九臂屈肘而上，手持棒状物。第九臂手部残段。第十臂下臂残断。第十一臂屈肘而上，手持未敷莲花。第十二臂下臂残断。第十三臂屈肘而上，手持环状物。第十四臂下臂残断。第十五臂屈肘而上，手握块状物。有单层宝珠形身光，尖部及龛顶，宽94、高80厘米，环带纽中浅浮雕掌印二圈。菩萨头部上方高浮雕雕华盖，高15、宽36厘米。宝珠形顶，其下盖如伞状。

2号像，内龛正壁，1号像束腰座左侧前方人物立像。残高27厘米。头部上侧、左肩、左臂残

图一一五　084龛正视图

失。头仰望第中尊方向。袒露上身，从左肩至右腋斜披条帛，披天衣，右侧天衣绕肩垂下，与腰带右侧相连后垂于体侧。左臂振臂屈肘，左手置于左胸前。右臂振臂屈肘高举，手部残失。下身着裙，腰间系带，腰带垂于双腿之间，裙长至膝上，膝盖外露。左腿直立，右腿屈膝而立，裸足立于基坛上。

　　3号像，内龛正壁，1号像束腰座右侧前方人物立像。残高22厘米（罐顶至足）。身体侧向中尊方向。头部残损，着左衽广袖衣。左臂屈肘，下臂上举，手中托罐状物。右臂屈肘，右手置于右胸前，手部残损。下身着裙，正面U字形重叠衣纹。双足风化残损。

　　4号像，内龛基坛上，正壁左侧下端，中尊身光左侧根部下侧，半浮雕立像2尊。左侧立像高26

0　　　　　　　　26厘米

图一一六　084龛纵剖面图（右壁）

0 　　　　　　　　　　　　30厘米

图一一七　084 龛纵剖面图（左壁）

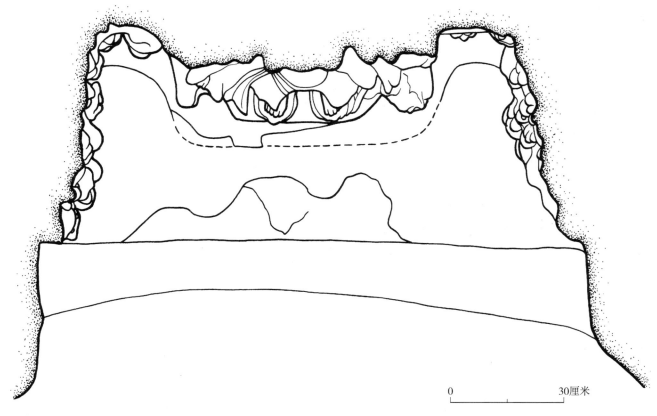

0 _____ 30厘米

图一一八　084龛横剖底视图

厘米。头部面部风化，头顶高肉髻。上身着通肩袈裟，双臂屈肘，双手合掌于胸前，宽袖垂覆身前两侧。下身着裙，裙长及足背，双脚分开，裸足并立于基坛上。右侧立像高20厘米。头部、身体侧向中尊束腰座方向。头顶小束短炎发，面部风化不清。裸露上身。左臂振臂前方抬起，手指摊开向中尊束腰座方向。右臂屈肘，下臂身前抬起，于胸前捧球状物。下身着裙，腰间系带，双腿屈膝微蹲，足部残损。两像身后正壁浅浮雕人物立像6尊，分两层，下层三尊，圆顶，面部分化，衣制不明。上层三尊，头顶结发髻，面部分化，着长袖衣，左侧像左臂屈肘，手持未敷莲花。

5号像，内龛基坛上，正壁右侧下端，1号像右侧身光根部下侧，半浮雕立像2尊。左侧立像高25厘米。头顶高肉髻，大耳垂肩。上身着通肩袈裟，双臂屈肘，双手合掌于胸前，宽袖垂覆身前两侧。下身着裙，裙长覆足。右侧立像高23厘米。头部、身体侧向中尊束腰座方向。头部、面部残损。右臂屈肘，下臂举于胸前，持棒状物。身体风化，衣制不明。两像身后正壁浅浮雕人物半身立像3尊。左侧两尊风化残损严重，右侧人像头部风化，有高发髻，着左衽衣，高腰裙裹衣外，胸上系带。左臂屈肘，左手于胸前捧球状物，右臂不明。

6号区

内龛左壁风化残损严重，上侧、龛沿内侧造像基本残失、仅残存下侧造像，皆为小型尊像。33尊像分五层站立，由下而上，第一层两神将立像，头部、身体朝向龛外方向，戴头盔，身着铠甲。左侧像大腿前有U字形布带，右臂屈肘，右手置于腹前，持棒状物下端，上端举于身前。第二、三、四层为比丘半身立像，风化严重，可辨圆顶，衣制不明，部分像双臂屈肘，双手合掌于胸前。第五层像基本残损，详细不明（图版八三）。

7 号区

内龛右壁内侧，皆为小型尊像。25 尊分八层站立，身体头部朝向龛外方向。由下至上，第一层两神将立像，风化严重，可辨身着铠甲，右侧像双臂屈肘，双手于腹前持棒状物上端，下端立于龛床。第二、三、四层为比丘半身立像，可辨圆顶，着袈裟，部分像双臂屈肘，双手于胸前合掌。第五、六层为神将半身立像，可辨身着铠甲。第七、八层人像风化严重，详细不明（图版八二）。

8 号像，内龛右壁外侧下端，内龛口沿内侧护法神像。高 44 厘米。头顶高炎发，戴卷草纹冠，三面像，忿怒面向。袒露上身，有六臂。身体正面两臂屈肘，双手握于左胸前。左侧下侧手臂体侧振臂，手持绢索，上侧手臂振臂举于头侧，手持金刚杵。右侧下侧手臂体侧振臂，手持短刀，上侧手臂振臂举于头侧，手持金刚杵。下身着裙，腰间系带。腿右展式下蹲，右下腿残损。左腿屈膝，膝盖外露，足部残损。其下座风化严重，形制不明。身后宝珠形身光，饰火焰纹。

9 号像，内龛右壁外侧，内龛口沿内侧，8 号像上侧，弧形卷云上骑狮菩萨像。通高 27.5、像高 10.5 厘米。头部风化，有高发髻。身体朝向龛外方向，身体风化残损，着条帛，披天衣。左臂屈肘，左手置于腹前。右臂屈肘，右手身前上举齐肩高，手持宝剑。结跏趺坐三层仰莲座，悬裳垂覆座上侧。莲座立于狮背上，狮头、前半身侧向龛中央方向，头部风化，口张开，颈部系铃，仅见前腿，内侧腿居前，外侧腿居后。狮子头部右侧浅浮雕立像 1 尊，身体朝向龛外方向，头侧向龛中央方向，膝部微屈而立。其上侧浅浮雕 3 尊半身立像，风化不清。

10 号像，内龛右壁外侧，内龛口沿内侧，9 号像上侧，卷云座上人物立像。通高 26 厘米。云尾右侧上扬。立像面部残损，头顶带冠。身体风化，有六臂，戴腕钏，身体正面两臂屈肘，双手合掌于胸前，身体两侧各两臂，上侧两臂屈肘上举，手部残损，下侧两臂屈肘下垂，右侧手持棒状物，左侧手残损，持物不明。左腿屈膝而立，右腿直立，重心居右足上。

11 号像，内龛右壁外侧，内龛口沿内侧，10 号像上侧，卷云座上人物跪像。高 15 厘米。头部、身体朝向龛外方向。头顶炎发，三面相，有六臂，身体正面两臂屈肘，双手合掌于胸前，身体两侧各两臂，上侧两臂屈肘上举，手部残损，下侧两臂屈肘下垂，手部残损。双腿跪坐。

12 号像，内龛右壁外侧，内龛口沿内侧，11 号像上侧，环状卷云中风神像。高 22 厘米。头顶高炎发，上身袒露。胸前有袋囊呈发风之状，右臂屈肘，右手握囊口，左臂屈肘，左手摊平压袋身。右侧有浅浮雕立像，风化严重，详细不明。

13 号像，内龛右壁，12 号像左下侧，14 号像右下侧。卷云座上立像。高 20 厘米。头部、身体风化残损，可辨双臂屈肘，双手合掌于胸前。

14～15 号像，内龛龛顶两侧与侧壁连接处，环状卷云中，浮雕佛坐像 5 尊。单尊高约 11 厘米。风化严重，双臂屈肘，双手置于腹前，结跏趺坐于莲座上。

6. 题记

无。

7. 年代判断

晚唐。

085 龛

1. 相对位置

位于D区东段崖壁，造像群下层，083龛右侧，089龛左侧，086龛下侧。龛下方即为步行石台阶。

2. 保存状况

外龛右侧龛口下段残失，外龛侧壁、内龛三壁生长青黑色苔藓。中尊头部、身体残失，头部现存竖长方形修补孔。内龛外壁、内壁及龛内尊像风化严重（图版八四）。

3. 龛内外遗迹

龛外上侧左端刻斜槽，与086龛外龛底部相连。内龛龛底中央，龛口沿内侧有浅圆形凹孔。外龛右侧壁下段有纵长方形浅孔，其内满布青苔。

4. 龛窟形制

方形双重龛。外龛宽69、高78、深34厘米，龛楣方形，龛壁平；内龛平面呈浅马蹄形，宽57、高50、深24厘米。龛楣方形，有三角斜撑。龛顶平，内龛三壁与龛顶缓弧形过渡。内龛龛床上三壁设基坛。

5. 龛内造像

内龛正壁、左右两侧壁半浮雕坐像各1尊。共造像3尊（图一一九）。

中尊坐像。位于内龛正壁中央，残高32厘米，身体及头部残失，仅留痕迹；可辨为倚坐像，双腿垂放，脚踏台座上，台面风化，不能辨其形。无身光痕迹。

左尊坐像。内龛左侧壁坐像，残高35厘米，头部漫漶不识，双手于腹前结禅定印，右足居上结跏趺坐于仰莲台座之上，无身光痕迹。

右尊坐像。内龛右侧壁坐像，残高36厘米，头部漫漶不识，左手抚左膝，右手置右腿之上，结跏趺坐于仰莲台座之上，无身光痕迹。

6. 题记

无。

7. 年代判断

中晚唐。后代修补。

086 龛

1. 相对位置

D区东段崖壁，造像群中层，085龛上侧，083龛右侧，087龛下侧，088龛左侧。

2. 保存状况

外龛正壁左侧、左侧壁布满青苔，风化甚重。内龛正壁中尊被人为凿毁，残存斜向粗凿痕，龛内诸像风化严重，表面酥粉，局部存在剥落现状（图版八五）。

3. 龛内外遗迹

龛外右下侧有圆形凹孔。

4. 龛窟形制

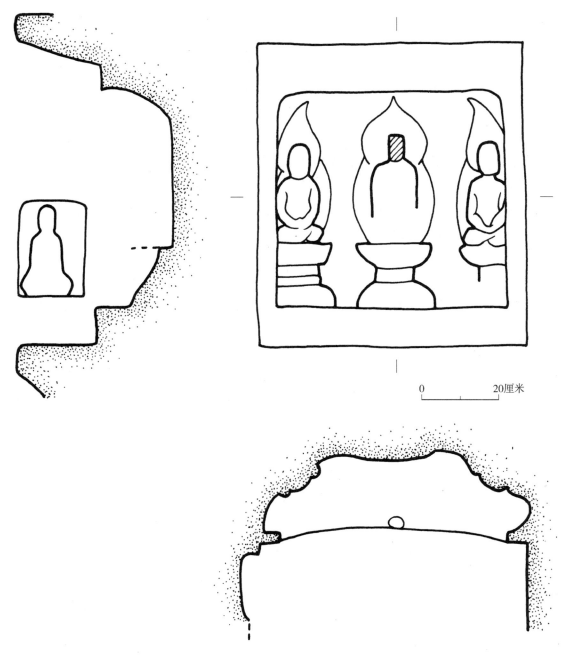

图一一九　085 龛正视、剖面图

　　方形双重龛。外龛宽 131、高 151、深 69 厘米，龛楣方形，龛壁平；内龛宽 105、高 92、深 47 厘米，内龛平面呈半椭圆形，龛顶平。内龛龛床上三壁设弧形基坛，高 17 厘米。

　　5. 龛内造像

　　内龛弧形基坛上，正壁中央 1 中尊，两侧高浮雕 2 比丘立像、2 菩萨立像，左侧壁高浮雕骑狮菩萨像 1 尊，右侧壁高浮雕骑象菩萨像 1 尊。内龛正壁及两侧壁浮雕天部、神将、乘云天人，共 18 体。外龛两侧正壁下端，岩座之上分别浮雕力士像 1 尊。外龛龛床上，与内龛龛床段差正壁中央，半浮雕香炉 1 只，两侧有狮子像 2 尊。共残存造像 32 尊，编号见表三八（图一二〇～一二二）。

表三八　086 龛尊像编号表

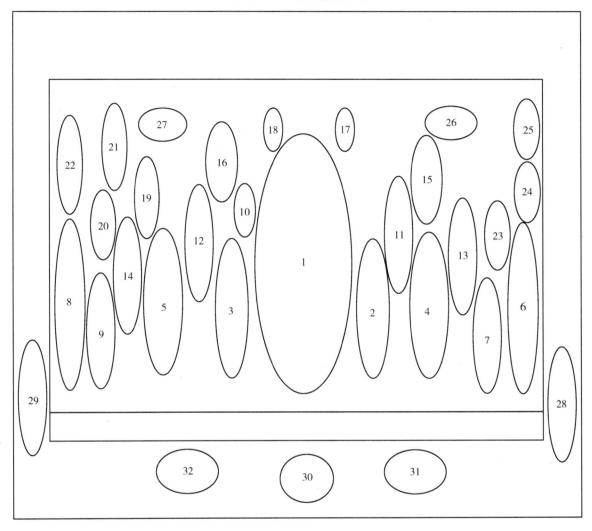

　　1号像，位于内龛弧形基坛上，正壁中央，残高77厘米。造像及座被人为凿毁，仅残存背光。双层舟形身光，宽43厘米，内层从残存痕迹辨为素面，外层浅浮雕火焰纹。双层宝珠形头光，被凿毁，仅存上缘，可辨内层为圆形，浅浮雕双层莲瓣，外缘3圈宝珠纹；外层宝珠形，浅浮雕火焰纹。

　　2号像，位于内龛弧形基坛上，正壁左侧，1号像左侧，中尊背光旁，高浮雕比丘立像。残高42厘米，身体微侧向中尊方向。头部残损，仅存边缘，可辨为圆顶。身体右半身凿损，着偏袒右肩袈裟，双臂屈肘合掌于左胸前，右肩披覆肩衣，覆肩衣衣摆从左小臂内侧绕上，垂于腹前。袈裟垂膝，下身着裙，垂及足背，双脚赤足分开站立，脚踩方形浅平台于基坛上。

　　3号像，位于内龛弧形基坛上，正壁右侧，1号像右侧，中尊背光旁，高浮雕比丘立像。残高40厘米，身体微侧向中尊方向。头部残失，身体左半身凿损。左臂屈肘，下臂横于腹前，手印不明。右臂屈肘向上，手置于左胸前，手腕及掌残失。上身着袈裟，下身着裙，垂及足背，双脚赤足分开站立于方形浅平台。

　　4号像，位于内龛正壁左侧，2号像左侧，高浮雕菩萨立像。高43厘米，身体微侧向中尊方向。

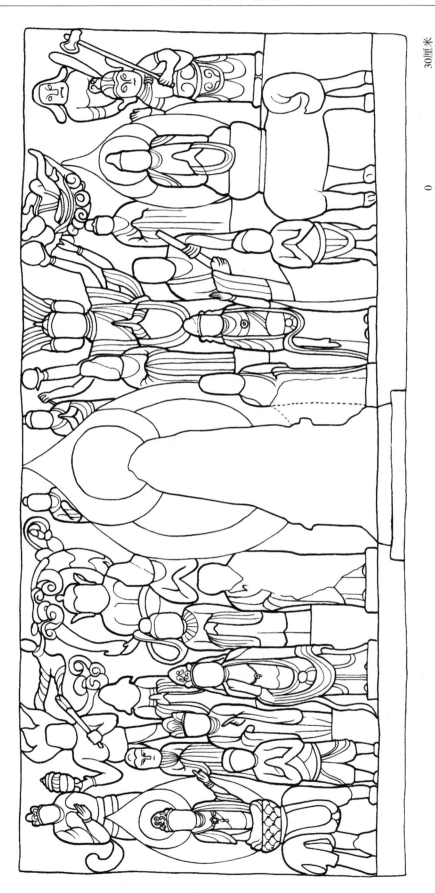

图一二〇　086龛内龛正视展开图

30厘米

0

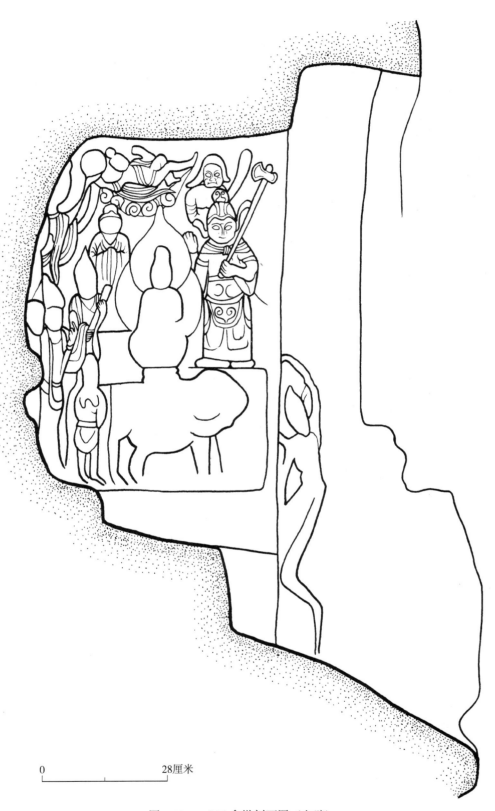

0 ⊢————————⊣ 28厘米

图一二一　086 龛纵剖面图（左壁）

0　　　　　　　28厘米

图一二二　086龛横剖底视图

菩萨头顶结覆钵形宝髻，戴宝冠，上部残失，系冠缯带，于头部两侧分两股，一短一长垂于两肩侧。面部丰满，保存较好，仅鼻头残失，下颚剥落。颈部三道刻纹，戴胸饰。身体正面挂璎珞，上端与项圈两侧相连，于腹下交于花形环状饰物后沿两大腿内侧下垂，绕膝下而上至体侧。着偏袒右肩内衣，腹上结带，起褶皱，小腹隆起。左臂屈肘，左手于肩前，戴腕钏，手持物破损不明。右臂垂于体侧，戴臂钏、腕钏，手持物破损不明。双肩披天衣，沿两腋垂下，左侧天衣于腹下呈U字形，绕右臂弯垂于体侧，末端及莲台。右侧天衣于腹下呈U字形，绕左臂弯垂于体侧，末端及基坛。下身着裙，长及足背，两腿间U字形衣纹重叠。双腿直立，双足分开站立，裸足立于单层覆莲浅台之上。

　　5号像。位于内龛正壁右侧，3号像右侧，高浮雕菩萨立像。高46厘米，身体微侧向中尊方向。菩萨头顶束覆钵形宝髻，戴宝冠，耳上两侧系冠缯带，于头两侧分两股，一短一长垂于肩侧。面部丰满，鼻头残损。颈部三道刻纹，戴项圈。身体正面挂璎珞，两端与项圈两侧相连，于腹下交于圆形环后沿两大腿内侧下垂，绕膝下而上至体侧。着偏袒右肩内衣，腹上系带，起褶皱，小腹隆起，表面风化严重。左臂垂于体侧，戴臂钏、腕钏，手持宝瓶。右臂屈肘，右手举于肩前，戴腕钏，手部残损，所持物不明。双肩披天衣，沿两腋垂下，左侧天衣于腹下呈U字形，绕右臂弯垂于体侧，末端及基坛面。右侧天衣于腹下呈U字形，绕左臂弯垂于体侧，末端及基坛。下身着裙，长及足背，两腿间U字形衣纹重叠。双腿直立，双足分开站立，裸足立于单层覆莲浅台之上。

6号像，内龛弧形基坛上，7号像左侧，左侧壁高浮雕骑狮菩萨像。通高57厘米。头部、面部残损。双层头光，外层宝珠形，内层圆形，素面无纹。身体风化严重，披天衣，双腿结跏趺坐象背上仰莲台。狮头朝向龛外方向，身体风化，内侧腿居前，外侧腿居后立于基坛上。

7号像，内龛弧形基坛上，6号像右侧，13号像左下侧，高26厘米。头部、面部残损。裸上身，双臂屈肘，双手合掌于胸前。下身着短裙，长及膝部，腰间系带。双腿分开，裸足外八字立于基坛上。

8号像，内龛弧形基坛上，9号像右侧，高浮雕骑象菩萨像。高55厘米。头顶结宝髻，戴卷草纹宝冠，面部残损。颈部三道刻纹，戴胸饰，着偏袒右肩内衣，肩披天衣。左臂屈肘，下臂左侧上举齐肩高。右臂屈肘，右手置于腹前。结跏趺坐狮背上三层仰莲座。象头朝向龛外方向，大耳下垂，身体风化。

9号像，内龛弧形基坛上，8号像左侧，半浮雕人物立像。高32厘米。头部、面部残损。上身着左衽衣，双臂屈肘，双手合掌于胸前。下身着束腿裤。双足并立，分开齐肩宽。

10号像，内龛正壁，1号像身光右侧，3号像上侧，12号像右侧，半浮雕人物半身立像。高25厘米。头部残失。双臂屈肘，双手合于胸前。腰部以下隐于3号像身后。

11号像，内龛正壁，1号像身光左侧，2号像左上侧，15号像右侧，半浮雕人物立像。高30厘米。右侧头部残失，面部风化残损。上身着广袖衣，双手隐于袖中合于胸前。宽袖垂覆身体前侧。

12号像，内龛正壁，10号像右侧，3号像右上侧，5号像左上侧，半浮雕人物立像。高41厘米。头顶结发髻，面部残损。上身着广袖圆领衣，双臂屈肘，双手合于胸前。下身着裙，长覆双足。

13号像，内龛正壁，4号像左上侧，7号像右上侧，半浮雕人物立像。高30厘米。圆顶，头部残损。双臂屈肘，左手上、右手下于身前持棒状物，举于左肩前。

14号像，内龛右侧壁，5号像右上侧，9号像左上侧，半浮雕人物立像。高37厘米。头顶结高宝髻，带三面宝冠。左臂屈肘，左手置于左胸前。上身着左衽广袖衣，下身着高腰裙，裹外衣于内，腰间系带。右臂屈肘，右手置于右腹前。下身着裙，裙长覆足。

15号像，内龛正壁，11号像左侧，13号像右上侧，半浮雕阿修罗像。高35厘米。头顶高炎发，三面相，戴冠饰。颈部三道刻纹，从左肩之右腋斜披条帛。有六臂，身体正面两臂屈肘，合掌于胸前。双肩披天衣，绕正面两下臂，于腹前呈U字形。身侧上两臂振臂，下臂上举，手中托圆状物。下两臂振臂，下臂上举，左手吃规，右手风化残损。腹部以下隐于4号像身后。

16号像，内龛正壁，10号、12号像上侧，半浮雕神将像。高30厘米。戴头盔，上身着胸甲、肩甲、腹甲。左臂振臂举于头侧，右臂振臂垂体侧。头部周围浮雕龙形。要不以下隐于12号像后侧。

17～18号像，内龛正壁，1号像头光两侧，半浮雕人物半身立像。高15厘米。头顶结髻，双臂屈肘合掌于胸前。下半身隐于1号像身光之中。

19 号像，内龛右侧壁，5 号像右上侧，14 号像左上侧，半浮雕人物立像。头部残失，残高 29 厘米。上身着广袖衣，双臂屈肘，双手合掌于胸前。下身隐于 5 号、14 号像身后。

20 号像，内龛右侧壁，8 号像身光左侧，19 号像右侧，半浮雕人物立像。高 18 厘米。圆顶，颚须下垂，上身着广袖衣，双臂屈肘，双手隐于袖中，合于胸前。下身隐于 9 号像身后。

21 号像，内龛右侧壁，19 号像右上侧，20 号像左上侧，半浮雕神将立像。高 27 厘米。头顶炎发，有环状头饰，面部风化。袒露上身，左手屈臂，左手置于胸前握棒状物举于左肩。右臂振臂屈肘，下臂上举。下身隐于 20 号像身后。

22 号像，内龛右侧壁，8 号像右上侧，27 号像右侧，半浮雕天王立像。高 24 厘米。头顶结髻，戴山形筒状冠，左臂屈肘，下部上举齐肩高，手托宝塔。右臂屈肘，右手置于胸前。上身着胸甲、肩甲、腹甲。下半身隐于 8 号像头光后。

23 号像，内龛左侧壁，6 号像右上侧，13 号像左后侧，半浮雕人物立像。高 32 厘米。头顶结髻。上身着广袖衣，双臂屈肘，双手隐于大袖之中，合掌于胸前。

24 号像，内龛左侧壁，6 号像身光左侧，半浮雕神将立像。高 30 厘米。戴盔甲，上身着胸甲、肩甲、腹甲。左臂屈肘，左手于胸前持斧头柄端，举于左肩上。下身着裙，穿下甲，腰间系带，大腿前有 U 字形布带连接腰带两侧。

25 号像，内龛左侧壁，6 号像头光左侧，24 号像上侧，半浮雕神将立像。高 20 厘米。头顶结髻，戴环形冠。左臂屈肘，左手于胸前持棒状物举于左肩前侧。右臂不明。胸部以下隐于 24 号像后侧。

26 号像，内龛左侧壁内侧顶端，浮雕云上天人像。身体横向卧于弧形卷云上，头部朝向龛外方向。右臂振臂上举，左臂屈肘上举，肩披天衣。右腿前伸，左腿屈膝。

27 号像，内龛右侧壁内侧顶端，浮雕云上天人像。弧形卷云上，天人朝向中尊方向，双臂振臂前身，捧供物。左腿后伸，右腿屈膝。

28 号像，外龛左侧正壁下端，半浮雕力士像立于岩座上，通高 69 厘米。身体遍着青苔。头部残损，天衣于头上侧呈环形。左臂振臂上举，手部残。右臂振臂垂于体侧，手提天衣。左腿直立，右腿右侧伸出。

29 号像，外龛左侧正壁下端，半浮雕力士像立于岩座上，通高 72 厘米。身体风化严重。头部残损，天衣于头上侧呈环形。右臂振臂上举，手部残。左臂振臂垂于体侧，手提天衣。右腿直立，左腿右侧伸出。

30～32 号像，外龛龛床上，与内龛龛床段差正立面，中央半浮雕香炉（30 号），基本残失，仅见痕迹。两侧半浮雕狮子像，左侧第 31 号像基本残失，仅见痕迹。右侧第 32 号像，风化严重，头部残失，残高 16 厘米。前腿直立，后腿屈膝，身体朝向香炉方向。

6. 题记

无。

7. 年代判断

晚唐。主尊佛后代凿毁。

087 龛

1. 相对位置

位于 D 区东段崖面，造像群上层，086 龛上侧，084 龛右侧。

2. 保存状况

外龛龛顶残失，仅存右端，龛顶、龛壁、龛侧、龛底满布青苔。内龛正壁附着青苔，内壁、龛内造像表面风化严重，有酥粉现状，局部剥落（图版八六）。

3. 龛内外遗迹

龛外右侧有条形凹槽，其内长满青苔，其下侧有圆形凹孔。

4. 龛窟形制

方形双重龛，外龛宽 137、高 145、深 50 厘米，龛壁平，龛顶残失，残存右端方形龛楣。内龛宽 114、高 106、深 72 厘米，方形龛楣，有三角斜撑，三壁缓弧形，龛顶平，与两侧壁连接处弧形过渡。内龛龛床设基坛，高 19 厘米。

5. 窟内造像

内龛基坛上高浮雕佛坐像 1 尊，两侧高浮雕 2 比丘立像，内龛左右侧壁高浮雕坐像 2 尊。共造像 5 尊，编号见表三九（图一二三）。

1 号像，内龛正壁中央佛坐像。高 72、肩宽 18 厘米。头顶覆钵状发髻，狭额，低发际线，脸部漫漶不清，双耳垂肩。削肩，身体漫漶，衣纹不识。左臂屈肘置于腹前，手部残失，残存圆状持物。右臂屈肘，右手抚右膝。结跏趺坐，台座不规则形，高 22 厘米。

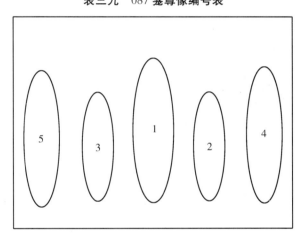

表三九　087 龛尊像编号表

2 号像，内龛基坛上，正壁左侧比丘立像。身体微侧向中尊方向，高 41 厘米。圆顶，面部、身体表面漫漶不识。双臂屈肘，合掌于胸前。双腿稍分开，裸足立于方形台座。

3 号像，内龛基坛上，正壁右侧比丘立像。身体微侧向中尊方向，高 43 厘米。圆顶，面部、身体表面漫漶不识。双臂屈肘。双手于胸前，手部残失。双脚残失，其下方形台座。

4 号像，内龛左侧壁坐像。全身风化残损，残高 83 厘米。

5 号像，内龛右侧壁坐像。全身风化残损，残高 76 厘米。

6. 题记

无。

7. 年代判断

中晚唐。

088 龛

1. 相对位置

位于东区东段崖壁，造像群中层，086 龛右侧，089 龛右上侧，091 龛左侧。

图一二三　　087龛正视、纵剖面（右壁）图

2. 保存状况

外龛龛楣左端、左侧龛沿上端残失，龛床风化、磨损严重，两侧正壁、力士像、岩座风化严重，表面起壳脱落。内龛正壁中尊、右侧胁侍人为凿毁，残存斜向粗凿痕，内龛诸像风化严重，表面酥粉，大面积存在剥落现状（图版八七）。

3. 龛内外遗迹

龛外下侧有排水槽与外龛床右端相连。龛外上侧右端有圆形凹孔，两端对称各有一方形凹孔。其上有不规则形凹槽，与龛楣平行。外龛右侧壁有一附龛，其右侧壁残失，高28、残宽22厘米。

4. 龛窟形制

方形双重龛。外龛宽130、高112、深48厘米，龛顶、龛壁平。外龛龛床设双层坛，底层方形，上层弧形；内龛宽102、高76、深56厘米，三壁缓弧形，龛顶平，与三壁相交处弧形过渡。方形龛楣，弧形抹角。内龛龛床上，沿三壁设弧形坛。

5. 龛内造像

内龛龛床上正壁高浮雕中尊，左右两侧高浮雕2比丘像、2菩萨立像。内龛左侧壁下方高浮雕骑狮菩萨1尊，右侧壁下方高浮雕骑象菩萨1尊。内龛正壁及两侧壁，中尊周围三壁浮雕比丘像2层，共11尊，三壁最上层浮雕八部众8尊。内壁龛顶浮雕乘云飞天像2尊。外龛下层基坛上，中央高浮雕1香炉，左右侧各半浮雕狮子像1尊，外龛左右侧壁下端岩座上各半浮雕力士像1尊。外龛上层基坛上，两侧对称各半浮雕舞乐天4尊。共造像41尊，编号见表四〇（图一二四～一二六）。

表四〇　088龛尊像编号表

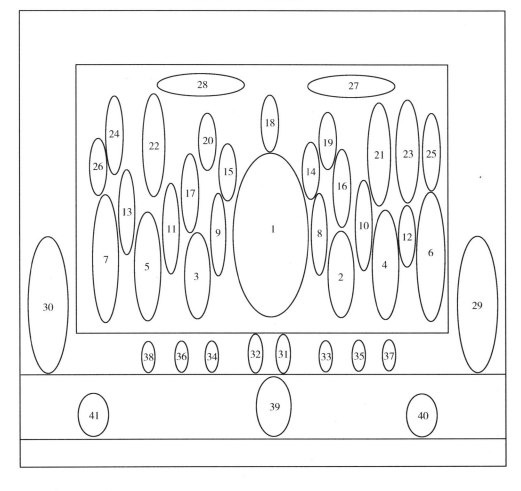

1号像，位于内龛正壁中央，残高50厘米。造像及座被人为凿毁，残存座底。

2号像，内龛正壁左侧，1号像左侧，高浮雕比丘立像，颈部、头部残失，仅存方形修补孔，残高31厘米，身体微侧向中尊方向。胸部、右半身表层剥落，外着偏袒右肩袈裟，双臂屈肘于胸前，左小臂覆右小臂之上，手部残失，右侧袈裟衣角绕左臂弯垂下。下身着裙，长覆足背，赤足并立于覆莲座上。

3号像，位于内龛正壁右侧，1号像右侧，全身及座残失。

4号像，内龛正壁左侧，2号像左侧，高浮雕菩萨立像1尊。残高31厘米，身体微侧向中尊方向。颈部、头部残失，仅存圆形修补孔。有宝珠形头光，素面无纹。削肩，胸部、左臂残损。上身着偏袒右肩内衣，正面挂璎珞，两条璎珞从胸部垂下，相交于腹前圆状饰后绕大腿上呈U字形至身侧。左臂屈肘，左手置于胸前，手部残损。右臂自然垂放体侧，手持宝瓶。肩披天衣，左侧天衣于大腿前呈U字形，绕左手腕自然垂放体侧，末端及龛床。右侧天衣于大腿前呈U字形，绕右小臂垂于体侧，尖端及龛床。下身着长裙，垂及足背，腰间系带，沿双腿内侧垂下。双腿微分开站立，双脚残损，圆形台座表面残损。

5号像，内龛正壁右侧，3号像右侧菩萨立像。残高27厘米，身体微侧向中尊方向。颈部、头部残失。有宝珠形头光，素面无纹。双肩、胸部残损，身体表面风化。上身着右衽内衣，左臂沿体侧自然垂放，手持宝瓶，右臂屈肘，右手置于胸前，手部残损。肩披天衣沿两肋垂下，右侧天衣于大腿前呈 U 字形，绕左手腕垂于体侧、末端及龛床。左侧天衣于大腿前呈 U 字形，与左侧披帛重合，绕右手腕自然垂于体侧、末端及龛床。下身着长裙，垂及足背，腰间系带，沿双腿间垂下。双腿微分开站立，双脚残损，圆形台座表面残损。

6 号像，内龛左侧壁龛口内侧，4 号像左侧骑狮菩萨坐像及驭狮者。残高 40 厘米。全身风化严重，漫漶不清。菩萨面部残损，有单层宝珠形头光，舟形身光。双臂屈肘，双手合于胸前。天衣上段不明，下段绕双臂弯垂于体侧。下半身残损，坐姿不明。狮背上台座表面破损，其状不明。狮子头朝向龛口方向，头部、前身残失。御者背向狮子前脚处而立，头部残损，身体表面漫漶不清，双臂屈肘，双手合掌于胸前，双腿直立，双足残损。

7 号像，内龛右侧壁龛口内侧，5 号像右侧骑象菩萨坐像。残高 42 厘米。全身风化严重，漫漶不清。面部、身体残损，有宝珠形头光，残存身体左侧身光。象头残失，身体残损，右侧脚居前、左侧脚居后，立于圆状台座上。

8 号像，内龛正壁，中尊身光左侧，2 号像右后方，立于内龛正壁高坛上。残高 24 厘米。头部残失，残存方形修补孔。身体表面残损，衣式不明。双臂屈肘，双手合掌与胸前。

9 号像，内龛正壁，中尊身光右侧，3 号像左后方。头部残损，身体被凿毁。

10 号像，内龛正壁，8 号像左侧，2 号像左后方，4 号像右后方比丘立像。残高 28 厘米。面部残损，身体表面漫漶不清，衣纹不明，双臂屈肘，双手合掌于胸前。下身着裙、裙及足背，赤足立于内龛正壁高坛上。

11 号像，内龛正壁，9 号像右侧，3 号像右后方，5 号像左后方比丘立像。高 24 厘米。面部漫漶不清，左侧身体残失，右臂屈肘，右手置于胸前。

12 号像，内龛左侧壁，4 号像左后方，站立于内龛左侧壁高坛上立像。高 24 厘米，面部漫漶不清，头顶束髻。身体表面风化剥落，衣纹不明。双臂屈肘，双手露于袖外，合掌于胸前。

13 号像，内龛右侧壁，5 号像左后方，站立于内龛右侧壁高坛上立像。高 17 厘米。面部漫漶不清，头顶结髻。上身着圆领内衣，外着双领下垂式袍，腰间系带，下半身表面残损。双臂屈肘，双手合掌于胸前。

14 号像，内龛正壁，1 号像头光左侧，8 号像右后方立像。头部残失，残存方形修补孔，残高 21 厘米。胸部表面漫漶，着双领下垂式外袍。双臂屈肘，双手合掌于胸前。腰以下部分残失。

15 号像，内龛正壁，1 号像头光右侧，9 号像左后方立像。残高 19 厘米。头部残失，残存方形修补孔。上身表面漫漶，左半身及下半身残失，残留凿痕。右臂屈肘，右手于腹前，手部残失。

16 号像，内龛正壁，14 号像左侧，8 号像左后方 10 号像右后方比丘立像。残高 15 厘米。头上部残失，可辨为圆顶，胸部表面漫漶，着双领下垂式外袍。双臂屈肘，双手合掌于胸前。身体下部隐于 2 号像之后。

17 号像，内龛正壁，15 号像右侧，9 号像右后方，11 号像左后方比丘立像。残高 19 厘米。头上部残失，可辨为圆顶，胸部表面漫漶，着双领下垂式外袍。双臂屈肘，双手合掌于胸前。身体下部被 3 号像遮挡。

18 号像，位于内龛正壁，1 号像中尊宝珠形头光之上，残高 12 厘米。头上部残失，可辨戴冠。

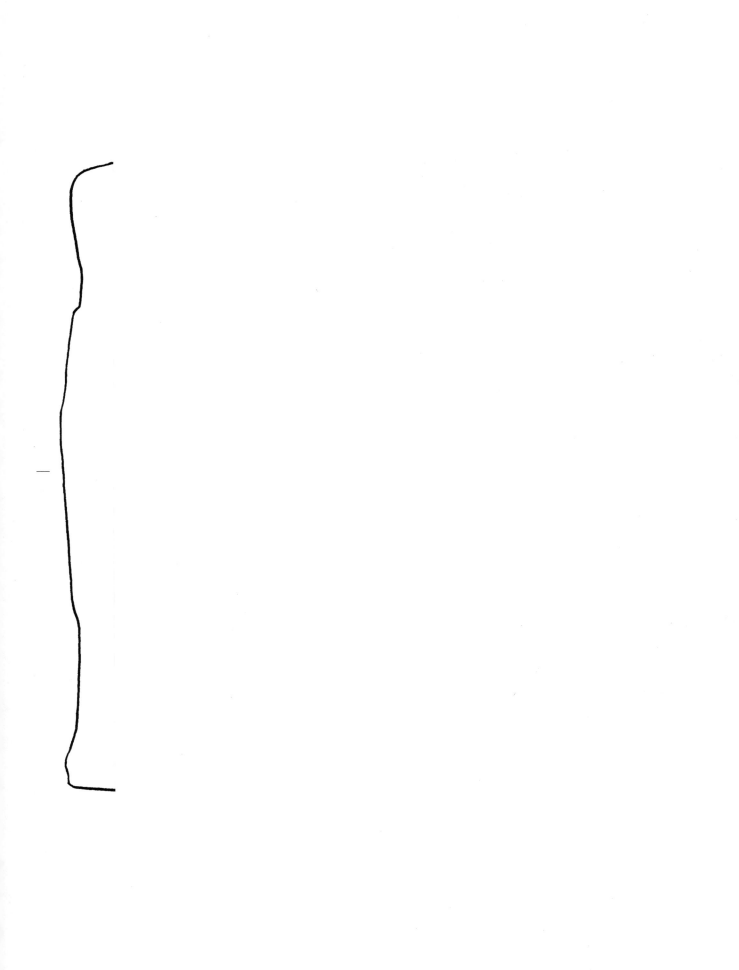

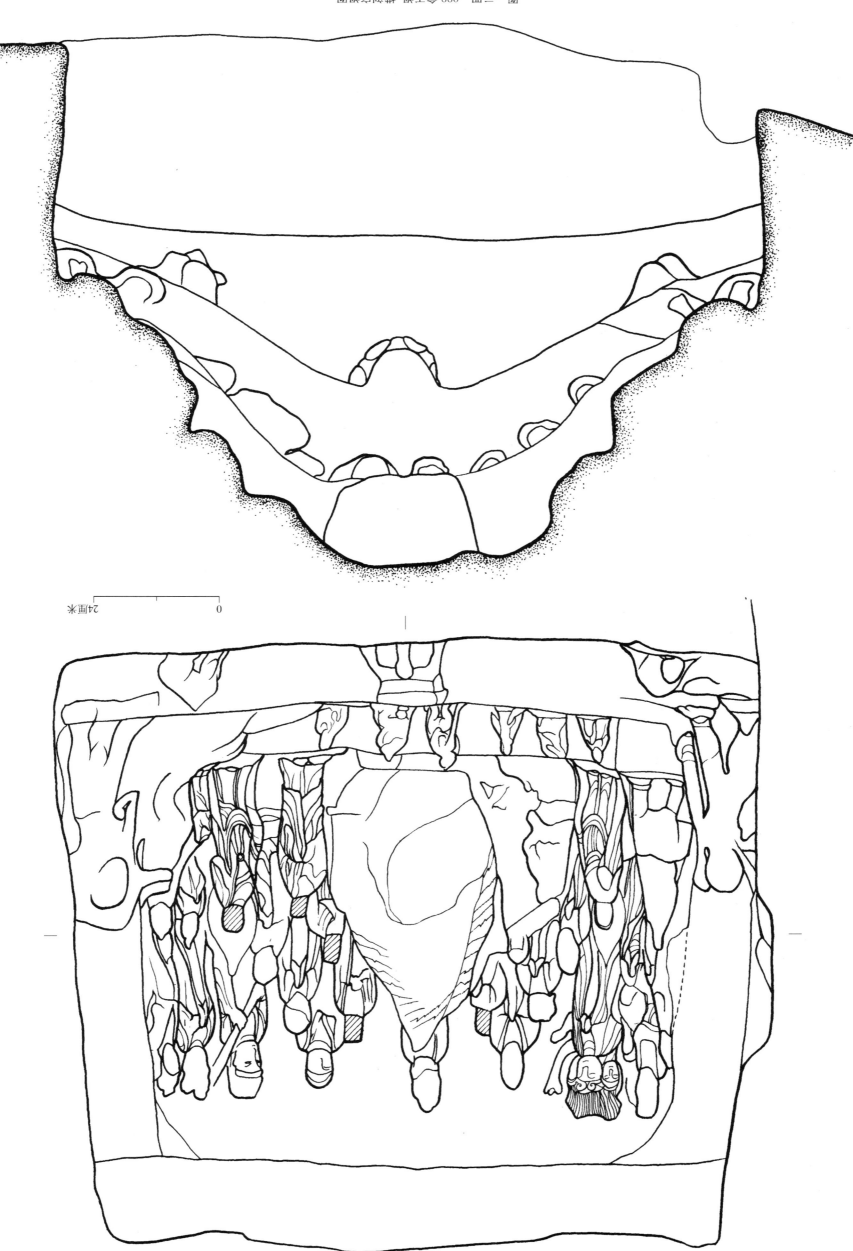

0   24厘米

图一二五　088 龛纵剖面图（右壁）

上身表面漫漶，胸部被中尊头光遮挡。

19号像，位于内龛正壁，14号像左后方，16号像右后方，高20厘米。头顶覆钵状发髻，戴三面宝冠。面部风化不清，着圆领袍，衣纹漫漶不清。双臂屈肘，双手于腹前，手部残损。下半身被14号、16号、8号像遮挡。

图一二六　088 龛纵剖面图（左壁）

　　20 号像，位于内龛正壁，15 号像右后方，17 号像左后方，高 19 厘米。头部残失，仅存痕迹。上身着低圆领袍，袒露胸部。双臂屈肘，双手隐于大袖之中，合掌于胸前。

　　21 号像，位于内龛正壁，19 号像左侧，10 号像左后方，高 27 厘米。半浮雕立像一躯，头顶高发髻，戴三面宝冠。上身着低圆领袍，袒露胸部。双臂屈肘，右手下、左手上于胸前握棒状物，举于左肩。下身被 4 号、10 号像遮挡。

22 号像，位于内龛正壁，20 号像右侧，11 号像右后方，高 30 厘米。三面六臂像，头顶高炎发，戴冠圈。面部风化，漫漶不清。上身着高圆领内衣，低大圆领外衣。双手屈肘，双手合掌于胸前。肩披天衣，绕身体正面两臂手腕垂下。身侧上两臂举臂向上，屈肘上举，左右手分别托圆状物。下两臂屈肘向上，左手、右手持物不明。足部被 5 号、11 号像遮挡。

23 号像，位于内龛左侧壁，21 号像左侧，25 号像右侧，12 号像后方，高 31 厘米。头顶高发髻，戴三面宝冠，耳后两侧系冠缯带，下垂至肩。上身着高圆领内衣，外着低圆领外衣，身体表面因风化漫漶不清。双臂屈肘，双手合掌于胸前，宽袖垂于身体两侧。足部被 12 号像遮挡。

24 号像，位于内龛右侧壁，22 号像右侧，13 号像右后方，26 号像左上方，高 25 厘米。面部漫漶不识，头顶炎发。上身着右衽衣，下着裙，腹部系带。双臂屈肘，双手置于左侧胸前，手持棒状物。下身被 13 号、26 号像遮挡。

25 号像：位于内龛左侧壁，内龛龛口处，23 号像左侧，6 号像左上方，高 26 厘米。头顶结覆钵形髻发，戴头盔，面部漫漶不清。上身着铠甲，左臂屈肘下臂横置腹前，右手垂于体侧，左手上、右手下共握长柄锤柄端。下身着裙，腰部系带，下身残破（图版八九）。

26 号像，位于内龛右侧壁，内龛龛口处，24 号像左侧，7 号像右上方，高 18 厘米。头顶炎发，面部漫漶不清，身体表面残损，动作、衣纹不明。

27 号像，位于内龛龛顶左侧，弧形卷云上飞天像。身体呈之字状，侧身朝向龛顶中央方向。头结高髻发，面部、上身漫漶不清。双臂屈肘，双手合掌于胸前。身披天衣，飘于身后。右腿屈膝而坐，左腿跪立状，下身着裙，长裙裹足（图版八八）。

28 号像，位于内龛龛顶右侧，弧形卷云上飞天像。身体呈之字状，侧身朝向龛顶中央方向。头结高髻发，面部、上身漫漶不清。双臂振臂屈肘，双手合掌于身体前方。右腿屈膝而坐，左腿跪立状，下身着裙，长裙裹足。

29 号像，位于外龛左侧正壁下方，内龛龛口外侧力士像。残高 56 厘米。全身因风化漫漶不清，祖裸上身，左臂振臂上举，持棒状物。右臂自然下垂，手部残失。臀部微扭向龛侧壁方向，下身着裙，腰部系带。左腿直立，右脚右侧伸出，身体重心于左足上。其下岩座，表面残损。

30 号像，位于外龛正壁右端下方，内龛龛口外侧力士像。残高 54 厘米。全身风化严重，表层酥粉脱落，面部及衣纹不明。右臂振臂上举，小臂残断，左臂自然下垂。双腿分开齐肩宽站立于岩座之上。

31 号像，位于外龛上层坛中央舞踊天，胸部以上部分残失，双臂屈肘于身前，手部残失。天衣垂于身体两侧，下身着短裙，长齐膝，腰部系带。右腿微屈膝而立，左腿屈膝抬起，脚掌离地。

32 号像，位于外龛上层坛中央舞踊天，胸部以上部分残失，右臂屈肘，右手置于胸前，左臂残失；天衣垂于身体两侧，下身着短裙，长齐膝，腰部系带。右腿直膝而立，左腿屈膝抬起，脚掌离地。

33 号像，位于外龛上层坛之上，31 号像左侧，与 34 号像位置对应，身体微侧向 31 号方向。头部残失，双臂屈肘于胸前，结跏趺坐。

34 号像，位于外龛上层坛之上，32 号像右侧，与 33 号像位置对应，全身残损，结跏趺坐。

35 号像，位于外龛上层坛之上，33 号像左侧，与 36 号像位置对应，全身残损不堪，可辨为结跏趺坐。

36 号像，位于外龛上层坛之上，34 号像右侧，与 35 号像位置对应，全身残损，可辨为结跏趺坐。

37 号像，位于外龛上层坛之上，35 号像左侧，与 38 号像位置对应，全身残损不堪，可辨为结跏趺坐。

38 号像，位于外龛上层坛之上，35 号像右侧，与 37 号像位置对应，全身残损不堪，双臂屈肘于胸前，结跏趺坐。

39 号像，位于外龛下层坛中央三足香炉，风化严重。

40 号像，外龛下层坛左侧狮子像，头部残断，身体侧向香炉方向，前两腿直立而坐。

41 号像，外龛下层坛右侧狮子像，胸部以上部位残断，身体侧向香炉方向，前两腿直立而坐。

6. 题记

无。

7. 年代判断

晚唐。后代修补，部分尊像可能后代改刻。

089 龛

1. 相对位置

位于 D 区东段崖面，造像群最下层，085 龛右侧，086 龛右下侧，088 龛左下侧，龛下方即为步行石阶梯。

2. 保存状况

外龛龛口外侧遍着青苔，右侧龛门顶端、下段破损，右侧壁附龛残损。内龛五尊雕像、外龛一尊力士像皆头部残失（图版九〇）。

3. 龛内外遗迹

龛外上方有人字坡形排水槽。龛楣右侧，有水平沟槽。龛楣左侧上方，有椭圆形凹孔。

4. 龛窟形制

方形双重龛。外龛宽 107、高 96、深 34 厘米，平面呈方形，龛楣方形，龛顶、龛壁平；内龛宽 70、高 58、深 31 厘米；方形龛楣，弧形抹角，龛顶平，三壁、龛顶连接处缓弧形。内龛三壁上设高坛，高 20 厘米。

5. 龛内造像

内龛正壁基坛上高浮雕佛坐像 3 尊，左侧壁半浮雕菩萨坐像 1 尊，右侧壁半浮雕立像 1 尊。外龛正壁左右侧半浮雕力士各 1 躯。外龛龛床上，2 力士岩座内侧半浮雕 2 狮子像。外龛龛床口沿处方形凹槽上浮雕三足香炉，外龛右侧壁有附龛。共残存造像 10 尊，编号见表四一（图一二七）。

1 号像，内龛正壁中央佛坐像。通高 50 厘米。头部残失，现存竖长方形修补孔。有双重头

表四一　089 龛尊像编号表

0 ⊢────┴────┤ 20厘米

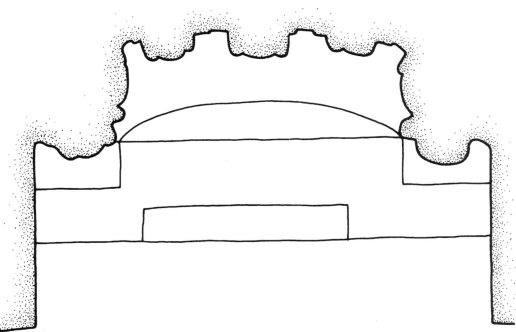

图一二七　089 龛正视、横剖面图

光，外层宝珠形，内层椭圆形，素面无纹。中尊残高28、肩宽10厘米。上身袒胸，着右衽内衣，腰部系带，起褶皱，外着U字形领通肩袈裟，领口低至腹下，衣纹疏朗，刻纹较深。左臂屈肘，下臂贴左大腿上，手部残断。右臂屈肘，下臂贴左大腿上，表面破损。有舟形身光，单层素面无纹。下身着裙，裙长遮踝，双腿间衣纹呈U字形，腿部正面V字形衣纹重叠。双膝分开齐肩宽，双腿自然垂放，倚坐于素面方形台座，双足分别踏小型束腰莲座。

2号像，内龛正壁左侧，1号像左侧佛坐像，身体微侧向中尊方向。通高49厘米。头部残失，现存竖长方形修补孔。有双重头光，外层宝珠形，内层椭圆形，素面无纹。佛像残高20、肩宽11厘米。上身着通肩圆领袈裟，领口低及胸，身体正面U字形衣纹重叠，衣纹疏朗，刻纹较深。双臂于体侧屈肘，双手于腹前结禅定印，掌上捧圆状物。有舟形身光，单层素面无纹。结跏趺坐于束腰莲座上，左膝残失，悬赏垂座，在束腰上座形成自然垂幔。

3号像，内龛正壁右侧，1号像右侧佛坐像。身体微侧向中尊方向，通高50厘米。头部残失，现存竖长方形修补孔。有双重头光，外层宝珠形，内层椭圆形，素面无纹。佛像残高21、肩宽11厘米。上身着通肩圆领袈裟，领口低及胸，上身正面衣纹以左肩为中心，弧形衣纹向右侧身发散，衣纹疏朗，刻纹较深。双臂于体侧屈肘，双手合于腹前，手部残损。有舟形身光，单层素面无纹。结跏趺坐于束腰莲座上，腿部表面残损，束腰上座残破，残留悬赏垂座痕迹。

4号像，内龛左侧壁，2号像左侧菩萨立像。残高48厘米。头部残失，现存竖长方形修补孔。有双重头光，外层宝珠形，内层椭圆形，素面无纹。胸部、双肩残损，条帛从左肩斜披右腋，戴连珠胸饰，中央有垂饰，身体正面披璎珞，上端与胸饰左右两侧连接，交于腹前环花形饰物后沿大腿内侧垂下，绕膝下至体侧。左壁屈肘，左手举于肩前，手部残失。右臂自然垂于体侧，手部残失。肩披天衣，沿两肋下垂，于大腿前呈U字形，右侧天衣绕右臂垂于体侧，左侧天衣绕左臂垂于体侧。有舟形身光，单层素面无纹。下身着裙，系腰带，腰带垂于大腿之间，裙长覆足。右腿直立，左腿微屈膝，赤足立于单层覆莲座。

5号像，内龛右侧壁，3号像右侧，内龛龛口内侧立像。残高46厘米。头部残失，现存竖长方形修补孔。有双重头光，外层宝珠形，内层椭圆形，素面无纹。胸部残损，上身着袈裟，左臂自然垂于体侧，右臂屈肘，右手置于胸前。有舟形身光，单层素面无纹。下身着裙，裙长覆足，赤足立于单层覆莲座。

6号像，外龛正壁左侧，内龛龛口内侧力士立像。通高50厘米。头部残失，现存竖长方形修补孔。戴项圈，袒露上身，肌肉健壮。肩披天衣，于头后舞动呈环形，下垂腰部连接腰带，自然垂于体侧。左臂振臂上举，手握金刚杵横于头顶，右臂自然下垂，执右侧天衣，余端垂及座。下身着裙，腰部束带，臀部向左侧扭，裙长及膝。右腿直立，双膝外露，左腿向右伸出，裙摆右扬。双脚残损，其下岩座表面风化严重。

7号像，外龛正壁右侧，内龛龛口外侧力士立像。通高53厘米。头部残损，头顶结髻，戴宝冠，两侧耳上系冠缯带，向上翻转。戴项圈，袒露上身，肌肉健壮。肩披天衣，于头后舞动呈环形，下垂腰部连接腰带，自然垂于体侧。左臂振臂上举，手握金刚杵横于头顶，右臂自然垂放，手执右侧天衣，余端垂及座。下身着裙，腰部束带，臀部向左侧扭，裙长及膝。右腿直立，双膝外露，左腿向右伸出，裙摆右扬。双脚残损，其下岩座表面风化严重。

8号像，外龛龛床上，左侧力士岩座右侧狮子像。头部残失，前肢龛口方向前伸，全身风化残损。

9号像，外龛龛床上，右侧力士岩座左侧狮子像。头部残失，前肢龛口方向前伸，身体表面风化，漫漶不清。

10号像，外龛龛床龛口处，方形凹槽上，浮雕三足香炉，残损不堪。

6. 题记

无。

7. 年代判断

中晚唐。

090 龛

1. 相对位置

D区东段崖壁，造像群最下层，龛下方即为步行石台阶，091龛下侧，092龛左侧。

2. 保存状况

外龛左侧龛口沿残损，右侧龛口下三分之二段（即附龛右侧龛口）残失；外龛右侧壁下端，龛口内侧雕像，被人工凿毁，残留凿坑及斜向凿纹。龛外周壁风化严重，遍着青苔。龛顶两侧、龛内左侧壁着青苔，尊像头部基本残损或残失（图版九一）。

3. 龛内外遗迹

龛外上方、龛外下侧有水平刻槽。

4. 龛窟形制

方形单口龛，四角弧形抹角，平面呈半椭圆形。龛宽151、高147、深63厘米。三壁缓弧形，龛顶平，与三壁相连处弧形过渡。正壁设弧形基坛，高33厘米，其上起两层坛。左右侧壁设高坛，高48厘米。

5. 龛内造像

正壁弧形坛上高浮雕3尊像，中尊及2胁侍菩萨。三尊像身后第一层坛上半浮雕2比丘像。内龛左侧壁有骑兽菩萨坐像1尊。骑兽菩萨坐像与左胁侍菩萨之间有半浮雕并列立像2尊。内龛右侧壁骑兽菩萨坐像1尊。骑兽菩萨坐像与右胁侍菩萨之间有半浮雕并列立像2尊。右壁骑兽菩萨头光上方有半浮雕立像1尊，右侧有半浮雕立像1尊。内龛左右侧壁顶端，各有浅浮雕卷云飞天1尊。左壁骑兽菩萨坐像下方浮雕力士像1尊，右壁骑兽菩萨坐像下方浮雕力士像1尊。正壁内弧形基坛正壁残留雕刻痕迹，但风化剥落，破损严重。龛外左侧有一竖长方形龛（090左），龛内浅浮雕天王像1尊。共造像17尊，编号见表四二（图一二八～一三〇）。

1号像，内龛正壁中央佛坐像。通高104、肩宽16、膝残宽32厘米。头部残损，身体改刻，有后代填补水泥。有双层头光，外层宝珠形，浅浮雕火焰纹，宽28、高38厘米。内层素面椭圆形，外围两圈连珠纹。

肩部削窄，胸扁平，上身着偏袒右肩袈裟，右肩覆肩衣覆盖右臂，外侧垂于体侧，内侧下垂至右下腹时披入袈裟内。袈裟、覆肩衣领口低至腹部。下身着长裙，于腹上系纽带，起褶皱。左臂屈肘，手掌向上置于腹前，似捧钵状物。右臂屈肘，手掌向下抚膝。有双层舟形身光，外层浅浮雕火焰纹，高37、宽44厘米，内层素面，外围两圈连珠纹。

表四二　090龛尊像编号表

结跏趺坐于束腰莲华台上，座通高 37 厘米。上座为仰莲，表面残损，悬赏幔状垂覆其上。底座为双层覆莲，其下有圆形素面浅台。

2 号像，正壁左侧菩萨立像。通高 103、身高 81、肩宽 19、膝宽 14 厘米。头部、面部残损。头顶结高髻，戴宝冠，冠正面残损，双耳戴耳珰，双耳上侧系冠缯带垂肩，长发于耳后垂下覆肩。有双层头光，外层宝珠形，浅浮雕火焰纹，高 43、宽 28 厘米，内层素面椭圆形，外围两圈连珠纹。

颈部三道刻纹，双肩圆厚，左臂屈肘身侧上举，小臂、手部残损，所持物不明。右臂自然垂于体侧，手持宝瓶。从左肩至右腋斜披条帛，戴胸饰（图一三一），戴复杂璎珞。双肩披天衣，沿两腋下垂，余端残损。下身着长裙，裙长覆踝及足背。双腿直立，裸足立于双层覆莲台。

3 号像，位于正壁右侧菩萨立像。通高 104、身体残高 65、肩宽 19 厘米。头部残失，其上后代填补水泥。有双层头光，外层宝珠形，浅浮雕火焰纹，高 40、宽 27 厘米，内层素面椭圆形，外围两圈连珠纹。

双肩圆厚，胸部残损，戴胸饰，有复杂垂饰。左臂于体侧自然垂下，手掌朝外，四指反握袈裟衣角。右臂屈肘，手背朝外置于腹前，手形小巧。上身着右衽内衣，腹上系纽带，起褶皱。外着袈裟，长及膝，腹前 U 字形衣纹重叠。下身着裙，长及踝，裸足并立圆形台座，台座破损。

4 号像，位于龛内正壁左侧第一层高坛上，1 号像左后侧，2 号像右后侧比丘像。通高 62、身高 53 厘米。圆顶，面部残损。有三层头光，内层素面无纹，中层双层放射状锯齿纹，外层由里而外分别为纽纹、连珠纹、纽纹。颈部三道刻纹，右半身隐于中尊身光之后。上身着偏袒右肩袈裟，腹前斜向平行衣纹重叠。左臂屈肘，双手合掌于胸前。下身着长裙，裙覆足背，双足并立。

5 号像，位于龛内正壁右部第一层高坛上，1 号像右后侧，3 号像左后侧比丘像。通高 67、身高 58 厘米。圆顶，面部残损。有三层头光，内层素面无纹，中层双层放射状锯齿纹，外层由里而外分

图一二八 090龛、090左龛、092龛正视图

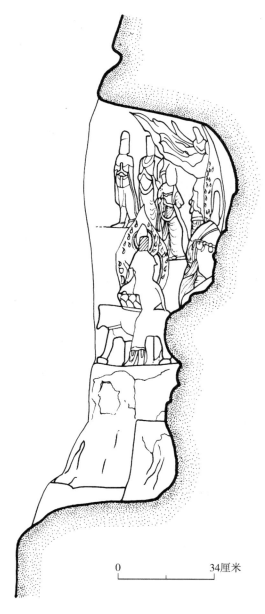

0 ————————————— 34厘米

图一二九　090 龛纵剖面图（右壁）

别为纽纹、连珠纹、纽纹。颈部、胸部残损，右半身隐于中尊身光之后。上身着偏袒右肩袈裟，腹前斜向平行衣纹重叠。右臂屈肘，双手合掌于胸前；下身着长裙，裙覆足背，双足并立。

6 号像，位于内龛左侧壁，龛口内侧，9 号像右下侧，14 号像上侧，半浮雕骑兽菩萨坐像。残高 60 厘米。头部残失，现存方形修补孔，身体风化严重。双手置于腹前。兽背上台座风化不明。有双层形头光，外层宝珠刻火焰纹，内层不明。坐骑兽头残失，全身残破，身朝向龛口方向。

7 号像，位于内龛右侧壁，龛口内侧，12 号像下侧，15 号像上侧，半浮雕骑兽菩萨坐像。高 58 厘米。头部残失，现存方形修补孔，身体残破。有双层头光，外层宝珠形刻火焰纹，内层由内而外分别为素纹圈带、纽纹、连珠纹、纽纹。结跏趺坐兽背上双层仰莲座。坐骑兽头残失，身朝向龛口方向，兽尾粗短。兽腹前有御者立像，头部、膝以上残损，手执牵引绳，左腿直立，右腿左伸，下着裤装，裸足而立。

8 号像，位于内龛左侧壁，2 号像左上方，立于左侧壁高坛上。头部残失，现存修补孔，残高 28 厘米。身体风化残损严重。

9 号像，位于内龛左侧壁，8 号像左侧，6 号像右侧，立于左侧壁高坛上。高 35 厘米。全身风化严重，腹部至大腿部残损。头顶结髻，双手置于腹前，披天衣，下身着裙。

10 号像，位于内龛右侧壁，3 号像右上侧，11 号像左侧，立于右侧壁高坛上。残高 29 厘米。头部残失，上身残损，后代修补水泥。双臂屈肘，合掌于胸前。披天衣，于大腿上呈 U 字形，绕双臂弯垂于身体两侧。下身着裙，双足并立，裙长覆足背。

11 号像，位于龛内右侧壁，7 号像左上侧，10 号像右侧，立于右侧壁高坛上。高 33 厘米。头部、胸部风化残损，头顶结宝髻，戴宝冠。双臂屈肘，双手置于身前，右手上、左手下共执未敷莲花茎，上端花蕾沿左肩高于头顶。双肩披天衣，沿两腋垂下，于大腿前呈 U 字形，绕双臂肘弯垂于身体两侧。双腿并立，下身着裙，裙长覆足背，右足隐于 7 号像身光后。

12 号像，位于 7 号像宝珠形头光上侧，右小腿隐于 7 号像被头光后，13 号像左侧。残高 25 厘米。头部残失，现存修补孔。双臂屈肘，双手合掌于胸前。身体正面风化残损，披天衣，两端垂于身体两侧。双足并立，下身着裙。

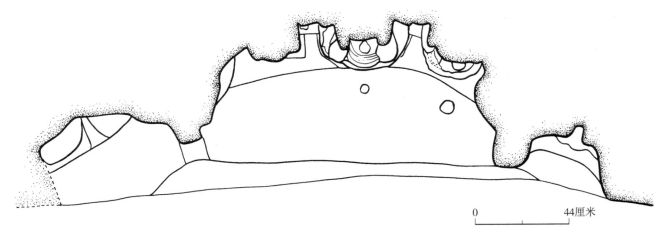

图一三〇　090龛、090左龛、092龛横剖底视图

13号像，位于12号像右侧，龛口上段口沿内侧。残高26厘米。头部残失，现存修补孔。双臂屈肘，双手合掌于胸前。肩披天衣，两端垂于身体两侧。双腿并立，下身着裙。

14号像，位于龛内左侧壁底端，龛口下段口沿内侧，浮雕力士像。残高46厘米。全身残损，风化严重。左臂振臂上举，右臂垂于体侧。两足分开站立于底座之上，座残损。披天衣，于头顶周围舞动呈环形，绕双肩而下，于腰部连接腰带，左侧天衣不明，右侧天衣绕右手垂于体侧。

15号像，位于龛内右侧壁底端，龛口下段口沿内侧，浮雕力士像。残高42厘米。头部残失，现存方形修补孔。身体被凿毁，有斜向凿痕。

图一三一　090龛3号像胸饰

16号像，位于龛内左侧壁顶端，8号、9号像上方，弧形卷云上飞天像。头部残损，全身风化，身体侧向中尊方向；双臂于身前抬起，屈肘上举，掌中托持物不明。肩披天衣，背后飘动呈环形。下着长裙，双腿后伸，天衣、裙摆飘向左上方。

17号像，位于龛内右侧壁顶端，11号、12号像上方，弧形卷云上飞天像。头部残损，全身风化，身体侧向中尊方向；双臂于身前抬起，屈肘上举，双手捧盘，其上有圆状物。肩披天衣，背后飘动呈环形。身体呈反弓形，双腿后伸抬起。下身着长裙，天衣、裙摆飘向左上方（图版九二）。

090左龛

090龛外左侧有一竖长方形龛，宽39、高89、深25厘米，龛楣有三角斜撑。正壁浅浮雕独尊天王像，全身风化，残损厉害。残高48、肩宽15厘米。头部残失，现存方形修补孔。两臂振臂抬起，右手屈肘向上，手持立戟，戟柄端着地，左手残损，动作不明。身披天衣，沿两腰侧垂下。两腿展开，立于基坛之上。

6. 题记

无。

7. 年代判断

中晚唐。龛内尊像后代改刻，现代修补。

091 龛

1. 相对位置

位于 D 区中段崖面，造像群中层，处于步行石阶梯之上第二层。088 龛右侧，099 龛左侧，090 龛上侧。

2. 保存状况

是 D 区保存状况良好的龛之一，外龛右侧壁下三分之二残失。外龛、内龛左侧皆附着青苔，内龛左侧壁风化严重，中尊及右胁侍比丘头部残失（图版九三）。

3. 龛内外遗迹

龛外左侧上端有纵长方形凹槽，龛外左侧中段有一圆形凹孔，残存与孔槽大小吻合的木质物。龛外右侧上段由上而下分别有纵长方形孔槽、圆形大孔槽、圆形大孔槽、三个圆形小孔槽。龛外右侧下段由上而下分别有方形浅孔槽、圆形浅孔槽。龛外上方中央有人字坡形沟槽，底端与龛顶相连接。人字坡形沟槽之上，有内弧形沟槽，两端低，中段高，中段与上方"五石书院"题字石刻底部相连。内弧形沟槽两端之上分别有纵长方形凹槽，内弧形沟槽左段下方有一圆形凹孔。

4. 龛窟形制

双重方形龛。外龛宽 253、高 200、深 27 厘米，外龛较浅，龛顶平，右侧龛壁仅存上三分之一段，左侧龛壁仅存顶端；内龛宽 220、高 190、深 114 厘米，平面呈半长圆形，方形龛楣有三角斜撑，龛顶平，与两侧壁连接处坡形过渡。外龛左右侧正壁、内龛龛楣有浅浮雕卷草纹。内龛龛床设弧形基坛，上起凹形坛 2 层，正壁于凹形基坛上复起高坛一层，共四层。

5. 龛内造像

龛内正壁，弧形基坛上中尊僧形坐像，中尊两侧，"凹"形基坛上高浮雕僧形坐像各 1 尊。中尊身后两侧，半浮雕比丘像各 1 尊。内龛左右两壁龛口处各半浮雕立像 1 尊。正壁五尊像身后，三面山岳形背光，尖端状如峰及龛顶，中央三尊像身后一面，左右侧像身后各一面，内阴线刻折纹表现山势。第一面与第二面、第一面与第三面崖峰之间 v 字形区域内，浅浮雕伞状叶植物。内龛左侧壁，立像右侧浅浮雕植物花枝一束，一束四枝，形象写实，枝端有盛开的团状花朵及未敷花苞，枝干上密密匝匝掌状树叶；内龛左侧壁，立像右侧浅浮雕植物花枝 1 束，仅残存顶部。龛顶对称浅浮雕 1 组浪状卷云飞鸟。龛内造像共 7 尊，编号见表四三（图一三二～一三六）。

1 号像，内龛正壁中央坐像。通高 165、身

表四三　　091 龛尊像、分区编号表

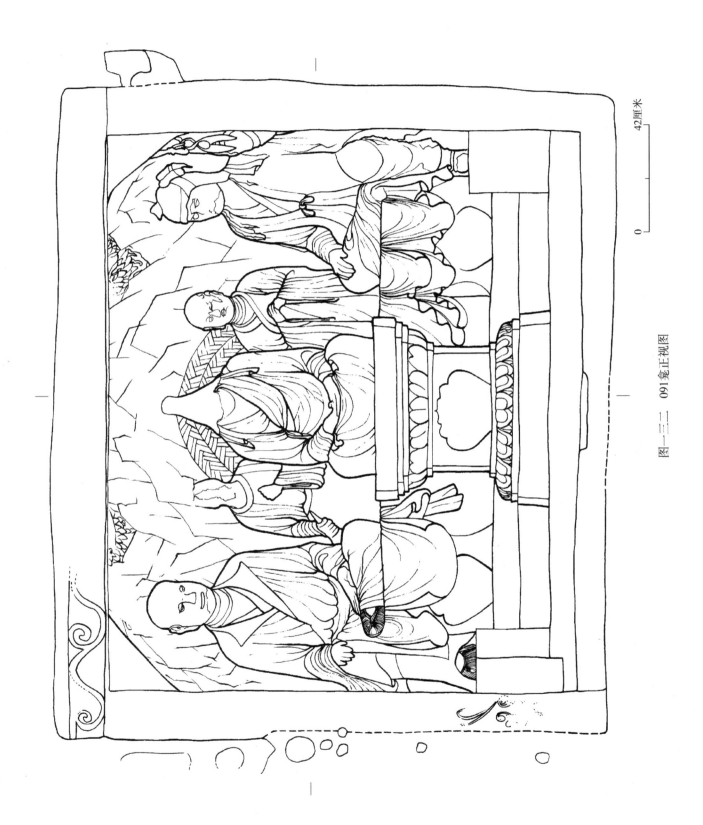

图一三二　091龛正视图

图一三三　091 龛纵剖面图（右壁）

体残高 101、肩宽 47、肘宽 45、膝宽 55 厘米。头部残失，颈部残损，头部两侧有布带垂于双肩。上身着左衽内衣，外着偏袒右肩袈裟，衣纹以左肩为中心弧状斜向发散。覆肩衣覆盖右臂，于右肋处掖入袈裟内。双臂屈肘，手心朝上，右手上左手下，于腹前结禅定印。结跏趺坐于须弥台上，袈裟裹腿，双腿间衣纹 U 字形重叠。全身衣纹稀疏，深阴线刻出。须弥座高 68 厘米，三段式，中段三层，中央方形束腰，上下端分别有方形浅台，正面阴刻瓣状饰物，上段座四层呈倒梯形，由下而上分别双层仰莲、方形浅台、方形浅台、方形台座。下段座三层、由上而下双层覆莲、方形浅台、方形底座。

2 号像，内龛正壁左侧，1 号像左侧，身体朝向中尊方向。通高 138、身高 91、肩宽 43、膝宽 63 厘米。包裹头巾，覆耳披向身后，额前有布带从耳上两侧拉伸至头顶后打结，布带两端从头后垂于双肩。面部残损，右眼、鼻子、下颌残失，眼眶内陷，脸颊高颧骨，鼻翼两侧皱纹较深。颈部喉筋突出，身着左衽交领内衣，现锁骨，外着双领下垂袈裟，于腹前系蝶形结，正面无衣纹。左臂振臂抬起，屈肘向上持锡杖，手部残断，杖头垂挂 "8" 字柄铗、"L" 形尺、圆镜。右臂屈肘，手背向上抚膝部，指端残损。半跏趺坐，左腿垂放，右腿屈膝盘于座上。袈裟覆双腿，波浪纹幔状覆盖圆筒形台座上部，座上阴刻瓣状饰物，左脚蹋双层凹形坛前方形台。

3 号像，位于内龛正壁右侧，1 号像右侧，身体微朝向中尊方向。通高 143、身高 91、肩宽 40、肘宽 54、膝宽 70 厘米。圆顶，耳廓较大，面部圆润，眼睛细小，上眼睑厚，下眼睑薄，鼻子残失，嘴张开，鼻翼两侧皱纹较浅。颈部三道刻纹，身着左衽交领内衣，外着翻领袍，左衽上、右衽下，腹下左侧系带，沿身侧垂于座下。左臂屈肘，手掌朝上，四指伸展，置于腹前。右臂屈肘，右手抚膝。半跏趺坐，左腿屈膝盘于座上，右腿垂放。外袍左侧衣摆覆左腿，露出左脚，着麻履，衣摆圆弧幔状

0 ———————— 38厘米

垂下，覆盖双层凹形坛上的圆筒形台座左上部，座上凹面刻瓣状饰物，外袍右侧衣摆一侧弧幔状垂下，覆盖圆筒形台座右上部，另一侧于座上垂于体侧。右腿膝下露出内衣衣摆，下身着裤，裤长覆踝，右脚着麻履，蹋双层凹形坛前方形台（图版九四）。

4号像，位于内龛正壁，1号像左后方，2号像右后方，基坛上半浮雕直立半身比丘像。身高72、肩宽31厘米。圆顶，耳廓较大，面部丰圆，眼睛细小，上下眼睑薄，鼻子残失，双唇闭合，嘴角微微上扬，下巴残损。颈部三道刻纹，外着左衽交领袈裟，其下露出内衣领口一侧，衣纹稀疏，较深阴线刻。双臂屈肘，双手置于胸前，左手置于右手上呈拜谒式，袈裟大袖垂覆身前两侧，露出内衣袖口（图版九五）。

5号像，位于内龛正壁，1号像右后方，3号像左后方，基坛上半浮雕比丘跪像。残高71、肩宽26厘米。头部残失，颈部残损。着圆领外袍，腰部束带。左臂身侧屈肘，拇指伸出，四指向内卷曲握拳于胸前，袖管较窄，垂于腹前，其内露出内衣袖口。右臂屈肘，右手于体侧握瓶状物颈部。下身着裙，并膝跪于坛上。

6号像，位于内龛左侧壁，2号像左侧，弧形基坛上半浮雕立像。残高105厘米。头部残失，全身风化严重，表面漫漶不清。两臂屈肘于胸前，两手残损。上身外衣衣摆及膝，腰部束带。下身着裤装，双腿微微屈膝，分开站立。

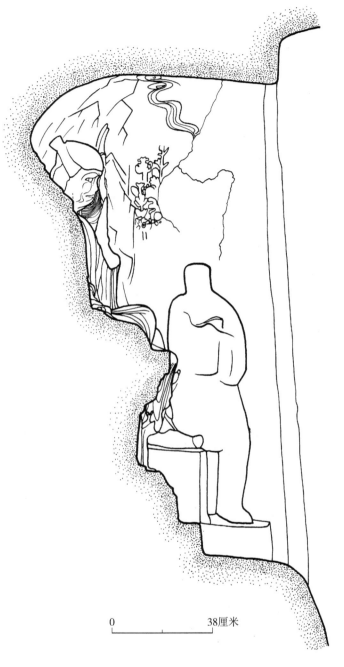

图一三四　091龛纵剖面图（左壁）

7号像，位于内龛右侧壁，3号像左侧，弧形基坛上半浮雕立像。残高128厘米。全身风化严重。头戴帽，头后两侧浅浮雕下垂式齐肩幞头。双臂屈肘，双手置于胸前，手部残失，两袖垂于腹前，袖管较窄。下身着裙，裙长遮踝，腹下束腰带，双腿分开站立。

8号区，位于龛顶左部，浅浮雕弧形卷云上飞鸟三体，三体飞鸟并列而置。龛侧壁方向一躯风化剥落，漫漶不清，另两躯鸟头朝向龛口方向，颈长身圆，振翅而飞，羽翼丰满，长尾飘向身后，两脚伸向后方。

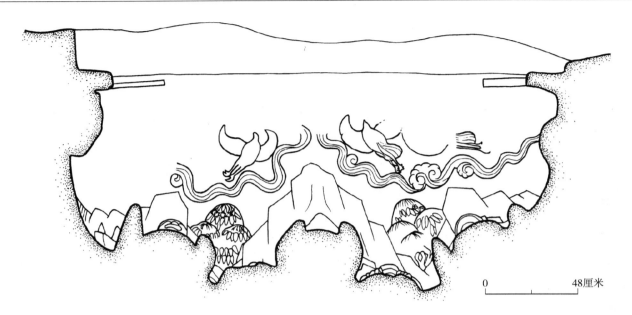

0　　　　　　　　48厘米

图一三五　　091 龛横剖顶视图

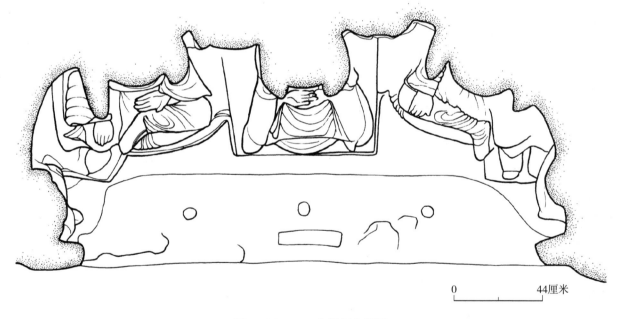

0　　　　　　44厘米

图一三六　　091 龛横剖底视图

9 号区，位于龛顶右部，浅浮雕弧形卷云和飞鸟，其上飞鸟风化剥落，仅残存一体，鸟头朝向龛口方向，颈长身圆，振翅而飞，羽翼丰满，长尾飘向身后，两脚伸向后方。

6. 题记

无。

7. 年代判断

晚唐~五代。

092 龛

1. 相对位置

位于D区中段崖面，造像群最下层，龛下方即为步行石台阶，090龛右侧，083龛左侧。

2. 保存状况

右侧龛门残损。龛外周围、龛左右侧壁、正壁上部、龛床附着青苔。造像风化、破损严重（图版九六）。

3. 龛内外遗迹

龛右侧上方、下方有水平凹槽。

4. 龛窟形制

立面纵长方形单层龛，龛较浅，平面半椭圆形。外龛残宽64、高90、深25厘米。残存右侧龛楣，方形龛楣有三角斜撑。龛顶平，龛床倾斜，三壁缓弧形，龛床上设基坛，坛面残损不平。

5. 龛内造像

龛内基坛上，正壁中央坐像1尊，右侧壁坐像1尊，左侧壁仅存龛壁，表面残损，无法辨认造像痕迹。

左侧像，龛内基坛上，正壁中央坐像。残高61厘米。通体残损，从身体比例可辨为坐像。有双层素面圆形头光。左手持杖，锡杖立于身侧。

右侧像，内龛基坛上，右侧壁半浮雕坐像。残高56厘米。头部、下身、座残损严重，从身体比例可辨为坐像。双层素面头光，外层宝珠形，内层圆形。上身袒胸，着双领下垂式外衣。右臂残断，左臂残损不明。

6. 题记

无。

7. 年代判断

不详。

093 龛

1. 相对位置

位于D区中段崖面，造像群最下层，龛下方即为步行石台阶，093龛右侧，094龛左侧，099龛下侧。

2. 保存状况

外龛龛顶左侧三分之二残失，外龛左侧壁上侧三分之二残失，外龛皆附着青苔。内龛龛顶右部、正壁右部有水浸痕迹，附着黑色苔藓，内龛造像风化严重，头部残失。保存状况较差（图版九七）。

3. 龛内外遗迹

龛外上部有横长方形凹槽。

4. 龛窟形制

纵方形双重龛。外龛宽139、残高161、深57厘米，龛楣方形，龛顶呈梯形，龛壁平；内龛宽

116、高 139、深 52 厘米，方形龛楣有三角斜撑，龛顶平，三壁缓弧形，龛顶与三壁连接处弧形过渡。内龛龛床上，三壁设基坛，高 28 厘米。

5. 龛内造像

内龛基坛上，正壁高浮雕佛坐像 3 尊，中尊左右后侧半浮雕比丘像 1 尊，左右侧壁内侧半浮雕菩萨立像 1 尊，左右侧壁外侧，半浮雕骑兽菩萨像 1 尊。内龛正壁顶端两侧对应半浮雕卷云飞天 1 尊，内龛龛床上，基坛正面中央位置卷云台上三足香炉。外龛正壁左右侧浮雕力士立像 1 尊。外龛龛床正面左右侧有狮子雕像痕迹。共造像 18 尊，编号见表四四（图一三七）。

表四四　　093 龛尊像编号表

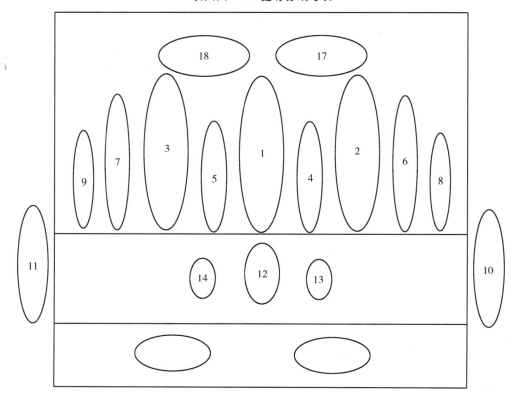

1 号像，内龛基坛上，正壁中央高浮雕倚坐佛像。通高 68 厘米。头部残失，现存竖长方形修补孔。有双重头光，外层宝珠形，阴刻火焰纹，内层椭圆形，由内而外依次为素面、纽纹、连珠纹。

身体残高 38、肩宽 13、膝宽 16 厘米。上身内着左衽内衣，腹上系带，外着偏袒右肩袈裟，覆肩衣覆盖右臂，下垂至右下腹时掖入袈裟内。左臂表面残损，身侧屈肘，小臂置于左大腿上，手部残失。右臂小臂残断。有双重舟形身光，外层刻火焰纹，内层由内向外依次为素面、纽纹、连珠纹。

双膝分开比肩宽，双腿垂放，倚坐方形台座，双腿表面风化残损。袈裟覆双腿及台座，双腿之间有 U 字形衣纹重叠，下身着裙，袈裟摆下露出裙摆覆脚背。裸足踏小型莲座，莲座残损。

2 号像，内龛基坛上，正壁左侧高浮雕佛坐像。通高 62 厘米。头顶覆钵形低发髻，面部残损，颈部粗短，刻三道纹。双层头光，外层宝珠形，阴刻火焰纹，内层椭圆形，素面无纹。

身体残高 30、肩宽 14 厘米。胸部破损，着通肩袈裟。双臂体侧屈肘，双手置于腹前，手部残损。双重舟形身光，外层阴刻火焰纹，内层素面无纹。结跏趺坐于束腰莲台上，座通高 19、宽 18.5

0　　　　20厘米

图一三七　093 龛正视、横剖面图

厘米。宽袖覆膝，双腿正面残损。束腰莲座残损严重，上座仰莲，正面残损，束腰部分较短，下座为双层覆莲座。束腰莲座位于素面弧形台上，左侧残损。

3 号像，内龛基坛上，正壁右侧，高浮雕佛坐像。通高 61 厘米。头部残失，现存竖长方形修补孔。双层头光，外层宝珠形，阴刻火焰纹，高 18.5 厘米、宽 25 厘米，内层椭圆形，素面无纹。

身体残高 20、肩残宽 12 厘米。颈部粗短，上身着通肩袈裟，领口低阔，袒露胸部。双臂屈肘，双手置于腹前，结禅定印。有双重舟形身光，外层阴刻火焰纹，内层素面无纹。结跏趺坐于束腰莲座上，宽袖覆膝。束腰莲座束腰部分、底座表面残损，上座仰莲，袈裟下摆幔状垂覆其上。

4 号像，内龛正壁基坛上，1 号像左侧，2 号像右侧，半浮雕比丘立像。通高 44 厘米。头部残失，现存竖长方形修补孔。圆形头光，内层放射状锯齿纹。

身体残高 25 厘米。胸部破损，上身着通肩袈裟，领口低阔，袒露胸部。双臂屈肘，双手合于胸前，手部残损，阔袖垂覆体侧。双腿分开齐肩宽，袈裟垂于膝下，于两膝之间呈倒三角下垂。下身着裙，垂覆脚背，裸足立于带茎三层仰莲座上，莲茎正壁底端生出。

5 号像，内龛正壁基坛上，1 号像右侧，3 号像左侧，半浮雕比丘立像。通高约 43.5 厘米。头部残失，现存竖长方形修补孔。圆形头光，内层放射状锯齿纹。身体残高 23.3、肩宽 7.5、膝宽 7.5 厘米。胸部、左肩破损，身着通肩袈裟，领口低阔，袒露胸部。双臂屈肘，双手合掌于胸前，左手残损，阔袖垂覆体侧。双腿分开与肩同宽，袈裟垂于膝下，于两膝之间呈倒三角下垂，其内露出裙，垂覆脚背。赤足立于带茎三层仰莲座上，莲茎正壁底端生出。

6 号像，内龛左侧壁基坛上，2 号像左侧，半浮雕菩萨立像。通高 65 厘米。全体风化严重，漫漶不清。头顶结宝髻，双层头光，外层阴刻火焰纹，内层素面圆形。左臂屈肘，左手举于肩前。右臂于体侧自然垂下，手部残损，持物不明。立于覆莲座上。

7 号像，内龛右侧壁基坛上，3 号像右侧，半浮雕菩萨立像。通高 64 厘米。头部残失，现存竖长方形修补孔。有双层头光，外层阴刻火焰纹，内层素面圆形。身体正面风化，残损严重。戴胸饰、披璎珞，两条璎珞上端连接胸饰，于腹前交集后下垂，绕两膝而上至体侧。左臂于体侧自然垂下，手持宝瓶。右臂屈肘，右手举于肩前。披天衣，于腹下呈两道 U 字形，绕两手肘垂于体侧。下身内着长裙，覆足背。双足立于覆莲座上。

8 号像，内龛基坛上，位于左侧壁，内龛龛口处，6 号像右侧，半浮雕骑兽菩萨像。全身风化严重，头部残失，现存竖长方形修补孔。

9 号像，内龛基坛上，位于右侧壁，内龛龛口处，7 号像右侧，半浮雕骑兽菩萨像。全身风化、残损严重，头部残失。右臂屈肘而上，手举于肩前。左手残损不明。

10 号像，位于外龛正壁左端下侧，全身残损严重，仅存痕迹。残通高 61.5 厘米。头部残失，现存竖长方形修补孔。上身动作不明。下着裙，裙长及膝。左腿直立，右腿右侧伸出，双脚立于岩座之上，岩座残损。

11 号像，位于外龛正壁右端下侧，全身残损严重，仅存痕迹。头部残失，现存竖长方形修补孔。左臂体侧自然垂下，右臂屈肘叉腰。下身着裙，裙长及膝。双腿分开站立于方形岩座之上。

12 号像，位于内龛龛床上，基坛正面中央。三层卷云座上立三足香炉，香炉足部风化严重，炉部残损。

13 号像，位于内龛龛床上，基坛正面，12 号像左侧。全体残失，仅见痕迹。

14 号像，位于内龛龛床上，基坛正面，12 号像右侧。双层卷云座上造像风化残损严重。

15 号像，位于外龛龛床上，外龛与内龛之间台正面左侧。全体残失，仅见痕迹。

16 号像，位于外龛龛床上，外龛与内龛之间台正面右侧。浮雕狮子像，头朝向 15 号像方向，全体残损严重。

17 号像，位于正壁顶左侧，2 号、4 号像上侧。半环状卷云上飞天，头朝向龛中央方向。右臂抬起上举高于头部，左臂屈肘后伸。上身与腿呈 L 形，双腿向后伸展，长裙覆足（图版九八）。

18 号像，位于正壁顶右侧，3 号、5 号像上侧。半环状卷云上飞天，头朝向龛中央方向。身体表面风化严重。身体呈弧形，上身、右腿向上抬起，双臂屈肘于身前抬起，双手捧物。左腿屈膝，右腿向后伸出，长裙覆足。

6. 题记

无。

7. 年代判断

晚唐～五代。后代修补。

094 龛

1. 相对位置

位于 D 区中段崖壁，造像裙最下层，龛下方即为步行石台阶，093 龛右侧，095 龛左侧，096 龛下侧。

2. 保存状况

外龛右侧壁下段风化，左侧壁上段残失，龛顶基本残失仅残存右端。内龛龛口、外龛遍着青苔。龛内造像头部基本残失，风化情况甚重（图版九九）。

3. 龛内外遗迹

无。

4. 龛窟形制

纵长方形双重龛。外龛宽 69、高 90、深 15 厘米，龛楣方形，龛壁、龛顶平；内龛宽 58、高 61、深 24 厘米，拱形龛楣，龛顶、龛壁平，龛顶与龛壁交界处弧形过渡。内龛三壁自龛床设凹形基坛。

5. 龛内造像

内龛正壁基坛上，高浮雕佛坐像 1 尊，半浮雕比丘像 2 尊，龛两侧壁高浮雕菩萨像各 1 尊，外龛正壁两侧浮雕力士像各 1 尊，内龛龛床上，基坛正立面，中央设三足香炉，两侧各 1 尊狮子立像。共造像 10 尊，编号见表四五（图一三八）。

1 号像，内龛正壁中央佛坐像。通高 60 厘

表四五 094 龛尊像编号表

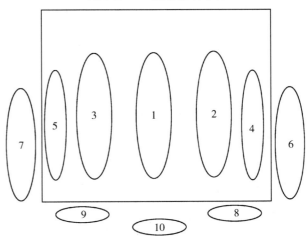

图一三八　094龛正视、纵剖面图

米。头部残失，现存竖长方形修补孔。浅浮雕双层素面头光，内层圆形，外层宝珠形。身体残高28厘米，左肩残损，上身着通肩袈裟，领口较低，衣纹漫漶不清。双臂屈肘置于腹前，结禅定印。结跏趺坐于束腰莲台，双腿残损。束腰较短，上座仰莲，残损严重，袈裟垂覆上座，底座残损，表面不识。

　　2号像，内龛正壁左侧，1号像左后方，半浮雕比丘立像，身体朝向中尊方向。通高54厘米。头部残失，现存方形修补孔，圆形素面头光。身体残高30厘米。上身残损，着袈裟，双臂屈肘，合掌于胸前。内着长裙，覆足背，双腿直立，其下座风化残失。

　　3号像，内龛正壁右侧，1号像右后方，半浮雕比丘立像，身体朝向中尊方向。通高55、身高40厘米。圆顶，头部表面残损不堪，有圆形素面头光。上身着袈裟，双臂屈肘，合掌于胸前。身体表面风化严重，衣纹不识。腿部及座表面剥落，残损严重。

　　4号像，内龛左侧壁，2号像左侧，高浮雕菩萨立像。通高60厘米。头部残失，现存方形修补孔。全身风化，残损严重，左臂屈肘，左手举于肩前，身体两侧残存天衣痕迹。圆形台座，表面残损。

5号像，内龛右侧壁，2号像右侧，高浮雕菩萨立像。通高59厘米。头部残失，现存方形修补孔。全身风化，残损严重，右臂屈肘，右手置于腹前，左臂垂于身侧。圆形台座，表面残损。

6号像，外龛正壁左侧下端，内龛龛门外侧力士像。残高47厘米。头部残失，上身残损严重，仅见小腿、岩座痕迹，风化甚大。

7号像，外龛右侧，内龛龛门外。残高50厘米。头部残失，现存方形修补孔。全身风化严重，左臂自然垂于身侧，右臂残失。岩座表面风化残损。

8号像，内龛龛床上，基坛正立面中央，浮雕三足香炉，其下双层莲台，上层双层仰莲，下层风化残损。

9号像，内龛龛床上，基坛正立面左侧，8号像左侧，浮雕狮子侧身像，身体朝向香炉方向。后腿屈膝，前腿前伸，身体下卧。

10号像，内龛龛床上，基坛正立面右侧，8号像右侧，浮雕狮子像，身体风化甚大，仅存痕迹。

6. 题记

无。

7. 年代判断

中晚唐。后代修补。

095 龛

1. 相对位置

位于D区崖壁中段，造像群最下层，龛下方即为步行石阶梯，094龛右侧，097龛下侧。

2. 保存状况

外龛龛顶右端残失，无左侧壁，龛床外沿右端残损。外龛、中龛皆附着苔藓。内龛三壁造像下部分残损严重（图版一〇〇）。

3. 龛内外遗迹

无。

4. 龛窟形制

立面方形三重龛，外龛、中龛较浅，内龛较深。外龛残宽150、残高137、深33厘米，龛楣方形，龛顶、龛壁平；中龛宽131、高116、深16厘米，龛顶与外龛转角处为弧面，龛顶弧形；内龛宽123、高108、深81厘米，龛楣方形，有三角斜撑，龛顶平，三壁弧形。

5. 龛内造像

内龛正壁中央半浮雕佛坐像1尊，两侧浮雕比丘像各1尊，内龛左侧壁半浮雕菩萨像1尊，内龛右侧壁半浮雕立像2尊，三壁壁面有斜向凿痕。外龛、中龛两侧正壁下半段凿通，浮雕力士像1尊。共造像8尊，编号见表四六（图一三九、一四〇）。

1号像，内龛正壁中央佛坐像。像体薄，体两侧略内凹，应为后代改刻。通高95、身体残高63、肩宽25厘米。头顶高发髻，髻前圆形宝珠，螺发较粗。额窄，发际线较低，月牙形弯眉，左眼残，鼻头残，嘴角微微上扬，下巴宽短。颈部细长，刻三道纹。有双重头光，外层宝珠形，阴刻火焰纹，内层圆形，由内而外纹饰分别为素纹、连珠纹、纽纹、连珠纹。头光风化较严重，应为原龛内尊像头光。

0 _____ 20厘米

图一三九　095龛正视、横剖面图

双肩削窄，上身着通肩袈裟，领口垂及胸部，胸前衣纹U字形重叠，腹前衣纹以左肩为中心斜向发散，衣纹疏朗，刻纹较深。双臂下臂残损严重，从痕迹可辨置于腹前。有双层舟形身光，外层阴刻火焰纹，内层由内而外纹饰分别为素纹、连珠纹、纽纹、连珠纹。身光迹应为原龛内尊像身光。双腿、宝座残损严重，可辨结跏趺坐。

表四六　095龛尊像编号表

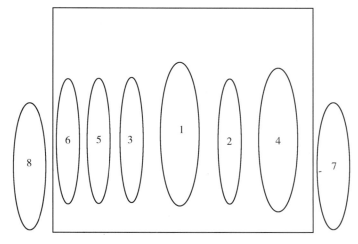

2号像，内龛正壁左侧，1号像左后方比丘立像。身体残高73、肩宽18厘米。圆顶，半椭圆形眉，眉骨高，双眼细长，鼻头较大，嘴角微微上扬，上唇薄，下唇较厚，下巴短圆。颈部残损，无头光。双肩削窄，上着交领袈裟，胸部以下身体残损严重，仅存痕迹，双臂残失。

3号像，内龛正壁右侧，1号像右后方比丘像。身体残高59、肩宽20厘米。圆顶，弧形眉，椭圆形眼眶，鼻头、上唇残，下唇较厚，鼻翼两侧皱纹较深。颈部细短，双肩削窄，上身着左衽交领袈裟。胸部以下身体残损甚重。

4号像，内龛左侧壁，龛口内侧菩萨立像。高72厘米。头顶结发髻，戴高宝冠。身体风化，漫漶不清，披天衣。

5号像，内龛右侧壁内侧，3号像右侧人物立像。残高61厘米。头部残失，现存方形修补孔，身体风化剥落严重。下半身残失。

6号像，内龛右侧壁外侧，5号像右侧人物立像。残高63厘米。头部残失，全身风化残损。

7号像，外龛、中龛右侧正壁下半段凿通，浮雕力士立像。全身风化严重，高30厘米。右臂振臂高举，左臂振臂垂体侧。下身着裙，双足分开齐肩宽立于岩座上。

8号像，外龛、中龛右侧正壁下半段凿通，浮雕力士立像。全身风化严重，高41厘米。左臂于体侧抬起，屈肘上举，持手戟状物。右臂于体侧抬起，屈肘而下，手置于腰部。下身着裙，双腿分开站立，岩座风化。

6. 题记

无。

7. 年代判断

原龛时代可能为中晚唐，造像为后代改刻。

图一四〇　095龛左壁菩萨头像

096龛

1. 相对位置

位于D区中段崖面，造像群中层，094龛上侧，098龛下侧。

2. 保存状况

龛顶左侧残失。内龛造像风化、剥落、残损严重，正壁上部、右侧壁附着黑色苔藓（图版一〇一）。

3. 龛内外遗迹

龛外上方有斜向凹槽。

4. 龛窟形制

方形单层浅龛，拱形龛楣，龛顶拱形，三壁弧形。

5. 龛内造像

龛内正壁浮雕 2 菩萨并列像。共造像 2 尊，编号见表四七（图一四一）。

1 号像，正壁左侧菩萨立像。像高 74、肩宽 20 厘米。头部残损，仅存痕迹，高发髻，系冠缯带。膝部以上部分残损。左臂于身侧抬起，屈肘向上举，手部残失，右臂于体侧自然下垂。披天衣，左端

表四七　096 龛尊像编号表

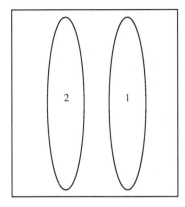

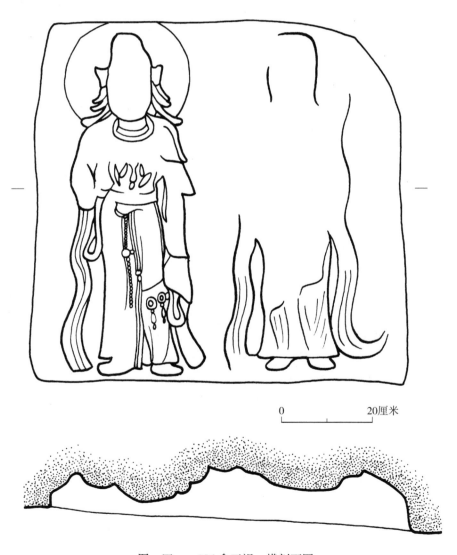

0   20厘米

图一四一　096 龛正视、横剖面图

绕臂弯垂于体侧，右端右手提握垂于体侧。下身着裙，裙长覆踝，双腿分开，双脚外八字站立于座上，台座残损。

2 号像，正壁左侧菩萨立像 1 号像右侧。像高 76、肩宽 21 厘米。头部残损，仅存痕迹，高发髻，系冠缯带，五段锯齿状垂于头侧、肩侧。身体正面残损，左臂自然垂于体侧，右臂残失。披天衣，左端左手提握垂于体侧，右端绕左臂垂于体侧。下身着长裙，裙长覆踝，系腰带，垂于两腿之间。双腿分开，双脚外八字站立于座上，台座残损。

6. 题记

无。

7. 年代判断

中晚唐。

097 龛

1. 相对位置

位于 D 区中段崖面，造像群中层，095 龛上侧，096 龛左侧，098 龛下侧。

2. 保存状况

外龛右侧壁，外龛口沿风化残损，内龛龛顶剥落。内龛造像头部、外龛力士像风化严重（图版一〇二）。

3. 龛内外遗迹

龛外右侧中央有圆形凹孔。

4. 龛窟形制

方形双重龛，外龛宽 104、高 96、深 26 厘米，龛楣方形，龛顶、龛壁平；内龛宽 73、高 64、深 39 厘米，方形龛楣有三角斜撑，龛顶呈梯形，三壁弧形，与龛顶联接处弧形过渡。

5. 龛内造像

内龛正壁中央高浮雕佛坐像 1 尊，左侧壁高浮雕菩萨坐像 1 尊，右侧壁高浮雕僧服坐像 1 尊。外龛两侧正壁，半浮雕力士像各 1 躯。外龛龛床上，内外龛床段差正立面半浮雕 2 狮子像。共造像 7 尊，编号见表四八（图一四二～一四四）。

1 号像，内龛正壁中央佛坐像。通高 59 厘米。头顶发髻低矮，狭额，发际线低，面部漫漶残损。有双层头光，宽 22、高 28 厘米，外层宝珠形，阴刻火焰纹，尖端及龛顶，内层素面圆形。像身高 30、肩宽 13、肘宽 20、膝宽 24 厘米。颈部较短，刻三道纹，双肩圆厚。上身着偏袒右肩内衣，腹上系带束蝶结。外着偏袒右肩袈裟，领口下垂至腹部，右肩着覆肩衣，覆盖右臂。左臂屈肘，手掌朝上，置于腹前。右臂屈肘，手掌朝下抚右膝，手指修长。袈裟衣纹疏

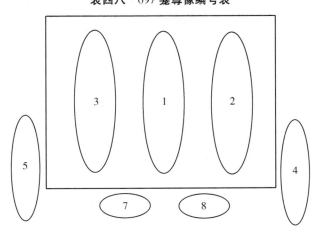

表四八　097 龛尊像编号表

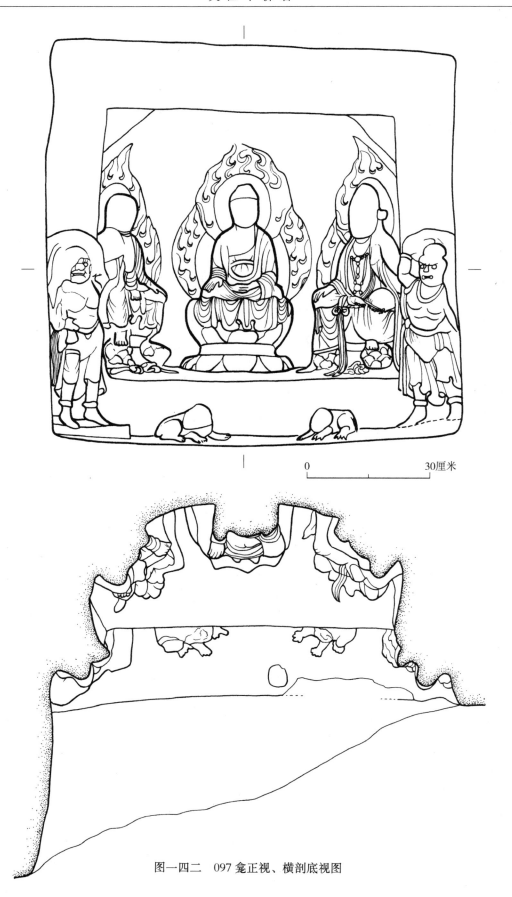

0　　　　　　　　　30厘米

图一四二　097龛正视、横剖底视图

朗，阴线刻。双腿包裹于袈裟中，结跏趺坐于束腰莲台之上。有双层圆形身光，宽34、高26厘米，外层阴刻火焰纹，内层素面圆形。束腰莲台三段式，中央短圆柱形素面束腰，上座4层仰莲，袈裟衣摆垂覆，呈幔状覆盖上三层仰莲，底座双层覆莲，莲瓣轮廓弧面阴刻，较薄，有平面感。

2号像，内龛左侧壁，1号像左侧菩萨坐像。通高60厘米。身体朝向龛中央方向。身高33、肩宽14、肘宽17、膝宽23厘米。头部、面部风化，表层漫漶不清。头顶结高发髻，两侧系冠缯带，两段式垂于肩部正面。有双层头光，宽21、高27厘米，外层宝珠形，阴刻火焰纹，尖端及龛顶，内层素面圆形。

颈部较短，刻三道纹，削肩。裸上身，小腹隆起，从右肩至左腋斜披条帛，帛端在左胸处由内绕出垂下。戴连珠胸饰，珠形较大，两条璎珞挂于胸饰两侧，交于腹前圆状饰物上端，后沿大腿内侧垂下，绕双膝下部至体侧，左膝下璎珞多条缀合呈穗状。披天衣，沿两肋垂下，于璎珞之上，交于腹前，左侧天衣绕右手腕垂于体侧，右侧天衣绕左

图一四三　097龛纵剖面图（右壁）

臂垂于体侧。有双层圆形身光，宽29、高21厘米，外层阴刻火焰纹，内层素面圆形。左手屈肘举于肩前，手部残断。右臂屈肘，手掌朝下抚膝。

半跏趺座，右腿屈膝盘于座上，脚掌朝上，左腿自然垂放，蹋小型莲座。下身着裙，腰间束腰带，自两腿之间垂下，于座前系蝶结，垂于龛床。长裙覆盖双腿，双脚露出。束腰莲座三段式，中央短圆柱形素面束腰，上段半圆球形素面座，幔状裙摆覆盖其上，下段底座素面座，前侧龛床上卷草中生出两小型带茎莲座。

3号像，内龛右侧壁，1号像右侧地藏菩萨坐像。通高60厘米。身体朝向龛中央方向。身高29、肩宽11、肘宽16、膝宽21厘米。圆顶，头部、面部风化，表层漫漶不清。双层头光，宽18、高25厘米，外层宝珠形，阴刻火焰纹，尖端及龛顶，内层素面圆形。

颈部较短，刻三道纹，肩部圆厚。右肩、胸部残损，可辨戴胸饰。上身着偏袒右肩内衣，腹部系

带。外着偏袒右肩袈裟，右肩覆肩衣覆盖右臂，外侧垂于体侧，内侧下垂至右腹时掖入袈裟内。衣纹疏朗，阴线刻。有双层圆形身光，宽29、高22厘米，外层阴刻火焰纹，内层素面圆形。左臂屈肘，手掌朝下，手指伸展，抚左膝。右臂屈肘，戴腕钏，右手置于右胸前，握块状物。

半结跏趺坐，右腿屈膝盘于坐，脚掌朝上，左腿自然垂放，踏小型莲座。束腰莲座三段式，中央短圆柱形素面束腰；上段半圆球形素面座，幔状袈裟衣摆覆盖上座及右腿，下段底座素面座，前侧龛床上卷草中生出两小型带茎莲座。

4号像，外龛左侧正壁下端力士立像。通高52厘米。头顶结发髻，戴冠，两侧冠缯带系结外翻。面部忿怒状，眼部睁圆，嘴横张，下巴残损。颈短，裸露上身，胸部、腹部、臂部肌肉块状突出。戴项圈，天衣于头部周围呈环形，绕双肩沿身侧垂下。左臂体侧下垂，手握左侧垂下天衣，手部残损。右臂振臂上举，屈肘，于头顶上方，手掌正面握拳。

臀部向右侧扭，下身着双层裙，上层裙裾V字状垂于大腿之间，下层裙裾V字状垂于两小腿之间。腹下束腰带，于两侧系结连接天衣，天衣沿体侧自然下垂。右腿直立，左腿微屈膝向左侧伸出，戴脚钏，赤足立于低岩座。

5号像，外龛右侧正壁下端力士立像。通高54厘米。头顶结发髻，戴冠，两侧冠缯带系结外翻，面部漫漶不清。颈短，裸露上身，胸部表层风化剥落。戴项圈，天衣于头部周围呈圆形，绕双肩沿身侧垂下。左臂振臂上举，屈肘，于头顶上方，手掌正面握拳。右臂残失。

图一四四　097龛纵剖面图（左壁）

0　　　　　　20厘米

臀部向右侧扭，下身着双层裙，上层V字状垂于大腿之间，下层V字状垂两小腿之间。腹下束腰带，于两侧系结连接天衣，天衣沿体侧自然下垂。右腿直立，左腿向左侧伸出，戴脚钏，赤足立于低岩座。

6号像，外龛龛床上，外龛、内龛龛床段差正立面，4号像右侧，浮雕狮子卧像。高约13厘米。身体侧朝向龛床中央方向，前身、头部残失，后腿蹲坐，前腿前伸趴下。

7号像，外龛龛床上，外龛、内龛龛床段差正面，5号像左侧，浮雕狮子卧像。高约14厘米。身体朝向龛床中央方向，头部残失，后腿蹲坐，前腿前伸趴下。

6. 题记

无。

7. 年代判断

晚唐～五代。

098 龛

1. 相对位置

位于D区中段崖壁，造像群中层，095龛上侧，096龛右侧，098龛下侧。

2. 保存状况

保存状况较差，内龛右侧龛口上段残损，龛内造像风化状况严重，头部基本残失，内龛正壁右侧造像全体残破不堪（图版一〇三）。

3. 龛内外遗迹

龛外上方，有横向水平凹槽。龛外左侧中段，有圆形凹孔。龛外左侧上段，有方形大凹槽。龛外左侧下段人工凿平，残留打凿痕迹。龛外右侧上段，有浅方形凹槽。

4. 龛窟形制

纵方形双重龛。外龛宽133、高135、深33厘米，龛楣方形，龛顶、龛壁平；内龛宽117、高122、深38厘米，方形龛楣有三角斜撑，龛顶平，三壁弧形，与龛顶连接处弧形过渡。外龛、内龛同龛床。内龛龛床上沿三壁设弧形基坛，高38厘米，其上正壁设一层坛，其上三壁复设一层坛，共三层坛。

5. 龛内造像

内龛基坛上正壁中央，高浮雕佛坐像1尊。左右两侧高浮雕菩萨立像各1尊。中尊两侧后方，胁侍菩萨内侧，半浮雕比丘像各1尊。正壁左侧，第三层坛上，立像4尊。正壁左侧残损严重，第三层坛上对应位置，仅见立像痕迹1尊。内龛左侧壁，弧形基坛上，半浮雕立像8尊，分上下三层站立，下层2尊，中层3尊，上层3尊。内龛右侧壁，弧形基坛上，残存半浮雕立像5尊，分上下三层站立，下层2尊，中层2尊，上层1尊。弧形基坛正立面两端分别半浮雕力士立像1尊立于内龛龛床上。凹形基坛正立面两侧，二力士像内侧，有2人物坐像。凹形基坛正立面中央，残存浅浮雕方形覆盖状物。内龛龛楣，外龛左右侧正壁浅浮雕卷草纹装饰带。共造像27尊，编号见表四九（图一四五～一四七）。

1号像，内龛弧形基坛上，正壁中央佛坐像。通高75厘米。头部、面部残损，身体残高39、肩宽14、膝宽27厘米。双层头光，残宽22、残高27厘米，外层宝珠形，镂空刻火焰纹，上端残损，内层椭圆形，素面，边缘双层纽纹。

表四九　098龛尊像编号表

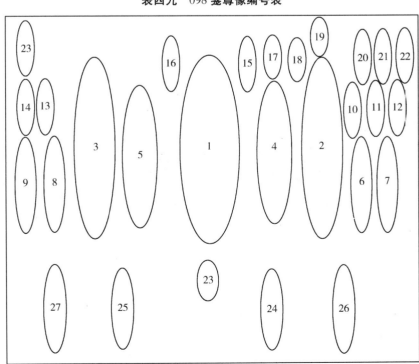

0　　　　　20厘米

图一四五　098龛正视、横剖底视图

双肩削窄，上身风化，衣纹不明，双臂于体侧屈肘，双手手掌朝上置于腹前，结禅定印。双腿结跏趺坐，袈裟覆腿，腹前衣纹 U 字形重叠。双层舟形身光，宽 34、高 29 厘米。外层镂空刻火焰纹，内层纹饰由内而外依次双层莲瓣纹、纽纹、连珠纹。三段式束腰莲台，中央束腰较短，三个扁球形并列，球形表面阴面刻团花纹，上座半椭圆球形，浮雕三层仰莲，莲瓣窄长，底座较浅，单层覆莲，其下有方形浅台。

2 号像，内龛弧形基坛上，正壁左侧菩萨立像。通高 74、身体残高 52 厘米。头部、面部风化残损，结高发髻，耳后两侧系冠缯带，垂于双肩。有双层头光，宽 20、高 27 厘米。外层宝珠形，镂空刻火焰纹，上端残损，内层椭圆形，纹饰由内而外分别为素面、纽纹、连珠纹。

颈部较短，削肩，膝部以上风化严重，表层剥落。身披天衣，垂于体侧。右臂自然垂放体侧，左臂残损。下身着裙，长度覆踝，腰间系带，垂于两腿之间。双腿正面 U 字形衣纹重叠，裸足立于双层覆莲台座，浮雕莲瓣椭圆形，其下有圆形浅台。

3 号像，内龛弧形基坛上，正壁右侧菩萨立像。通高 74、身体残高 44、肩宽 16、膝宽 11 厘米。头部残失，现存方形修补孔，头光风化残损。身体残破，衣纹、动作不明，天衣垂于体侧。下身着裙，莲座残，样式不明。

4 号像，内龛正壁第二层坛上，1 号像左后侧，2 号像右后侧，半浮雕比丘立

图一四六　098 龛纵剖面图（右壁）

像。通高 45、身体高 38、肩宽 11、膝宽 10 厘米。圆顶，头部、面部表面漫漶不清。三层圆形头光，里层素面，中层双层放射状锯齿纹，外层由内而外分别为纽纹、连珠纹、纽纹。

颈部较短，削肩。上身着通肩袈裟，双臂屈肘，双手合掌于胸前，宽袖垂于体侧，袈裟衣摆长及

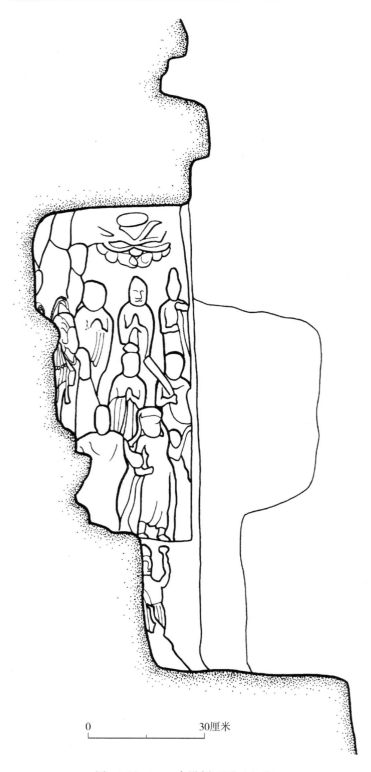

图一四七　098龛纵剖面图（左壁）

大腿，露出内层长裙，裙长覆足背，双脚分开站立于单层仰莲台座。

5号像，内龛正壁第二层坛上，1号像右后侧，3号像左后侧比丘立像。通高46、身体残高33厘米。头部残失，现存方形修补孔。三层圆形头光，里层素面，中层双层放射状锯齿纹，外层由内而外分别为纽纹、连珠纹、纽纹。

6号像，内龛弧形基坛上，内龛左侧壁，2号像左侧立像。高33厘米。全体风化严重，仅存身形痕迹，左臂身体左侧伸出。

7号像，内龛弧形基坛上，内龛左侧壁，内龛龛口内侧，6号像左侧立像。高34厘米。头顶结髻，戴冠，两侧系冠缯带，垂于头部两侧，端部向上外翻。面部、身体表面因风化漫漶不清。左臂振臂抬起，屈肘上举齐肩高，手部残，右臂屈肘抚腰侧。下身着裙，天衣垂于体侧，双脚分开站立。

8号像，内龛弧形基坛上，内龛右侧壁，3号像右侧立像。身体残高23厘米。全体风化残损严重。

9号像，内龛弧形基坛上，内龛右侧壁，内龛龛口内侧，8号像右侧立像。高31厘米。全体风化严重。头顶结髻，双臂屈肘，双手于右腹前持竖立棒状物。大袖覆双臂，露手肘，两袖垂于体侧。下身着裙，右腿直立，左腿左侧伸出。

10号像，内龛左侧壁中层，6号像右后侧，11号像右侧立像，下半身被6号像遮挡。高33厘米。头部、身体残破不堪。

11号像，内龛左侧壁中层，7号像右后侧，10号像左侧，12号像右侧立像，膝部以下被7号像遮挡。高25厘米。头顶结髻，面部漫漶不清，短颈。上身着长袍，双臂于身前屈肘，双手合掌于胸前，宽袖于身体两侧下垂。

12 号像，内龛左侧壁中层，7 号像左后侧，11 号像左侧，内龛龛口内侧立像，膝部以下被 7 号像遮挡。高 20 厘米。全体风化严重。双臂体侧屈肘，双手于腹前共握棒状物下端，举于右肩，棒状物上粗下细。

13 号像，内龛右侧壁第三层坛上，8 号像右后侧，与 11 号像位置对应，半浮雕立像。残高 28 厘米。全体风化剥落，头部残失，身体漫漶不清，仅可见人体痕迹。

14 号像，内龛右侧壁第三层坛上，内龛龛口内侧，9 号像后侧，13 号像右侧，半浮雕立像，腿部被 9 号像遮挡。高 25 厘米。全体风化，戴高冠，面部、衣纹漫漶不清。双臂振臂身前抬起，手掌朝上托物。

15 号像，内龛正壁右侧，第三层坛上，1 号像左后方，与 16 号像位置对应，半浮雕立像，腿部、右侧身体隐于中尊背光之后。高 33 厘米。头顶残失，面部漫漶，上身着交领衫，胸部缔带束裙。左臂屈肘，双手合掌于右胸，大袖垂覆下身。

16 号像，内龛正壁右侧，第三层坛上，1 号像右后侧，与 15 号像位置对应，半浮雕立像，腿部以下隐于中尊背光。残高 24 厘米。头部残失，上身残损，手部动作不明。

17 号像，内龛正壁右侧，第三层坛上，4 号像后侧，15 号像右侧，18 号像左侧立像，胸部以下被 4 号像遮挡。高 26 厘米。上身着交领衫，胸部缔带束裙。双臂被 4 号像头光遮挡，双手合掌于胸前。

18 号像，内龛正壁右侧，17 号像左侧立像，胸部以下被 2 号、4 号像头光遮挡。头部残失。残高 29 厘米。上身残破，仅见痕迹。

19 号像，内龛正壁右侧，18 号像左侧立像，四分之三侧身像，腰部以下被 2 号像头光遮挡。高 19 厘米。头部残损，身体表面风化，衣式不明。

20 号像，内龛左侧壁，19 号像左侧，21 号像右侧，10 号像左后侧立像。高 27 厘米。全体风化。圆顶，面部漫漶不清。双臂屈肘，双手合掌于胸前，大袖垂覆身体正面。

21 号像，内龛左侧壁，20 号像左侧，22 号像右侧，11 号像左后侧立像，腿部被 11 号像遮挡。高 25 厘米。全体风化。圆顶，面部漫漶不清。双臂屈肘，双手合掌于胸前，大袖垂覆身体正面两侧。

22 号像，内龛左侧壁，21 号像左侧，12 号像左后侧立像，膝部以下被 12 号像遮挡。高 23 厘米。全体风化。头顶结髻，面部漫漶不清。左肩、左臂残损。右臂屈肘，手于左胸前持纵长棒状物。

23 号像，内龛弧形基坛正立面中央，浅浮雕方形覆半椭圆形盖状物，下侧剥落残损。

24 号像，内龛弧形基坛正立面左侧，23 号像左侧人物游戏坐像，与 25 号像对面而坐。四分之三侧身像，高 37 厘米。全体风化。头顶束馒头形高髻，面部残。双臂屈肘，双手置于身前侧，手部残损。右腿屈膝，脚踩方形台座上，左腿垂放于座前。

25 号像，内龛弧形基坛正立面右侧，23 号像右侧人物半跏趺坐像，与 24 号像对面而坐。四分之三侧身像，高 35 厘米。全体风化。头顶束馒头形高髻，面部残。双臂屈肘，双手置于身前侧，手部残损。左腿屈膝，脚踩方形台座上，左腿垂放于座前。

26 号像，内龛弧形基坛正立面左端，内龛龛口内侧力士立像。残高 31 厘米。全体风化。头部残失。左臂上举，右臂垂于身侧。下身着裙。无座。

27 号像，内龛弧形基坛正立面右端，内龛龛口内侧力士立像。残高 35 厘米。全体风化脱落，仅存痕迹。

6. 题记

无。

7. 年代判断

中晚唐。

099 龛

1. 相对位置

位于 D 区中段崖面，造像群上层，091 龛右侧，098 龛左侧，093 龛上侧。

2. 保存状况

保存状况良好，外龛龛顶残损，左右侧壁被后代修筑孔打破。内龛龛顶外沿左侧残损。龛内三壁下侧尊像风化较为严重，表面皆有酥粉和剥落现象（图版一〇四）。

3. 龛内外遗迹

龛外上侧有两道横向水平刻槽，龛外左侧由上至下有三个方形凹孔，5 个圆形小型凹孔。龛外右侧由上至下有一个方形凹孔，圆形凹孔，方形凹槽，左端打破第 99 龛外龛右侧壁，右端打破第 98 龛外龛左侧壁。

4. 龛窟形制

方形双重龛，外龛宽 207、高 239、深 25 厘米。龛楣残损，龛顶残损，龛壁平；内龛宽 177、高 199、深 110 厘米。龛壁缓弧形，龛顶平，与龛侧壁连接处弧形过渡。内龛龛床上设方形基坛，高 40 厘米，其上沿正壁设弧形坛。外龛左右侧正壁装饰卷草纹，内龛龛楣装饰双层卷草纹。

5. 龛内造像

内龛正壁高浮雕一佛二菩萨像 3 尊，三尊像后侧浅浮雕双层楼阁，柱间雕刻有人像。三尊像之间半浮雕宝幢，左右两侧壁中段内侧半浮雕七层八角形宝塔，外侧半浮雕双层楼阁。两侧壁上方空中廊上浅浮雕有人物半身立像。空中廊上方环状云中有小坐佛。三壁凹形基坛上，三像束腰莲座下座周围，半浮雕人物群像。内龛弧形基坛正立面半浮雕舞蹈天、伎乐天，两侧有人物群像。内龛口沿左右侧浅浮雕 16 个小龛。按尊像、区域编号见表五〇（图一四八～一五一）。

表五〇　099 龛尊像、分区编号表

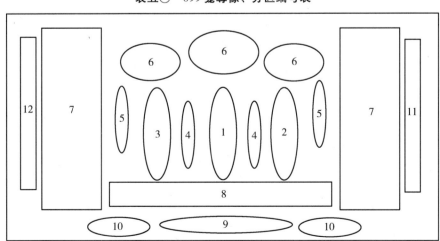

60厘米

0

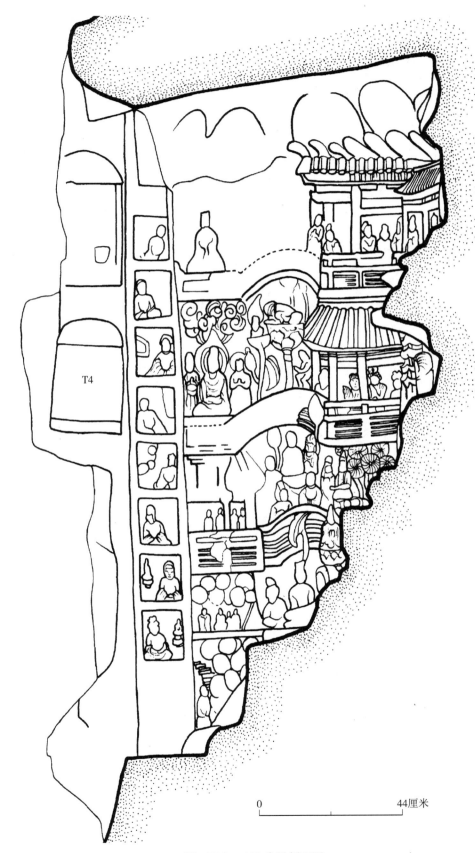

T4

0　　　　　　　44厘米

图一四九　099龛纵剖面图

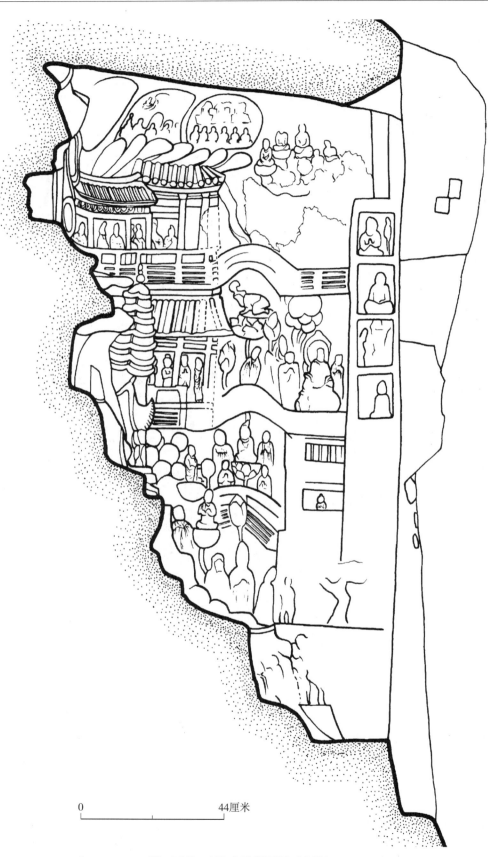

0　　　　　　　44厘米

图一五〇　099 龛纵剖面图（左壁）

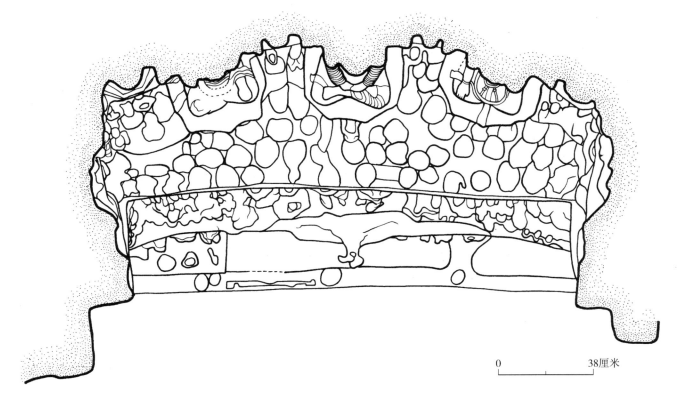

图一五一　099龛横剖底视图

　　1号像，内龛正壁中央阿弥陀佛坐像。通高124厘米。头部残失，现存方形修补孔，身体残高58、肩宽21、肘宽27、膝宽30厘米。有双层头光，宽30、高25厘米。外层宝珠形，透雕火焰纹，内层椭圆形，纹饰由内而外分别为卷草纹、连珠纹、纽纹、连珠纹。头光火焰顶部上接华盖，华盖四段式，顶部有球形装饰，其下两层伞盖中夹扁平球形物。头光火焰顶部两条光缠合从下层伞盖上侧分散，沿中央上层楼阁两侧蜿蜒卷曲呈三道环状，上两道环中各有坐佛像三尊。上道环外侧发散单层仰莲瓣云，其上浅浮雕三组圆形，之间浅浮雕植物图像，其内浮雕坐佛像。正壁两侧三组圆形中图像基本对称，由内而外，第一组圆形内上侧有三座乘云楼阁，下侧有十尊小坐佛像，上下各五尊分两层错位排列；第二组圆形内上侧有三座乘云楼阁，下侧有八尊小坐佛像，上下各四尊分两层排列，下层中央两坐佛间浅浮雕一座乘云楼阁；第三组圆形内上侧有三座乘云楼阁，下侧方形台上并列有六尊小坐佛像（图一五二）。

　　上身着通肩袈裟，衣纹细密阴线刻。双臂屈肘，双手置于腹前结弥陀定印。有双层身光，宽46、高43厘米。外层舟形，透雕火焰纹，内层椭圆形，纹饰由内而外分别为卷草纹、连珠纹、纽纹、连珠纹。

　　双腿缠于袈裟中，右腿上、左腿下结跏趺坐束腰莲座。下身着裙，裙裾幔状覆盖仰莲台上侧。束腰莲座风化严重。

　　2号像，内龛正壁左侧，1号像左侧胁侍菩萨像。通高107厘米。头部残失仅存痕迹，身体残高55、肩宽20、肘宽25、膝宽29厘米。头顶可辨结高发髻，两侧结冠缯带，飘于头侧。有双层头光，外层宝珠形，宽33、高29厘米。透雕火焰纹，内层椭圆形，纹饰由内而外分别为卷草纹、连珠纹、

0   18厘米

图一五二　099 龛 1 号像华盖上方建筑

纽纹、连珠纹。头光火焰顶部上接华盖，华盖三段式，两层伞盖中夹扁平球形物。下层伞盖残损。

上身着偏袒右肩内衣，腹上系带，起褶皱。戴胸饰，有复杂垂饰，两条璎珞分别连接胸饰两侧，相交于腹前圆状饰物，下段沿大腿内侧垂下，绕双膝下侧至体侧，膝下有垂饰物。双肩披天衣，沿两腋下垂，于腹前相交，左侧天衣绕右手腕垂于体侧，右侧天衣绕左手腕垂于体侧。左臂屈肘，下臂残失。右臂屈肘，抚右膝。有双层身光，宽46、高37厘米。外层舟形，透雕火焰纹，内层椭圆形，纹饰由内而外分别为卷草纹、连珠纹、纽纹、连珠纹。

下身着裙，腰间系带。双腿隐于裙中，结跏趺坐束腰莲座，裙裾幔状覆盖仰莲台上侧。束腰莲座风化严重。

3号像，内龛正壁右侧，1号像右侧胁侍菩萨像。通高108厘米。头部残失仅存痕迹，身体残高54、肩宽19、肘宽25、膝宽28厘米。头顶可辨结高发髻，两侧结冠缯带，垂于肩侧。有双层头光，宽30、高29厘米。外层宝珠形，透雕火焰纹，内层椭圆形，纹饰由内而外分别为卷草纹、连珠纹、纽纹、连珠纹。头光火焰顶部上接华盖，华盖三段式，两层伞盖中夹扁平球形物。

上身着偏袒右肩内衣，腹上系带，起褶皱。戴胸饰，有复杂垂饰，两条璎珞分别连接胸饰两侧，相交于腹前圆状饰物，下段沿大腿内侧垂下，绕双膝下侧至体侧，膝下有垂饰物。双肩披天衣，沿两腋下垂，于腹前相交，左侧天衣绕右下臂垂于体侧，右侧天衣绕左下臂垂于体侧。左臂屈肘，左手抚左膝。右臂屈肘，下臂上举，手部残断。有双层身光，宽45、高34厘米，外层舟形，透雕火焰纹，内层椭圆形，纹饰由内而外分别为卷草纹、连珠纹、纽纹、连珠纹。

下身着裙，腰间系带。双腿隐于裙中，结跏趺坐束腰莲台，裙裾幔状覆盖仰莲座上侧。束腰莲座风化严重。

4号区

正壁弧形坛上，1号像与2号像，1号像与3号像之间宝幢形制相同，高84厘米。由下至上，基台为方形台座上仰覆莲座，上层三层仰莲，下层覆莲。塔身六层，由下至上，第一层长八角柱上八角檐顶。第二层扁平球形塔身，正面开小龛刻坐像，其上八角檐顶。第三层扁平球形塔身，正面开小龛，其上八角檐顶。第四层扁平球形塔身，其上八角檐顶。第五层栏杆状塔身上檐顶。第六层圆筒形塔身，开小龛，其上八角锥形檐顶。顶部宝珠形刹顶。

5号区

分别位于2号、3号像外侧，正壁弧形坛上七层宝塔，形制相同，高84厘米。塔座三层台式，上两层台之间数根柱状连接。塔身仿木结构塔形制，八角形密檐式，正面檐之间塔身中央为人物像。顶部宝珠形塔刹。塔座上，下段塔身前浮雕鸟立像，头朝向龛内侧方向。

6号区

内龛正壁，正壁弧形坛上，1～5号像后侧，浮雕楼阁、空中廊道。形制仿木结构建筑，正壁中央二层楼阁，高133厘米。上层三开间式，各间皆浅浮雕3尊人物半身像，可辨头顶结宝髻。下层应为四开间式，右侧宝幢两侧各浅浮雕2人物半身像，身体侧向中尊方向，右臂屈肘，右手置于胸前。左侧宝幢内侧浅浮雕人物立像，身体朝向中尊方向。下层楼阁飞檐上侧各有人首鸟身像一体，头上天衣呈环形，背后有双翼。

中央三层楼阁两侧有空中廊道，有护栏，左侧廊道中有人物立像5尊，可辨头顶结宝髻。右侧廊道中有人物立像5尊，可辨头顶结宝髻。空中廊道下侧，2号、3号像后侧，浮雕单层楼，左侧楼左柱外侧有佛坐像1尊，头顶有肉髻，穿袈裟，双手合于胸前，结跏趺坐。左侧楼左侧飞檐上，有人物坐像1尊，风化严重。右侧楼右柱外侧有人物半身像，背靠右柱，双臂屈肘合掌于胸前。右侧飞檐上，有人首鸟身像一体，头上天衣呈环形，背后有双翼。

7号区

内龛左右侧壁楼阁，两侧壁图像构成对称，两侧壁风化，左侧壁尤甚。侧壁最上部屋顶上方各有三个环形圈，圈内浅浮雕建筑及小坐像（图一五三、一五四）。侧壁上侧内侧有两层楼阁，柱间有人物立像，可见上半身，风化残损。侧壁外侧有三道虹形渡桥，上侧两道右端与两层楼阁左端连接。上层渡桥上有人物像，因风化，详细不明。左端有一尊佛坐像，头部残失，双臂屈肘，双手置于腹前，结跏趺坐。其上有坐佛7尊，禅定印，结跏趺坐于莲台上，上层3尊，下层3尊。中层渡桥左端可辨树荫下一尊佛坐像，头部残失，双臂屈肘，双手置于腹前，结跏趺坐，其余详细不明。下层渡桥上有一佛四菩萨像，佛居中，有肉髻，双手置于胸前，结跏趺坐带茎莲座。两侧有胁侍菩萨立像，可辨高发髻。莲座两侧有菩萨半身像，可辨高发髻。虹桥右端莲座上菩萨侧身跪坐向坐佛方向，可见天衣垂于体侧。其后七朵云涌纹。虹桥左端图像风化不识（图版一〇五、一〇六）。

8号区

内龛弧形基坛上，1～3号像束腰莲座下周围莲池景象，密布未敷莲花，风化残损严重。基坛中央圆形浅台上，有一菩萨跪像，面朝1号像方向，头部残失，披天衣，下身着裙。基坛内侧、两侧有

图一五三　　099 龛右壁上部

图一五四　　099 龛左壁上部

人物坐莲花上，或于莲蕾中现头部，表现莲花化身。

　　9 号区

　　内龛弧形基坛正立面线刻柱状、横线背景图样似栏。中央有两体舞踊天人，两像姿势对称，头部残失，双臂屈肘，振臂上抬，双手高于头部握天衣舞动状，上身袒露，斜披条帛，下身着裙，内侧腿跪立，外侧腿跪坐。左像戴胸饰，双肩披天衣，双手举天衣两侧，余端垂于身体两侧。右像双手举天衣两侧，于身前呈 U 字形，余端垂于身体两侧。两像两侧分别配两体奏乐天，左侧两体残损。右侧两体分别奏纵笛、竖箜篌。

　　10 号区

　　内龛弧形基坛正立面两侧，奏乐天外侧有人物群像，风化残损严重，有持幡像，左侧可辨骑狮菩萨，右侧可辨有骑象菩萨，余像风化甚大，细节难辨。

11 号区

内龛口沿左侧八个方格中浮雕图像，由下至上，第一～第四方格中图像风化残损严重，详细不明。第五方格中，外侧浅浮雕人物坐像，头部、身体风化不清，结跏趺座。第六方格中，内侧浅浮雕人物坐像，头部、身体风化不清，结跏趺座。外侧上段图像风化残损，仅见痕迹。第七方格中，外侧浅浮雕人物坐像，头顶肉髻，头部、身体漫漶不清，双臂屈肘，双手置于腹前，双腿结跏趺座；内侧上段图像风化残损，仅见痕迹。第八方格中，内侧浅浮雕人物坐像，头部、身体风化漫漶不清，双臂屈肘，双手置于腹前，双腿结跏趺座；外侧上段浅浮雕带茎莲座上小型坐像一尊，风化不明。

12 号区

内龛口沿右侧八个方格中浮雕图像，由下至上，第一方格中，外侧浅浮雕人物坐像，头顶结高髻，面部漫漶不清，上身着左衽交领宽袖衣，双臂屈肘，双手置于腹前，双腿结跏趺座；内侧上段浅浮雕束腰座上小型佛坐像，头部残损，可辨有肉髻，身体风化，双臂屈肘，双手置于腹前，双腿结跏趺座。第二方格中，内侧浅浮雕人物坐像，头顶结髻，面部漫漶不清，上身着左衽交领宽袖衣，双臂屈肘，双手置于腹前，双腿结跏趺座；外侧上段浅浮雕束腰座上小型人物立像，风化残损严重。第三方格中，外侧浅浮雕人物坐像，头顶结高髻，面部漫漶不清，上身着左衽交领宽袖衣，双臂屈肘，双手置于腹前，双腿结跏趺座；内侧上段图像残失，仅见痕迹。第四方格中，内侧浅浮雕人物坐像，头部残失，上半身残损，双臂屈肘，双手置于腹前，双腿结跏趺座；外侧上段图像残失，仅见痕迹。第五方格中，外侧浅浮雕人物坐像，头部、身体风化残损，双臂屈肘，双手置于腹前，双腿结跏趺座；内侧上段图像风化残损严重，详细不明。第六方格中，内侧浅浮雕人物坐像，头顶结高髻，面部漫漶不清，上身着左衽交领宽袖衣，双臂屈肘，双手置于腹前，双腿结跏趺座；外侧上段浅浮雕梯形方格中人物像，风化详细不明。第七方格中，外侧浅浮雕人物坐像，头部风化残损，上身着左衽交领宽袖衣，双臂屈肘，双手置于腹前，双腿结跏趺座；内侧上段图像残损不清。第八方格中，内侧浅浮雕人物坐像，头部、上身风化残损，双臂屈肘，双手置于腹前，双腿结跏趺座；外侧上段图像风化残失，仅见痕迹。

6. 题记

099 龛外龛门右侧中部有小题记碑一个（T4），通高 34 厘米，半圆形碑首，竖长方形碑身宽 20 厘米，浅框碑座。碑身阴刻左起竖书"江西建昌府新城孙/□善弟子□□進恭/□□□□□□□□□/□□□□□保□□顺/□人□□□泉□□/□□□九□吉祥/□□二十七年七月朔日"（图版一〇七）。

7. 年代判断

中唐。

101 龛

1. 相对位置

位于 D 区西段崖壁，造像群下层，龛下方即为人行梯步。102 龛、103 龛下侧。

2. 保存状况

保存较好，外龛龛顶残损，左侧龛口中段被凿毁，残留凿痕（图版一〇八）。

3. 龛内外遗迹

无。

4. 龛窟形制

纵方形双重龛，龛型较大，内龛较深。外龛宽 217、高 335、龛底深 90 厘米。龛顶残损，龛壁从上至下之间变宽，龛底不平，凹梯状；内龛宽 176、高 233、龛底深 92 厘米，内龛龛床与外龛龛床段差 100 厘米。内龛龛床上，正壁设三层基坛。

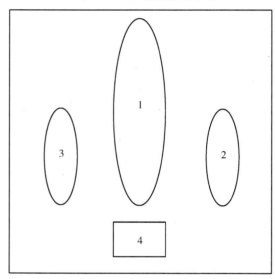

表五一 101 龛尊像编号表

5. 龛内造像

内龛正壁，第三层基坛上泥塑坐像 1 尊。第一层基坛上，石刻香炉。内龛左右两壁各立像 2 尊。编号见表五一（图一五五～一五七）。

1 号像，内龛正壁，第三层基坛上，泥塑倚坐像。高 185、肩宽 50、膝宽 77 厘米。头顶戴覆斗形帽，上部扁平，两侧垂于耳上部，帽顶有圆球状饰物。面部五官写实，眉毛较粗，表面阴刻细线表现毛发。眼窝较深，眼睑较厚，球状瞳孔突出。鼻高，双唇闭合，嘴角微微上扬，颧骨高。鼻唇之间八字胡须，下巴短，下颚有片状弧形须垂至胸部，阴刻细线表现胡须。耳廓较小，比例与常人类似。

外着袍，身体正面中央阴刻纵线，袍成两片式，左片摆角向外翻出，腹上系绳成蝶结。双臂于体侧屈肘，双手手指伸展，手掌朝下，抚双膝。肘部形成较深立体褶痕，大袖垂于体侧。双膝大分开，坐于上层基坛，双腿垂放中层基坛上。外袍衣摆垂至小腿，露出内裙，垂覆双脚，仅现鞋尖。全身衣纹表现少，臂部表现重叠衣纹，双腿两组阴线刻 V 字纹，内裙竖状纹宽裙褶。双腿外侧，上层基坛正立面，线刻云气纹。

2 号像，内龛左侧壁，内龛龛口内侧，泥塑人物立像。头部残失，残高 79 厘米。裸上身，披天衣，后侧飘于头上方，前端绕双肩而下，垂于身侧。下身着裙，腹下束带，裙长及膝，裙摆右扬。双腿分开站立，卷草纹台座，表面残损。

3 号像，内龛右侧壁，内龛龛口内侧，泥塑人物立像。头部残损，身体高 99 厘米。裸上身，披天衣，后侧飘于头上方，前端绕双肩而下，垂于身侧。下身着裙，腹下束带，裙长及膝，裙摆右扬。双腿分开站立，卷草纹台座，表面残损。

4 号像，下层基坛中央，方形石刻香炉，正面、两侧面有倒三角形垂布。

6. 题记

无。

7. 年代判断

不详。

0　　　　40厘米

图一五五　101龛正视图

0　　　　　　　　　60厘米

图一五六　101龛纵剖面图（右壁）

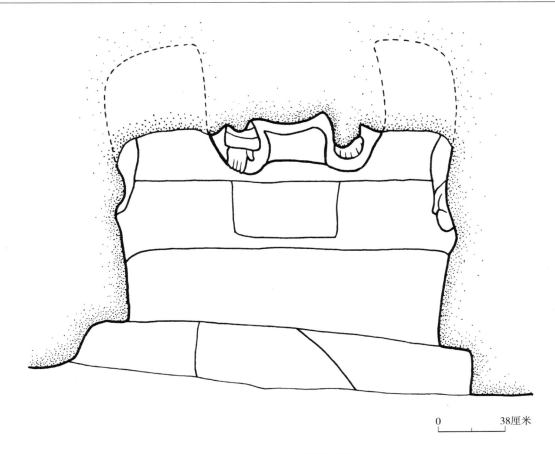

图一五七 101龛横剖底视图

102龛

1. 相对位置

位于D区西段崖壁，造像群中层，101龛上侧，103龛左侧。

2. 保存状况

外龛龛楣、龛顶残损，龛顶风化严重。龛内造像风化，表层有酥粉现状（图版一〇九）。

3. 龛内外遗迹

龛外上方中段，有彩虹状弧形沟槽。龛外左侧与龛顶平行处，有纵长方形凹槽。龛外左侧下端，龛口外侧，有梯形凹孔。

4. 龛窟形制

方形双重龛，外龛宽110、高93、龛底深24厘米，龛楣、龛顶残损；内龛宽74、高59、龛底深40厘米，内龛龛床与外龛龛床段差36厘米。内龛方形龛楣有三角斜撑，龛顶平，三壁弧形，三壁与龛顶连接处弧形过渡。内龛龛床上设基坛。

5. 龛内造像

内龛基坛上，正壁中央高浮雕佛坐像1尊，两侧壁高浮雕菩萨像各1尊，外龛正壁两侧，各半浮雕力士1尊。另外，内龛龛床上，基坛正立面左右两侧各半浮雕狮子像1身。共造像7尊，编号见表五二（图一五八）。

表五二　　102龛尊像编号表

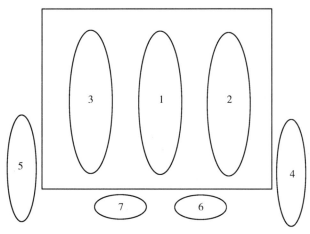

1号像，内龛基坛上，正壁中央高浮雕坐佛像。通高56、身高32、肩宽15厘米。头顶覆钵形低宽肉髻，面部风化漫漶不清，双耳垂肩，颈部短圆。双层头光，外层宝珠形，尖部及龛顶，内层圆形，素面无纹。

双肩圆厚，内着偏袒右肩内衣，胸下系带。外着双领下垂式通肩袈裟，领口垂至腹下，身体正面袈裟U字形衣纹重叠。左臂贴体侧屈肘，小臂置于大腿上，手指伸展，手掌朝下抚右膝，右臂贴体侧屈肘，手指伸展，手掌朝上，横放于腹前。双腿结跏趺坐，袈裟覆腿，不露足。双层圆形身光，外层阴刻火焰纹，内层素面无纹。三段式束腰莲座，中央短圆柱形束腰，素面无纹，上段仰莲座，袈裟衣摆垂幔状覆盖上部，仅现下层莲瓣，莲瓣弧面阴刻而成，较薄。下段浅覆莲，双层莲瓣，弧面阴刻而成，较薄。束腰莲座下圆形浅台。

2号像，内龛基坛上，左侧壁高浮雕菩萨坐像。通高56、身高31厘米。头部、面部残损，头顶结高发髻，两侧系冠缯带。双层头光，外层宝珠形，尖部及龛顶，内层圆形，素面无纹。

肩部、胸部表面风化，漫漶不清。袒露上身，小腹微微隆起。条帛从左肩斜披右腋，帛端于左胸处从内侧绕出垂腹前。戴连珠胸饰，下端有三条垂饰，中央水滴状垂直腹部，两侧垂饰连接璎珞。两条连珠璎珞交于腹前圆形饰物上端，于下端垂下，左侧璎珞绕左膝至体侧，膝下部分有三段垂饰，右侧璎珞从右腿上至体侧。左臂于体侧屈肘，手上举于腋前，手部残，戴腕钏。右臂于体侧屈肘，小臂置于大腿之上，手指伸展，手掌朝下抚膝。双肩披天衣，沿两肋垂下，交于腹前，左侧天衣绕右腕垂于体侧，右侧天衣绕左小臂而上垂于体侧。双层圆形身光，外层阴刻火焰纹，内层素面无纹。

下身着裙，腰下束带，两条垂带自两腿之间垂下，于座前结蝶结，尖端燕尾状垂至宽床。半跏趺座，右腿屈膝盘于座上，脚掌朝上，左腿自然垂放，踏小型莲座。长裙覆盖双腿，露出双脚。束腰莲座三段式，中央短圆柱形素面束腰；上段仰莲座，幔状裙摆覆盖其上，下段底座素面座，前方龛床卷草中生出两小型带茎莲座，左脚踏于外侧莲座上方。

3号像，内龛基坛上，左侧壁高浮雕菩萨坐像。通高55、身高37厘米。头部、面部风化，漫漶不清。头顶束高发发髻，戴高宝冠，两侧系冠缯带。双层头光，外层宝珠形，尖部及龛顶，内层圆形，素面无纹。

肩部、胸部表面风化，漫漶不清。袒露上身，小腹微微隆起。条帛从左肩斜披右腋，帛端于左胸处从内侧绕出垂腹前。戴连珠胸饰，下端有三条垂饰，中央水滴状垂直腹部，两侧垂饰连接璎珞。两条连珠璎珞交于腹前圆形饰物上端，于下端垂下，右侧璎珞绕右膝至体侧，膝下部分有三段垂饰，左侧璎珞从右腿上至体侧。左臂于体侧屈肘，小臂置于大腿之上，手指伸展，手掌朝下抚膝。右臂于体侧屈肘，手上举于腋前，手部残断。双肩披天衣，沿两肋垂下，交于腹前，右侧天衣绕左腕垂于体侧，左侧天衣绕右小臂而上垂于体侧。双层圆形身光，外层阴刻火焰纹，内层素面无纹。

0   22厘米

图一五八　102龛正视、剖面图

下身着裙，腰下束带，两条垂带自两腿之间垂下，于座前结蝶结，尖端燕尾状垂至宽床。半跏趺座，左腿屈膝盘于座上，脚掌朝上，右腿自然垂放，踢小型莲座。长裙覆盖双腿，露出双脚。束腰莲座三段式，中央短圆柱形素面束腰；上段仰莲座，幔状裙摆覆盖其上；下段底座素面座，前方龛床卷草中生出两小型带茎莲座，内侧莲座残损，外侧莲座右脚踢于上方。

4 号像，外龛正壁左下侧，半浮雕力士立像。通高 65、身高 57 厘米。头部四分之三侧面转向右肩，表层风化。头顶结髻，戴浅台花冠，系冠缯带于头部两侧上翻。

袒露上身，胸前风化漫漶不清，右戴胸饰痕迹。披天衣，天衣绕头后呈椭圆形，垂至肩后，于体侧连接腰带，天衣舞动。左臂于身侧振臂抬起，屈肘上举，手掌朝外，手指残断，戴腕钏。右臂置于身前，右手于身体左侧持纵向棒状物，戴腕钏，棒状物上段残损。

下身着双层裙，上层倒三角状垂于两大腿之间，下层倒三角状垂于两小腿之间，露出膝盖，裙摆右扬。腰间束带，于两侧连接天衣系结，天衣垂于身体两侧。臀部左侧扭，左腿直立，右腿右侧伸出，戴脚钏，赤足立于岩座，岩座表面风化。

5 号像，外龛正壁左右下侧，半浮雕力士立像。通高 60、身高 44 厘米。头部、面部残损，漫漶不清。头顶束髻，戴冠，系冠缯带于头部两侧上翻。

袒露上身，胸前风化漫漶不清。天衣绕头后呈椭圆形，垂至肩后，于体侧连接腰带，天衣舞动，有当风之感。左臂置于身前，右手于右腰处持纵向金刚杵，戴腕钏。左臂于身侧振臂抬起，屈肘上举，手部残断。

下身着双层裙，上层倒三角状垂于两大腿之间，下层倒三角状垂于两小腿之间，露出膝盖，裙摆左扬。腰间束带，于两侧连接天衣系结，天衣垂于身体两侧。臀部右侧扭，右腿直立，左腿左侧伸出，戴脚钏，赤足立于岩座，岩座表面风化。

6 号像，内龛龛床上，基坛正立面左侧，半浮雕狮子卧像，身体朝向龛中央方向，与 7 号像对面而卧。头部残失，身体残损。后腿蹲坐，前腿前伸，身体下趴。

7 号像，内龛龛床上，基坛正立面右侧，半浮雕狮子卧像，身体朝向龛中央方向，与 6 号像对面而卧。头部、身体残损。后腿蹲坐，前腿前伸，身体下趴。

6. 题记

无。

7. 年代判断

中晚唐。

103 龛

1. 相对位置

位于 D 区西段的中层，第 101 龛上侧，第 104 龛左侧。

2. 保存状况

龛底风化，龛顶右端崩落，右侧龛口下段残失。龛内壁及造像全体风化严重（图版一一〇）。

3. 龛内外遗迹

龛上方约 7 厘米处，有水平深横槽。

4. 龛窟形制

单层纵长方形龛，宽46、高70、深27厘米。龛楣拱形，龛顶弧形，龛壁弧形，龛底缓斜坡形。

5. 龛内造像

龛内正壁菩萨立像1尊（图一五九）。

龛正壁中央，菩萨立像，通高58厘米。头顶束高发髻，立体发束，带卷草纹高冠，系冠缯带，垂于双肩侧。额窄，面部丰满，表面风化漫漶不清。双层头光，外层宝珠形，阴刻火焰纹，顶端及龛顶，内层圆形，素面无纹。

短颈，刻三道纹。胸部、左上臂残损。披璎珞，交于腹前圆形饰物上端，从下端垂下，沿两腿内侧下垂，绕膝盖下端而上至体侧。披天衣，横于腹部以下两道，左侧天衣绕右臂肘弯垂于体侧，右侧天衣绕左臂手腕垂于体侧。右臂于体侧屈肘，手上举于肩侧，持杨柳枝。左臂垂于体侧，手持宝瓶。双层舟形身光，外层阴刻火焰纹，内侧素面无纹。

图一五九　103龛正视、纵剖面图

下身着裙，表面漫漶，可见纵向褶纹。腰间系带，从两腿之间垂下。长裙垂覆足背，台座破损。座右侧龛床内侧，正壁右侧浮雕涡旋状云纹，顶端变细及龛顶。

6. 题记

无。

7. 年代判断

中晚唐。

104龛

1. 相对位置

位于D区西段的中层，第103龛左侧。

2. 保存状况

内龛正壁残损。

3. 龛内外遗迹

外龛右侧壁上段，有圆形凹孔。正壁下侧有人为凿痕。

4. 龛窟形制

立面纵长方形双重龛。外龛宽 54、高 110、深 20 厘米。龛顶平，龛壁有凿痕；内龛宽 40、高 98、深 10 厘米。龛顶平。

5. 龛内造像

空龛，无造像。

6. 题记

无。

7. 年代判断

不详。

五　E区造像

　　E区造像位于D区造像西侧、F区北侧。D、E两区之间以104龛、105龛之间的岩壁裂缝为界，E、F区之间以沿江石阶梯道为界。约东西长14、高10.5米，龛窟自东向西自上而下编号为105～143龛，共39龛（不包括附龛），题记八则（T5～T12）。其中105龛下侧一龛原未纳入编号，新编号为"105下"龛。龛窟以135龛为中心分布，以大、中型龛为主，保存相对较好，下部后代改刻较多。大致坐北朝南，面向青衣江，造像所在岩石下为沿江古道。崖面上部136龛、137龛顶上部有人字形刻槽，崖面有若干条状刻槽、方形柱洞等遗存。崖面上部西侧有竖长方形题记框一个（图一六○；图版一一一）。

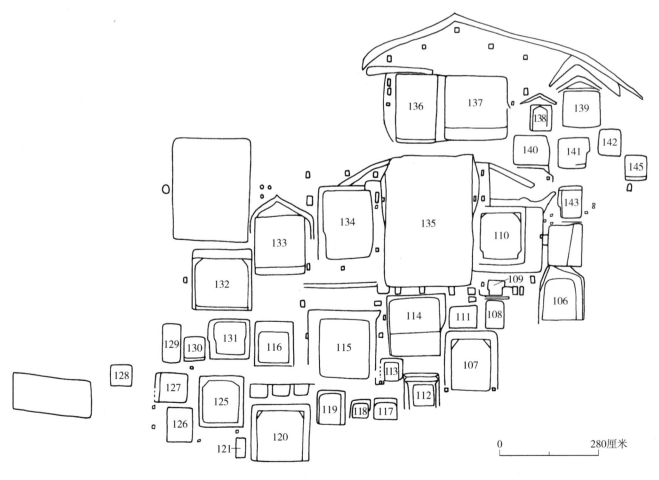

图一六○　E区龛窟立面分布图

105 龛

1. 相对位置

位于 E 区东段崖面上，处于 D 区和 E 区交界处的纵向断裂带上，142 龛左下侧。

2. 保存状况

外龛龛底风化，龛顶中段残损。因处于纵向断裂带上，山顶从断裂带排水，外龛、内龛、龛内造像遍布黑色苔藓，造像风化严重（图版一一二）。

3. 龛内外遗迹

龛下方右侧有一小龛（105 下）。外龛正壁、内龛龛床、内龛侧壁有人为平行凿痕。造像身体及座有人为点状凿痕。

4. 龛窟形制

立面方形双重龛，外龛宽 79、高 62、深 5 厘米，龛楣方

表五三　　105 龛尊像编号表

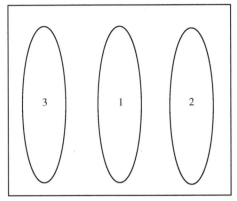

形，龛底呈坡状；内龛宽 58、高 49、深 16 厘米，龛楣方形，龛顶、龛壁平，龛底坡状。

5. 龛内造像

内龛正壁浅浮雕佛坐像 3 尊。编号见表五三（图一六一）。

1 号像，内龛正壁中央，浮雕佛倚坐像。高 37、肩 U 字形衣纹重叠。左臂于体侧屈肘，左手抚膝。右臂于体侧屈肘，手举于肩前方。双膝分开齐肩宽，坐素面方形台座，双腿垂于座前，表面残损，双腿之间之间有平行 U 字形衣纹，脚蹑小型莲华座，莲华座表面残损。

2 号像，内龛正壁左侧，1 号像左侧，浮雕佛坐像。高 37 厘米。头顶结肉髻，面部风化漫漶不清。双肩平宽，着通肩袈裟，身体正面平行 U 字形衣纹重叠。双臂贴体侧，双手合置于腹前，手部残损。结跏趺坐，台座表面残损，座下方

0　　　　　　　　　　20厘米

图一六一　　105 龛、105 下龛正视图

形高台。

3 号像，内龛正壁右侧，1 号像右侧，浮雕佛坐像。高 36 厘米。头部、面部残损。双肩平宽，双肩、胸部残，漫漶不清，可辨着通肩袈裟。双臂贴体侧，双手合置于腹前，手部残损。结跏趺坐，台座表面残损，座下方形高台。

105 下龛，位于龛下方右侧，单层方形龛，宽 17、高 36 厘米。龛楣圆拱形。其内独尊立像，高 29 厘米。身分化残损严重。左臂垂于体侧，右臂于身右侧屈肘，手部残损。双腿并立于龛床，无座。

6. 题记

无。

7. 年代判断

不详。

106 龛

1. 相对位置

位于 E 区东段崖面上，处于造像群下层，龛下方即为人行梯步，108 龛、109 龛右侧，143 龛下侧。

2. 保存状况

龛右侧下端，龛底残损。龛内造像头部残失，风化情况严重（图版一一三）。

3. 龛内外遗迹

龛口上侧、左右侧外围刻人字形沟槽，尖部位于龛上方右侧，槽内密布平行凿痕。

4. 龛窟形制

立面方形单层龛，宽 96、高 114、深 38 厘米，龛楣拱形，龛顶拱形，龛壁缓弧形。龛内正壁设基坛，高 43 厘米。

5. 龛内造像

龛内正壁半浮雕坐像 1 尊，基坛正立面两端浮雕人像各 1 尊。共造像 3 尊，编号见表五四（图一六二）。

表五四 106 龛尊像编号表

1 号像，龛内正壁中央，于基坛上半浮雕坐像。残高 58、肩部残宽 24、膝宽 37 厘米。头部残失，仅存痕迹，头两侧有条状物垂于双肩。左肩残损，着偏袒右肩式内衣，胸下系带。外着双领下垂式袍，领口宽、垂至腹下。双臂贴身侧屈肘，五指伸展，左掌上右掌下置于腹前，宽袖垂于体侧。双腿结跏趺坐，包裹于外袍之中，外袍衣摆里长外端两层式悬覆基坛。

2 号像，内壁基坛正立面左端，浮雕倚座像。残高 50 厘米。头顶、面部左侧残失，头顶戴帽，左耳垂肩。着圆领袍，腰间系带。双臂贴身侧屈肘，双手置于腹前，手部残损。倚座，双腿分开齐肩宽，自然垂放龛底。

3 号像，内壁基坛正立面右端，浮雕倚座像。残高 37 厘米。头顶残失，现存圆形修补孔。身体

0 ————— 20厘米

图一六二　106龛正视、横剖面图

残失，仅见痕迹。

6. 题记

无。

7. 年代判断

明代。

107龛

1. 相对位置

位于E区东段崖面上，处于造像群下层，龛下方即为人行梯步，108龛、111龛下侧，112龛右侧。

2. 保存状况

外龛残失，仅残存龛顶内缘，两侧有平行人为斜向凿痕，龛床崩落。内龛保存较完整，龛口底部左端残损，有人为凿痕。内龛龛顶、龛壁及龛内造像全体覆黑色烟熏物（图版一一四）。

3. 龛内外遗迹

内龛龛口外，外龛两侧正壁底端，有两圆形凹孔。内龛龛床中央，基坛前方，有横长方形凹槽。

4. 龛窟形制

立面方形双层龛，外龛残宽 145、残高 171、深 10 厘米，龛楣残失；内龛宽 107、高 138、深 72 厘米。方形龛楣有三角斜撑，龛顶梯形，龛壁弧形。内龛正壁设基坛，高 25 厘米。

5. 龛内造像

内龛高浮雕天王立像 1 尊、两侧壁浮雕侍从立像 2 尊，天王足下浮雕地天、鬼半身像 3 尊，共造像 6 尊，编号见表五五（图一六三、一六四）。

表五五　107 龛尊像编号表

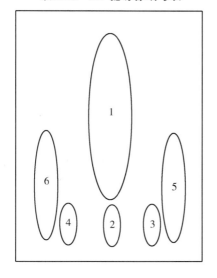

1 号像，内龛基坛上，正壁中央，高浮雕毗沙门天王立像。高 120、肩宽 31、膝宽 28 厘米。戴三面筒形宝冠，冠中束发髻，冠正面浅浮雕卷草纹装饰，左右两面素面无纹，冠底两侧系冠缯带垂于头部两侧。宝冠下现发际，片状垂发从耳后垂下覆两肩上，斜线刻纹表现发丝。脸型方圆，面部风化残损，双耳戴耳铛。双眉横粗，纵向细线刻，圆眼怒睁，上下唇闭合，嘴角刻纹较深。

颈部短圆，戴项圈，双肩宽厚，身着铠甲，上身着挂式身甲，用带联扣于双肩位置，胸下系宽带，双肩着护肩甲，双臂戴护臂甲。左臂贴放身侧，下臂屈肘上举齐肩高，手部残失，仅存痕迹，可辨手中托宝塔形物。右臂振臂抬起，下臂屈肘而下，手部至于右腹前，手掌朝上，呈拳握式，所持物表面风化，形状不明（图一六五）。

下身着裙，长度覆膝，裙裾纵向阴线刻。裙外着下甲，长度齐膝短于裙，两大腿位置处阴线刻卷云纹，下甲下端连弧形外翻。腰间结带，披帛 U 状横于大腿前，与体侧腰带系结，两端垂于体侧，于正壁弧状阴线刻表现。下身正面，从腰带中垂二条纽，吊水平短刀两端。双腿着护腿甲，双脚分开齐肩宽，外八字站立，着鞋履，踝部束带。

2 号像，内龛基坛上，1 号像双脚之间，半浮雕地天半身正面像。高 22 厘米。头戴尖状长耳帽，帽披覆肩。脸部风化残损，漫漶不清。双臂于体侧自然下垂，基坛上仅露出上半身、上臂。上身风化衣纹不明。

3 号像，内龛基坛上，1 号像左脚左侧，半浮雕左鬼像。高 24 厘米。身体侧向 1 号像方向，基坛上身体仅现腹部以上部分。头部面部残损，耳大，长及肩，头戴冠帽，帽披覆肩。左臂屈肘，戴臂钏、腕钏，左手于腹前托 1 号像左足。右臂于身体内侧，仅雕出上臂部分，戴臂钏，下臂被 1 号像左足遮挡。

4 号像，内龛基坛上，1 号像左脚右侧，半浮雕右鬼像。高 26 厘米。身体侧向 1 号像方向，基坛

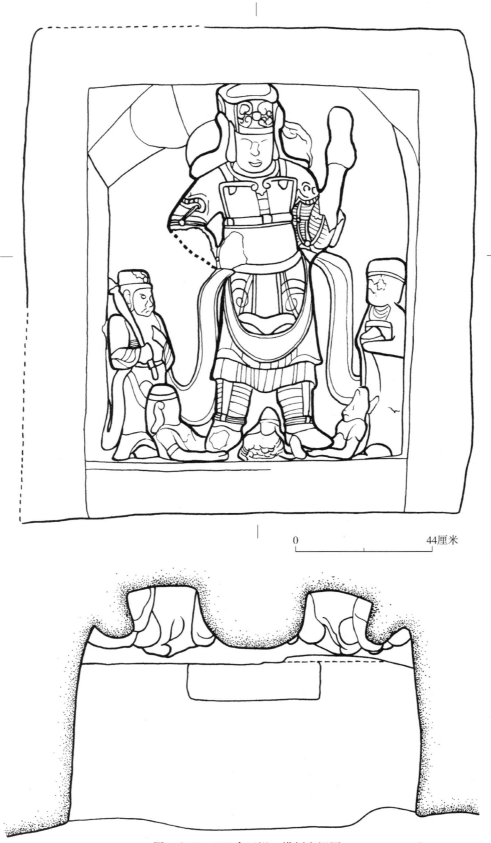

0   44厘米

图一六三　107 龛正视、横剖底视图

上身体仅现腹部以上部分。面部残损，耳大，长及肩，头戴冠帽，帽披覆肩。右臂屈肘，戴臂钏、腕钏，左手于腹前托1号像左足。右臂于身体内侧，仅雕出上臂部分，戴臂钏，下臂被1号像左足遮挡。

　　5号像，内龛基坛上，正壁左端，1号像左侧，3号像后侧，半浮雕天女立像。高64厘米。下半身部分被3号像遮挡。头部、身体侧向龛口中央方向。头戴高筒形冠帽，帽披覆肩，露出两耳，耳垂圆大。左侧面部残损，鼻、下颌残失。右侧面部圆润丰满，眼圆，眼窝内陷。内着圆领内衣，外着双领下垂式上衣，广袖垂覆身体两侧，从胸部裹高腰裙，上衣纳入其中。双臂屈肘，双手于腹前捧圆形盘状物，盘上有块状盛物。足部风化（图版一一五）。

　　6号像，内龛基坛上，正壁右端，1号像右侧，4号像后侧，半浮雕神将立像。高58厘米。下半身部分被4号像遮挡。头部、身体侧向龛口中央方向。中分高蓬发，戴低冠，冠中央有圆形饰物。短额，挑眉，眼睛怒睁，鼻残失，双颊丰满，口角深刻。耳廓较大，长及肩部。颈部短，身体壮硕，腹部隆起。上身内着圆领衫，外着铠甲。左臂屈肘，左手置于胸前，向内握拳，伸展第二指、第三指。右臂屈肘，右手握棍棒下端置于腹前，棍棒上端置于右肩。下身着裙，腰间系腰带，裙外着下甲，露出右足（图版一一六）。

　　6. 题记

　　无。

图一六五　107龛天王胸甲、
腹甲甲纹

　　7. 年代判断

　　晚唐。

　　108龛

　　1. 相对位置

　　位于E区东段崖面上，处于造像群中层，109龛下侧，111龛左侧。

　　2. 保存状况

　　外龛龛顶残失，左侧壁崩落，龛床残损（图版一一七）。

　　3. 龛窟形制

　　方形双重龛，外龛残宽73、残高90、深15厘米；内龛宽54、

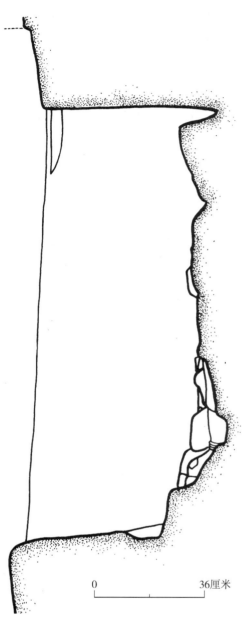

图一六四　107龛纵剖面图（右壁）

高 75、深 30 厘米。龛顶拱形，三壁弧形。

4. 龛内造像

内龛正壁 2 菩萨并立像。外龛龛床中央有三角香炉。共残存造像 3 尊，编号见表五六（图一六六）。

1 号像，内龛正壁左侧地藏菩萨立像。残高 56、肩宽 17 厘米。头部残失，仅存痕迹。有圆形头光，素面无纹。胸部残损，上身着袈裟，长及大腿处。左臂屈肘，左手置于胸前，似托钵状物。右臂于身侧自然垂下，手持袈裟衣角。下身内着裙，垂覆足背，裸足并立于覆

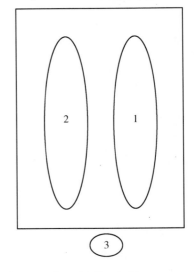

莲台上，表面风化不清。

2 号像，内龛正壁右侧观音菩萨立像。高 58、肩宽 16 厘米。头顶结高宝髻，戴宝冠，耳后两侧系冠缯带，垂于肩后。有圆形头光，素面无纹。上身胸部风化残损。戴胸饰，披天衣，沿两腋垂下，于腹前相交成 U 字形，左侧天衣绕右手臂弯垂于体侧，右侧天衣绕左下臂垂于体侧。左臂自然垂放体侧，手提宝瓶。右臂屈肘，下臂于肩前上举，持杨柳枝。下身着裙，膝下璎珞成 U 字形状，有垂饰。双足残损，并立于单层覆莲台座上。

3 号像，外龛龛床上中央有三足香炉，短足，风化残损。

5. 题记

无。

6. 年代判断

中晚唐。

图一六六　108 龛正视、横剖面图

0 ———————— 16厘米

109 龛

1. 相对位置

位于 E 区东段崖面上，处于造像群中层，107 龛上侧，110 龛下侧，111 龛左侧。

2. 保存状况

龛右侧被 135 号龛外下方的深凹槽打破，龛内右侧造像残失，仅见头光痕迹。龛左壁下段残损，表面有人工凿痕。造像台座底部残损，龛床残失（图版一一八）。

3. 龛内外遗迹

龛外右侧有纵长方形凹槽，凹槽较深，有斜向人工凿痕，凹槽同时打破 135 龛左侧龛门下端。龛外左侧横长方形浅槽，打破龛左壁，其内有斜向人工凿痕。浅槽左侧连接一纵长方形深槽，内有斜向人工凿痕，其左侧有纵长方形深槽，其内有斜向人工凿痕。

4. 龛窟形制

方形单层龛，宽 66、高 48、深 12 厘米。龛楣方形，弧形抹角，龛顶平，三壁缓弧形。

5. 龛内造像

龛内正壁中央浮雕佛坐像 1 尊，左侧壁浮雕菩萨立像 1 尊，右侧原浮雕菩萨立像 1 尊，除部分头光外，完全残失。共残存造像 3 尊，编号见表五七（图一六七）。

表五七　109 龛尊像编号表

图一六七　109 龛正视图

1 号像，内龛正壁中央佛坐像。通高 49 厘米，头部残失，现存竖长方形修补孔，有单层宝珠形头光。身残高 18、肩宽 8 厘米。上身着内衣，袒胸，腹部系纽带。外着双领下垂式袈裟，衣纹僵硬、疏朗。双臂贴体侧屈肘，双手置于腹前结弥陀定印。双腿包裹在袈裟之中，右足居上，左足居下，结跏趺坐于束腰仰覆莲座，上层莲座浮雕双层仰莲瓣，中央短圆柱形束腰、下层莲座残损，其下有方形浅台。

2 号像，龛内正壁左侧菩萨立像。通高 45 厘米。头部、面部风化，漫漶不清。有单层宝珠形头光。身高 32 厘米。短颈，圆肩。袒露上身，胸部中央表层风化脱落，从左肩至右肋斜披条帛，双肩披天衣，沿两腋垂下，右侧天衣从腹前至身体左侧，余部残失。左侧天衣从腹前绕右腕，反握于掌中，余段垂于体侧。左臂残失，右臂自然垂于体侧，右手手掌朝外，手指呈握拳状。下身着裙，裙褶纵向阴线刻，垂及足背，裸足，风化严重。双腿直立，站于圆形台座之上，台座残损。

6. 题记

无。

7. 年代判断

明代。后代修补。

110 龛

1. 相对位置

位于 E 区东段崖面上，处于造像群中层，109 龛上侧，135 龛左侧。

2. 保存状况

外龛龛顶残损脱落，内龛、外龛左侧龛门下段风化破损严重，右侧龛门下段有斜向平行人工凿痕，外龛龛床左端残损，龛内部分造像头部残失，有修补孔，身体改刻（图版一一九～一二一）。

3. 龛内外遗迹

龛外左侧有纵向凹槽，龛外下侧有横向凹槽，其左端与纵向凹槽下端相联，横向凹槽右端与 135 龛左侧龛门相通。龛上突出的岩石上有人工凿痕。

4. 龛窟形制

方形双重龛，外龛极浅，残宽 111、高 126、深 62 厘米。外龛龛楣方形，龛顶残，两壁平；内龛宽 110、高 117、深 65 厘米，方形龛楣有三角斜撑，龛顶缓弧形，三壁呈半椭圆形。内龛沿三壁设弧形基坛，基坛下有三段台，正立面有浮雕痕迹，皆被人工凿毁，残留凿痕，基坛上沿三壁设三层高坛。

5. 龛内造像

内龛弧形基坛上，正壁高浮雕佛坐像 3 尊。三尊主像之间，于基坛之上三层高坛上，半浮雕立像 14 尊。内龛正壁与左侧壁之间，半浮雕立像 6 尊。内龛正壁与右侧壁之间，半浮雕立像 3 尊。内龛左侧壁，半浮雕立像 7 尊。内龛右侧壁，半浮雕立像 7 尊。龛顶左右端有圆状物中佛坐像 1 尊，龛顶中央两侧有飞天各 1 尊。外龛左右下端有力士像痕迹各 1 尊。共残存造像 46 尊，编号见表五八（图一六八～一七二）。

表五八 110龛尊像编号表

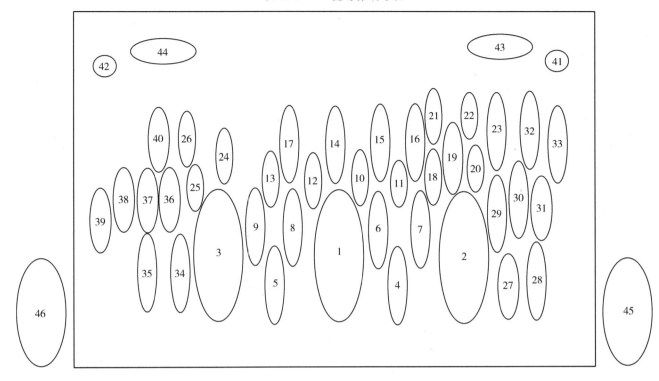

　　1号像，内龛正壁中央高浮雕佛坐像。通高48厘米。头部残失，现存竖长方形修补孔。有双重头光，高16、宽14厘米外层椭圆形，素面无纹，内层椭圆形，素面无纹。身残高27、肩宽8、肘宽10、膝宽13厘米。上身着通肩袈裟，领口低圆至胸部，胸前衣纹呈U字形，衣纹深粗阴线刻，衣褶有浮雕效果。双臂屈肘，双手置于腹前，结禅定印，双手拇指残损。双重舟形身光，高21、宽23厘米，素面无纹。双腿包裹在袈裟之中，结跏趺坐于束腰仰覆莲座。座通高16厘米，宽20厘米。束腰仰覆莲座三段式，上段浮雕四层仰莲瓣；中段束腰部分较短，并列三个椭圆球形；下段浮雕双层覆莲瓣，莲瓣宽大。

　　2号像，内龛正壁左侧高浮雕佛坐像。通高48厘米。头部残失，现存椭圆形修补孔。有双重头光，外层椭圆形，素面无纹，高20、宽14厘米；内层椭圆形，素面无纹。身残高29、肩宽7、肘宽10、膝宽11厘米。上身从左肩至右腋斜着内衣，腹前系纽带，形成自然褶皱。外着偏袒右肩袈裟，袈裟覆左肩垂下，从腹前绕至身体右侧。右肩披覆肩衣，覆盖右臂，外侧垂于体侧，内侧下垂至右下腹时掖入袈裟内。双臂屈肘，双手抚膝，手部风化破损。双重舟形身光，素面无纹，外层身光高18、宽22厘米。双膝分开齐肩宽，倚座于宣字座上，袈裟覆台座上部，垂至佛像小腿，两腿之间呈U字形褶纹，两腿上呈O字形褶纹。下身内着裙，从袈裟里露出，垂至足背。裸双足，并踩二小型束腰仰覆莲台座，表面风化。宣字座三段式，上段两重方形框，中央素面方形束腰，下段两重方形框。

　　3号像，内龛正壁左侧高浮雕佛坐像。通高48厘米。头部残失，现存竖长方形修补孔。有双重头光，外层椭圆形，素面无纹，高25、宽13厘米，内层椭圆形，素面无纹。身残高18、肩宽9、肘宽11、膝宽12厘米。上身着通肩袈裟，领口低圆至胸部，胸前衣纹呈U字形，衣纹深、粗阴线刻，衣褶有浮雕效果。双臂屈肘，双手合掌置于腹前，手部残损，双重舟形身光，素面无纹，外层身光高

0　　　　　　　18厘米

图一六八　110龛正视图

19、宽20厘米。双腿包裹在袈裟之中，结跏趺坐于束腰仰覆莲座。束腰仰覆莲座三段式，上段表面风化，漫漶不清；中段束腰部分较短，素面无纹；下段浮雕双层覆莲瓣，莲瓣宽大。袈裟幔状垂覆束腰莲座上段。

4号像，内龛正壁基坛上，1号像左侧，2号像右侧，半浮雕比丘立像。高30厘米。头部、面部残损，可辨圆顶。上身外着袈裟，垂至下腿。双臂屈肘，双手合于胸前，手部残损，宽袖垂覆身体两侧。下身着裙，裙长至足背。裸双足，并立于双层覆莲台。

5号像，内龛正壁基坛上，1号像右侧，3号像左侧，半浮雕比丘立像。高29厘米。头部、面部

残损，可辨圆顶。上身外着通肩
袈裟，双臂屈肘，双手合掌置于
腹前，指部残损。身体正面 U 字
形衣纹，袈裟垂至下腿。下身着
裙，裙长至足背。裸双足，并立
于双层覆莲台。

　　6 号像，半浮雕比丘立像。
站立于内龛正壁基坛之上第一层
坛，1 号像身光左侧，4 号像右上
方。高 23 厘米。圆顶，面部残
损。上身外着袈裟，垂至膝部。
双臂屈肘，双手合掌于胸前，宽
袖垂覆身体两侧。下身着裙，裙
长至足背。双足并立，足部残损。

　　7 号像，半浮雕比丘立像。
站立于内龛正壁基坛之上第一层
坛，6 号像左侧，2 号像身光右
侧，身形矮于 6 号像。高 21 厘
米。头部、面部残损，可辨圆
顶。上身外着袈裟，垂至下腿。
双臂屈肘，双手合于胸前，手部
残损，宽袖垂覆身体两侧。下身
着裙，裙长至足背。双足并立，
足部残损。

　　8 号像，半浮雕比丘立像。
站立于内龛正壁基坛之上第一层
坛，1 号像身光右侧，5 号像左上
侧。高 22 厘米。头部、面部残
损，可辨圆顶。上身外着袈裟，
垂至膝部。双臂屈肘，双手合掌
于胸前，宽袖垂覆身体两侧。下
身着裙，裙长覆足。

图一六九　110 龛纵剖面图（右壁）

　　9 号像，半浮雕比丘立像。站立于内龛正壁基坛之上第一层坛，3 号像身光左侧，8 号像右侧，
身形矮于 8 号像。高 22 厘米。圆顶，头部、面部残损。上身外着袈裟，垂至下腿。双臂屈肘，双手
合于胸前，手部残损，宽袖垂覆身体两侧。下身着裙，裙长覆足。

　　10 号像，半浮雕比丘立像。站立于内龛正壁基坛之上第二层坛，1 号像头光左侧，6 号像右上

图一七〇　110龛纵剖面图（左壁）

侧。高20厘米。下半身隐于1号像头光后。头部、面部残损，可辨圆顶。上身外着袈裟，双臂屈肘，双手合掌于胸前，宽袖垂覆身体两侧。

11号像，半浮雕比丘立像。站立于内龛正壁基坛之上第二层坛，10号像左侧，6号像左上侧，7号像右上侧，身形矮于10号像。高19厘米。头部、面部残损，可辨圆顶。上身外着袈裟，垂至膝部。双臂屈肘，双手合掌于胸前，宽袖垂覆身体两侧。下身着裙，双足并立，足部残损。

12号像，半浮雕比丘立像。站立于内龛正壁基坛之上第二层坛，1号像头光右侧，8号像左上侧，高27、肩宽6.5厘米，下半身左侧隐于1号像头光后。头部、面部残损，可辨圆顶。上身外着袈裟，垂至上腿，身前U字形衣褶。双臂屈肘，双手合掌于胸前，宽袖垂覆上身两侧。下身着裙，阴刻纵长群褶。

13号像，半浮雕比丘立像。站立于内龛正壁基坛之上第二层坛，12号像右侧，8号像右上侧，9号像左上侧，高20厘米。腿部以下被9号像遮挡。圆顶，面部残损。上身外着袈裟，双臂屈肘，双手合于胸前，手部残损，宽袖垂覆身体两侧。

14号像，半浮雕人物立像。站立于内龛正壁基坛之上第三层坛，1号像头光上侧，10号像右上侧，12号像左上侧，高25厘米。脚部被1号像头光遮挡。头部、面部破损。上身外着长衫，右臂屈肘，右手置于胸前，左壁屈肘，左手残损，宽袖垂覆身体两侧。下身着裙。

15号像，半浮雕神将形立像。站立于内龛正壁基坛之上第三层坛，14号像左侧，10号像左上

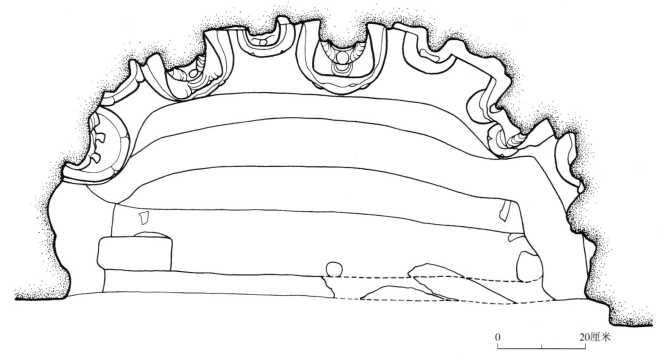

0　　　　　　　　　　20厘米

图一七一　110龛横剖底视图

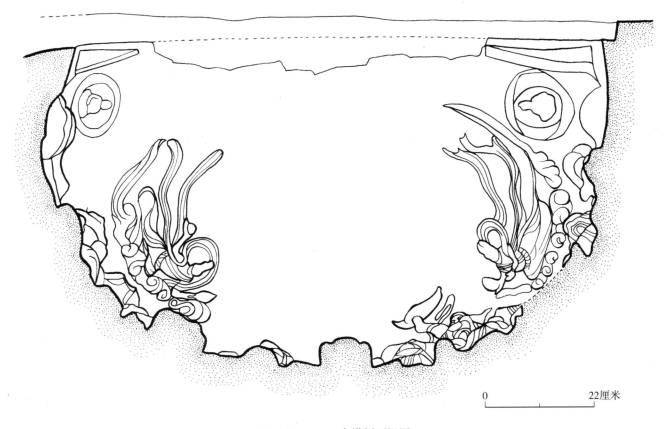

0　　　　　　　　　　22厘米

图一七二　110龛横剖顶视图

侧，11 号像右上侧，高 36 厘米。戴头盔，顶部有宝珠形饰物。头部后侧浅浮雕龙形，头部于头盔上侧，尾部隐于左肩。上身外着胸甲、胸下缔结纽带，小腹部隆起。双肩着肩甲，左臂微抬起，于身侧屈肘，小臂被 16 号像身体遮挡，右臂微抬起，于身侧屈肘，右手置于胸前，手部残失。下身着裙，裙长至小腿部，外着下甲，腰部束带，于腰部两侧缔结，在大腿部上呈 U 字形。双腿分开，双脚外八字站立，着鞋履。

16 号像，半浮雕人物立像。站立于内龛正壁基坛之上第三层坛，15 号像左侧，11 号像左上侧，高 28 厘米。下腿以下部分被 7 号像遮挡。头戴高冠，上身着圆领衫。右臂屈肘，右手置于右腹前，左臂屈肘，左手至于左胸前，宽袖垂覆身体两侧。双手持一扁平棒状物下段，上段置于左肩。右下半身有一纵长方形凹孔。

17 号像，半浮雕菩萨立像。站立于内龛正壁基坛之上第三层坛，14 号像右侧，12 号像右上侧，13 号像左上侧，高 32 厘米。脚部被 7 号像遮挡。头部残损，可辨戴宝冠，浅浮雕圆形素面头光。上身着低圆领内衣，双肩披天衣，沿两腋下垂，U 字形两道分别横于大腿上部和下部，绕两下臂垂于身体两侧。双臂贴于身侧屈肘，双手合掌于腹前。下身着裙，有纵长阴线刻裙褶，下腿前有纵长方形凹孔。

18 号像，内龛正壁与左侧壁之间，半浮雕人物站立于基坛之上第二层坛，11 号像左侧，7 号像右上侧。高 23 厘米。身体瘦削，身形较小，右腿下部被 7 号像遮挡。头部、面部破损。上身着长衫，左臂屈肘，左手置于胸前，右手残失。宽袖垂覆身体两侧，长及地。下半身右侧，有纵长方形深凹孔。

19 号像，内龛正壁与左侧壁之间，半浮雕菩萨站立于基坛之上第二层坛，18 号像左侧，2 号像头光右侧。高 27 厘米。下半身左侧被 2 号像头光遮挡。头部左侧残损，面部漫漶不清，戴宝冠，结高髻。胸部残破，双肩披天衣，沿两腋垂下，绕两小臂而下，垂于身体正面两侧。双臂贴身体两侧屈肘，双手合掌于胸前。

20 号像，内龛正壁与左侧壁之间，半浮雕菩萨站立于基坛之上第二层坛，19 号像左侧，2 号像头光左侧。高 30 厘米。身形较小，下半身基本被 2 号像头光遮挡。头部残失。双肩披天衣，沿两腋垂下，绕两小臂而下，垂于身体正面两侧。双臂贴身体两侧屈肘，双手合掌于胸前。

21 号像，内龛正壁与左侧壁之间，半浮雕菩萨立像于基坛之上第三层坛，16 号像右侧，18 号像上侧，19 号像右上侧。高 16 厘米。下半身基本被 18 号像遮挡。头顶结高髻，戴冠饰。胸前戴胸饰，双肩披天衣。双臂贴身体两侧屈肘，双手合掌于胸前。腹部右侧有纵长方形深凹孔。

22 号像，内龛正壁与左侧壁之间，半浮雕人物立像于基坛之上第三层坛，21 号像左侧，19 号像左上侧，20 号像右上侧。高 15 厘米。下半身基本被 20 号像遮挡。头部、面部破损。上身着长衫，宽袖垂覆盖身体两侧。双臂贴身体两侧屈肘，双手合掌于胸前。

23 号像，内龛正壁与左侧壁之间，半浮雕人物立像于基坛之上第三层坛，22 号像右侧，29 号像上侧。高 34 厘米。下半身基本被 29 号像遮挡。头戴高冠，结高髻，面部破损。着 U 字形领长衫，袒露胸部。双臂贴身体两侧屈肘，双手合掌于胸前，宽袖垂覆盖身体两侧。下身着裙。

24 号像，内龛正壁与右侧壁之间，半浮雕人物立像于基坛之上第二层坛，13 号像右侧，3 号像头光左侧。高 25 厘米。下半身右侧被 3 号像头光遮挡。头部上部残失，面部残破。上身着广袖长衫，宽袖垂覆身体两侧。双臂屈肘微抬起，双手合举于上胸前，双手被小布覆盖。下身着裙，腰间系带。

25号像，内龛正壁与右侧壁之间，半浮雕人物立像于基坛之上第一层坛，3号像身光右侧。高18厘米。身形较小，上半身左侧及下半身基本被3号像身光遮挡。头部面部残损，头顶结高髻。右臂屈肘，右手置于胸前，手背朝外，呈握状，第二、三指伸直。

26号像，内龛正壁与右侧壁之间，半浮雕人物立像于基坛之上第二层坛，第25号像右后侧。高19厘米。身形较小。头部面部残损。上身着广袖长衫，宽袖垂覆身体两侧。双臂屈肘，双手合于胸前，手部残破。下身着裙，小腿以下部分残失，被圆形深凹洞打破。

27号像，内龛左侧壁基坛上，半浮雕人物立像，2号像座左侧。高24厘米。身形较小。头部上部分残失，面部残破。身体风化严重。双臂屈肘，双手合于胸前，手部残失。下身着裙，双脚外露，足部风化残损，立于覆莲座上。

28号像，内龛左侧壁基坛上，半浮雕人物立像，27号像左侧。高29厘米。全身风化严重。胸部以上部分残失，双臂残。身体正面天衣呈两道U字形横于大腿前。下身着裙，双脚外露，立于基坛之上，足部风化残损。

29号像，内龛左侧壁，半浮雕菩萨立像于基坛之上第一层坛，2号像头光左侧，27号像右后侧，30号像右侧。高33厘米。袒露胸部，双肩披天衣，天衣呈两道U字形横于大腿前，绕两小臂垂于身体正面两侧。双臂屈肘，双手合掌于胸前。下身着裙。

30号像，内龛左侧壁，半浮雕菩萨立像于基坛之上第一层坛，29号像左侧，31号像右侧。高23厘米。头部、面部残损。上身风化严重，左臂不明。右臂屈肘，右手置于胸前。天衣呈两道U字形横于大腿前，绕右腕垂于身侧。下身着裙，下身下部左侧有方形凹洞，左侧被31号像遮挡。

31号像，内龛左侧壁，半浮雕人物立像于基坛之上第一层坛，30号像左侧。高24厘米。全身风化严重，细节不明。可见左臂屈肘。腿部以下基本被28号像遮挡。

32号像，内龛左侧壁，半浮雕夜叉形立像。23号像左侧，33号像右侧，高35厘米。头顶高火焰状发，面部破损。身体风化严重，双臂屈肘，双手于右胸前，握棍棒状下端。下身着裙，腰间系带。两腿分开站立，右腿下段被第30号像遮挡，左腿下段残。

33号像，内龛左侧壁，内龛龛口处，半浮雕神将形立像。32号像左侧，高29厘米。头顶结髻，带冠，面部破损。身体风化严重，双臂屈肘，双手于腹前，持长棒状物上端。下身着裙，腿部下段残损。

34号像，内龛右侧壁基坛上，半浮雕菩萨立像。3号像座右侧，33号像左侧，高35厘米。头部残失，肩部、胸部残损。天衣呈U字形横于腹前。双臂屈肘，双手合于胸前，天衣绕两腕垂于身体正面两侧。下身着裙，纵长阴线刻裙褶。双脚外露，立于双层覆莲座。

35号像，内龛右侧壁基坛上，半浮雕人物立像。32号像右侧，高42厘米。头部、面部残损。袒露胸部，外着袈裟。左臂自然垂于体侧，手部残损。右臂屈肘，宽袖垂于体侧，右手置于腹前，手持数珠。有双重舟形身光，素面无纹，上部中央有方形深凹洞。双脚外八字站立，裸足立于双层覆莲座，足部残损。

36号像，内龛右侧壁，半浮雕人物立像。33号像身光左侧，25号像右侧，高23厘米。头顶部残失，面部残损。上身外着左衽长衫，右手屈肘，右手置于左胸前，左臂不明，广袖垂于身侧。下身着裙，左足外露，右足隐于33号像身光后。

37 号像，内龛右侧壁，半浮雕人物立像。34 号像身光右侧，33 号像身光上侧，高 14 厘米。身形较小。头部、面部残损。着广袖圆领长衫。双臂屈肘，双手合掌于胸前。下半身隐于 33 号像身光后。

38 号像，内龛右侧壁，半浮雕人物立像。35 号像右侧，37 号像左侧，高 29 厘米。身形较小。面部残损，身体是神将像的下身，应为后代在残像肩颈部改刻了头部。天衣呈 U 字形横于大腿上。双脚外八字分开站立。后补刻头部上有纵长方形深凹洞。

39 号像，内龛右侧壁，半浮雕神将形立像。36 号像右侧，高 37 厘米。面部残损，头顶结高髻。上身着甲，披天衣，呈 U 字形横于大腿上，绕两小臂垂于身体两侧，两端向上卷曲。双臂屈肘，双手于腹前，持长棒状物上端、下端及座。下身着裙，腰间系带，外着下甲。双脚外露，外八字站立于双层仰莲座上。

40 号像，内龛右侧壁，半浮雕夜叉形立像。34 号、35 号像上侧，26 号像右侧，高 30 厘米。头顶高炎状发，竖眉，怒眼。上身着高圆领外衫，小腹隆起。双臂屈肘，双手于胸前握棍棒状物下端。下身着裙，腰间系带。腿部下段被 34 号、35 号像遮挡。

41～42 号像，分别位于内龛龛顶左、右端，与侧壁连接处，内龛龛口，41 号像位于 33 号像上侧，42 号像位于 39 号像上侧。41 号、42 号像位置对称，皆为浅浮雕圆圈内佛坐像。佛像头顶肉髻，着通肩袈裟，双臂屈肘，双手置于腹前，双腿结跏趺坐。

43～44 号像，分别位于内龛龛顶中央左、右侧，与侧壁连接处，位置对称。浮雕飞天像，面朝向龛顶中央位置。飞天乘弧形卷云，头部、腿部抬起，身体呈弧形。裸上身，双肩披天衣，天衣在头后呈环状，两端飘向身体上方。下身着长裙，足隐于裙中。43 号像右臂屈肘上举，持物不明。左臂残损，左手残失。44 号像左臂屈肘上举，手持带茎未敷莲花，右臂屈肘，身侧抬起，掌上托圆状物。

45～46 号像，外龛左、右侧下端，力士像残痕。45 号像全体风化残损，残存两脚。46 号像全体被凿毁，有斜向凿痕。

6. 题记

无。

7. 年代判断

原龛中晚唐，后代多次修补改刻。

111 龛

1. 相对位置

位于 E 区中段崖面上，处于造像群中层，107 龛上侧，108 龛右侧，114 龛左侧，135 龛下侧。

2. 保存状况

龛上方石块崩落，龛右侧壁残失，龛顶右侧残失。龛床外侧残破，龛床右端至龛床残失。龛右侧壁菩萨像全身基本残失，仅存部分台座。龛内造像头部基本残失（图版一二二）。

3. 龛内外遗迹

龛上方左侧有一方形凹槽。龛床外侧中央及两侧分布有三个方形凹槽。

4. 龛窟形制

方形单层龛，残宽 86、高 62、深 35 厘米。圆拱形龛楣，三壁缓弧形，龛顶缓弧形。龛内设一层弧形基坛。

5. 龛内造像

龛内弧形基坛上，正壁高浮雕佛坐像 3 尊，两侧壁各高浮雕菩萨立像 1 尊。共残存造像 5 尊，编号见表五九（图一七三）。

1 号像，龛内正壁中央佛坐像。通高 45 厘米，头部残失，现存竖长方形修补孔。单层宝珠形头光，素面无纹。身残高 16 厘米。左肩、右肩、胸部皆残破。上身着通肩袈裟，身体正面 U 字形衣纹重叠。双臂贴身侧屈肘，左手上、右手下叠放置于腹前，手中捧钵状物。舟形身光，素面无纹。下身着裙，双腿隐于袈裟之中，结跏趺坐于束腰莲座，束腰莲座三段式，中央束腰部分较短，并列三个扁球形；上座仰莲，佛像着裙幔状覆盖上座；下座覆莲，莲瓣阴线刻，形制较大。

表五九　111 龛尊像编号表

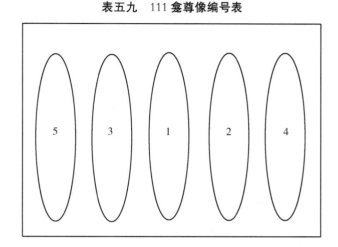

图一七三　111 龛正视图

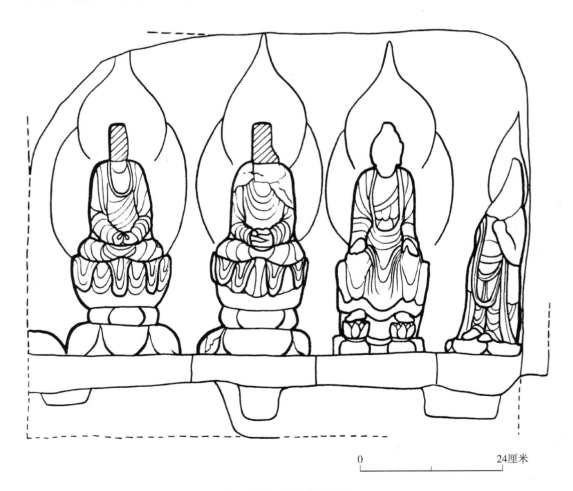

2号像，龛内正壁左侧佛倚座像。通高48厘米。头部残破，可辨低肉髻，面部残失。单层宝珠形头光，素面无纹。身残高38厘米。上身外着U字形领通肩袈裟，领口低至腹部。从左肩至右腋着袒右肩内衣，腹前缔结纽带，起褶皱。双臂贴身侧，双手自然垂放于双膝，手部残损。舟形身光，素面无纹。双膝分开比肩宽，双腿自然垂放，袈裟垂至小腿。下身着裙，垂至足背。倚坐于宣字座上，上座被袈裟覆盖，中央方形束腰，下座方形低素面台座。赤足踏小型束腰莲台，中央素面短束腰，上座双层仰莲，下座风化残损。

3号像，龛内正壁右侧佛坐像。通高47厘米。头部残失，现存竖长方形修补孔。单层宝珠形头光，素面无纹。身残高17厘米。上身外着U字形通肩袈裟，领口低至胸部，衣纹以左腋为中心，斜向弧形发散。内着圆领内衣。双臂贴身侧屈肘，双手五指相拈，并放于腹前，结弥陀定印。舟形身光，素面无纹。双腿隐藏于袈裟之中，下身着裙，结跏趺坐于束腰莲座。束腰莲座三段式，中央束腰部分较短，并列三个扁球形；上座仰莲，佛像着裙幔状覆盖上座；下座覆莲，莲瓣阴线刻，形制较大。

4号像，龛内左侧壁菩萨立像。通高41厘米。胸部至头部残失。单层宝珠形头光，素面无纹。身残高24厘米。上身风化严重，双肩披天衣，左侧天衣从大腿上绕至右下臂，垂于体侧。右侧天衣从膝部绕至左下臂，垂于体侧。左臂屈肘，左手置于胸前。右臂自然垂放于体侧。下身着裙，垂覆足背。双足赤足并立于单层覆莲座上。

5号像，全身基本残失，仅存部分莲台。

6. 题记

无。

7. 年代判断

中晚唐。后代修补。

112龛

1. 相对位置

位于E区中段崖面上，处于造像群下层，龛下方即为人行石梯步，107龛右侧，117龛左侧，114龛下侧。

2. 保存状况

外龛右侧下段残失，有斜向人工凿痕。外龛龛床风化残损严重。内龛龛顶外沿残损。外龛正壁两端下侧力士残失（图版一二三：1）。

3. 龛内外遗迹

龛四周皆有斜向人工凿痕。龛外左侧有方形深孔。

4. 龛窟形制

方形双重龛。外龛纵长方形，宽98、残高105、深15厘米。龛楣方形，龛顶平，龛壁平；内龛宽57、高59、深23厘米。双层屋檐形龛楣，上檐素面无纹，下檐忍冬纹装饰，中央屋顶部分阴刻纵向线条。内龛左右侧口沿，双层屋檐下有左右柱。

5. 龛内造像

内龛正壁浮雕一佛二弟子立像
3尊，左、右侧壁各浮雕菩萨立像1
尊。外龛正壁两侧，双层屋檐形龛
楣门柱下，各有力士像1尊。内龛
龛床与外龛龛床段差正立面两侧各
有狮子像1尊。共造像9尊，编号
见表六〇（图一七四）。

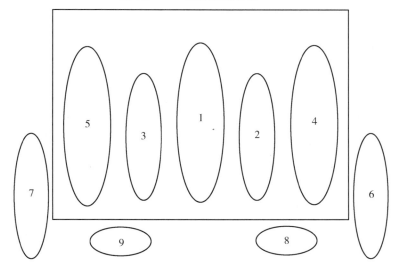

表六〇　112龛尊像编号表

1号像，内龛正壁中央佛立像。
通高39厘米。圆顶、面部残损。单
层宝珠形头光，素面无纹。其上复有
半个宝珠形头光，素面无纹。上身内
着袒右肩内衣，外着袈裟，右侧袈裟

覆盖右肩，从右臂绕至腹前，至身后。左侧袈裟覆盖左臂，从身前绕右下臂垂于体侧。左臂屈肘，
左手置于左腹前，手部残损。右臂自然垂放体侧，手部残损。下身着裙，垂覆足背，双脚赤足立
于覆莲台。

2号像，内龛正壁左侧比丘立像。通高34厘米。圆顶、面部残损。上身着左衽交领袈裟。双臂
屈肘，双手合掌于胸前。下身着裙，垂覆足背。双脚赤足立于圆形台座上，表面风化。

3号像，内龛正壁右侧比丘立像。通高36厘米。圆顶、面部残损。上身着左衽交领袈裟。
双臂屈肘，双手置于腹前，手部残损。下身着裙，垂覆足背。双脚赤足立于圆形台座上，表面
风化。

4号像，内龛左侧壁菩萨立像。残高38厘米。头部残失，仅存痕迹。上身袒胸，双肩披天衣，
左侧天衣从大腿上绕右腕垂于体侧。右侧天衣从腹上绕左臂弯垂于体侧。左臂于体侧屈肘，小臂上
举，手部残失。右臂自然垂放体侧，手握左侧天衣下段。下身着高腰裙，腹上系带。长裙垂覆足背，
赤足并立于圆形台座上，表面风化。

5号像，内龛右侧壁菩萨立像。残高36厘米。头部、面部残损。上身残损，双肩披天衣，左侧
天衣从大腿上绕右腕垂于体侧。右侧天衣从腹绕左臂弯垂于体侧。左臂于体侧屈肘，小臂上举，手部
残损。右臂自然垂于体侧，手持宝瓶。下身着高腰裙，腹上系带。长裙垂覆足背，赤足并立于圆形台
座上，表面风化。

6～7号像，外龛正壁左右侧下端，内龛口沿外，力士像残痕。6号像风化严重，仅存残迹。7号
像全身基本被凿毁，有斜向凿痕。

8～9号像，内龛龛床与外龛龛床段差正立面两侧浮雕狮子像，风化严重，仅见残痕。

6. 题记

无。

7. 年代判断

原龛晚唐，内龛造像明代改刻。

0 ⌊——————⌋ 16厘米

图一七四　112龛正视、横剖面图

113 龛

1. 相对位置

位于 E 区中段崖面上，处于造像群下层，112 龛左上侧，114 龛右下侧，115 龛左下侧，117 龛上侧。

2. 保存状况

外龛龛顶右段崩落，外龛右侧残失，左侧下段残失。外龛龛床风化残损严重。内龛右侧口沿残失，龛床风化严重（图版一二三：2）。

3. 龛内外遗迹

龛外右侧有纵向人工凿痕，打破右侧外龛。龛外下侧右端，有纵长方形凹槽。龛外下侧有斜向人工凿痕。

4. 龛窟形制

方形双重龛。外龛宽 63、高 65、深 9 厘米。龛楣方形，龛顶平，龛壁平；内龛纵长方形，宽 43、高 49、深 25 厘米。龛顶平，龛壁缓弧形。

5. 龛内造像

内龛正壁中央半浮雕佛坐像 1 尊。通高 46、身高 22 厘米。头顶低肉髻，髻前中央有宝珠。短额，大耳，面部残损。宝珠形头光，素面无纹。上身袒胸，着通肩袈裟，U 字形领口垂至腹部。右肩披覆肩衣。双臂微屈肘，双手于腹前结禅定印。圆形身光，素面无纹。下身着裙，腹上系带。双腿结跏趺坐于山岳座之上，座高 13、宽 18 厘米。右腿居上，左腿居下，右脚外露（图一七五）。

6. 题记

无。

7. 年代判断

明代。

114 龛

1. 相对位置

位于 E 区中段崖面上，处于造像群中层，112、113 龛上侧，111 龛右侧，115 龛右侧，135 龛下侧。

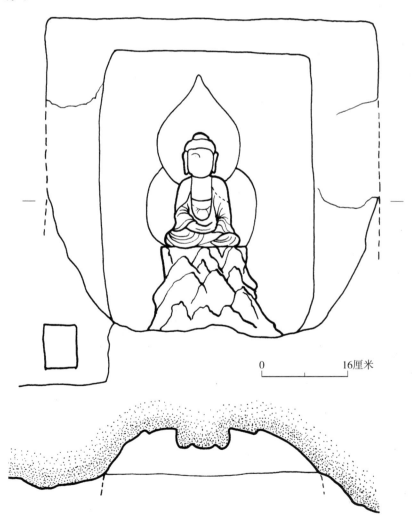

0　　　　　16厘米

图一七五　113 龛正视、横剖面图

2. 保存状况

保存状况良好，造像风化情况较轻，外龛龛顶残失，外龛左侧壁上段残失（图版一二四）。

3. 龛内外遗迹

无。

4. 龛窟形制

方形双重龛。外龛纵长方形，宽 163、残高 167、深 40 厘米；内龛横长方形，宽 142、高 160、深 63 厘米。方形龛楣有三角斜撑，龛壁缓弧形、龛顶平。内龛龛床上，沿三壁设单层弧形基坛。

表六一　114 龛尊像编号表

5. 龛内造像

内龛正壁高浮雕佛坐像 3 尊，三像之间半浮雕比丘像 2 尊。内龛正壁与左侧壁连接处，高浮雕菩萨立像 1 尊。内龛左侧壁，内龛口沿内侧，高浮雕骑狮菩萨像 1 尊。内龛正壁与右侧壁连接处，高浮雕菩萨立像 1 尊。内龛右侧壁，内龛口沿内侧，高浮雕骑象菩萨像 1 尊。内龛龛床与外龛龛床段差正立面，中央高浮雕云气台座上四足香炉，左右各半浮雕人物乘云跪坐像 1 尊。两侧有天王立像各 1 尊。天王像内侧，龛床上有狮子像 2 尊。外龛口沿内侧各有力士像 1 尊。外龛右壁上高浮雕十三层宝塔像（图版一二五：2）。共造像 19 尊，编号见表六一（图一七六～一七九）。

1 号像，内龛正壁中央，弧形基坛上，高浮雕佛倚坐像。通高 69 厘米。头部残损，现存方形修补孔。身体残高 38 厘米。双层头光，外层宝珠形，内层圆形，素面无纹。

上身从左肩至右腋着偏袒右肩内衣，腹上缔结带，起褶皱。左肩披袈裟，覆盖左臂，从腹下绕至身后。右肩覆肩衣覆盖右臂，外侧垂于体侧，内侧下垂至右下腹时掖入袈裟内。两腿之间，袈裟衣纹细密呈 U 字形，袈裟垂至小腿处。双臂贴身侧屈肘，左手手背朝上置于左膝，右手残失。有双层舟形身光，素面无纹。

下身着裙，长覆足背。双膝分开比肩宽，倚坐于宣字座上，袈裟、长裙覆盖其上。双腿自然垂放，双足踏小型束腰莲座，上座双层仰莲，中央短束腰，下座风化。座下有方形素面坛。

2 号像，内龛正壁左侧，弧形基坛上，高浮雕佛坐像。通高 65 厘米。头部残损，现存方形修补孔。身体残高 26 厘米。双层头光，外层宝珠形，内层圆形，素面无纹。

上身着 U 字形领通肩袈裟，领口低至胸部。衣纹细密，浅阴线刻，身体正面衣纹以左肩为中心，斜向弧形发散。双臂贴身侧屈肘，双手置于腹前，捧钵状物。双层舟形身光，素面无纹。

双腿隐藏于袈裟之中，下身着裙，结跏趺坐于束腰莲座上。扁圆球状短束腰，上座仰莲，长裙幔

图一七六　114 龛正视图

34厘米

0　　　　　　　　　30厘米

图一七七　114龛纵剖面图（右壁）

0 ├──────────────────┤ 32厘米

图一七八　114 龛纵剖面图（左壁）

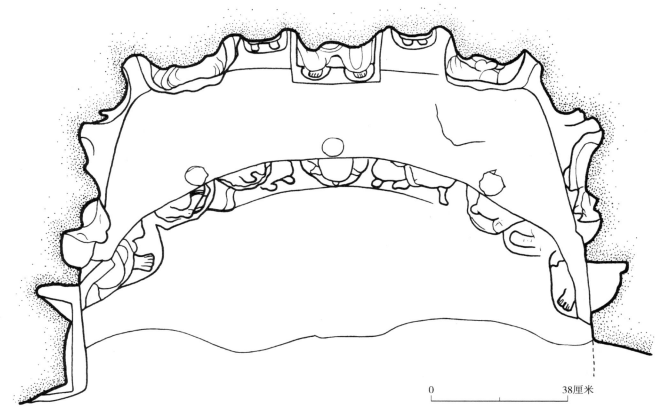

图一七九　114龛横剖底视图

状覆盖其上，下座双层覆莲，莲瓣浅阴线刻，形制较大。

3号像，内龛正壁右侧，弧形基坛上，高浮雕佛坐像。通高66厘米。头部残损，现存方形修补孔。身体残高25厘米。双层头光，外层宝珠形，内层圆形，素面无纹。

上身着通肩袈裟，领口低至胸部。衣纹细密，浅阴线刻，身体正面衣纹呈U字形重叠。双臂贴身侧屈肘，双手置于腹前，结禅定印。有双层舟形身光，素面无纹。

双腿隐于袈裟之中，下身着裙，结跏趺坐于束腰莲座上。中央扁圆球状短束腰，上座仰莲，长裙幔状覆盖其上，下座双层覆莲花，莲瓣浅阴线刻，形制较大。

4号像，内龛正壁，弧形基坛上，1号像左侧，2号像右侧，半浮雕比丘立像。头部、面部残损，仅存左侧脸颊和下颚。残高39厘米。

上身着U字形领通肩袈裟，领口低至胸部。衣纹细密，浅阴线刻，身体正面衣纹U字形重叠。袈裟垂至膝下，衣摆于身体正面呈V字形。双臂贴身侧屈肘，双手合掌于胸前，宽袖垂覆身体两侧。

下身内着裙，阴刻纵向裙褶，垂覆足背。赤足分开齐肩宽，并立于双层仰莲台座。莲瓣阴线刻，形制较大。

5号像，内龛正壁，弧形基坛上，1号像右侧，3号像左侧，半浮雕比丘立像。头部残损，现存方形修补孔。身体残高38厘米。

胸部残破，上身着袈裟，衣纹细密，浅阴线刻，身体正面弧形斜向衣纹。双臂贴身侧屈肘，双手合掌于胸前，宽袖垂覆身体两侧。

下身内着裙，阴刻纵向裙褶，垂覆足背。赤足分开齐肩宽，并立于双层仰莲台座。莲瓣阴线刻，形制较大。

6 号像，内龛左侧壁，弧形基坛上，2 号像左侧，8 号像右侧，高浮雕菩萨立像。头部残损，现存方形修补孔。身体残高 46 厘米。有单层宝珠形头光，素面无纹。

上身袒露，小腹微微隆起。从左肩至右腋斜披条帛，帛端在左胸处由内绕出垂下。戴连珠胸饰，中央有垂饰，连珠颗粒较大。双肩披天衣，分别沿着两腋垂下，绕两下臂垂于体侧。左臂屈肘，下臂上举于肩前，手部残失。右臂沿体侧自然垂放，手持净瓶。身体正面挂璎珞，两条璎珞上端与项圈两侧相连，于腹下交于花形环后沿两大腿内侧下垂，在膝部以下绕至体侧。

下身着裙，裙上端从腰部折返至大腿上部，腰部系带，垂于两腿之间。裙褶纹细密，阴线刻，两腿之间纵向褶纹，两大腿上细密 U 字形褶纹。双脚分开齐肩宽，赤足并立于双层覆莲台座，莲瓣阴线刻。

7 号像，内龛右侧壁，弧形基坛上，3 号像右侧，9 号像左侧，高浮雕菩萨立像。头部残损，身体残高 55 厘米。单层宝珠形头光，素面无纹。

上身袒露，小腹微微隆起。从左肩至右腋斜披条帛，帛端在左胸处由内绕出垂下。戴连珠胸饰，中央有铃状垂饰，连珠颗粒较大。双肩披天衣，分别沿着两腋垂下，绕两下臂垂于体侧。左臂沿体侧自然垂下，手持心叶形环状物。右臂屈肘，下臂上举于胸前，手部残失。身体正面挂璎珞，两条璎珞上端与项圈两侧相连，于腹前交于花形环，后沿两大腿内侧下垂，在膝部以下绕至体侧。

下身着裙，裙上端在腰部折返至大腿上部，腰部系带，垂于两腿之间。裙褶纹细密，阴线刻，两腿之间纵向褶纹，两大腿上细密 U 字形褶纹。双脚分开齐肩宽，赤足并立于双层覆莲台座，莲瓣阴线刻。

8 号像，内龛左侧壁，弧形基坛上，内龛龛口内侧，6 号像左侧，高浮雕骑狮菩萨像。通高 70、像高 26 厘米。头顶结发髻，带宝冠，脸部短圆，头部与原像身体不协调，为后代补刻。

上身袒露，从左肩至右腋斜披条帛。佩戴连珠胸饰，连珠颗粒形制较大。双肩披天衣，沿两腋下垂，相交于双腿之间，分别绕两下臂垂于体侧。双臂于体侧屈肘，双手带腕钏，合掌于胸前。

下身着长裙，双腿隐于裙裾中，结跏趺坐于仰莲台座之上，裙裾幔状垂覆莲座。莲座置于狮背上，狮子立像，高 25 厘米。头朝向龛口方向，头部毛发细线刻，颈部密布细刻卷毛，口部展开露出排牙。狮背至腹部覆盖垂布，狮子左侧两腿居前，右侧两腿居后。

9 号像，内龛右侧壁，弧形基坛上，内龛龛口内侧，7 号像右侧，高浮雕骑象菩萨像。通高 72、像高 32 厘米。头顶残失，残存发际线。面部丰满，鼻部、嘴部残损，双耳耳垂较大垂至肩部。单层宝珠形头光，素面无纹。

颈部较短，三道刻纹。冠缯带从而后垂至肩前。袒露上身，小腹微微隆起，从左肩至右腋斜披条帛。佩戴连珠胸饰，中央有铃状垂饰，连珠颗粒较大。双肩披天衣，沿两腋下垂，相交于双腿之间，分别绕两下臂垂于体侧。身体正面挂璎珞，两条璎珞上端与项圈两侧相连，于腹前交于花形环，绕膝部下侧至身后。单层宝珠形身光，素面无纹。

下身着长裙，双腿隐于裙裾中，结跏趺坐于仰莲台座之上，裙裾幔状垂覆莲座。莲座置于象背上，象为立像，头朝向龛口方向，鼻部残段，额部有十字纹带饰。象背至腹部覆盖垂布，右侧两腿居前，左侧两腿居后（图版一二五：1）。

10 号像，内龛正壁左侧上部，2 号像上侧，全体基本残失，仅残存环状卷云下端。

11号像，内龛正壁右侧上部，3号像上侧，浮雕乘云飞天像。环状卷云中，飞天身体呈之字形。头顶结高发髻，袒露上身，披天衣，在头后呈环状，两端分别绕双臂臂弯，飘于身体两侧。双臂振臂抬起，屈肘向上，左手持未敷莲花，右手掌中有圆状物。

下身着裙，裙上端于腰部折返垂至大腿上部，裙下端缠绕双腿，左腿屈膝于体前呈跪坐状，右腿屈膝，下腿伸向身后，向上抬起。

12号像，内龛龛床与外龛龛床段差正立面中央，多条带尾卷云束成台座状，其上圆形浅台上有四足香炉。通高40厘米。香炉呈鼎状，敞口，上端残破。

13号像，内龛龛床与外龛龛床段差正立面，12号像左侧，半浮雕乘云人物像。通高23厘米。多条带尾卷云束成台座状，尾部后上方，有从上方飞来之感。人物头部残失，身体侧向香炉方向。双肩披天衣，可见绕左肘垂于体侧。双臂于体侧屈肘，双手于体前捧盘状物，手部残损，盘上盛物残损不明。右腿单腿跪坐于卷云台座上。

14号像，内龛龛床与外龛龛床段差正立面，12号像右侧，半浮雕乘云人物像。通高21厘米。多条带尾卷云束成台座状，尾部后上方，有从上方飞来之感。人物头部残失，身体侧向香炉方向。双肩披天衣，于腹前相交，可见左侧天衣绕右下臂垂于体侧。双臂于体侧屈肘，双手于体前捧盘状物，手部残损，盘上盛物残损不明。左腿单腿跪坐于卷云台座上。

15、16号像，内龛龛床与外龛龛床段差正立面，分别位于12号像左、右下侧，高浮雕狮子像。15号、16号像头皆朝向中央方向，头部残失，四腿屈膝而卧，长尾垂地。

17号像，内龛龛床与外龛龛床段差正立面左侧，13号、15号像左侧，半浮雕天王立像。高39厘米。正面而立，头顶残失，面部残损，耳后冠缯带于头部两侧卷曲向上，尾部呈鱼尾状。双肩披领巾，上身着胸甲，腹部隆起。左臂体侧屈肘，下臂向上抬起，手部残断。双臂戴臂甲，右臂屈肘，右手握拳状置于腰部右侧前，手中握棒状物，前端残失。宽袖于双臂弯向上方翻起。

下身着下甲，内着长裙。腰间系带，天衣U字形横于大腿上部，与腰带两侧相连垂于体侧，两端呈鱼尾状向上翻起。长裙覆足背，双足分开齐肩宽，赤足并立于岩座之上。

18号像，内龛龛床与外龛龛床段差正立面右侧，14号、16号像右侧，半浮雕天王立像。高39厘米。正面而立，头顶残失，面部残损，仅存右颊、嘴部、下颚。面部丰满，两耳被帽披遮盖，帽披向上卷曲折返。双肩披领巾，上身着胸甲。两臂于体侧屈肘，左手握立地棒状物上端，右手覆左手上。肘部鳍状袖外翻，广袖垂于体侧，下端打结。

下身着下甲，内着长裙。腰间系带，天衣U字形横于大腿上部，与腰带两侧相连垂于体侧，两端呈鱼尾状向上翻起。长裙覆足背，双足分开齐肩宽，赤足并立于岩座之上。

19号像，内龛龛床与外龛龛床段差正立面左侧，外龛龛口内侧，17号像左侧，半浮雕力士立像。高50厘米。头部残失，袒露上身，小腹隆起，佩戴胸饰。左臂振臂上举，肘部以下残失。右臂下垂，于体侧抬起，右手握拳，带腕钏。披天衣，于头后呈环状，从双肩垂下。下身着裙，裙长覆膝，裙上端外翻折返至大腿，腰间系带。天衣与腰两侧腰带相连，弯曲垂于身体两侧。小腿粗壮，戴足钏，右腿直立，左腿向左侧伸出，立于岩座之上。

20号像，内龛龛床与外龛龛床段差正立面右侧，外龛龛口内侧，18号像右侧，半浮雕力士立像。高56厘米。头部残失，袒露上身，小腹隆起，佩戴胸饰。右臂振臂上举，肘部以下残失。右臂下垂，于体侧抬起，肘部以下残失。披天衣，于脑后呈环状，从双肩垂下。下身着裙，裙长覆膝，裙上端外翻折返至大腿，腰间系带。天衣与腰两侧腰带相连，弯曲垂于身体两侧。小腿粗壮，戴足钏，左腿直立，右腿向右侧伸出，立于岩座之上。

6. 题记

无。

7. 年代判断

晚唐。后代部分改、修补。

115 龛

1. 相对位置

位于 E 区中段崖面上，处于造像群下层，113 龛右侧，118 龛、119 龛上侧，116 龛左侧，134 龛下侧。

2. 保存状况

保存状况良好，外龛左右侧壁残损（图版一二六～一二八）。

3. 龛内外遗迹

龛外左侧由上至下有三个方形凹孔。龛外右侧上段有一个方形凹孔。

4. 龛窟形制

方形双重龛。外龛残宽 186、高 207、深 41 厘米。龛顶平，龛壁残损不平。外龛两侧正壁饰卷草纹，外侧有一道连珠纹。两侧龛门上部有乘云人物像各一尊，头部朝向中央方向，头顶结高髻，戴头饰。颈部三道刻纹，戴胸饰，双肩披天衣，下身着裙，上身前倾，外侧腿前伸，内侧腿微屈膝而立。头顶有多角伞状华盖，上立一侧面长颈鸟。外龛左侧壁外侧有密檐式十三重塔；内龛宽 139、高 160、深 63 厘米。龛楣方形，龛顶、三壁平，三壁连接处、三壁与龛顶连接处缓弧形过渡。内龛龛床上沿三壁设凹形基坛。

5. 龛内造像

内龛正壁高浮雕一佛二菩萨像 3 尊，三尊像身后浅浮雕双层楼阁，内雕刻有人像。三尊像外侧半浮雕宝幢。正壁上侧两端浅浮雕飞天像 1 尊。左右两侧壁中段内侧半浮雕双层八角形宝塔，外侧半浮雕双层楼阁。两侧壁上方空中廊上有众多人物半身立像。空中廊上方环状云中有小坐佛 12 尊。三壁凹形基坛上两段式人物群像，围栏分界。内龛左右侧口沿浅浮雕 16 个小龛。尊像、区域编号见表六二（图一八〇～一八三）。

表六二　115 龛尊像编号表

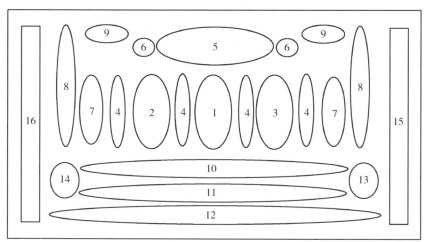

图一八〇 115 龛正视图

39厘米

0

图一八一　115 龛纵剖面图（右壁）

0　　　　　　24厘米

图一八二　115 龛纵剖面图（左壁）

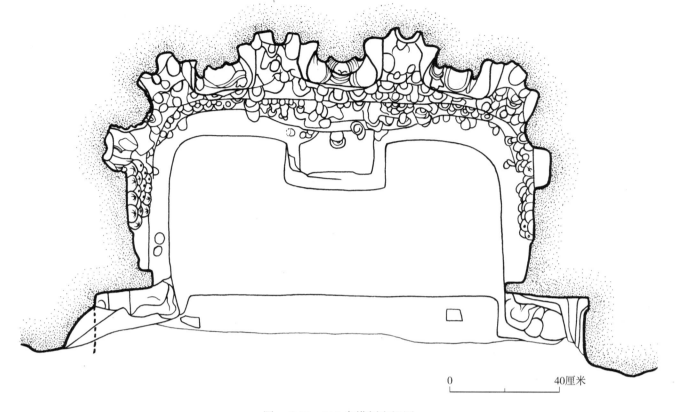

图一八三　115龛横剖底视图

　　1号像，内龛正壁中央阿弥陀佛坐像。通高85、像高42、肩宽18、肘宽20、膝宽26厘米。头顶肉髻，刻小珠状螺发，髻前中央有肉髻珠。从肉髻珠中发散两条光带，分别沿楼阁两侧蜿蜒卷曲呈两道环状，上侧两道环中分别浅浮雕六尊小佛坐像。面部风化，五官后代彩绘。有双层头光，外层宝珠形，透雕火焰纹，内层圆形，素面无纹。头光火焰顶部上接天盖，天盖四段式，顶部有球形装饰，其下两层伞盖中夹球形物。

　　颈部三道刻纹，上身着通肩袈裟，衣纹细密阴线刻。双臂屈肘，双手置于腹前结弥陀定印。有双层身光，外层椭圆形，透雕火焰纹，内层椭圆形，素面无纹。双腿隐于袈裟中，结跏趺坐束腰莲台。下身着裙，裙裾幔状覆盖上侧仰莲座。

　　2号像，内龛正壁左侧，1号像左侧胁侍菩萨像。通高81、像高40、肩宽17、膝宽24厘米。头顶结高发髻，戴山形宝冠，两侧结冠缯带，一长一短垂于肩前。狭额，低发际线，鼻头残损，嘴唇闭合。有双层头光，外层宝珠形，透雕火焰纹，内层圆形，素面无纹。头光火焰顶部上接天盖，天盖三段式，伞盖上球状物，其上多角形宝塔，顶部有球形装饰，宝塔正面有长颈鸟立于伞盖上。

　　上身着偏袒右肩内衣，腹上系带，起褶皱。戴胸饰，有垂饰，两条璎珞分别连接胸饰两侧，相交于腹前圆状饰物后沿大腿内侧垂下，绕双膝下侧至体侧，膝下有垂饰物。双肩披天衣，沿两腋下垂，于腹前相交，左侧天衣绕右手腕垂于体侧，右侧天衣绕左手腕垂于体侧。左臂屈肘，左手于左肩前持杨柳枝。右臂屈肘，抚右膝，手部残损。有双层身光，外层椭圆形，透雕火焰纹，内层椭圆形，素面无纹。下身着裙，腰间系带。双腿隐于裙中，结跏趺坐束腰莲台，裙裾幔状覆盖仰莲座。

3 号像，内龛正壁右侧，1 号像右侧胁侍菩萨像。通高 87、像高 47、膝宽 21 厘米。头顶结高发髻，戴山形宝冠，两侧结冠缯带，一长一短垂于肩前。狭额，低发际线，面部风化残损，有双层头光，外层宝珠形，透雕火焰纹，内层圆形，素面无纹。头光火焰顶部上接天盖，天盖三段式，伞盖上球状物，其上多角形宝塔，顶部有球形装饰，宝塔正面有长颈鸟立于伞盖上。

上身着偏袒右肩内衣，腹上系带，起褶皱。戴胸饰，有垂饰，两条璎珞分别连接胸饰两侧，相交于腹前圆状饰物后沿大腿内侧垂下，绕双膝下侧至体侧，膝下有垂饰物。双肩披天衣，沿两腋下垂，于腹前相交，左侧天衣绕右手腕垂于体侧，右侧天衣绕左手腕垂于体侧。左臂屈肘，右手举于左胸前，手部残损，所持物不明。左臂屈肘，左手抚右膝。有双层身光，外层椭圆形，透雕火焰纹，内层椭圆形，素面无纹。下身着裙，腰间系带。双腿隐于裙中，结跏趺坐束腰莲台，裙裾幔状覆盖仰莲座。

4 号区

内龛正壁，1～3 号像两侧皆有一宝幢，共四座，高 48 厘米。宝幢结构由下至上分别覆钵状基坛、圆柱形塔身、屋檐、扁平球状塔身、屋檐、球状塔身、屋檐。顶部呈细圆柱形，中间有球形装饰。中尊左侧宝幢最下层屋顶残失。

5 号区

内龛正壁上侧，1～3 号像背后壁面，浮雕双层楼阁，下层局部隐于 1～3 号像背光之后。上层楼阁间空中廊道相连，有众多人物并立像，皆为半身像。

6 号像，内龛正壁上侧，两侧楼阁上侧，弧形卷云上飞天，身体呈弧形，头部、身体朝向龛外方向，左臂上举，右臂垂放体侧，肩披天衣，身体风化，衣制不明。

7 号区

内龛左右侧壁中段内侧，宝幢外侧，有八角双层宝塔，高 75 厘米。宝塔结构由下至上为围栏、塔身、三层枋、屋顶。双层塔身正面四角前有人物半身立像，两手置于胸前。双层塔身正面中央开拱形龛，中有佛坐像一尊。左侧壁宝塔顶部破损。右侧壁顶部锥形尖夹两球形物。上层屋檐两侧分别有人首鸟身像二体。头朝向龛正壁方向，背后有翅膀，披天衣，天衣于头后呈环形，双手于胸前侧捧莲苞。右侧壁宝塔下层右侧有菩萨坐像一尊，结发髻，戴胸饰，披天衣，左臂屈肘，左手于肩前捧山形盛物，右臂屈肘，右手抚右膝。结跏趺坐带茎双层仰莲台座。

8 号区

内龛左右侧壁，内龛口沿内侧有双层楼阁，高 74 厘米。左右侧壁楼阁基本对称。楼阁结构由下至上为方形基坛、栏杆、三柱、二枋、下层屋顶、栏杆、二柱、上层屋檐。下层柱间有一佛四胁侍像，佛双手置于腹前，结跏趺坐，胁侍皆为半身立像，双手置于胸前。上层柱间有一双层仰莲台座，其左右有胁侍立像一尊。上层楼与空中廊道相连，廊道另一端连接龛正壁空中廊道。廊道上众多人物半身立像。中央有佛像 1 尊，有肉髻，着袈裟，头顶上侧雕出天盖。

9 号区

内龛左右侧壁上端，空中廊道上侧，有环状卷云，云头朝向正壁方向，云尾朝向龛外方向。环状卷云中有小坐佛像 12 尊，分为两层，上层 5 尊、下层 7 尊。

10 号区

内龛正壁下侧上层台上，围栏内有众多人物半身立像，分二至四层站立，风化严重，可辨多数人像为菩萨像，头顶结髻，戴头饰，双手合掌于胸前。

11 号区

内龛正壁下侧下层台上，中央浮雕舞踊天两尊，二像动作对称。头顶结髻，双臂振臂上举，双手持天衣。内侧腿跪立，外侧腿跪坐。舞踊天两侧配置伎乐天，乐器可辨琴、横笛、笙。伎乐天后侧有持幡人物像，其余人像分两层排列立于台上，风化严重，可辨多数为菩萨像，头顶结髻，戴头饰，合掌于胸前。左侧群像中有骑狮菩萨，双臂屈肘，双手合掌于胸前，结跏趺坐，有圆形头光、身光，狮子残损严重。右侧群像中有骑象菩萨，双臂屈肘，双手合掌于胸前，结跏趺坐，有圆形头光、身光。象正面而立，耳外翻，象鼻长及台。

12 号区

内龛三壁凹形基坛平面，浮雕荷叶、莲苞、童子半身像，表现莲池化身。基坛中央高浮雕人首鸟身，鸟身，头部残损，正面而立，身体朝向龛外方向，双臂屈肘，合掌于胸前。

13 号区

内龛左右侧壁，内龛口沿内侧下端，内龛正壁下侧下层台上，8 号像下侧。分为上、下两段，上段伞状菩提树下中央坐佛像，着通肩袈裟，身体正面 U 字形衣纹重叠，双手于腹前结禅定印，结跏趺坐。左侧有人物立像 4 尊，右侧有人物立像 3 尊，皆为菩萨像，头顶结髻，戴头饰，合掌于胸前。下段伞状菩提树下有立像 5 尊，双手胸前合掌，风化严重，详细不明。

15 号区

内龛口沿左侧八个方格中浅浮雕图像，由下至上，第一方格中，外侧浅浮雕人物坐像，头梳半翻髻，面部丰满，五官残损，上身着交领宽袖衣，下身着高腰裙，腹上系带，双手隐于袖中置于腹前，双腿隐于裙中结跏趺座；内侧浅浮雕三支未敷莲花。第二方格中，内侧浅浮雕人物坐像，头梳半翻髻，面部丰满，五官残损，上身着交领宽袖衣，下身着高腰裙，腹上系带，双手隐于袖中置于腹前，双腿隐于裙中结跏趺座；外侧浅浮雕卷草中生出四支未敷莲花。第三方格中，外侧浅浮雕人物坐像，头梳半翻髻，面部丰满，五官残损，上身着交领宽袖衣，下身着高腰裙，腹上系带，双手隐于袖中置于腹前，双腿隐于裙中结跏趺座；内侧浅浮雕单茎莲上生出七支未敷莲花。第四方格中，内侧浅浮雕人物坐像，头梳半翻髻，面部丰满，五官残损，上身着交领宽袖衣，下身着高腰裙，腹上系带，双手隐于袖中置于腹前，双腿隐于裙中结跏趺座；外侧浅浮雕卷草上生出六支带茎莲座，其上六尊小型坐佛，分两排而列，双手置于腹前，结跏趺坐，上排坐佛身后并列 3 座楼阁建筑。第五方格中，外侧浅浮雕人物坐像，头梳半翻髻，面部丰满，五官残损，上身着交领宽袖衣，下身着高腰裙，腹上系带，双手隐于袖中置于腹前，双腿隐于裙中结跏趺座；内侧浅浮雕三尊像，中央方形座上佛坐束腰莲座，头顶肉髻，双手置于腹前，结跏趺座，有宝珠形头光，舟形身光。两侧带茎莲座上二菩萨立像，因风化详细不明，有宝珠形头光。第六方格中，内侧浅浮雕人物坐像，头梳半翻髻，面部丰满，五官残损，上身着交领宽袖衣，下身着高腰裙，腹上系带，双手隐于袖中置于腹前，双腿隐于裙中结跏趺座；外侧浅浮雕菩萨立像，因风化详细不明，有宝珠形头光，单层仰莲座。第七方格中，外侧浅浮雕人物坐像，头梳半翻髻，面部丰满，五官残损，上身着交领宽袖衣，下身着高腰裙，腹上系带，双手隐于袖中置于腹前，双腿隐于裙中结跏趺座；内侧浅浮雕人物立像，头部残损，身体因风化详细不明，有宝珠形头光，舟形身光，其下双层仰莲座。第八方格中，内侧浅浮雕人物坐像，头梳半翻髻，面部丰满，五官残损，上身着交领宽袖衣，下身着高腰裙，腹上系带，双手隐于袖中置于腹前，双腿隐于裙中结跏趺座；外侧小型佛坐像，宝珠形头光，椭圆形身光，结跏趺坐束腰莲座，中央扁圆形束腰，双层仰莲上座，单层覆莲下座，束腰莲座下有方形台座。

16 号区

内龛口沿右侧八个方格中浅浮雕图像，由下至上，第一方格中，外侧浅浮雕人物坐像，头梳半翻髻，面部丰满，五官残损，上身着交领宽袖衣，下身着高腰裙，腹上系带，双手隐于袖中置于腹前，双腿隐于裙中结跏趺座；内侧小型佛坐像，宝珠形头光，椭圆形身光，结跏趺坐束腰莲座，中央扁圆形束腰，双层仰莲上座，单层覆莲下座，束腰莲座下有方形台座。第二方格中，内侧浅浮雕人物坐像，头梳半翻髻，面部丰满，五官残损，上身着交领宽袖衣，下身着高腰裙，腹上系带，双手隐于袖中置于腹前，双腿隐于裙中结跏趺座；外侧图像残损不清，仅见下端方形台座。第三方格中，外侧浅浮雕人物坐像，头梳半翻髻，面部丰满，五官残损，上身着交领宽袖衣，下身着高腰裙，腹上系带，双手隐于袖中置于腹前，双腿隐于裙中结跏趺座；内侧浅浮雕树状物，树茎较细，根系发达，树冠呈宝珠形。第四方格中，内侧浅浮雕人物坐像，头梳半翻髻，面部丰满，五官残损，上身着交领宽袖衣，下身着高腰裙，腹上系带，双手隐于袖中置于腹前，双腿隐于裙中结跏趺座；外侧浅浮雕树状物，树茎较细，根系发达，树冠呈宝珠形。第五方格中，外侧浅浮雕人物坐像，头梳半翻髻，面部丰满，五官残损，上身着交领宽袖衣，下身着高腰裙，腹上系带，双手隐于袖中置于腹前，双腿隐于裙中结跏趺座；内侧方形台座上生出七支莲苞状物，表面呈颗粒状。第六方格中，内侧浅浮雕人物坐像，头梳半翻髻，面部丰满，五官残损，上身着交领宽袖衣，下身着高腰裙，腹上系带，双手隐于袖中置于腹前，双腿隐于裙中结跏趺座；外侧浅浮雕不规则方形，其内线刻波浪状。第七方格中，外侧浅浮雕人物坐像，头梳半翻髻，面部丰满，五官残损，上身着交领宽袖衣，下身着高腰裙，腹上系带，双手隐于袖中置于腹前，双腿隐于裙中结跏趺座；内侧浅浮雕不规则方形，其内线刻山岳形。第八方格中，外侧浅浮雕人物坐像，头梳半翻髻，面部丰满，五官残损，上身着交领宽袖衣，下身着高腰裙，腹上系带，双手隐于袖中置于腹前，双腿隐于裙中结跏趺座；内侧图像风化难辨。

6. 题记

无。

7. 年代判断

中晚唐。

116 龛

1. 相对位置

位于 E 区中段崖面上，处于造像群下层，115 龛右侧，122～124 龛上侧。

2. 保存状况

整龛风化情况严重，大面积酥粉、表层有剥落现状。原龛中尊像残失，仅存痕迹，现龛中尊像为后代在残损基础上改刻。

3. 龛内外遗迹

龛外右下侧有方形凹孔。

表六三　116龛尊像编号表

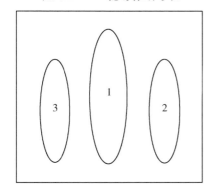

4. 龛窟形制

方形双重龛，外龛宽112、高114、深42厘米。龛顶、龛壁平；内龛宽97、残高88、深73厘米，龛顶、龛壁平。内龛龛床上，正壁设方形基坛。

5. 龛内造像

内龛正壁浮雕一佛二菩萨3尊。编号见表六三（图一八四）。

1号像，内龛正壁中央佛坐像。通高54、像高35厘米。头顶有低平肉髻，髻前中央有肉髻珠，面部风化。双肩瘦削，上身单薄，着通肩袈裟，身体正面弧形衣纹重叠。双臂屈肘，双手隐于袖中置于腹前。结跏趺坐束腰莲台，束腰莲台三段式，中央素面扁球状束腰，上段双层仰莲座，下段风化不清。

2号像，内龛正壁左侧菩萨立像。通高55厘米。头顶结宝髻，戴宝冠，面部风化。身体风化残损严重，衣制不明。左臂屈肘，下臂上举齐肩高。右臂残损。

3号像，内龛正壁右侧菩萨立像。通高56厘米。头顶结发髻，戴冠，面部风化。身体风化残损严重，衣制不明。左臂自然垂放体侧，右臂残损，动作不明。

6. 题记

无。

7. 年代判断

原龛时代不详，明代改刻尊像。

117龛

1. 相对位置

位于E区中段崖面上，处于造像群下层，龛下方即为人行石阶梯，112龛右侧，113龛下侧，118龛左侧。

2. 保存状况

外龛左侧壁下段残失，有

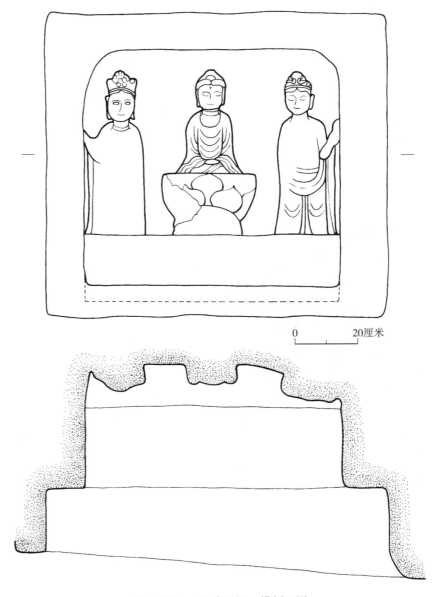

0　　　　　20厘米

图一八四　116龛正视、横剖面图

斜向人工凿痕。外龛右侧壁残失，有斜向人工凿痕。内龛左侧壁残损（图版一二九：1）。

3. 龛内外遗迹

龛周围皆分布有斜向人工凿痕，1 号像头光上部残存原像头光痕迹。

4. 龛窟形制

方形双重龛。外龛残宽 65、高 69、深 7 厘米，龛楣方形，龛顶、龛壁平；内龛宽 61、高 55、深 6 厘米。龛楣拱形，龛顶拱形，龛壁浅弧形。

5. 龛内造像

内龛正壁浮雕一佛二弟子二菩萨立像。共造像 5 尊，编号见表六四（图一八五）。

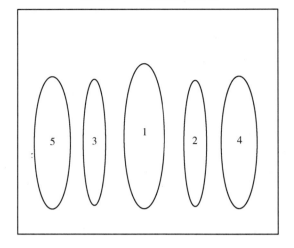

表六四　117 龛尊像编号表

1 号像，内龛正壁中央佛立像。高 49、肩宽 11 厘米。头部、面部风化，漫漶不清。上身着双领下垂式袈裟，胸部袒露，右侧袈裟衣角绕左臂垂下。左臂屈肘，左手置于腹前，手部残损。右手肩部以下残失。双重阴线刻宝珠形头光，素面无纹。头光尖部上方有较高较大的头光尖残存痕迹，此像应为后代改刻。下身着裙，裙长覆足，双腿之间 U 字形衣纹重叠，两腿上纵向阴刻褶纹。双足微分开，裸足并立于圆形低台座，台座表面风化严重。

2 号像，内龛正壁左侧，1 号像左侧比丘立像。高 36、肩宽 9 厘米。头部、面部风化，漫漶不清。上身着双领下垂式袈裟，右侧袈裟衣角绕左臂垂下。双臂屈肘，双手合掌于胸前。下身着裙，裙长覆足，双腿之间 U 字形衣纹重叠，两侧纵向阴刻褶纹。双足微分开，裸足并立于圆形低台座，台座表面风化严重。

3 号像，内龛正壁右侧，1 号像右侧比丘立像。残高 31 厘

0　　　　　　　16厘米

图一八五　117 龛正视、横剖面图

米。头部残失，上身风化严重。右侧袈裟衣角绕左臂垂下。双臂屈肘，双手合掌于胸前。下身着裙，裙长覆足，双腿之间U字形衣纹重叠，两侧纵向阴刻褶纹。双足微分开，裸足并立于圆形低台座，台座表面风化严重。

4号像，内龛正壁左侧，内龛龛口内侧，2号像左侧菩萨立像。残高40厘米。全身残破，仅见痕迹，残存右侧天衣前端。

5号像，内龛正壁右侧，内龛龛口内侧，3号像右侧菩萨立像。残高38厘米。头部、面部风化，漫漶不清。袒露上身，肩披天衣，两侧天衣相交于腹前，绕两臂垂于体侧。下身着裙，腰间系带，裙长覆足背。双足分开，裸足并立于圆形台座，台座表面风化严重。

6. 题记

无。

7. 年代判断

原龛时代不详，现存造像时代改刻。

118 龛

1. 相对位置

位于E区中段崖面上，处于造像群下层，龛下方即为人行石阶梯，117龛右侧，115龛下侧，119龛左侧。

2. 保存状况

外龛龛顶残损，分布有斜向人工凿痕。外龛左侧下段残失，分布有斜向人为凿痕。内龛龛床风化严重，外龛龛床风化残损。（图版一二九：2）。

3. 龛内外遗迹

龛上方，及与117龛之间，皆分布有斜向人工凿痕。

4. 龛窟形制

方形双重龛。外龛残宽56、高59厘米。龛楣方形，龛顶、龛壁凹凸不平。内龛宽44、高44厘米。龛楣拱形，龛顶拱形，龛壁浅弧形。

5. 龛内造像

内龛正壁中央浮雕佛坐像1尊，左右侧有比丘立像2尊，正壁两侧浮雕菩萨坐像2尊。共造像5尊，编号见表六五（图一八六）。

1号像，内龛正壁中央佛坐像。高34厘米。头顶低发髻，面部残损。上身袒露胸部，着双领下垂式袈裟，覆肩衣覆盖左肩。内着内衣裹上腹，腹上缔结纽带。左臂贴体侧，左手置于腹前捧钵状物。右臂贴体侧，右手置于右腿上，手部残损。双腿裹于袈裟之中，右脚外露，右腿居上结跏趺坐双层仰莲座，莲瓣阴线刻，形制较大，座下有4层方形台。

表六五　118龛尊像编号表

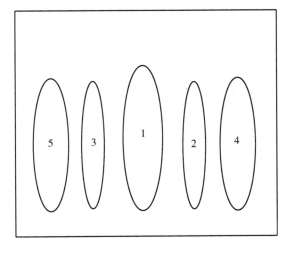

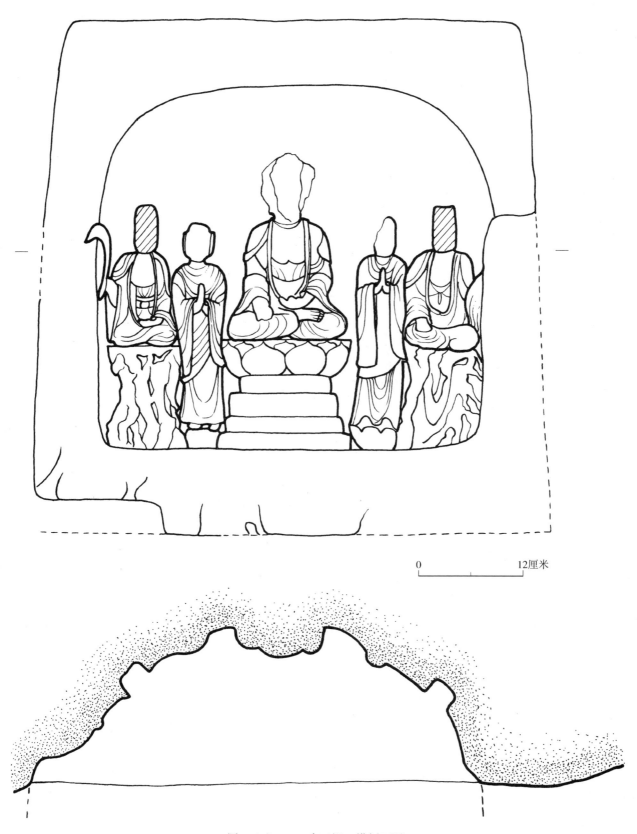

0　　　　　　　　　12厘米

图一八六　118龛正视、横剖面图

2 号像，内龛正壁中央，1 号像左侧比丘立像。高 28 厘米。头部残损。上身着通肩袈裟，袈裟垂至膝部，身体正面斜向弧形衣纹。双臂屈肘，双手合掌于胸前，宽袖垂覆身体两侧。下身内着裙，长覆足背，双腿之间 U 字形褶纹，两侧纵向阴刻褶纹。双足微分开，赤足并立于圆形台座，台座表面风化严重。

3 号像，内龛正壁中央，1 号像右侧比丘立像。高 27 厘米。圆顶，面部风化残损。颈部喉筋突出。上身着通肩袈裟，袈裟垂至膝部，身体正面斜向弧形衣纹。双臂屈肘，双手合掌于胸前，宽袖垂覆身体两侧。下身内着裙，长覆足背，双腿之间 U 字形褶纹，两侧纵向阴刻褶纹。双足微分开，赤足并立于圆形台座，台座表面风化严重。

4 号像，内龛左侧壁菩萨坐像。高 24 厘米。头部残失，现存方形修补孔。上身袒露胸部，着双领下垂式袈裟，覆肩衣覆盖左肩。内着内衣裹上腹，腹上缔结纽带。左臂体侧抬起，下臂上举，手部残失。右臂自然垂放体侧，右手置于腿部，手部残损。双腿隐于袈裟之中，结跏趺坐岩座之上。

5 号像，内龛右侧壁菩萨坐像。高 25 厘米。头部残失，现存方形修补孔。上身袒露胸部，着双领下垂式袈裟，覆肩衣覆盖左肩。内着内衣裹上腹，腹上缔结纽带。左臂体侧屈肘，左手置于腹前，手部残失。右臂体侧抬起，下臂上举齐肩，手持杨柳枝。双腿隐于袈裟之中，结跏趺坐岩座之上。

6. 题记

无。

7. 年代判断

明代。后代修补。

119 龛

1. 相对位置

位于 E 区中段崖面上，处于造像群下层，龛下方即为人行石梯步，118 龛右侧，115 龛下侧。

2. 保存状况

内龛左侧壁、外龛正壁左侧风化，表面酥粉。内龛龛床风化严重，外龛龛床风化，表面剥落（图版一三○）。

3. 龛内外遗迹

无。

4. 龛窟形制

方形双重龛。外龛宽 85、高 95、深 17 厘米。龛楣方形，龛顶、龛壁平；内龛宽 67、高 83、深 30 厘米。方形龛楣有三角斜撑，龛顶拱形，龛壁弧形。外龛左、右两侧正壁下端浅浮雕波状卷云呈下降状，云头椭圆形，底部接龛底。

5. 龛内造像

内龛正壁左侧高浮雕观音菩萨立像 1 尊，右侧高浮雕地藏菩萨立像 1 尊。共造像 2 尊，编号见表六六（图一八七）。

1 号像，内龛正壁左侧观音菩萨立像。通高 83、像高 73、肩

表六六　119 龛尊像编号表

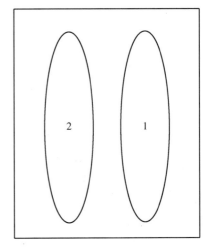

0 |_____| 20厘米

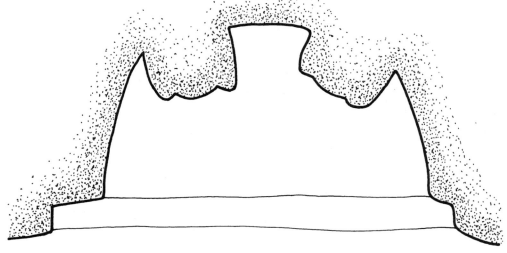

图一八七　119龛正视、横剖面图

宽19厘米。头顶结高发髻，戴双层高宝冠。面部风化，漫漶不清。耳上两侧系冠缯带，沿肩前侧下垂至腋部，末端鱼尾状。双重头光，外层宝珠形，顶端残破，刻火焰纹；内层椭圆形，素面无纹。

颈部刻三道纹，袒露上身，从左肩至右腋披条帛。戴胸饰，有花形垂饰。身体正面披璎珞，上端连接胸饰两侧，相交于腹上环状花形饰物，下端沿大腿内侧下垂，于膝上绕至体侧。双肩披天衣，分别沿两腋垂下，左侧天衣在大腿上呈U字形，绕右下臂垂于体侧，末端及龛床。右侧天衣在腹部下侧呈U字形，绕左下臂垂于体侧，末端及龛床。左臂于体侧屈肘，左手戴腕钏，握拳状置于左胸前，似持莲花，残损不清。右臂于体侧自然下垂，戴腕钏，四指弯曲手掌朝外，持物不明。

下身着裙，长覆足背，裙褶纹在两腿上呈U字形。腰间结带，沿两腿之间下垂，于两大腿间系蝶结，末端沿莲座正面垂及龛床。双脚分开，赤足并立于单层覆莲台座上，座下有圆形浅台。

2号像，内龛右侧壁佛装立像。通高83、像高69、肩宽20厘米。头部圆顶，面部残失，有方形修补孔。双重头光，外层宝珠形，顶端残破，刻火焰纹；内层椭圆形，素面无纹。

颈部三道刻，上身内着低圆领内衣，外着偏袒右肩袈裟，覆肩衣覆盖左肩、左臂垂于体侧，身体正面衣纹U字形重叠，袈裟末端呈V字形，垂至两膝之间。左臂于体侧自然垂下，手部残失。右臂贴体侧屈肘，右手置于右胸前，手掌朝上，四指卷曲，手中持钵状物。

下身着裙，裙长覆足背，纵向阴线刻裙褶纹。双脚分开，裸足并立于单层覆莲台座上，莲座表面风化严重，座下有圆形浅台。

6. 题记

无。

7. 年代判断

晚唐。

120龛

1. 相对位置

位于E区西段崖面上，处于造像群下层，龛下方即为人行石阶梯，119龛右下侧，122～124龛下侧。

2. 保存状况

外龛龛床石头崩落，龛床残失，左右侧壁风化剥落严重，左、右侧力士像残失。内龛左右侧壁尊像风化严重（图版一三一～一三三）。

3. 龛内外遗迹

龛外上方有横向水平方形沟槽。龛外下方密布斜向人工凿痕。

4. 龛窟形制

方形双重龛。外龛宽175、高156、深21厘米。龛楣方形，龛顶、龛壁平；内龛宽133、高138、深61厘米。方形龛楣有三角斜撑，龛顶平，三壁呈半椭圆形，三壁与龛顶连接处呈弯曲弧形。内龛龛床上，沿三壁设单层弧形基坛，内龛正壁上设二层坛，共三层。

5. 龛内造像

内龛正壁中层坛上高浮雕一佛二菩萨3尊，正壁三像之间半浮雕三层比丘立像，共10尊。正壁最上层人像两端半浮雕阿修罗像 2 尊。内龛左侧壁弧形基坛上半浮雕骑狮菩萨像 1 尊，驭者 1 尊。龛口内侧半浮雕供养天像 1 尊，其上侧半浮雕五层人物，共 11 尊。内龛右侧壁弧形基坛上半浮雕骑狮菩萨像 1 尊，驭者 1 尊。龛口内侧半浮雕供养天像女 1 尊，其上侧半浮雕五层人物，共 12 尊。内龛龛顶中央两侧，浮雕环状云中有飞天 2 尊。左右侧壁与龛顶交接处浮雕环状云有坐佛像 5 尊，左侧完全残失。弧形基坛正壁浮雕舞踊天、伎乐天 8 尊。外龛两侧正壁有力士像 2 尊。共残存造像 61 尊，编号见表六七（图一八八～一九一）。

表六七　120 龛尊像编号表

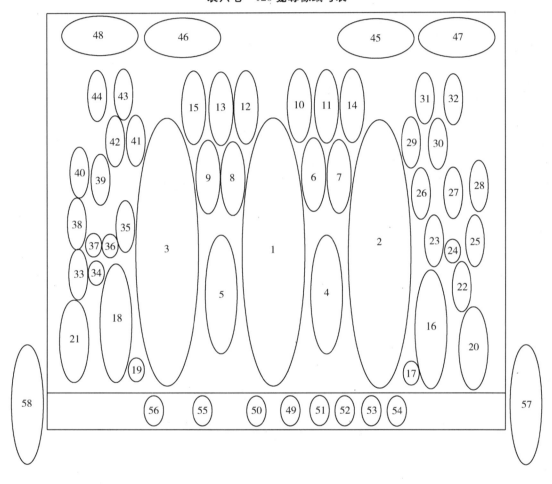

　　1 号像，中层坛上，内龛正壁中央佛立像。通高 113 厘米。头部、颈部残失，现存纵方形修补孔。有双重头光，外层宝珠形，刻火焰纹，高 51、宽 30 厘米。尖部纵长，高 16、宽 26 厘米，上接筒状宝盖。头光内层双层圆形，素面无纹。

　　身体残高 33、肩宽 17、肘宽 23、膝宽 23 厘米。上身着通肩袈裟，领口低至胸部，身体正面衣纹呈 U 字形，深阴线刻。双臂屈肘，双手分别第一、第二指相捻，于腹前并放结弥陀定印。宽袖垂覆双膝，双腿隐于袈裟中结跏趺坐，双腿之间衣纹呈圆弧形。下身内着裙，裙悬垂莲座上。双重舟形身光，高 74、宽 40 厘米，外层刻火焰纹，内层双层舟形，素面无纹。

　　三段式束腰莲台，高 26 厘米。上段三层仰莲座，莲瓣浮雕窄瘦型；上层莲瓣被波状裙裾覆盖；中段短束腰，五个扁球形并列；下段双层覆莲座。束腰莲台下有八角形浅台。

图一八八　120龛正视图

0 _____ 32厘米

　　2号像，中层坛上，内龛正壁左侧菩萨立像，1号像左侧。通高94、身体高51、肩宽15、肘宽20、膝宽23厘米。头顶结宝髻，戴高宝冠，正面风化。面部风化残损，耳廓较大，耳垂及肩。耳上两侧系冠缯带，从头部两侧分三股，上两股耳后分别上下打结，下股垂于两肩侧，另一条于耳后沿双肩正面垂至两腋，末端鱼尾状。有双重头光，高23、宽40厘米，外层宝珠形，刻火焰纹，内层圆形，素面无纹。

　　颈部阴刻三道纹，上身袒露，戴胸饰，身体正面披璎珞，上端分别连接胸饰两侧，相交于腹前圆形花状饰物，又沿两大腿内侧，绕双膝下至体侧，膝下有垂饰。双肩披天衣，分别沿两腋垂下，相交于两大腿之间，左侧天衣绕右腕垂于体侧，右侧天衣绕左下臂垂于体侧。左臂屈肘，左手置于胸前，戴腕钏，手背朝外，拇指直伸，四指弯曲，持圆盘形物，外缘圆环形，中央有小孔，与外缘之间有放射状阴刻线。右臂屈肘，右手手背朝上置于膝上。下身着裙，裙上端外翻折返，腰间系带，沿两腿之间、台座正面垂下，于台座上沿系蝶结，末端鱼尾状分开，垂及座底。双腿结半跏趺座，左腿垂放，左脚踏小型莲座，右腿屈膝横放座上，右脚悬垂台座上沿。刻双重舟形身光，高36、宽31厘米，外层刻火焰纹，内层素面无纹。

三段式束腰莲座，上段仰莲座，全体被菩萨裙裾幔状覆盖，中段扁球形高束腰，下段覆莲座。座下有圆形浅台。束腰莲座前侧，圆形浅台上，腰带末端鱼尾部分左右侧各连接三涡旋卷草纹，右侧生出未敷莲苞，左侧生出菩萨所踏双层小莲花台座。

3号像，中层坛上，内龛正壁右侧菩萨立像，1号像右侧。通高90、身体高49、肩宽17、肘宽20、膝宽21厘米。头顶结发发髻，戴高宝冠。面部风化残损，耳廓较大，耳垂及肩。耳上两侧系冠缯带，从头部两侧分三股，上两股耳后分别上下打结，下股垂于两肩侧，头部左侧一条缯带于耳后沿双肩正面垂至两腋，末端鱼尾状。有双重头光，高36、宽26厘米，外层宝珠形，刻火焰纹，内层圆形，素面无纹。

颈部阴刻三道纹，上身袒露，上身右侧残损，右肩、右臂为后代泥补

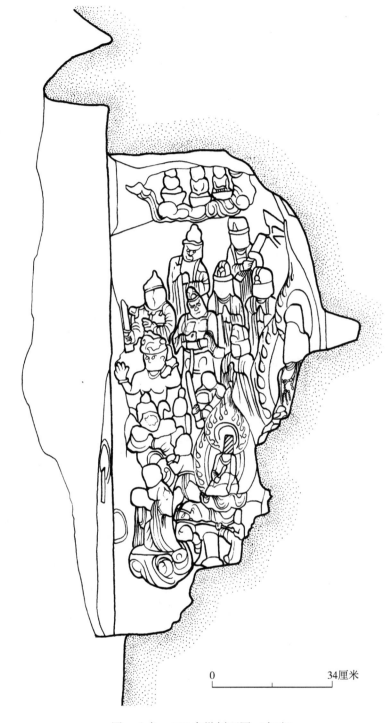

图一八九　120龛纵剖面图（右壁）

塑。戴胸饰，身体正面披璎珞，上端分别连接胸饰两侧，相交于腹前圆形花状饰物，又沿两大腿内侧，绕双膝下至体侧，膝下有垂饰。双肩披天衣，左侧天衣沿腋垂下，左侧天衣绕右臂弯垂于体侧，右侧天衣上端仅见肩部，下端绕左下臂垂于体侧。左臂屈肘，左手置于左腹前，戴腕钏，手掌朝上，第一指直伸，四指平摊，捧球状物。右臂屈肘，右手手掌朝上置于腹前，与左手相比，比例失调。下

身着裙，腰间系带，腰带沿两腿之间，绕左足腕、沿台座正面中央垂下，于台座上沿系蝶结，末端鱼尾状分开，垂及座底。双腿游戏座，左腿垂放，左脚踏小型莲座，右腿屈膝横放座上，右脚悬垂台座上沿。刻双重舟形身光，高40、宽33厘米，外层刻火焰纹内层双层舟形，素面无纹。

三段式束腰莲座，上段仰莲座，全体被菩萨裙裾幔状覆盖，中段扁球形高束腰，下段覆莲座。座下有圆形浅台。束腰莲座前侧，圆形浅台上，腰带末端鱼尾部分左右侧各连接三涡旋卷草纹，左侧生出未敷莲苞，右侧生出菩萨所踏双层小莲花台座。

4号像，内龛正壁上层坛上，1号、2号像身光之间，半浮雕正面比丘立像。通高44厘米。头部残失，现存方形修补孔。有单层圆形头光，素面无纹，宽13、高14厘米。

身体残高32、肩宽11、肘宽13、膝宽12厘米。上身着偏袒右肩袈裟，覆肩衣覆盖右肩、右臂，衣角绕左臂垂下。双臂屈肘，双手合掌于胸前。下身内着裙，阴刻纵向裙褶纹，裙长覆足背，双脚分开，裸足立于坛上。

5号像，内龛正壁上层坛上，1号、3号像身光之间，半浮雕正面比丘立像。通高44、身体高39、肩宽11、肘宽12、膝宽11厘米。圆顶，面部风化，漫漶不清，双耳耳垂及肩。有单层圆形头光，宽13、高13厘米，素面无纹。

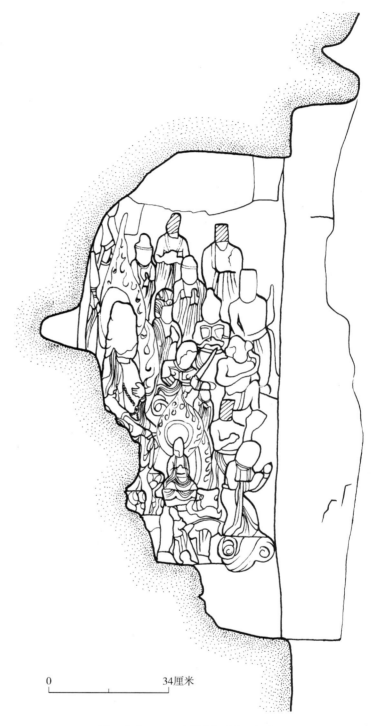

图一九〇　120龛纵剖面图（左壁）

颈部刻三道纹，内着宽袖筒内衣，外着双领下垂袈裟，身体右侧袈裟衣角绕左下臂垂下。双臂屈肘，双手合掌于胸前。下身内着裙，裙长覆足背，双脚分开，裸足立于坛上。

6号像，内龛正壁，1号像头光左侧，4号像右上侧，半浮雕正面比丘半身立像。通高25厘米。头部残失，现存方形修补孔，身体残高17厘米。有单层圆形头光，素面无纹。颈部三道刻纹，上身

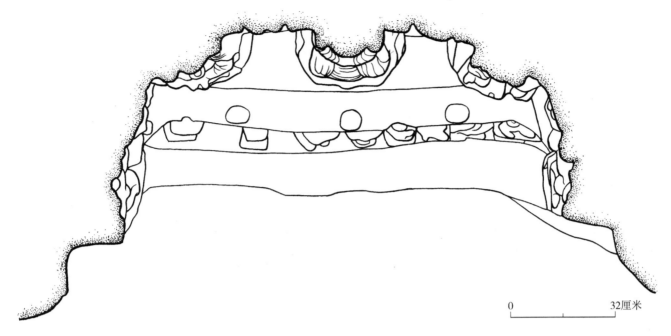

图一九一　120 龛横剖底视图

着左衽交领袈裟，左领外翻，双臂屈肘，双手于胸前合掌。身体右侧隐于 1 号像身光之后，腰部以下隐于 4 号像之后。

　　7 号像，内龛正壁，4 号像左上侧，6 号像左侧，半浮雕正面比丘半身立像。通高 27、身高 24 厘米。圆顶，头部、面部残损。有单层圆形头光，素面无纹。颈部三道纹，上身着通肩袈裟。双臂屈肘，双手于胸前合掌。身体左侧隐于 2 号像身光之后，腰部以下隐于 4 号像之后。

　　8 号像，内龛正壁，1 号像头光右侧，5 号像左上侧，半浮雕正面比丘半身立像。通高 27 厘米。头部残失，现存方形修补孔，身体残高 18 厘米。有单层圆形头光，素面无纹。颈部三道纹，上身着通肩袈裟。双臂屈肘，双手于胸前合掌。身体左侧隐于 1 号像身光之后，腰部以下隐于 5 号像之后。

　　9 号像，内龛正壁，5 号像右上侧，8 号像左侧，半浮雕正面比丘半身立像。通高 27、身高 24 厘米。圆顶，面部漫漶不清，耳垂及肩。有单层圆形头光，素面无纹。颈部三道刻纹，上身着通肩袈裟。双臂屈肘，双手于胸前合掌。身体右侧隐于 3 号像身光之后，腰部以下隐于 5 号像之后。

　　10 号像，内龛正壁，1 号像头光左侧，6 号像右上侧，半浮雕比丘半身立像，身体微向左侧。通高 28、身高 21 厘米。圆顶，头部、面部残损。有单层圆形头光，素面无纹。颈部三道刻纹，上身着左衽交领袈裟，左领外翻，双臂屈肘，双手于胸前合掌。身体右侧隐于 1 号像头光之后，腰部以下隐于 6 号像之后。

　　11 号像，内龛正壁，6 号像左上侧，7 号像右上侧，10 号像左侧，半浮雕正面比丘半身立像。通高 39、身体高 33 厘米。圆顶，头部、面部残损。双肩、胸部残损。上身着通肩袈裟。双臂屈肘，双手于胸前合掌。腰部以下隐于 6 号、7 号像之后。

　　12 号像，内龛正壁，1 号像头光右侧，8 号像左上侧，半浮雕比丘半身立像，身体微向左侧。通高 29、身体高 26 厘米。圆顶，面部漫漶不清。颈部三道纹，上身着通肩袈裟。双臂屈肘，双手于胸前合掌。身体左侧、腰部以下隐于 1 号像头光之后。

13 号像，内龛正壁，8 号像右上侧，12 号像右侧，半浮雕正面比丘半身立像。通高 30、身体高 25 厘米。圆顶，面部漫漶不清。颈部三道纹，上身着通肩袈裟。双臂屈肘，双手于胸前合掌。腰部以下隐于 8 号像之后。

14 号像，内龛正壁，2 号像头光右侧，11 号像左侧，半浮雕三头六臂半身立像。通高 38.5 厘米。头顶结髻，发髻中分，左右结环状，戴低三山冠。三面像，正面额部凹凸感，口部张开，面部忿怒相，两侧面头顶阴刻长焰发，面部漫漶不清。裸上身，肩披天衣，于头上侧呈环状，沿两腋垂下，绕双下臂垂于体侧。有六臂，身体正面双臂屈肘，双手合掌于胸前；身后下侧两臂振臂屈肘上举，手部齐肩高，左手残损持物不明，右手持曲尺；身后上侧两臂于头部两侧振臂上举，双手托圆盘状物。下身着裙，腰部系带。大腿以下部分隐于 2 号像头光之后。

15 号像，内龛正壁，3 号像头光左侧，13 号像右侧，半浮雕三头六臂半身立像。通高 38 厘米。头顶结髻，发髻中分，戴低三山冠。三面像，皆漫漶不清。裸上身，从左肩至右腋斜披条帛。肩披天衣，于头上侧呈环状，沿两腋垂下，绕双下臂垂于体侧。有六臂，身体正面双臂屈肘，双手合掌于胸前，身后下侧两臂振臂屈肘上举，手部齐肩高，左手持物残损，右手持天秤。身后上侧两臂于头部两侧振臂上举，双手托圆盘状物。下身着裙，腰部系带。大腿以下部分隐于 3 号、9 号像之后。

16 号像，内龛左侧壁下层基坛上，2 号像左下侧，20 号像右侧，半浮雕骑狮菩萨像。通高 51、身高 16、肩宽 6、肘宽 7、膝宽 10 厘米。头部、面部风化破损。双重头光，外层宝珠形，阴刻火焰纹，内层双层圆形，素面无纹。双肩披天衣，于腹下呈两重 U 字形，两端绕两下臂垂于体侧。双臂屈肘，双手置于胸前，手部残失，持物不明。下身着裙，双腿结跏趺坐狮背上束腰仰莲座，扁球状束腰，裙摆幔状覆盖仰莲座。狮子尖耳，面部残损，头朝向龛口方向。口部张开，露出排齿。鬃、额部细线阴刻卷曲毛发。胸前系铃，左前腿前方踏出。

17 号像，16 号像前侧，身形较小，为 16 号像狮子驭者。高 16 厘米。头顶戴高帽，身体风化，着短裙。双臂屈肘，双手于身体前持狮子系铃绳，身体后仰，左脚前方踏出。

18 号像，内龛右侧壁下层基坛上，3 号像右下侧，21 号像左侧，半浮雕骑象菩萨像。通高 53、身高 13、肩宽 6、肘宽 8、膝宽 11 厘米。头部残失，现存方形修补孔。双重头光，外层宝珠形，阴刻火焰纹，内层双层圆形，素面无纹。上身风化残损，天衣两端绕两下臂垂于体侧。右臂屈肘，右手置于右腹前，持棒状物。左臂自然垂放，左手垂于膝前。下身着裙，双腿结跏趺坐象背上仰莲座，裙裾幔状覆盖仰莲座。象头朝向龛口方向，垂耳，象鼻卷曲，额前系十字带，象背至腹部覆盖垂布，四腿并立，短尾垂于身后。

19 号像，位于 18 号像前侧，身形较小，为 19 号像狮子驭者。高 15 厘米。头顶戴高帽，身体风化，下身着裙。双臂屈肘，双手于身体前持象绳，身体后仰，右脚前方踏出。

20 号像，内龛左侧壁龛口内侧，16 号像身光左侧，半浮雕供养天像。高 39 厘米。身体侧向龛口方向，头部微前倾，头部、面部残损，颈部三道纹。上身微前倾，双肩披天衣，右侧天衣绕右下臂垂于体侧。双臂屈肘，带腕钏，双手合于左侧胸前，捧未敷莲花。下身着长裙，双腿屈膝，左脚隐于裙中，右腿踏出，赤足外露。其下卷云座。

21 号像，内龛右侧壁龛口内侧，半浮雕供养天像。高 37 厘米。头部、面部残损。上身微前倾，风化严重。双肩披天衣，两端绕两下臂垂于体侧。双臂屈肘，带腕钏，双手合于右侧胸前，捧块状物。下身着长裙，双腿屈膝，右脚隐于裙中，左腿踏出，赤足外露。其下卷云座。

22 号像，内龛左侧壁龛口内侧，20 号像右上侧，半浮雕神将像。残高 23 厘米。头部残失，现存方形修补孔。上身残损，左臂屈肘，左手上举于肩前，右臂屈肘，右手置于胸前。下身着裙，腰间系带，外着下甲。天衣于大腿前呈 U 字形，两侧与腰带相连，右侧天衣垂于体侧。

23 号像，内龛左侧壁，16 号像头光上侧，半浮雕神将像。高 20 厘米。头部微左倾，头部、面部残损。上身着胸甲，肩覆肩甲。双臂屈肘，左手上、右手下于左胸前握剑柄，剑身上举于头部左侧。腰部以下隐于 16 号像头光中。

24 号像，内龛左侧壁，23 号像左侧，22 号像右上侧，半浮雕小型官人像。高 14 厘米。头戴帽，面部风化残损。上身着长衫，双臂屈肘，双手隐于宽袖之中合于胸前。腰部以下隐于 16 号像头光、身光中。

25 号像，内龛左侧壁龛口内侧，22 号像上侧，24 号像左侧，半浮雕夜叉像。高 24 厘米。头部、面部风化残损。裸上身，胸部、手臂肌肉突出。双臂屈肘，双手于左侧胸前持蛇，蛇头于左耳外侧。下身着短裙，左腿屈膝高抬，左脚所踏物风化不明。右腿残失。

26 号像，内龛左侧壁，2 号像身光左侧，26 号像上侧，半浮雕天女像。高 23 厘米。头顶结高髻，戴低宝冠。面部丰腴，颈部三道刻纹。上身着高圆领内衣，双领下垂式外衣。双臂屈肘，双手合掌于左胸前。腰部以下隐于 26 号像身后。

27 号像，内龛左侧壁，26 号像左侧，半浮雕神将像。高 26 厘米。头顶结高髻，戴天台宝冠，于耳上侧系冠缯带，面部残损。上身着胸甲，腹甲，肩部覆肩甲。双臂屈肘，双手合掌于胸前。下身着裙，腰部系带，大腿上天衣呈 U 字形。腿部以下隐藏于 24 号像身后。

28 号像，内龛左侧壁龛口内侧，25 号像上侧，27 号像左侧，半浮雕神将像。高 37 厘米。全身风化严重，仅见轮廓。左臂屈肘，左手上举齐肩高，右臂微屈肘，右手置于腰侧。右腿隐于 25 号像身后。

29 号像，内龛左侧壁，2 号像头光左侧，26 号像右上侧，半浮雕人物像。高 26 厘米。头部、面部风化不清。颈部三道刻纹，上身着双领下垂式外衣。双臂屈肘，双手合掌于胸前，宽袖垂覆身体前侧。身体右侧隐于 2 号像头光后，腿部以下隐于 26 号像身后。

30 号像，内龛左侧壁，26 号像左上侧，27 号像右上侧，29 号像左侧，半浮雕人物像。高 23 厘米。头顶戴半球状帽，面部风化。上身着双领下垂式外衣。双臂屈肘，双手合掌于胸前，宽袖垂于身前两侧。下身着裙，腰间系带。大腿隐于 26 号、27 号像之后。

31 号像，内龛左侧壁，29 号像左上侧，30 号像右上侧，半浮雕人物像。残高 16 厘米。头部残失，现存椭圆形修补孔。上身着双领下垂式外衣。双臂屈肘，双手合于胸前，手部残损，宽袖垂于身前两侧。下身着高腰裙，裹上衣于内，腰间系带。腿部以下隐于 26 号、30 号像身后。

32 号像，内龛左侧壁，30 号像左上侧，31 号像左侧，半浮雕人物像。残高 22 厘米。头部残失，现存椭圆形修补孔。上身风化严重，左肩、左臂残损。上身着双领下垂式外衣。双臂屈肘，双手合于胸前，手部残损，宽袖垂覆身体前侧。

33号像，内龛右侧壁龛口内侧，21号像上侧，半浮雕神将像。高20厘米。戴头盔，顶有宝珠形饰物，面部残损。上身着胸甲，肩覆肩甲，腹部突出。左臂屈肘，左后手置于胸前握右臂袖端。右臂屈肘，右手上举，似持矛。腰部以下隐于21号像身后。

34号像，内龛右侧壁，3号像坐骑象头上侧，33号像右侧，半浮雕童子像。高18厘米。头部、身体侧向33号像。头部、面部风化残损。上身着筒袖外衣，左臂屈肘，握拳状置于胸前侧。下身着短裙，裹外衣于内，系腰带。左腿向前踏出，脚部隐于21号像身后。

35号像，内龛右侧壁，3号像身光右侧，18号像上侧，半浮雕人物像。高34厘米。头顶结宝髻，戴天台宝冠，正中有两重半圆形饰物，面部风化不清。着双领下垂式外衣，双臂屈肘，双手合掌于胸前，广袖垂覆身前。下身隐于18号像头光之后。

36号像，内龛右侧壁，18号像头光右侧，35号像右侧，半浮雕神将像。高20厘米。戴头盔，顶有宝珠形饰物，面部残损。上身着胸甲，肩覆肩甲。左臂置于右腹前，右臂于体侧，右手上、左手下于右腹前侧握剑柄，剑身上举于肩前。下身隐于18号像头光、身光之后。

37号像，内龛右侧壁，34号像上侧，36号像右侧，半浮雕小型人物像。高14厘米。身体侧向左侧龛壁方向，头顶带尖状高帽，面部风化。上身风化衣着不明，见左臂垂于体侧。下身隐于34号像之后。

38号像，内龛右侧壁龛口内侧，33号像上侧，37号像右侧，半浮雕夜叉像。高20厘米。面部风化，头发上梳，于头顶中分成两束，发稍卷曲成涡状。裸上身，胸部、手臂肌肉突出。左臂振臂上举，左手举于头侧。右臂振臂上举，右手手掌朝外，手指直伸齐肩高。下身隐于33号像身后。

39号像，内龛右侧壁，36号像上侧，35号像右上侧，38号像左上侧，半浮雕神将像。高28厘米。头部微右倾，头顶结山形髻，正面有头饰。面部风化。上身外着胸甲，肩甲。双臂屈肘，左手下、右手上置于腹前，左手持棒状物上端，右手手掌朝上握拳状。广袖垂于体侧，袖端束结。下身着裙，腰间系带，外着下甲。腿部以下隐于36号像之后。

40号像，内龛右侧壁龛口内侧，38号像上侧，39号像右侧，半浮雕神将像。高19厘米。身体微侧向右侧壁方向，头部、面部残损，上身着胸甲、肩甲，广袖垂于体侧。左臂屈肘，左手置于右侧胸前，手背朝外握拳状。右臂屈肘，右下臂上抬齐腹高，手握短剑剑柄，剑身举于身体前侧，剑端齐肩高。下半身隐于38号像身后。

41号像，内龛右侧壁，3号像头光26右侧，35号像左上侧，半浮雕人物像。高25厘米。头顶结高发髻，有头饰。面部风化，双颊丰腴，颈部三道刻纹。上身着高圆领内衣，双领下垂式外衣。双臂屈肘，双手合掌于胸前，广袖垂覆身前两侧。腰部以下左侧隐于3号像左侧，腿部以下隐于35号像身后。

42号像，内龛右侧壁，39号像左上侧，35号像右上侧，41号像右侧，半浮雕人物像。高27厘米。头顶结高发髻，中央有三叶形头饰。颈部三道刻纹。上身着高圆领内衣，双领下垂式外衣。双臂屈肘，双手合掌于胸前。广袖垂覆身前两侧。身体右侧隐于39号像身后，腰部以下隐于35号像身后。

43 号像，内龛右侧壁，41 号像右上侧，42 号像左上侧，半浮雕人物像。高 25 厘米。头顶戴低圆筒状冠，面部风化，颈部三道刻纹。上身着高圆领内衣，双领下垂式外衣。双臂屈肘，左手上、右手下，于左侧肩前抱箜篌。下身隐于 41 号、42 号像身后。

44 号像，内龛右侧壁，39 号像上侧，42 号像右上侧，43 号像右侧，半浮雕人物像。高 26 厘米。头微左倾，头顶结高髻，有头饰。上身着高圆领内衣，双领下垂式外衣。双臂屈肘，左手隐于广袖之中，于腹前捧球状物，右手外露覆球状物上。腰部以下隐于 39 号像身后。

45 号、46 号像，内龛龛顶，1 号像天盖两侧，分别浮雕飞天像，皆面朝天盖方向。左侧飞天（45 号像）残损严重，仅存部分天衣。右侧飞天（46 号像）于半环状卷云之上，头顶结高髻，面部漫漶不清。裸上身，从左肩至右腋斜披条帛。双臂振臂屈肘上举，双手举于头部两侧，右手持圆盘形花笼，左手残失。双肩披天衣，于头后呈环状，下端绕双肩飘于体侧。下身着长裙，双足隐于裙中，左腿后伸，右腿屈膝。

47 号、48 号像，内龛左右侧壁上端与龛顶连接处，分别浮雕云中五坐佛像。环状卷云，云尾蜿蜒至龛顶。左侧环云（47 号像）残损严重，仅存龛顶部分云尾。右侧（48 号像）环状卷云中，有五尊坐佛，下层三尊，上层两尊，风化严重，皆为结禅定印，结跏趺坐小像。

49 号、50 号像，内龛基坛正立面中央，左右对称浮雕两尊舞蹈天。高 17 厘米。头部、面部残损。上身风化残损，双臂振臂上举，双手于头部两侧持天衣。下身着裙，内侧腿跪立，外侧腿跪坐。

51 号像，内龛基坛正立面，49 号像左侧，头部残失。身体残高 17 厘米。双臂屈肘，左手置于腹前，右手置于胸前，手部残损，所持乐器不明。结跏趺坐，双腿隐于裙中。

52 号像，内龛基坛正立面，51 号像左侧，头部、上身体残损。残高 15 厘米。左腿屈膝盘坐，右腿跪立。

53 号像，内龛基坛正立面，52 号像左侧，头部残损。残高 17 厘米。着广袖外衣，身体正面抱四弦琵琶，右臂屈肘，右手拨弦状。下身结跏趺坐，双腿隐于裙中。

54 号像，内龛基坛正立面，53 号像左侧，头部残损。残高 17 厘米。上身着广袖衣，下身着高腰裙，裹上衣于内，腰间系带。结跏趺坐，箜篌横放双腿之上，双臂屈肘，双手弹拨状。

55 号像，内龛基坛正立面，50 号像右侧，头部残损。残高 14 厘米。双臂屈肘，左手上、右手下持竖箫下端。结跏趺坐，双腿隐于裙中。

56 号像，内龛基坛正立面，56 号像右侧，头部残损。残高 13 厘米。左侧身前抱竖琴，右臂屈肘，右手拨弹状。结跏趺坐，双腿隐于裙中。

57 号、58 号像，外龛两侧正壁下端，二力士像残迹，有方形修补孔。57 号像全体残失，分布有人工凿痕。58 号像残存头后环状天衣，分布有人工凿痕。

6. 题记

无。

7. 年代判断

晚唐～五代。后代修补。

121 龛

1. 相对位置

位于 E 区西段崖面上，处于造像群下层，龛下方即为人行石阶梯，120 龛右侧。

2. 保存状况

龛侧壁外沿下段、龛床外沿磨损严重。尊像头部残损（图版一三四：1）。

3. 龛内外遗迹

龛外左侧分布有纵向人工凿痕，下侧分布有斜向人工凿痕，上侧右端有方形凹孔，下侧左端有方形凹槽。

4. 龛窟形制

单层方形龛，宽 29、高 64、深 14 厘米。三壁、龛顶缓弧形。

5. 龛内造像

龛内正壁中央浮雕立佛 1 尊。通高 58、身高 42 厘米。头顶、身侧四周龛壁内凹，像身扁平，应为后代改刻。头部残损，圆顶，有单层宝珠形头光，素面无纹。袒露胸部，着双领下垂式袈裟，左侧袈裟从腹下绕右臂垂于体侧，袈裟衣角于双膝间呈 V 字形。单层舟形身光，素面无纹。下身着高腰裙，腹上部系纽带，裙摆覆足背，双足残损。其下台座表面残损（图一九二）。

6. 题记

无。

7. 年代判断

原龛时代不详，明代改刻。

0　　　　　　　16厘米

图一九二　121 龛正视、横剖面图

122 龛

1. 相对位置

位于 E 区西段崖面上，处于造像群下层，115 龛左下侧，119 龛左上侧，120 龛上侧。

2. 保存状况

外龛右侧壁下段残损，内龛右侧壁风化严重，下段残损。内龛龛床破损。尊像全体为后代补刻。中尊头上部残存有原像宝珠形头光尖端（图版一三四：2）。

3. 龛内外遗迹

122～124 龛下方有一条横向凹槽。

4. 龛窟形制

表六八　122 龛尊像编号表

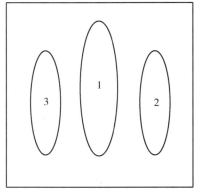

双层方形龛，外龛宽 59、高 50、深 10 厘米，龛顶、龛壁平；内龛宽 50、高 33、深 9 厘米，三壁缓弧形，龛顶弧形。内龛正壁设单层基坛。

5. 龛内造像

内龛正壁基坛上，中央浮雕佛坐像 1 尊，两侧浮雕菩萨坐像 2 尊。共造像 3 尊，编号见表六八（图一九三）。

1 号像，内龛正壁中央基坛上佛坐像。高 22 厘米。头顶宽平肉髻，发际线低，面部残损。上身袒胸，外着 U 字形领通肩袈裟，内着低裹腹内衣，腹上系带。双臂屈肘，双手置于腹前，手部残损。结跏趺坐，腿部及座残损。

2 号像，内龛正壁左侧基坛上，1 号像左侧菩萨坐像。头部残损，残高 20 厘米。裸上身，双肩覆天衣，相交于腹前，绕两腕垂于体侧。左臂屈肘上举，左手于左胸前，右臂屈肘，右手于右腹前，双手持未敷莲花的茎秆，举莲花于左肩前方。下身着裙，双腿隐于裙中，结跏趺坐。

3 号像，内龛正壁右侧基坛上，1 号像右侧菩萨坐像。高 18 厘米。头顶高圆状宝髻，面部残损，身体风化严重，详细不明。

6. 题记

无。

7. 年代判断

明代。

123 龛

1. 相对位置

位于 E 区西段崖面上，处于造像群下层，116 龛下侧，120 龛上侧，122 龛右侧。

2. 保存状况

龛床破损，两端有崩落现象。龛顶外沿风化严重。龛内尊像风化残损情况严重（图版一三五：1）。

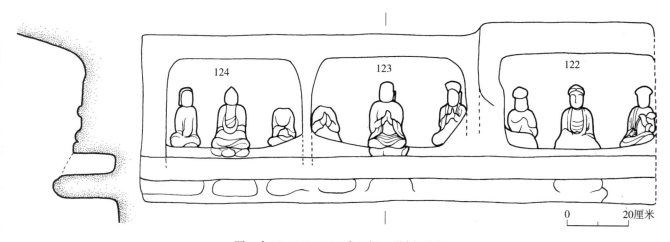

图一九三　122～124 龛正视、纵剖面图

3. 龛内外遗迹

122~124 龛下方有一条横向凹槽。123 龛、124 龛上方有一横向断面。

4. 龛窟形制

单层方形龛，宽 45、高 43、深 18 厘米。龛楣拱形，龛壁缓弧形，龛顶弧形。

5. 龛内造像

龛内正壁中央浮雕佛坐像 1 尊，左右侧壁浮雕 2 菩萨坐像。共造像 3 尊，编号见表六九（图一九三）。

1 号像，龛内正壁中央佛坐像。残高 15 厘米。头部残失，身体风化严重。双臂屈肘，双手置于腹前，手部残损，广袖垂于体侧。结跏趺坐，双腿隐于裙中，双膝间弧形衣纹重叠。

2 号像，龛内左侧壁人物坐像。高 22 厘米。头戴筒形高冠，面部风化残损。身体风化严重，上身左侧、左腿残失。双臂屈肘，双手合掌置于胸前。右腿屈膝盘坐，应是结跏趺坐。

3 号像，龛内右侧壁人物坐像。高 16 厘米。头部，胸部以下残失。仅存双肩及胸部，风化甚重。

6. 题记

无。

7. 年代判断

明代。

124 龛

1. 相对位置

位于 E 区西段崖面上，处于造像群下层，116 龛下侧，125 龛右侧，120 龛上侧。

2. 保存状况

龛内正壁上部、左侧龛壁上部、龛顶风化剥落严重，龛顶外沿残损。龛床残失，左侧龛壁下端有崩落现象（图版一三五：2）。

3. 龛内外遗迹

122~124 龛下方有一条横向凹槽。123 龛、124 龛上方有一横向断面。

4. 龛窟形制

单层方形龛，宽 51、高 32、深 17 厘米。龛楣拱形，龛壁缓弧形，龛顶弧形。龛床上设单层基坛。

5. 龛内造像

龛内正壁中央浮雕佛坐像 1 尊，正壁左右侧浮雕 2 菩萨坐像。共造像 3 尊，编号见表七〇（图一九三）。

表六九　123 龛尊像编号表

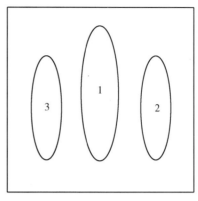

表七〇　124 龛尊像编号表

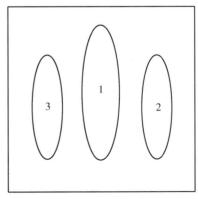

1号像，龛内正壁中央佛坐像。残高15厘米。头部残失，身体风化严重。上身外着U字形领通肩袈裟，内着偏袒右肩内衣。双臂屈肘，双手置于腹前结禅定印。双腿隐于裙中，结跏趺坐。

2号像，龛内左侧壁人物坐像。残高16厘米。头部残失，身体风化严重。双臂屈肘，双手置于胸前，手部残损。双腿隐于裙中，结跏趺坐，左腿残损。

3号像，龛内左侧壁人物坐像。高17厘米。头戴筒形高冠，面部风化残损。身体风化严重，双手上臂垂于身体两侧，下臂残损。双腿隐于裙中，结跏趺坐。

6. 题记

无。

7. 年代判断

明代。

125 龛

1. 相对位置

位于E区西段崖面上，处于造像群下层，121龛上侧，124龛右侧，127龛左侧，131龛下侧。

2. 保存状况

保存状况良好，外龛右侧壁破损，龛顶残破。内龛左侧壁龛沿下段风化（图版一三六）。

3. 龛内外遗迹

龛外左下方有方形凹孔。

4. 龛窟形制

纵长方形双重龛。外龛宽126、高141、深28厘米，龛顶、龛壁平；内龛较深，宽102、高116、深53厘米，方形龛楣有三角斜撑，龛壁平，转角处为弧形，龛顶拱形。

5. 龛内造像

内龛正壁中央宝瓶中生出三同根连茎，蜿曲呈枝蔓状，茎端七莲花，四荷叶，荷叶呈月形卷曲状，莲花上坐佛7尊。枝蔓分四层，最下层两莲花上有坐佛，第二层两莲花上有坐佛，两侧月形卷曲状荷叶，第三层两莲花上有坐佛，第四层一莲花上有坐佛，两侧月形卷曲状荷叶。内龛正壁左侧高浮雕地藏菩萨立像1尊。内龛正壁右侧高浮雕观世音菩萨立像1尊。内龛左侧壁上下侧有人物像2尊，内龛右侧壁上下侧有人物立像2尊。共尊像13尊，编号见表七一（图一九四～一九七）。

表七一　125龛尊像编号表

1号像，内龛正壁中央，枝蔓状莲茎第一层，宝瓶左上侧，半浮雕带茎莲座上佛坐像。通高26厘米。头顶有低平发髻，面部风化漫漶不清，上身风化剥落，双臂屈肘，双手置于腹前，手部残损。双腿隐

图一九四　125龛正视图

0　　　　　　　28厘米

图一九五　125 龛纵剖面图（右壁）

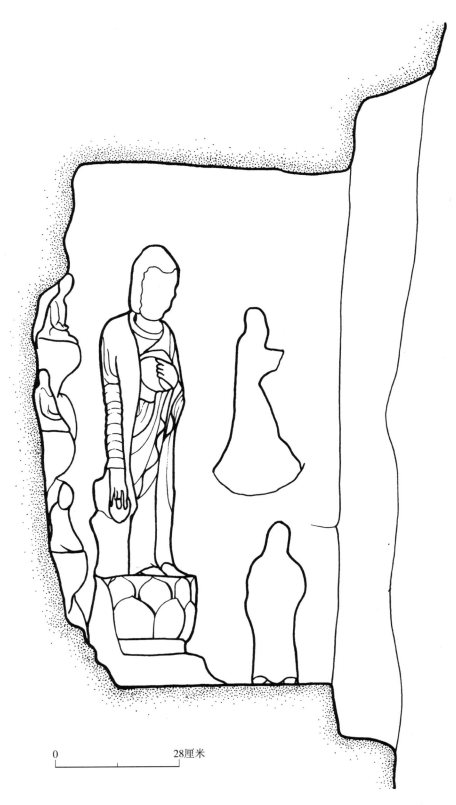

0　　　　　　28厘米

图一九六　125龛纵剖面图（左壁）

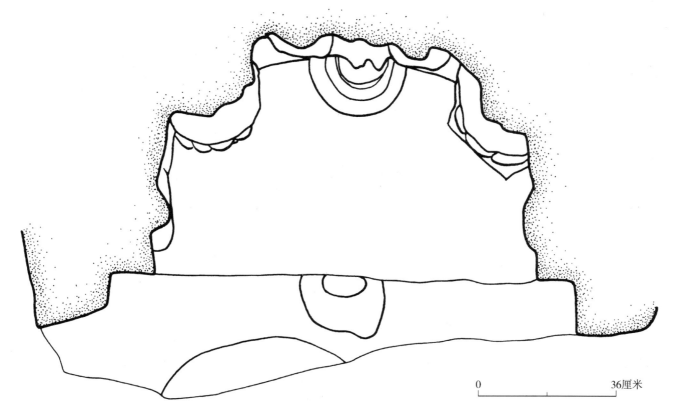

图一九七　125 龛横剖底视图

于裙中，结跏趺坐于双层仰莲座。

　　2 号像，内龛正壁中央，枝蔓状莲茎第一层，宝瓶右上侧，半浮雕带茎莲座上佛坐像。通高 25 厘米。头顶有低平发髻。面部、上身风化剥落。双臂屈肘，双手于腹前结禅定印。双腿隐于裙中，结跏趺坐于双层仰莲座。

　　3 号像，内龛正壁中央，枝蔓状莲茎第二层，1 号像右上侧，半浮雕带茎莲座上佛坐像。通高 24 厘米。头顶有低平发髻。上身着左衽袈裟。左臂屈肘，左手抚膝。右臂屈肘，右手置于腹前，捧钵状物。双腿隐于裙中，结跏趺坐于双层仰莲座。

　　4 号像，内龛正壁中央，枝蔓状莲茎第二层，1 号像左上侧，半浮雕带茎莲座上佛坐像。通高 20 厘米。头部残失，现存方形修补孔。佛像残高 13 厘米。上身着左衽袈裟。左臂屈肘，左手置于腹前，捧钵状物。右臂屈肘，右手抚膝。双腿隐于裙中，结跏趺坐于双层仰莲座。

　　5 号像，内龛正壁中央，枝蔓状莲茎第三层，3 号像左上侧，半浮雕带茎莲座上佛坐像。通高 23 厘米。头顶有低平发髻，上身着通肩袈裟，领口低至胸部，身前 U 字形重叠衣纹。双臂屈肘，双手于腹前结禅定印。双腿隐于裙中，结跏趺坐于双层仰莲座。

　　6 号像，内龛正壁中央，枝蔓状莲茎第三层，4 号像右上侧，半浮雕带茎莲座上佛坐像。通高 24 厘米。头顶有低平发髻，上身着通江袈裟，领口低至胸部，身前 U 字形重叠衣纹。双臂屈肘，双手于腹前结禅定印。双腿隐于裙中，结跏趺坐于双层仰莲座。

　　7 号像，内龛正壁中央上侧，半浮雕带茎莲座上佛坐像。通高 24 厘米。头部残失，现存方形修补孔，佛像残高18厘米。上身着通肩袈裟，身前U字形重叠衣纹。双臂屈肘，双手于腹前结禅定印。双腿隐于裙中，结跏趺坐于双层仰莲座。

8号像，内龛正壁左侧，高浮雕地藏菩萨立像。通高99、身高74、肩宽21、肘宽24、膝宽142厘米。圆顶，面部残损。耳廓较大，戴耳环。颈部三道刻纹，上身着偏袒右肩内衣，偏袒右肩袈裟，右肩覆肩衣覆盖右臂，外侧垂于体侧，内侧于左腹处掖入袈裟内。左臂屈肘，左手置于左胸前，手背朝外，握球状物。右臂自然垂放体侧，右手持心叶形物。下身内着裙，长及足背，赤足并立于三段式束腰莲座，上段双层仰莲座，中段圆柱状束腰，下段圆形素面台座。

9号像，内龛正壁右侧，高浮雕观音菩萨立像。通高101、身高81、肩宽23、膝宽18厘米。头顶结高发髻，双层卷草纹山形高宝冠，耳后冠缯带分四股，上三股卷曲成结，下股垂于肩侧。双层头光，内层圆形，外层宝珠形，透雕火焰纹。头部左侧，左上臂外侧有斜向人工凿痕。

颈部三道刻纹，上身着偏袒右肩内衣。戴胸饰，两条璎珞分别连接胸饰两侧，相交于腹前圆状饰物，后沿大腿内侧垂下，绕双膝下绕至体侧，膝下有垂饰。双肩披天衣，沿两腋下垂，于大腿上侧呈U字形，左侧天衣绕右手腕垂于体侧，右侧天衣绕左手腕垂于体侧。左臂自然垂放体侧，戴腕钏，第一、二指相捻，第三、四、五指伸直，提宝瓶。右臂屈肘，右手置于有胸前，戴腕钏，手背朝外，握棒状物。下身着长裙，腰间系带，沿双腿内侧垂下，于膝下系蝶结，末端及座。裙长及足背，赤足并立于三段式束腰莲座，上段双层仰莲座，中段圆柱状束腰，下段圆形素面台座（图版一三七）。

10号像，内龛左侧壁上侧人物立像，全像残失，有剥落痕迹。

11号像，内龛左侧壁下侧，10号像左下侧，半浮雕人物立像。残高33厘米。上身残损，下身风化严重，详细不识。

12号像，内龛右侧壁上侧半浮雕天人立像。通高48、像高38厘米。身体朝向右侧龛壁方向，头朝向龛中心方向，头顶结高宝髻。双臂屈肘，双手于身前捧盘状物，其上有半球状盛物。双肩披天衣，绕左臂弯垂于身侧。下身着裙，腰间系带。左腿向前踏出，右腿后立。其下卷云座，云脚较长，蜿蜒向上，云座有下降之感。

13号像，内龛左侧壁下侧，12号像右下侧，半浮雕女性供养人像。高40厘米。头上结髻，面部丰满。上身着左衽外衣，双臂屈肘，双手合掌于胸前，广袖垂于身前两侧。下身着长裙，垂及足背。

6. 题记

无。

7. 年代判断

晚唐。

126龛

1. 相对位置

位于E区西段崖面上，处于造像群下层，龛下方即为步行石阶梯。125龛左下侧，127龛下侧。

2. 保存状况

外龛龛床崩落、右侧壁破损，左侧壁残损，有斜向人工凿痕。内龛右侧壁外沿残损，有横向人工凿痕。龛内造像残失，为空龛，正壁残损，有斜向人工凿痕（图版一三八：1）。

3. 龛内外遗迹

龛外下方左侧有圆形凹孔，龛外右侧上下侧分别有方形凹孔。

4. 龛窟形制

方形双重龛，外龛残宽81、高94、深22厘米，龛顶、龛壁平；内龛宽63、高77、深52厘米，龛楣拱形，龛顶拱形。

5. 龛内造像

龛内造像残失，正壁有斜向人工凿痕。

6. 题记

无。

7. 年代判断

不详。

127 龛

1. 相对位置

位于E区西段崖面上，处于造像群下层。126龛上侧，125龛右侧，129龛下侧。

2. 保存状况

外龛左侧壁残损，右侧壁下端有崩落现象，外龛龛床残损。龛内造像风化残损严重。外龛两侧正壁力士像残失（图版一三八：2）。

3. 龛内外遗迹

龛外左上侧、右下侧有方形凹孔。

4. 龛窟形制

方形双重龛。外龛宽108、高81、深12厘米，龛顶、龛壁平；内龛宽82、高74，深29厘米，三壁缓弧形，龛顶弧形。内龛正壁设凹形浅基坛。

5. 龛内造像

内龛正壁凹形浅基坛，高浮雕坐佛1尊，左右两侧半浮雕比丘像2尊，基坛两侧圆形台座上高浮雕2立像。共造像5尊，编号见表七二（图一九八）。

表七二　127龛尊像编号表

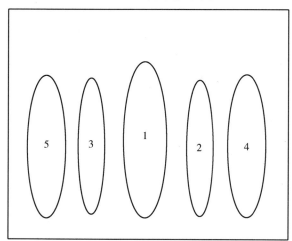

1号像，内龛正壁中央基坛上，高浮雕佛坐像。通高55、身高35厘米。头顶肉髻低平，素面无纹。面部风化。身体比例异样，为后代在原像残损基础上改刻。右侧肩、臂、腿残失。上身着通肩袈裟，衣纹雕刻僵硬。左臂屈肘，左手、右手于腹前结禅定印。结跏趺坐，其下高圆形台座，风化严重。

2号像，内龛正壁左侧，凹形基坛上，1号像左侧，半浮雕比丘立像。高36厘米。圆顶，面部漫漶不清。身体风化严重，衣式不明。双臂屈肘，双手合掌与胸前。

0　　　　16厘米

图一九八　127龛正视图

　　3号像，内龛正壁右侧，凹形基坛上，1号像右侧，半浮雕比丘立像。残高32厘米。头部残失，身体残损严重，详细不明。

　　4号像，内龛正壁左侧，2号像左侧，半浮雕菩萨立像立于龛床上。残高57厘米。头顶残损，面部漫漶不清。身体风化严重，手势不明，衣式不明，可见腹前U字形天衣。为后代补刻菩萨像。

　　5号像，内龛正壁右端，3号像右侧，半浮雕立像立于龛床上。残高43厘米。头部残失，身体残损严重，形制不明。

　　6. 题记

　　无。

　　7. 年代判断

　　原龛时代不详，尊像后代改刻。

　　128龛

　　1. 相对位置

　　位于E区西段崖面上，处于造像群中层，127龛右上侧。

　　2. 保存状况

　　空龛。

　　3. 龛内外遗迹

　　无。

0 ——————— 13厘米

图一九九　129龛正视、横剖面图

4. 龛窟形制

方形洞，口宽 57、高 59 厘米。口大内壁小，平面呈不规则三角形。

129 龛

1. 相对位置

位于 E 区西段崖面上，处于造像群中层，127 龛上侧，130 龛右侧。

2. 保存状况

外龛龛顶中段、左侧壁上段、右侧壁风化残损，龛床风化残损严重。内龛龛床残损。外龛、内龛、龛内尊像皆着青苔（图版一三九：1）。

3. 龛内外遗迹

外龛右侧龛沿下端外侧有纵长方形浅槽。

4. 龛窟形制

竖长方形双重龛，外龛宽 52、高 107、深 20 厘米。龛顶、龛壁平，表面残损；内龛宽 40、高 95、深 20 厘米。龛顶平，龛壁缓弧形。

5. 龛内造像

内龛正壁半浮雕僧装立像。高 91、肩宽 27、肘宽 28、膝宽 22 厘米。圆顶，面形方圆，右侧脸漫漶不清。上身着 V 字形左衽袈裟，长及大腿处，左侧袈裟衣角绕右臂垂于体侧，身体正面自左肩始至身体右侧斜向弧形衣纹重叠。左臂自然垂放体侧，下臂残失。右臂屈肘，下臂上举，右手置于右腋前，手部残损。下身着裙，有纵长阴刻裙褶纹。两足分开齐肩宽，赤足并立方形低台座（图一九九）。

6. 题记

无。

7. 年代判断

中晚唐。

130 龛

1. 相对位置

位于 E 区西段崖面上，处于造像群中层，129 龛左侧，131 龛右侧。

2. 保存状况

外龛左侧壁残损，龛床风化残损，龛顶有崩落现象。内龛正壁下侧风化严重（图版一三九：2）。

3. 龛内外遗迹

龛外下方右侧有圆形凹孔。

4. 龛窟形制

方形双重龛，外龛宽 70、高 75、深 22 厘米，龛楣残，龛顶、龛壁平；内龛宽 57、高 58、深 27 厘米。龛楣方形，弧形抹角，三壁缓弧形，龛顶弧形，

5. 龛内造像

内龛正壁高浮雕一佛二菩萨立像 3 尊。编号见表七三（图二〇〇）。

表七三　130 龛尊像编号表

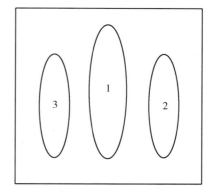

1 号像，内龛正壁中央佛立像。头部残损，残高 47、肩宽 12、肘宽 12、膝宽 9 厘米。上身着通肩袈裟，左臂屈肘，左手置于胸前，右臂屈肘，下臂残失。下身着裙，足部残损。

2 号像，内龛正壁左侧菩萨立像。头部残失，现有方形修补孔，残高 36、肩宽 12、肘宽 14 厘米。左臂屈肘，左手置于左腹前，右臂屈肘，右手置于右胸前。身体残损严重，可辨披天衣。足部残损。

3 号像，内龛正壁右侧菩萨立像。头部残损，残高 45、肩宽 12、肘宽 14 厘米。左臂屈肘，左手置于左肩前，手部残损。右臂屈肘，右手置于右胸前。天衣于腹前、膝前呈两道 U 字形，绕手臂垂于体侧。足部残损。

6. 题记

无。

7. 年代判断

原龛时代不详，尊像明代改刻。

131 龛

1. 相对位置

位于 E 区西段崖面上，处于造像群中层，116 龛右侧，125 龛上侧，130 龛左侧，132 龛下侧。

图二〇〇　130 龛正视、剖面图

2. 保存状况

外龛右壁上半段崩落残失，龛床风化残损，两侧正壁风化残损。内龛三壁、龛顶、造像风化酥粉（图版一四〇）。

3. 龛内外遗迹

龛外左上方、龛外下侧两端有方形浅凹孔。

4. 龛窟形制

方形双重龛，外龛宽 114、高 123、深 26 厘米，龛楣方形；内龛宽 95、高 86、深 52 厘米，龛楣方形，弧形抹角，三壁缓弧形，龛顶平，与三壁连接处弧形过渡。内龛沿三壁设凹形基坛。

5. 龛内造像

内龛正壁高浮雕佛坐像 3 尊，左侧壁高浮雕骑兽人像 1 尊，右侧壁骑狮菩萨像 1 尊，外龛两侧正壁下侧，半浮雕力士像 2 尊。外龛龛床与内龛龛床段差正立面两侧有狮子像 2 尊。共残存造像 11 尊，编号见表七四（图二〇一、二〇二）。

1 号像，内龛基坛上，正壁中央佛坐像。通高 50、像高 42、肩宽 12、肘宽 13、膝宽 15 厘米。头顶有肉髻，面

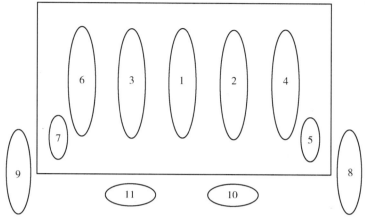

表七四　131 龛尊像编号表

部残损，有单层宝珠形头光，素面无纹。颈部三道刻纹，上身正面风化残损。左臂屈肘，左手抚膝，右臂残失。双层椭圆形身光，素面无纹。双膝分开比肩宽，双腿自然垂放，裸足踏小型束腰莲台，倚坐方形台座，座下有三层方台。

2 号像，内龛基坛上，正壁左侧佛坐像。通高 53、像高 33、肩宽 34、肘宽 13、膝宽 18 厘米。头顶有肉髻，面部残损，有单层宝珠形头光，素面无纹。身体正面风化残损。双臂屈肘，双手于腹前捧钵状物。双层椭圆形身光，素面无纹。双腿隐于袈裟中，下身着裙，结跏趺坐束腰莲座，裙裾幔状垂覆上层仰莲座上侧，中层圆柱形短束腰，下层覆莲座。

3 号像，内龛基坛上，正壁右侧佛坐像。通高 49、像高 31、肩宽 14、肘宽残宽 13、膝宽残宽 15 厘米。头顶有肉髻，面部残损，有单层宝珠形头光，素面无纹。颈部三道刻纹，上身着通肩袈裟，双臂屈肘，双手合于腹前。双层椭圆形身光，素面无纹。双腿隐于袈裟中，下身着裙，结跏趺坐束腰莲座，裙裾幔状垂覆上层仰莲座上侧，中层圆柱形短束腰，下层覆莲座。

4 号像，内龛基坛上，内龛左侧壁骑兽坐像。全身风化严重，残高 54 厘米。尊像身体基本残损，可辨头顶高宝髻，残存局部仰莲座上悬裳。兽头完全破损，残存背上覆布。

5 号像，4 号像左侧下方小型立像。残损严重，立于兽后足前方。双臂屈肘，双手于左肩前。

6 号像，内龛基坛上，右侧壁骑狮菩萨像。通高 50 厘米。头顶结髻，戴宝冠，上身残损，右臂屈肘上举，披天衣。有双重头光，外层宝珠形，内层椭圆形，素面无纹。双重椭圆形身光，素面无纹。双腿结跏趺坐，其座残损。狮子头侧向龛中央方向，张嘴露齿，鬃毛卷曲，毛发细阴线刻。颈部系垂玲，背上座下有垂布。

7 号像，内龛龛床上，内龛右侧口沿处，狮子头前御者像。头部、身体朝向狮身方向，戴三角锥形帽，右臂屈肘，右手拉狮子头下垂铃。

8 号像，外龛左侧正壁下端，半浮雕力士像。高 56 厘米。头部、上身残损。可见头后环形天衣，双膝外露，戴脚钏，右脚前、左脚后立于岩座上，座风化残损。

9 号像，外龛右侧正壁下端，半浮雕力士像。高 54 厘米。上身袒露，左臂振臂上举，下臂残失，右臂自然垂放体侧，下臂残失。下身着裙，腰间系带，双膝外露，戴脚钏，左脚前、右脚后立于岩座上（图版一四一）。

20厘米

0

图二〇一　131龛正视、纵剖面图（右壁）

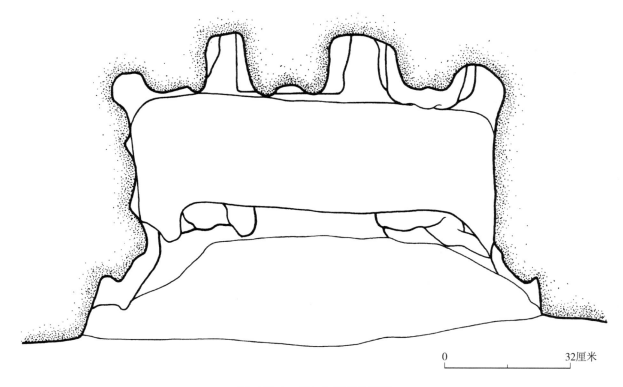

图二〇二　131 龛横剖底视图

10 号像，外龛龛床上，外龛龛床与内龛龛床段差正立面左侧，风化严重，仅见残痕。

11 号像，外龛龛床上，外龛龛床与内龛龛床段差正立面右侧，狮头朝向外龛左侧壁方向，残损严重。

6. 题记

无。

7. 年代判断

中晚唐。

132 龛

1. 相对位置

位于 E 区西段崖面上，处于造像群中段，131 龛上侧，133 龛右下侧。

2. 保存状况

外龛左侧壁残损。内龛龛楣风化严重，龛顶风化，有剥落现象，正壁右侧有斜向裂隙，龛内尊像风化严重（图版一四二～一四四）。

3. 龛内外遗迹

龛外下方右侧、左侧各有一个圆形凹孔。龛上方有横向水平沟槽。

4. 龛窟形制

方形双重龛，外龛宽 171、高 165、深 37 厘米，龛楣方形；内龛宽 147、高 146、深 80 厘米，龛楣方形，有三角斜撑，龛顶平，三壁弧形。内龛沿三壁设三层弧形基坛。

5. 龛内造像

内龛正壁高浮雕一佛二菩萨像 3 尊，三尊像上侧浅浮雕双层楼阁，内雕刻有人像。三尊像外侧半浮雕宝幢。正壁上侧两端浅浮雕飞天像 1 尊。左右两侧壁中段内侧半浮雕双层八角形宝塔，外侧半浮雕双层楼阁。两侧壁上方空中廊上有众多人物半身立像。空中廊上方环状云中有小坐佛 10 尊。上、中两层弧形基坛上有人物群像，内龛口沿左右侧浅浮雕 16 个小龛。按尊像、区域编号见表七五（图二〇三～二〇六）。

表七五　132 龛尊像、分区编号表

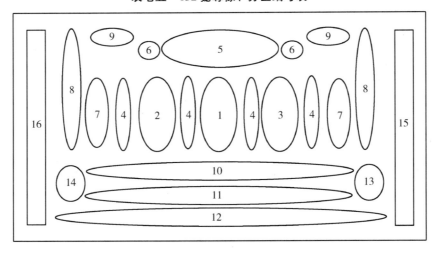

1 号像，内龛正壁中央阿弥陀佛坐像。通高 75、身体高 32、肩宽 11、肘宽 14、膝宽 17 厘米。头顶肉髻，髻前中央有肉髻珠。从肉髻珠中发散两条光带，分别沿楼阁两侧蜿蜒卷曲呈两道环状，两道环中分别浅浮雕六尊小佛坐像。有双层头光，宽 15、高 19 厘米，外层宝珠形，内层圆形，纹饰风化残损。头光火焰顶部上接天盖，天盖四段式，顶部有球形装饰，其下两层伞盖中夹球形物。颈部三道刻纹，上身着通肩袈裟，衣纹细密阴线刻。双臂屈肘，双手置于腹前结弥陀定印。有双层身光，宽 24、高 22 厘米，外层舟形，内层舟形，纹饰风化残损。双腿隐于袈裟中，结跏趺坐束腰莲台。下身着裙，裙裾幔状覆盖上侧仰莲座。

2 号像，内龛正壁左侧，1 号像左侧胁侍菩萨像。通高 74、像高 28、双肩残宽 11、膝宽 18 厘米。头部身体风化严重，头顶结高发髻，有双层头光，宽 15、高 17 厘米，外层宝珠形，透雕火焰纹，内层圆形，纹饰风化残损。头光火焰顶部上接天盖，天盖三段式，伞盖上球状物，其上多角形宝塔，顶部有球形装饰，宝塔正面有长颈鸟立于伞盖上。左臂屈肘，左手于左肩前持杨柳枝。右臂屈肘，抚右膝，手部残损。天衣于腹前呈 U 字形。有双层身光，宽 25、高 22 厘米，外层舟形，内层舟形，纹饰风化残损。下身着裙，腰间系带。双腿隐于裙中，结跏趺坐束腰莲台，裙裾幔状覆盖仰莲座。

3 号像，内龛正壁右侧，1 号像右侧胁侍菩萨像。通高 74、像高 26、双肩残宽 11、膝宽 14 厘米。头部、身体风化残损。有双层头光，宽 15、高 17 厘米，外层宝珠形，透雕火焰纹，内层圆形，纹饰风化残损。天衣于腹前呈 U 字形。双腿隐于裙中，结跏趺坐束腰莲台，裙裾幔状覆盖仰莲座。有双层身光，宽 24、高 21 厘米，外层舟形，内层舟形，纹饰风化残损。

4 号区，内龛正壁，1～3 号像两侧皆有一宝幢，共 4 座，高 43 厘米。宝幢结构由下至上分别为

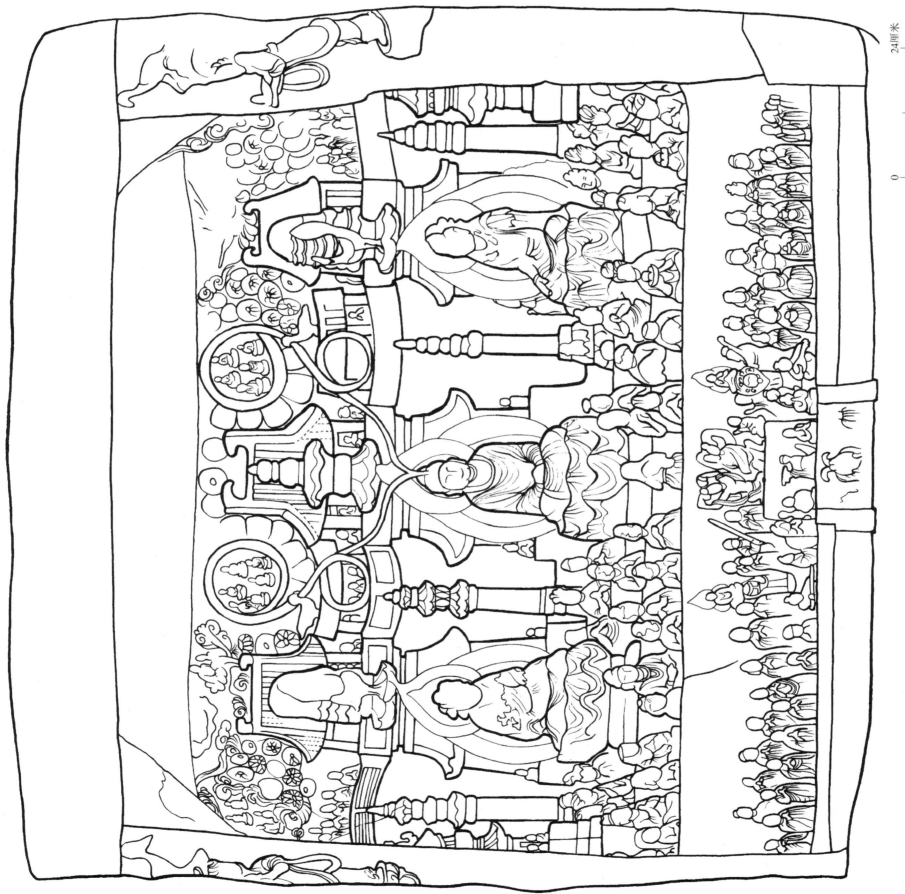

图二〇三　132龛正视图

24厘米

0

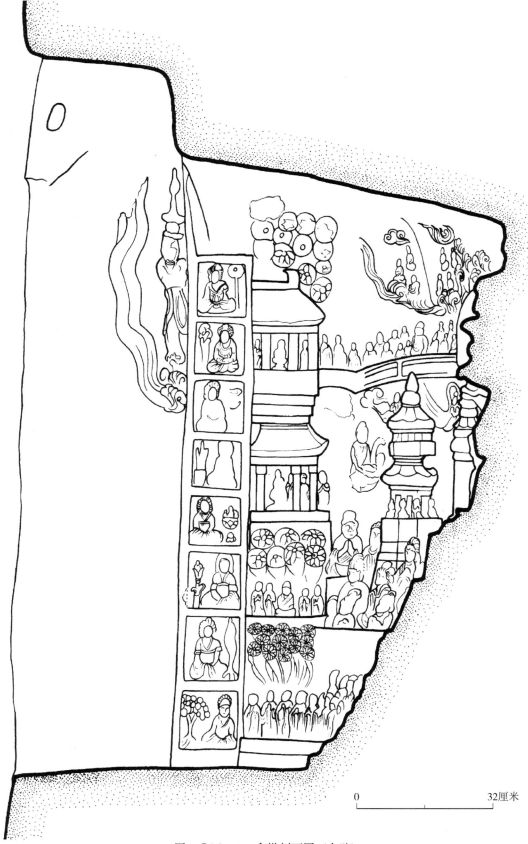

图二〇四 132龛纵剖面图（右壁）

0   32厘米

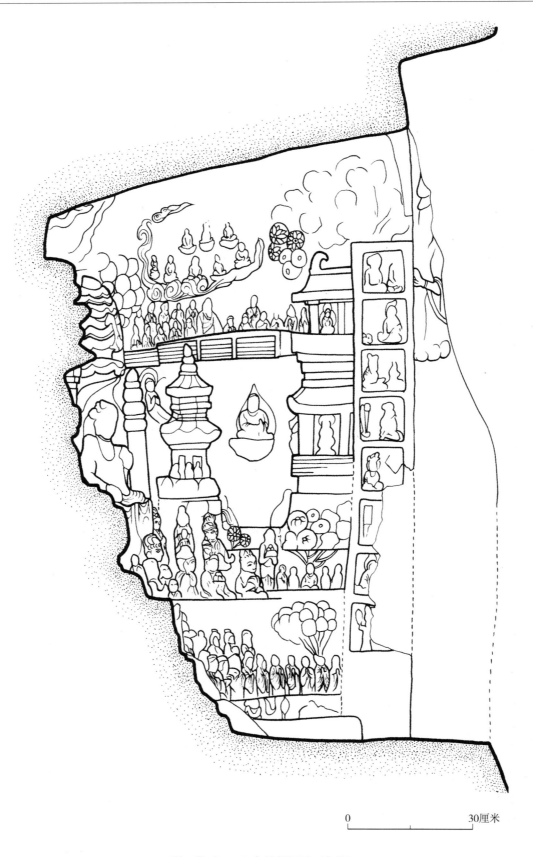

0　　　　　　　　　　　　　30厘米

图二〇五　132龛纵剖面图（左壁）

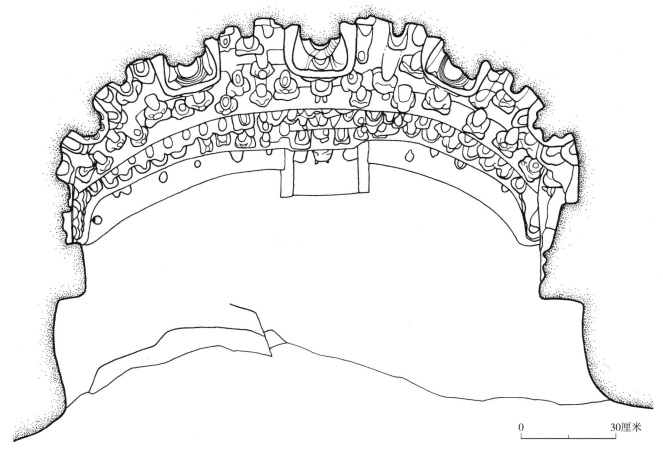

图二○六 132龛横剖底视图

覆钵状基坛、圆柱形塔身、屋檐、扁平球状塔身、屋檐、球状塔身、屋檐。顶部呈细圆柱形，中间有球形装饰。中尊左侧宝幢风化残损严重。

5号区，内龛正壁上侧，1~3号像背后壁面，浮雕两层楼阁，下层楼阁局部隐于1~3号像背光之后。上层楼阁之间空中廊道相连，有众多人物并立，皆为半身像。

6号区，内龛正壁上侧，两侧楼阁上侧，弧形卷云上飞天。身体呈弧形，风化严重，详细不明。

7号区，内龛左右侧壁中段内侧，宝幢外侧，有八角双层宝塔，高51厘米。宝塔结构由下至上为塔座、塔身、二层枋、屋顶。双层塔身正面四角前有人像。双层塔身正面中央开拱形龛，中有佛坐像残痕。宝塔顶部球形物上有锥形尖状物。右侧壁上层屋檐两侧分别有人首鸟身像2体。头朝向龛正壁方向，背后有翅膀，天衣于头后呈环形，双手于胸前捧莲苞。左侧壁上层屋檐右侧有人首鸟身像1体，宝塔下层左侧有菩萨坐像1尊，游戏座，双手抱左膝，其下圆形台座，表面风化。

8号区，内龛左右侧壁，内龛口沿内侧有双层楼阁，高66厘米。左右侧壁楼阁基本对称。楼阁结构由下至上为方形基坛、两柱、下层屋顶、台座、二柱、上层屋檐。上下层两柱间皆有佛坐像1尊。上层楼与空中廊道相连，廊道另一端连接龛正壁空中廊道。廊道上众多人物半身立像。中央有佛像1尊，头顶低肉髻，上身着通肩袈裟，头顶上侧雕出天盖。

9号区，内龛左右侧壁上端，空中廊道上侧，有环状卷云，云头朝向正壁方向，云尾朝向龛外方向。环状卷云中有小坐佛像 10 尊，分为两层，上层 5 尊，下层 5 尊。

10 号区，内龛上层弧形基坛上，有众多人物半身立像，分二～四层站立，风化严重，可辨多数人像为菩萨像，头顶结髻，戴头饰，双手合掌于胸前。

11 号区，内龛中层弧形基坛，中央方形台上有舞踊天 2 尊，动作对称。头顶结髻，双臂振臂上举，持天衣。内侧腿跪坐，外侧腿跪立。方形台前侧配置伎乐天，乐器可辨琴、笙、琵琶。方形台左侧有骑狮菩萨像，双臂屈肘，双手合掌于胸前，结跏趺坐，有圆形头光、身光。方形台右侧有骑象菩萨，双臂屈肘，双手合掌于胸前，结跏趺坐，有圆形头光、身光。基坛两侧人像两层排列，风化严重，可辨多数为菩萨像，头顶结髻，戴头饰，合掌于胸前。

12 号区，内龛三壁下层弧形基坛上，残损严重，可辨分布有荷叶、莲苞，表现莲池化身。基坛中央有凹形台，高浮雕人首鸟身 1 体，身体面朝主尊而跪。

13 号区，内龛左右侧壁，内龛口沿内侧，8 号像下侧。分为上下两段，上段伞状菩提树下中央坐佛像，着通肩袈裟，双手于腹前结禅定印，结跏趺坐。两侧为比丘像和胁侍菩萨像。下段伞状菩提树下有立像 5 体，双手胸前合掌，风化严重，详细不明。

另外，左右两侧龛门上部，各浅浮雕供养天人立像各 1 尊，面朝龛内方向，双手合于胸前似捧物，着裙，腿微曲，一前一后。头顶束圆球形高发髻，上方有多棱形华盖，宝珠形盖顶，盖上立一长颈鸟，头朝朝龛内方向。

15 号区

内龛口沿左侧八个方格中浅浮雕图像，由下至上，第一～第三方格中图像风化残损严重，详细不明。第四方格中，内侧浅浮雕人物坐像，女性形象，头上梳发髻，结跏趺座，双手置于腹前；外侧图像残损不清。第五方格中，外侧浅浮雕人物坐像，头部身体风化不清，残留发髻痕迹，结跏趺座；内侧浅浮雕三根并列条状物。第六方格中，内侧浅浮雕人物坐像，头上梳发髻，面部残损，上身着交领衣，结跏趺座，双手置于双膝上；外侧浅浮雕带茎莲座上小型佛坐像，身体残损不清。第七方格中，外侧浅浮雕人物坐像，头上梳发髻，面部、上身风化残损，结跏趺座，右手置于右膝上，左手不明；内侧图像残损不明。第八方格中，内侧浅浮雕人物坐像，头上梳发髻，面部、上身风化残损严重，结跏趺座，双手置于腹前；外侧图像风化残损难辨。

16 号区

内龛口沿右侧八个方格中浅浮雕图像，由下至上，第一方格中，内侧浅浮雕人物坐像，头上梳发髻，上身着交领宽袖衣，下身着高腰裙，腹前系带，双手隐于袖中置于腹前，双腿隐于裙中结跏趺座；外侧浅浮雕树状物，根系发达，枝桠浓密，椭圆形树冠。第二方格中，外侧浅浮雕人物坐像，头上梳发髻，上身着交领宽袖衣，下身着高腰裙，腹上系带，双手隐于袖中置于腹前，双腿隐于裙中结跏趺座；外侧浅浮雕树状物，根系发达，尖状树冠。第三方格中，内侧浅浮雕人物坐像，头上梳发髻，上身着交领宽袖衣，下身着高腰裙，腹上系带，双手隐于袖中置于腹前，双腿隐于裙中结跏趺座；外侧浅浮雕卷草莲茎，其上三瓣莲苞中小型菩萨半身像。第四方格中，外侧浅浮雕人物坐像，头上梳发髻，上身着交领宽袖衣，下身着高腰裙，腹上系带，双手隐于袖中置于腹前，双腿隐于裙中结跏趺座；内侧下端浅浮雕宝珠形物，因风化，详细难辨，中央浅浮雕卷云座上三尊人物坐像，因风化，详细难辨。第五方格中，内侧浅浮雕人物坐像，全身风化残损，结跏趺座；外侧浅浮雕纵长方形座，其上并列三根条状物。第六方格中，外侧浅浮雕人物坐像，头上梳发髻，全身风化残损，双手置于腹前，结跏趺座；内侧图像风化残损不清。第七方格中，内侧浅浮雕人物坐像，头上梳发髻，面部残损，上身着圆领衣，下身着裙，腰间系带，双手隐于袖中置于腹前，双腿隐于裙中结跏趺座；外侧浅浮雕树状物，树杆较粗，宝珠形树冠。第八方格中，外侧浮雕人物坐像，头上梳发髻，面部残损，上身着圆领衣，下身着裙，腰间系带，双手隐于袖中置于腹前，双腿隐于裙中结跏趺座；内侧上端浅浮雕圆状物，其内图像风化不明。

6. 题记

无。

7. 年代判断

晚唐。

133 龛

1. 相对位置

位于E区西段崖面上，处于造像群中层，132龛左上侧。

2. 保存状况

保存状况较好，外龛右侧壁中段残损，龛床外沿残损（图版一四五）。

3. 龛内外遗迹

龛外上方有人字坡形沟槽，龛外左侧有纵长沟槽，上端链接人字坡形沟槽左侧下端，龛内造像改刻。

4. 龛窟形制

方形双重龛，外龛宽148、高165、深30厘米，龛顶、龛壁平；内龛宽128、高142、深52厘米，龛壁弧形、龛顶平。

5. 龛内造像

内龛龛床有横长方形台座，浅浮雕单层覆莲瓣，其上半浮雕并列坐像2尊。编号见表七六（图二〇七、二〇八）。

1号像，内龛正壁左侧，半浮雕人物坐像。全身布满雕刻痕迹，细节不存。残高117、肩残宽32、膝残宽40厘米。左臂屈肘，左手置于肩前，右臂屈肘，右手置于腹前。

2号像，内龛正壁右侧，半浮雕人物坐像，上身扁平。残高106、肩宽28、膝宽35厘米。头部残失，两侧有冠缯带残痕，一束垂于肩前，另两束一长一短垂于肩侧。宝珠形头光，残损仅存痕迹。上身祖露，从左肩至右腋斜披条帛。戴胸饰，中央连接条状璎珞垂及腹下。右肩残损，披天衣，从腹前绕右腕垂于体侧。左臂屈肘，左手抚左膝。右臂屈肘，右手置于右胸前，手持短柄扇状物。半跏趺座，左腿自然垂放，踏小型台座，表面残破，右腿盘腿而坐。

6. 题记

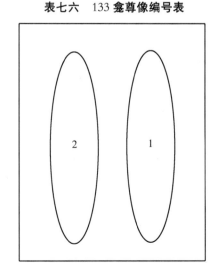

表七六　133龛尊像编号表

图二〇七　133 龛正视、纵剖面图

外龛右侧壁中段阴刻铭文题记
(T5)，内容为"□昌贰年拾壹月"。

7. 年代判断

原龛时代不详，尊像后代改刻。

134 龛

1. 相对位置

位于 E 区中段崖面上，处于造
像群中层，115 龛上侧，133 龛左
侧，135 龛右侧。

2. 保存状况

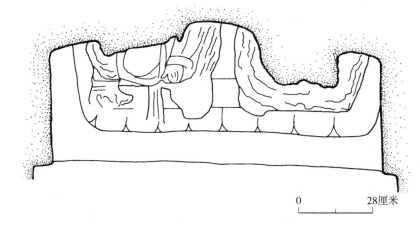

图二〇八　133 龛横剖底视图

保存状况较好。外龛龛顶左侧残损，左侧壁缺失，正壁上侧、右侧布满青苔，有水渍痕迹。内龛
左右侧壁造像风化严重（图版一四六）。

3. 龛内外遗迹

龛外上方人字形三端分布三个圆形凹孔，从 135 龛龛顶外沿右端至 134 龛龛顶外沿右侧有一道斜

向凹槽，槽内表面有人工凿痕。龛外上方左右侧各有一纵长方形凹槽，左侧凹槽下方有一圆形凹孔。龛外下方左侧有一方形凹孔。

4. 龛窟形制

方形双重龛，外龛残宽178、高211、深39厘米，龛楣方形，龛壁、龛顶平；内龛宽139、高195、深94厘米，方形龛楣，有三角斜撑，三壁平面呈半椭圆形，龛顶平，与三壁缓弧形过渡。从外龛左右侧正壁至内龛左右侧壁设方形基坛，高14厘米。

5. 龛内造像

内龛正壁高浮雕天王立像1尊，其下云座中央半浮雕地天1尊，两侧半浮雕2鬼。内龛左侧壁内侧半浮雕夜叉像1尊，外侧半浮雕天女像1尊。内龛右侧壁内侧半浮雕官人立像1尊，外侧半浮雕神将立像1尊。共造像8尊，编号见表七七（图二〇九～二一二）。

表七七　134龛尊像编号表

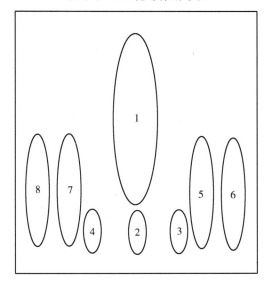

1号像，内龛正壁中央毗沙门天王立像。通高189、身高161、肩宽43、膝宽39厘米。头顶结高发髻，戴筒形高冠，正面浅浮雕团花纹。耳后两侧系冠缯带，下端向上U字形卷曲，束状垂发覆肩。脸部饱满，眉尾上扬，瞋目，鼻头残损，双唇闭合，下颚破损。双耳戴耳环，垂饰及肩。

颈部三道刻纹，戴项圈，双肩宽厚，身着铠甲，上身着挂式身甲，两胸前有圆形装饰，身甲用带联扣在双肩位置，胸下系宽带，双肩着护肩甲，双臂戴护臂甲。双臂屈肘，振臂而抬，下臂残断。臂弯圆形鳍袖，其内大袖向上方外翻。肩上方、头部两侧浅浮雕日月形焰肩，其上装饰火焰纹。头顶上方有多角形天盖，表面残损（图二一三）。

下身着裙，长度覆膝，裙裾纵向阴线刻。裙外着下甲，长度齐小腿下部短于裙。腰间结带，披帛U状横于大腿前，于体侧与腰带系结，披帛两端蜿蜒卷曲垂于体侧，下端向上外翻，尖端鱼尾状。下身正面，从腰带中垂二条纽，下吊水平短刀两端。双脚分开，外八字站立，着鞋履，踝部束带。脚踏方形卷云台座，宽123、高21厘米。

2号像，内龛正壁，云座上中央，1号像双脚之间，半浮雕地天半身像。高21、肩宽15厘米。头顶结高发髻，戴宝冠，冠缯带垂于两肩。

颈部三道刻纹，着圆领衫，双臂屈肘，下臂上举托1号像双足。

3号、4号像，内龛正壁，云座上左、右侧，1号像双脚外侧，半浮雕二鬼半身像。身体微侧像龛中央方向，高36、肩宽20厘米。戴头巾，正面有圆形饰物，束状垂发覆肩。飞眉，瞋目，鼻头较大，嘴唇紧闭。双臂屈肘，于胸前交叉，左手置于右胸前，右手置于左胸前，第二、第三指伸直，其它指握拳状。

5号像，内龛左侧壁内侧，半浮雕夜叉形立像。高83、肩宽23厘米。身体微侧向龛口方向。头顶山形高焰发，面部风化，颧骨较高，下颚残损。裸上身，胸部、手臂肌肉突出。双臂屈肘，左手

0 ⎯⎯⎯⎯⎯⎯⎯⎯⎯ 40厘米

图二〇九　134龛正视图

墨书题记

0　　　　　　36厘米

图二一〇　134 龛纵剖面图（右壁）

0　　　　　　　　　36厘米

图二一一　134龛纵剖面图（左壁）

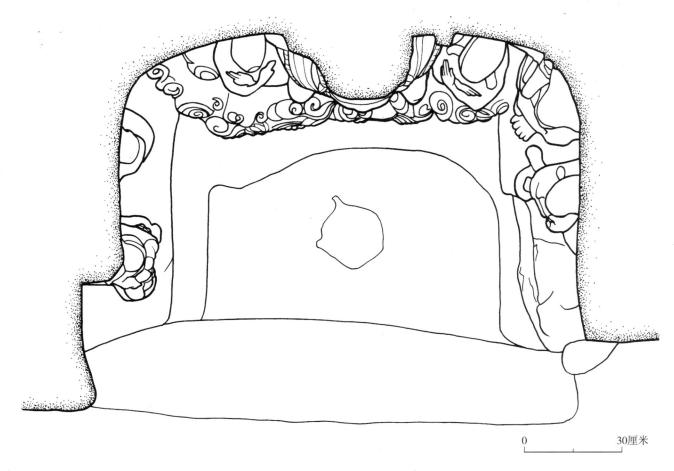

图二一二　134 龛横剖底视图

下，右手上于右胸前握宝剑剑身，举于右肩上，剑头环状饰物，有长剑穗。

下身着短裙，长及膝上，膝头外露。腰间系带，小腿筋肉突出，双脚分开，裸足立于左侧壁基坛上。

6 号像，内龛左侧壁外侧，半浮雕天女立像。高 75、肩宽 15、肘宽 20、膝宽 12 厘米。身体微侧向龛口方向。头部、面部残损，可辨头顶结髻，戴宝冠。上身着着双领下垂式广袖衣，大袖于身体两侧垂及膝下。双臂体侧屈肘，左手置于左侧腰前，手掌微卷曲，掌中托球状物，右手置于右腹前，手部残损。下身着高腰裙，裹广袖衣之外，腹上系带。双肩披天衣，分别沿两腋下垂，U 字形横于大腿前侧，绕两下臂垂于体侧，尖端及基坛上。双脚分开站立，隐于长裙之中，立于基坛上。

7 号像，内龛右侧壁内侧，半浮雕官人立像。高 82、肩宽 18 厘米。身体微侧向龛口方向。头部残损，可辨戴高冠。V 字形颚鬓胡须垂及胸下。上身着广袖衣，左臂屈肘，左手置于左腹前，手部残损。右臂于体侧自然垂放，手部隐于大袖之中。下身着裙，裹广袖衣之外，腹上系带。下身正面有宽垂带，下端呈 V 字形。双脚着履，并立于右侧基坛上。

图二一三　134 龛天王腹甲甲纹

8 号像，内龛右侧壁外侧，半浮雕神将形立像。残高 58、肩宽 19

厘米。头部残失，现存椭圆形修补孔。身体残损严重。双臂屈肘，双手于胸前，上捧块状持物，比例异常，应为后代补刻。下身可辨着盔甲。双脚分开站立，着鞋履，隐于裙中。

6. 题记

无。

7. 年代判断

晚唐～五代，部分尊像后代改刻、修补。

135 龛

1. 相对位置

位于 E 区中段崖面上，处于造像群中层，110 龛右侧，111 龛、114 龛上侧，134 龛左侧，136 龛下侧。

2. 保存状况

保存状况良好，外龛左侧龛沿上侧残损，有人工凿痕（图版一四七～一四九）。

3. 龛内外遗迹

外龛龛床外侧中央有一方形凹槽，龛床外沿均匀分布四个方形凹孔。龛外两侧上端对称分布纵长方形凹孔。外龛两侧正壁上端对称分布纵长方形凹孔。外龛左侧壁外侧中段到龛床分布有三个方形凹孔，右侧壁中段有两个凹孔。

4. 龛窟形制

纵长方形双重龛。外龛宽 272、高 361、深 87 厘米，龛楣方形，龛顶、龛壁平；内龛宽 235、高 340、深 128 厘米，方形龛楣，有三角斜撑，三壁缓弧形，龛顶拱形。内龛龛床上，沿三壁设弧形浅基坛。

5. 龛内造像

内龛正壁中央高浮雕佛坐像 1 尊，左右侧壁基坛上高浮雕菩萨立像 2 尊。内龛左侧龛口口沿上，浮雕坐佛 25 尊，内龛右侧龛口口沿中段，浮雕坐佛 6 尊。内龛龛楣三角斜撑上环状云中，共浮雕坐佛像 14 尊。内龛拱形龛顶两侧有环状云两团，共浮雕坐佛像 20 尊。外龛右侧壁中段，内龛口沿外侧有方形付龛，外龛右侧壁下段，外龛龛口内侧有方形附龛。尊像、区域编号见表七八（图二一四～二一八）。

1 号像，内龛正壁中央佛坐像。通高 340、像高 330、肩宽 104、肘宽 123、膝宽 121 厘米。头顶覆钵状低肉髻，珠状螺发，髻前中央有圆形宝珠。低发际线，脸部短圆，额心有白毫。弧形眉，眼尾斜长，上眼睑立体雕出高于下眼睑，浅浮雕半圆形瞳孔，鼻头残损，双唇闭合，嘴角微上扬，下颚丰满，立体雕出。颈部三道刻，有双重头光，宽 138、高 122 厘米。

表七八　135 龛尊像、分区编号表

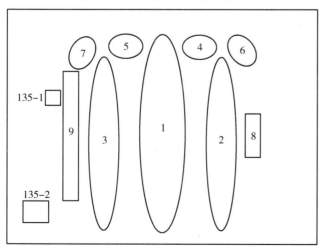

图二一四 135龛正视图

0   58厘米

135-1

T12

T10

135-2

0　　　　　　　　　　58厘米

图二一五　135 龛纵剖面图（右壁）

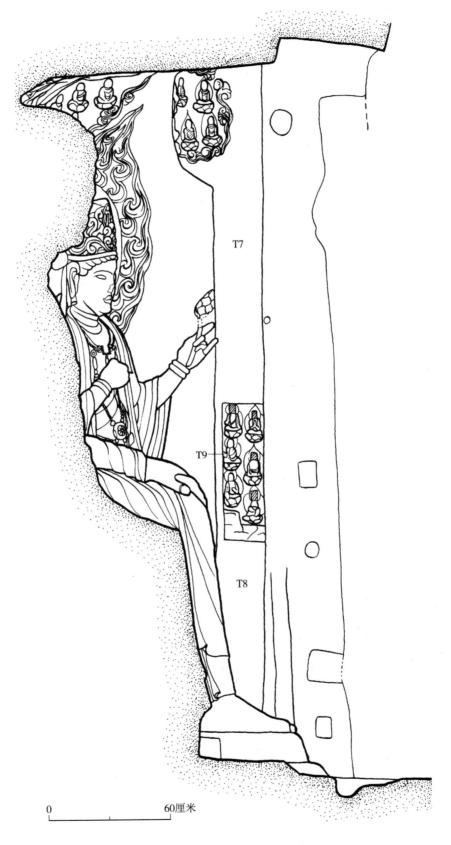

图二一六　135龛纵剖面图（左壁）

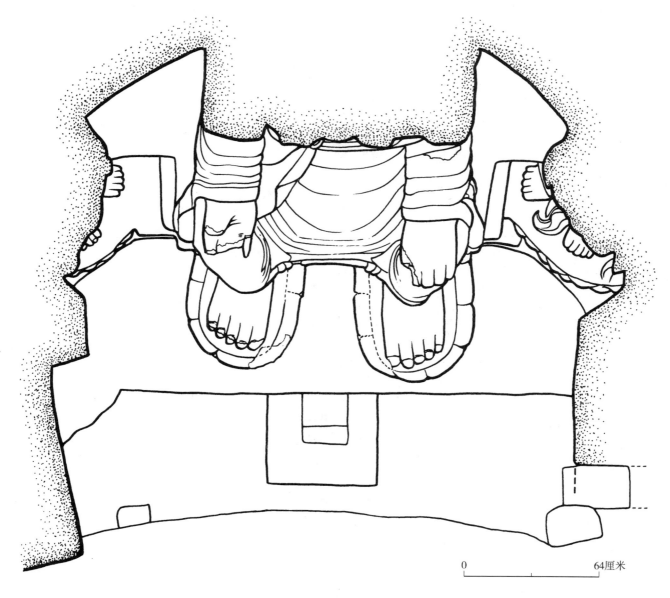

0 ⊢————————————————┤ 64厘米

图二一七　135 龛横剖底视图

　　内层圆形，素面无纹，外层宝珠形，顶端及龛顶，透雕火焰纹（图版一五〇）。

　　上身袒胸，着偏袒右肩内衣，腹上系带呈蝶结，起"兴"字状褶皱纹。外着偏袒右肩袈裟，从腹下绕至身后，袈裟从左肩至腹部衣缘外翻，袈裟长及小腿部，双腿之间 U 字形重叠衣纹。覆肩衣覆盖右肩、右臂，外侧垂于体侧，内侧下垂至右下腹时掖入袈裟内。双臂于体侧屈肘，左下臂置于左大腿上，左手抚膝，右下臂置于右大腿上，右手手掌朝上，指尖残断。有双重身光，宽 212、高 176 厘米，内层椭圆形，素面无纹，外层椭圆形，透雕火焰纹。

　　下身着裙，长及足背，足踝两侧衣纹纵向重叠。双膝分开齐肩宽，倚坐于三段式宣字座上，上段两重上框，中央方形束腰，下段三重下框。双足分开，裸足立小型浅覆莲台座。

　　2 号像，内龛左侧壁，内龛龛口内侧菩萨立像。通高 302、像高 247、肩宽 53、肘宽 65、膝宽 40 厘米。头顶结高髻，戴透雕卷草纹饰高宝冠，正面顶端有化佛。冠侧缯带于耳后系结，分三束，一束

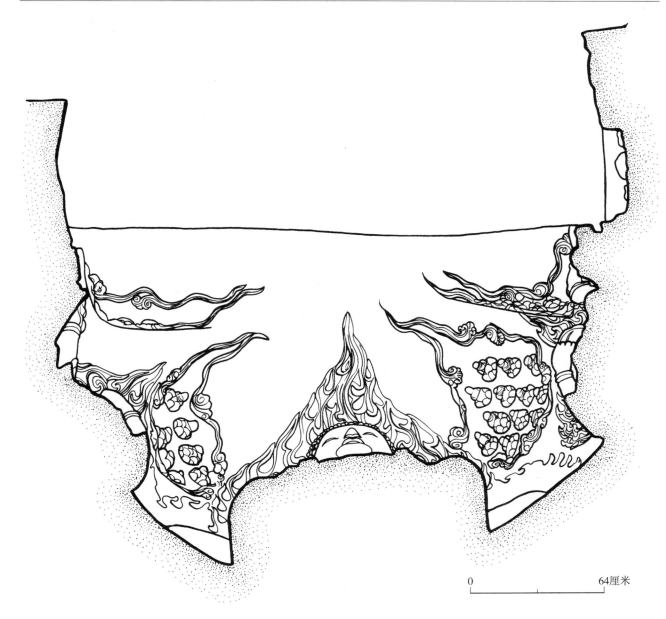

图二一八　135 龛横剖顶视图

垂于肩前，另两束一短一长垂于肩侧。低发际线，面部丰满，鼻头残损，双唇丰满，右耳耳垂残损。有双重头光，宽81、高121厘米。内层圆形，素面无纹，外层宝珠形透雕火焰纹。

颈部三道刻纹，上身袒露。从左肩至右肋披条帛，帛端在左胸处由内绕出垂下。戴胸饰，中央有垂饰。两条连珠璎珞连接胸饰两侧，相交于腹前圆状饰物后沿两大腿内侧垂下，从膝下呈 U 字形绕至体侧，膝下有三串垂饰。天衣覆双肩垂下，左侧天衣在大腿前呈 U 字形绕至右下臂垂于体侧，右侧天衣绕左下臂垂于体侧。左臂屈肘，左下臂于体侧上举，左手齐肩高，戴腕钏，第一、四指相捻，余指伸直，持带茎未敷莲苞。右臂屈肘，右手置于胸前，戴腕钏，手背朝外，手指残断（图版一五一）。

下身着裙，长覆足背，裙上端从腰部折返至大腿上部，腰部系带，垂于两腿之间，末端及座。腰部中央有宽布带，垂于大腿中央，末端系结。双腿直立，双脚分开，裸足并立于基坛上双层仰莲座。

3 号像，内龛右侧壁，内龛龛口内侧菩萨立像。通高 284、身高 237、肩宽 56、肘宽 66、膝宽 45 厘米。头顶结高髻，戴透雕卷草纹饰高宝冠，正面顶端有宝瓶。冠侧缯带于耳后系结，分三束，一束垂于肩前，另两束一短一长垂于肩侧。低发际线，双耳垂及肩，面部丰满，鼻头残损，双唇丰满。有双重头光，宽 80、高 104 厘米。内层圆形，素面无纹，外层宝珠形，透雕火焰纹。

颈部三道刻纹，上身着偏袒右肩内衣，胸下缔结蝶结。戴胸饰，中央有垂饰。两条连珠璎珞连接胸饰两侧，相交于腹前圆状饰物后沿两大腿内侧垂下，从膝下呈 U 字形绕至体侧，膝下有三串垂饰。天衣覆双肩垂下，左侧天衣在大腿前呈 U 字形绕至右下臂垂于体侧，右侧天衣在膝前呈 U 字形绕左下臂垂于体侧。左臂屈肘，左手置于胸前，戴腕钏，手掌朝上，手指卷曲，指头残损，所持物上端残损，下端见线刻莲瓣。右臂屈肘，右下臂上举，右手齐肩高，戴腕钏，手掌朝外，第二、三、五指伸直，第四指卷曲，第一、四指指头残失（图版一五二）。

下身着裙，长覆足背，裙上端从腰部折返至大腿上部，腰部系带，垂于两腿之间，于大腿内侧接圆环饰物上端，缠绕圆环并于两侧系结，于圆环饰物下端再垂下，末端及座。双腿直立，双脚分开，裸足并立于基坛上双层仰莲座。

4 号区

内龛龛顶左侧，1 号像、2 号像头光之间环形卷云，云头朝下，云尾朝上。环云中有坐佛 7 尊，分两排而列，下排 3 尊，上排 4 尊。坐佛头部风化，部分可辨有肉髻，宝珠形头光，舟形身光，上身着通肩袈裟，两手置于腹前，结跏趺坐仰莲座。

5 号区

内龛龛顶右侧，1 号像、3 号像头光之间环形卷云，云头朝下，云脚朝上风化残损。环云中有坐佛 13 尊，分四排而列，由下至上，第一排 3 尊，第二排 4 尊，第三排 4 尊，第四排 2 尊。坐佛头部风化，部分头部残失，宝珠形头光，舟形身光，着通肩袈裟，两手置于腹前，结跏趺坐仰莲座。

6 号区

内龛龛楣，左侧三角斜撑正立面上浅浮雕环形卷云，云头朝龛口左侧沿，云脚朝龛顶方向。环云中有坐佛 7 尊，分两排而列，下排 3 尊，上排 4 尊。佛像头部残损，宝珠形头光，舟形身光，着通肩袈裟，两手置于腹前，结跏趺坐仰莲座。

7 号区

内龛龛楣，右侧三角斜撑正立面上浅浮雕环形卷云，云头朝龛口右侧沿，云脚朝龛顶方向。环云中有坐佛 14 尊，分两排而列，由下至上，下排 6 尊，第二排 6 尊，上排 2 尊。部分坐佛头部风化残损，部分可见肉髻，宝珠形头光，舟形身光，着通肩袈裟，两手置于腹前，结跏趺坐仰莲座。

8 号区

内龛龛口左侧中段，纵长方形浅龛，龛底山岳形。浅浮雕小型坐像像 6 尊，分三排两列排列。头部皆残损，身体风化严重，宝珠形头光，椭圆形身光。双层仰莲座。由下至上，第一排外侧坐像，残高 16 厘米，头部残损，现有方形修补孔，头部为后代在原像残损基础上补刻，游戏座，左腿屈膝，脚踏于台座上，双手抱膝，右腿盘腿而坐。第一排内侧坐像，残高 16 厘米，头部风化残损，双肩披天衣，于腹前相交，分别绕双下臂垂于体侧，左臂屈肘，左手置于胸前，右臂屈肘，右手抚右膝，结跏趺坐。第二排外侧坐像，残高 16 厘米，头部风化残损，身体风化，左臂垂于体侧，下臂残失，右臂屈肘，右手抚右膝，结跏趺坐。第二排内侧坐像，残高11厘米，头部残失，从左肩至右腋披条帛，戴胸饰，双肩披天衣，左臂屈肘，左手置于腹前，右臂体侧屈肘，右下臂上举，手部残损，结跏趺坐。第三排外侧坐像，残高15厘米，头部残损，双肩披天衣，双臂屈肘，双手置于胸前，手部残损，结跏趺坐。第三排内侧坐像，头部残失，有方形修补孔，从左肩至右腋披条帛，戴胸饰，双肩披天衣，左臂屈肘，左手抚左膝，右臂体侧屈肘，右下臂上举，手中持未敷莲花茎端，结跏趺坐。

9号区

内龛龛口右侧四分之三部分，有纵长方形浅龛，宽22、高217厘米。龛内有小型坐像25尊坐于同根莲枝莲座上，分十三排两列排列。由下至上：

第一排外侧小坐像，像残高12厘米。头部残损，有圆形头光。身体风化，衣制不明。左臂屈肘，左手触地印。右臂屈肘，右手置于胸前，手部残损。双腿隐于袈裟中，结跏趺坐双层仰莲座。第一排内侧小坐像，像残高13厘米。头部残损，有圆形头光。肩披天衣，左臂屈肘，下臂上举，手托垂布，上有圆状盛物。

第二排外侧小坐像，像残高14厘米。头部残损，有肉髻，圆形头光。着双领下垂袈裟。双臂屈肘，双手置于腹前，荷叶状物覆双手。结跏趺坐于双层仰莲座。第二排内侧小坐像，像残高13厘米。头部残损，从左肩至右腋斜披条帛，戴胸饰，双肩披天衣。左臂屈肘，左下臂上举，手部残损。右臂屈肘，右手抚膝。结跏趺坐于双层仰莲座。

第三排外侧小坐像，像残高16厘米。头部残损，着双领下垂式袈裟。左臂屈肘，左手置于胸前，手部残损。右臂屈肘，右手于右膝前结触地印。结跏趺坐于双层仰莲座。第三排内侧小坐像，像残高13厘米。胸部残损，从左肩至右腋斜披条帛，有戴胸饰痕迹，双肩披天衣。左臂屈肘，左下臂上举，手部残损，持物不明。下身着裙，结跏趺坐于双层仰莲座。

第四排外侧小坐像，像残高15厘米。头部残损，有圆形头光。身体残损，衣制不明，双臂屈肘，双手合于胸前。结跏趺坐于双层仰莲座。第四排内侧小坐像，像残高14厘米。头部残损，有圆形头光。着双领下垂袈裟，左臂屈肘，左手置于腹前，手部残损。右臂屈肘，右手置于胸前，手部残损。结跏趺坐于双层仰莲座。

第五排外侧小坐像，像残高15厘米。头部残损，有圆形头光。胸部残损，似着通肩袈裟。双臂屈肘，双手置于腹前，手部残损。结跏趺坐于双层仰莲座。第五排内侧小坐像，像残高15厘米。头部残损，有圆形头光。胸部残损，似着通肩袈裟。双臂屈肘，双手置于腹前。结跏趺坐于双层仰莲座。

第六排外侧小坐像，像残高16厘米。头部残损，有宝珠形头光，舟形身光，从左肩至右腋斜披条帛，双肩披天衣，左侧天衣绕右臂弯垂于膝前。左臂屈肘，左手抚膝。右臂屈肘，右手置于胸前，手部残损。结跏趺坐于双层仰莲座。第六排内侧小坐像，像残高13厘米。头顶有肉髻，面部残损，有宝珠形头光。上身着通肩袈裟。双臂屈肘，双手置于腹前。结跏趺坐于双层仰莲座。

第七排外侧小坐像，像残高14厘米。头部残损，有宝珠形头光，胸部残损，似着偏袒右肩袈裟。右臂屈肘，右手置于腹前。左臂屈肘，左手置于左膝前。结跏趺坐于双层仰莲座。第七排内侧小坐像，像残高13厘米。头部残损，有宝珠形头光，舟形身光。上身着偏袒右肩袈裟。左臂屈肘，左手置于腹前，手掌朝上，捧圆球状物。右臂屈肘，右手抚膝。

第八排外侧小坐像，头部残损，残高14厘米。有宝珠形头光。上身着通肩袈裟。双臂屈肘，双手置于腹前。结跏趺坐于双层仰莲座。第八排内侧小坐像，头部残损，残高 13 厘米，有宝珠形头光。上身着通肩袈裟。双臂屈肘，双手置于腹前。结跏趺坐于双层仰莲座。

第九排仅有外侧小坐像，内侧为未敷莲华。像残高 14 厘米。上身着通肩袈裟。双臂屈肘，双手置于腹前。结跏趺坐于双层仰莲座。

第十排外侧小坐像，头部为后代补刻，像高 14 厘米。有宝珠形头光。上身着通肩袈裟。双臂屈肘，双手置于腹前。结跏趺坐于双层仰莲座。第十排内侧小坐像，头部残失，残高 15 厘米。有宝珠形头光。上身着通肩袈裟，身体正面衣纹以左肩为中心弧形发散。双臂屈肘，双手置于腹前。结跏趺坐于双层仰莲座。

第十一排外侧小坐像，头部残失，残高 10 厘米。有宝珠形头光。上身着通肩袈裟，身体正面 U 字形衣纹重叠。左臂屈肘，左手置于腹前，右臂屈肘，右手抚膝。结跏趺坐于双层仰莲座。第十一排内侧小坐像，像高 14 厘米。头顶低平，有宝珠形头光。上身着通肩袈裟，身体正面衣纹以左肩为中心弧形发散。双臂屈肘，双手置于腹前。结跏趺坐于双层仰莲座。

第十二排外侧小坐像，头部为后代补刻，像高 13 厘米。有宝珠形头光，舟形身光。双臂屈肘，双手置于腹前。结跏趺坐于双层仰莲座。第十二排内侧小坐像，头部残损，残高 14 厘米。上身着通肩袈裟，身体正面衣纹以左肩为中心弧形发散。双臂屈肘，双手置于腹前。结跏趺坐于双层仰莲座。

第十三排外侧小坐像，头部残损，残高 14 厘米。有宝珠形头光，舟形身光。上身着通肩袈裟，身体正面衣纹以左肩为中心弧形发散。左臂屈肘，左手于左膝前触地印。右臂屈肘，右手抚右膝。结跏趺坐于双层仰莲座。第十三排内侧小坐像，头部为后代补刻，像高 14 厘米。有宝珠形头光。上身着通肩袈裟，身体正面 U 字形衣纹重叠。左臂屈肘，左下臂上举，左手持未敷莲花茎杆。结跏趺坐于双层仰莲座。

135-1 龛

外龛右侧壁中段，内龛口沿外侧。方形附龛，宽 40、高 34、深 10 厘米。龛内正壁高浮雕佛坐像，头部残失，现存方形修补孔。有宝珠形头光。通高 35、身体残高 23、肩宽 9 厘米。上身着通肩袈裟，身体正面衣纹以左肩为中心弧形发散。双臂屈肘，双手于腹前结禅定印。双腿隐于袈裟中，左膝残损，结跏趺坐于三层仰莲台座上，座上侧残损。

主尊左侧立像，通高 28 厘米。全身残失，仅存圆形头光。

主尊右侧立像，通高 28、身体高 19、肩宽 7 厘米。圆顶，面部漫漶不清，有圆形头光。身着袈裟，双臂屈肘，双手合掌于胸前，宽袖垂于身前两侧。下身着裙，垂及足背。双脚分开，赤足并立龛床上。

135-2 龛

外龛右侧壁下段，外龛龛口内侧附龛。双重方形龛，外龛宽 58、高 50、深 11 厘米。龛顶、龛壁平。内龛宽 42、高 38、深 12 厘米。龛楣方形，有三角斜撑。三壁缓弧形，龛顶平，与龛壁连接处弧形过渡。内龛正壁高浮雕坐佛，通高 38 厘米。头部残失，有双重头光，内层圆形，素面无纹，外层宝珠形，饰火焰纹。身体残高 14、肩宽 6 厘米。上身着通肩袈裟，身前 U 字形衣纹重叠。双臂屈肘，双手于腹前结禅定印。有双重舟形身光，内层两道弧形，外层舟形，饰火焰纹。下身着裙，双腿结跏趺坐三段式束腰莲台，上段仰莲，裙幔状垂覆其上，中段柱形束腰，下段二重方台。

主尊左侧胁侍菩萨，头部残失，残高 21 厘米。身体残损严重。披天衣，左臂屈肘于左胸前，右臂自然垂放体侧。裸足并立于圆形台座上。

主尊右侧胁侍菩萨，头部残失，残高 21 厘米。身体残损严重。左臂自然垂放体侧。右臂屈肘于右胸前，手部残损。双足残损，立于圆形台座之上。

6. 题记

龛内现存题记七则（T6～T12），分述如下。

T6，内龛正壁佛坐像身光墨书题记，共 4 行，仅能辨识最终行内容为"民國三十柒年六月"。

T7，位于内龛左侧口沿上段上侧，阴刻左起竖书题记，内容为：

□　□叁拾四年七月十五吉日/喜捨粧/大佛一堂信士王起妻杜氏同/□　□□□王可濱妻金氏/佛日□辉法轮常转

T8，位于内龛左侧口沿上段下侧，阴刻左起竖书题记，内容为：

□　信士王起妻杜氏男王可□□金氏/□　□□蓋灰夾内粧綸□假□□/□　神俱各鼎新永永□祀/□　□□□卅五年壽□一日記

T9，位于内龛左侧口沿中段，8 号区右侧，阴刻竖书题记，内容为"张兄造一身□张平□□重"。

T10，位于内龛右侧口沿，9 号区下段两侧，阴刻竖书题记，内容为：

左侧：□□造一身/□□□□□/□□造一身/□□造一身/□白造一身/何何造一身/何王造一身/何□造一身

右侧：□宗造一身/胡妙果造一身/張□造一身/阿□造一身

T11，位于外龛正壁上部白色笔书题记，内容为"□□六年　粧大佛信士谢永彰同/缘王氏男谢□金仁謝□"。

T12，位于外龛右侧壁，附龛 135－1 号下方，阴刻竖书题记，内容为：

大清道光二十三年癸卯歳三月初四重装	引□廣大扣	□妙盛	□妙□	□□□	王妙□	杜妙全	幹妙友	潘妙□	曾妙□	李妙容	信女杜妙□	張玉兆	幹明清	士王兆琦	信張書□	主徐妙女各
		廿	百	各	二	二	各	文	百		五各	六十文	三百	□	化
												□百文	□□	□	李妙度
												姜永□	刘長福	□	妙仙百
													□百文		三百文

7. 年代判断

中唐。

136 龛

1. 相对位置

位于 E 区中段崖面上，处于造像群上层，135 龛上侧，137 龛左侧。

2. 保存状况

保存状况良好，外龛右侧壁中下段残损，其上有斜向人工凿痕，外龛龛床右端有崩落现象（图版一五三）。

3. 龛内外遗迹

与 137 龛共用外龛，龛外右侧上段，由上至下分别有两纵长方形凹孔，一圆形凹孔。龛外左侧上段对应有纵长方形凹孔。外龛上方右侧有一圆形凹孔。龛顶右侧外沿上方向右侧延伸水平宽凹槽。龛外上侧有人字坡形凹槽。

表七九　　136 龛尊像编号表

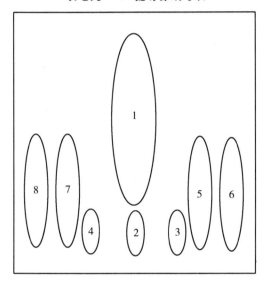

4. 龛窟形制

方形双重龛，与 137 龛共用外龛，宽 332、高 190 厘米，方形龛楣，龛顶、龛壁平；内龛宽 128、高 181 厘米，方形龛楣，有三角斜撑，三壁缓弧形，龛顶平。内龛龛床设方形基坛，高 13 厘米。

5. 龛内造像

内龛正壁中央高浮雕毗沙门天王坐像 1 尊，其座下云台座中央地天半身像 1 尊，两侧 2 鬼半身像。内龛左侧壁内侧半浮雕夜叉立像 1 尊，外侧半浮雕天女立像 1 尊。内龛右侧壁内侧半浮雕官人立像 1 尊，外侧半浮雕神将立像 1 尊。共造像 7 尊，编号见表七九（图二一九～二二二）。

1 号像，内龛基坛上，正壁中央高浮雕天王倚坐像。通高 177、像高 160、肘宽 86、膝宽 74 厘米。头顶戴三面筒形高宝冠，每面浅浮雕卷草花纹装饰，低发际线，头发采用束状刻，眉尾上扬，嗔目，圆形眼珠外凸。耳后冠缯带于肩上方 U 字形上翻，耳后垂发束状垂于肩上侧。双耳耳垂及肩，戴耳环，垂饰垂于肩上。

颈部较短，戴项圈，双肩宽厚，身着铠甲，上身着挂式身甲，两胸前有圆形人面装饰，身甲用带联扣在双肩，胸下系宽带，内着腰甲，腹部露出半团花装饰。双肩戴肩甲，鳍袖于上臂系带，内衣广袖末端缔结外翻。左臂振臂屈肘，左下臂于肩前抬起齐胸高，戴腕钏，掌中托莲座宝塔。右臂微振臂屈肘，右手置于膝上侧，戴腕钏，手握短棒状物。肩上方、头部两侧浅浮雕日月形焰肩膀，其上装饰火焰纹。

下身外着三片式裙甲，一片覆下身中央，另两片覆双腿。腰间系宽带，正面中央垂二条纽，下吊水平短刀。左右两侧垂两条璎珞，沿大腿内侧绕膝下，U 字形而上至体侧。双膝分开比肩宽，双腿垂放倚坐于素面方形台座上，下为卷云座。双腿之间 U 字形布带两侧从腰带内绕出垂于体侧，沿方形台座垂下，末端及基坛表面。下身内着裙，波浪状裙摆从下甲中露出。双脚着鞋履，分开齐肩宽，带脚钏，踏地天二手掌。

0　　　　　　　　　　　　　36厘米

图二一九　136龛正视图

0　　　　　　　32厘米

图二二〇　136龛纵剖面图（右壁）

图二二一　136龛纵剖面图（左壁）

0 ———————— 32厘米

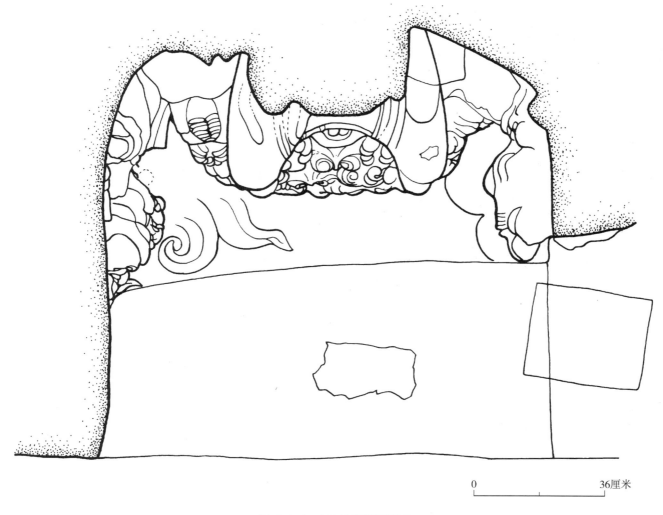

图二二二　136 龛横剖底视图

2 号像，内龛基坛上，卷云座中央，1 号像两足中央，地天半身像。高 30、肩宽 20 厘米。头顶结高发髻，戴宝冠，冠缯带于耳后系结，沿双肩侧垂下，末端及云座上，垂发覆肩。颈部较短，戴胸饰，有复杂垂饰，着圆领衣，正面衣纹纵线刻。双臂体侧屈肘，下臂上举，双手托 1 号像两足。

3 号、4 号像，内龛基坛上，卷云座两端，1 号像两足外侧，二鬼半身像。高 41 厘米。二鬼头部、身体微侧向龛中央方向。右鬼头发中分，沿耳后垂覆双肩，左鬼头发中分，两侧头巾遮耳覆肩，戴正面圆形饰物头圈。眉尾上扬，嗔目，鼻头残损，嘴唇闭合。裸上身，双臂屈肘，下臂于胸前交叉，第二、三指伸直，余指握拳状。

5 号像，方形基坛上，内龛左侧壁内侧，半浮雕夜叉立像。高 89 厘米。身体侧向龛口方向，头部仰向 1 号像方向。头顶高焰发，皱眉状，眉尾上扬，怒目圆睁，鼻头较大，嘴唇紧闭，下颚较宽。上身裸露，小腹微凸，左臂屈肘，左手置于胸前向内握长棒举于肩上。右臂屈肘，右手向内握拳置于胸前。下身着裙，腰间系带，大腿以下隐于 3 号像身后。

6 号像，方形基坛上，内龛左侧壁外侧，半浮雕天女立像。高 75 厘米。头部面向右侧壁方向，身体微侧向龛口方向。头顶戴三面筒形高宝冠，每面有浅浮雕花纹装饰。两侧头巾垂覆，末端及上臂。身着广袖衣，双臂屈肘，戴腕钏，双手于左肩前托盘，盘上有块状盛物。披天衣，两道U字形横于腹前、大腿前。下身着裙，阴刻细密纵长裙纹，双足分开站立，着鞋履，隐于裙中（图版一五四）。

7号像，方形基坛上，内龛右侧壁内侧，官人立像。高77厘米。头部、身体朝向左侧壁方向。头戴高冠，额部有皱纹，有长鄂须。左臂屈肘，左手举于右肩前，掌上捧块状物。右手不明。上身着合襟广袖衣，下身着裙。

8号像，方形基坛上，内龛右侧壁外侧，神将立像。高76厘米。戴头盔，耳上卷曲状，有绑带系于颚下。脸型丰圆，怒目圆睁，双唇闭合。身着铠甲，上身着挂式身甲，两胸前有圆形人面装饰，身甲用带联扣在双肩，胸下系宽带，内着腰甲，腹部露出半团花装饰。双肩戴肩甲，鳍袖于上臂系带，内衣广袖末端缔结外翻。左臂振臂屈肘，下臂上抬齐肩高，握棒状物下端，横举于脑后。下身着两片式下甲，覆双腿，腰间系宽带，双腿之间天衣呈U字形，两侧从腰带内绕出垂于体侧，末端及基坛表面。下身内着裙，三角尖状裙摆从下甲之间露出，垂及基坛上。双脚着鞋履，外八字站立于基坛上。

6. 题记

无。

7. 年代判断

晚唐～五代。

137 龛

1. 相对位置

位于E区中段崖面上，处于造像群上层，135龛上侧，136龛左侧，140龛右上侧，138龛右侧。

2. 保存状况

保存状况良好（图版一五五～一五七）。

3. 龛内外遗迹

与136龛共用外龛，龛外右侧上段，由上至下分别有两纵长方形凹孔，一圆形凹孔。龛外左侧上段对应有纵长方形凹孔。外龛上方右侧有一圆形凹孔。龛顶右侧外沿上方向右侧延伸水平宽凹槽。龛外上侧有人字坡形凹槽。

4. 龛窟形制

方形双重龛，与136龛共用外龛，宽332、高190厘米，方形龛楣，龛顶、龛壁平；内龛宽169、高172、深93厘米，龛楣方形，有三角形斜撑，龛顶平，三壁弧形。

5. 龛内造像

内龛正壁高浮雕一佛二菩萨像3尊，三尊像上侧浅浮雕双层楼阁，内雕刻有人像。三尊像外侧半浮雕宝幢。正壁上侧两端浅浮雕飞天像1尊。左右两侧壁中段内侧半浮雕双层八角形宝塔，外侧半浮雕双层楼阁。两侧壁上方空中廊上有众多人物半身立像。空中廊上方环状云中有小坐佛8尊。三壁凹形基坛上半浮雕两段式人物群像，围栏分界。内龛口沿左右侧浅浮雕16个小龛。内龛龛顶两侧对称浅浮雕束飘带乐器4体，共8体。尊像、区域编号见表八〇（图二二三～二二六）。

表八〇　137龛尊像、分区编号表

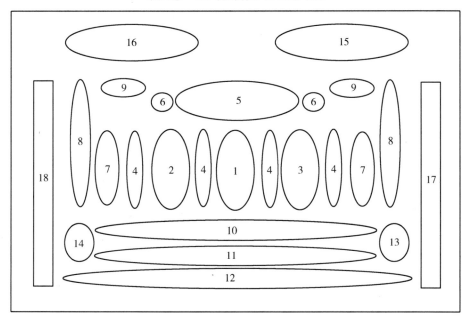

　　1号像，内龛正壁中央阿弥陀佛坐像。通高108、身体高50、肩宽20、肘宽25、膝宽28厘米。头顶肉髻，线刻小珠状螺发，髻前中央有肉髻珠。从肉髻珠中发散两条光带，分别沿楼阁两侧蜿蜒卷曲呈两道环状，两道环中分别浅浮雕六尊小佛坐像。面部短圆，狭额，细眉，鼻头残损，下颚凹线刻，有双层头光，宽28、高27厘米。外层宝珠形，透雕火焰纹，内层圆形，素面无纹。头光火焰顶部上接天盖，天盖四段式，顶部有宝珠形装饰，其下两层伞盖中夹扁平球形物。

　　颈部三道刻纹，上身着通肩袈裟，衣纹细密阴线刻，以左肩为中心，弧形斜向发散。双臂屈肘，双手置于腹前结弥陀定印。有双层身光，宽44、高30厘米。外层椭圆形，透雕火焰纹，内层椭圆形，素面无纹。双腿隐于袈裟中，结跏趺坐束腰莲台。下身着裙，裙裾幔状覆盖仰莲座上侧。

　　2号像，内龛正壁左侧，1号像左侧胁侍菩萨像。通高104、像高45、肩宽17、肘宽21、膝宽23厘米。头顶结高发髻，戴山形宝冠，两侧结冠缯带，一长一短垂于肩前。狭额，低发际线，鼻头、左侧脸、下颚残损。有双层头光，宽23、高22厘米外层宝珠形，透雕火焰纹，内层圆形，素面无纹。头光火焰顶部上接天盖，天盖三段式，伞盖上球状物，其上多角形宝塔，顶部有球形装饰，宝塔正面有长颈鸟立于伞盖上。

　　上身着偏袒右肩内衣，腹上系带，起褶皱。戴胸饰，有垂饰，两条璎珞分别连接胸饰两侧，相交于腹前圆状饰物，下段沿大腿内侧垂下，绕双膝下至体侧，膝下有垂饰物。双肩披天衣，沿两腋下垂，于腹前相交，左侧天衣绕右手腕垂于体侧，右侧天衣绕左手腕垂于体侧。左臂屈肘，下臂举于肩前，手部残段。右臂屈肘，抚右膝，手部残损。有双层身光，宽36、高26厘米，外层椭圆形，透雕火焰纹，内层椭圆形，素面无纹。下身着裙，腰间系带。双腿隐于裙中，结跏趺坐束腰莲台，裙裾幔状覆盖仰莲座上侧。正面中央有垂带于莲座上沿系蝶结垂下，末端及座底。

　　3号像，内龛正壁右侧，1号像右侧胁侍菩萨像。通高104、像高43、肩宽18、肘宽22、膝宽25厘米。头顶结高发髻，戴宝冠，两侧结冠缯带，一长一短垂于肩前。狭额，低发际线，细眉、眼尾斜

图二三三　137龛正视图

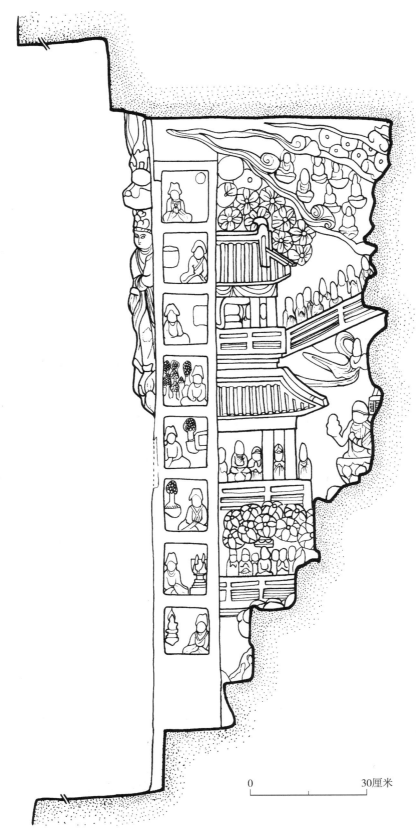

图二二四 137龛纵剖面图（右壁）

0 ⊢————————————⊣ 30厘米

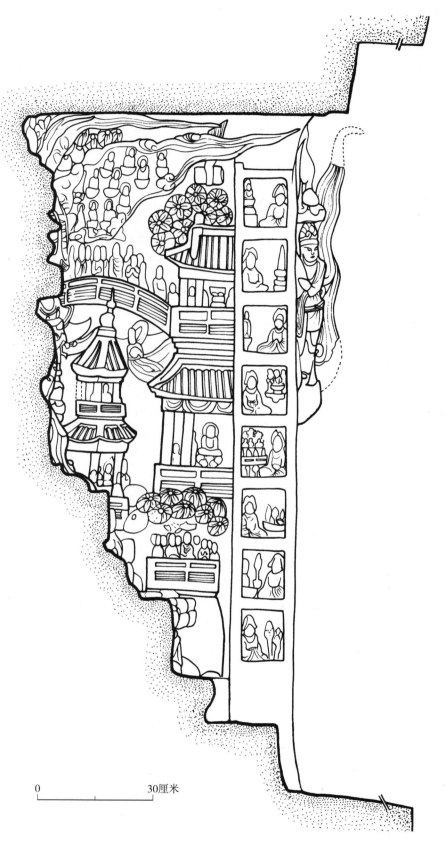

0　　　　　　30厘米

图二二五　137龛纵剖面图（左壁）

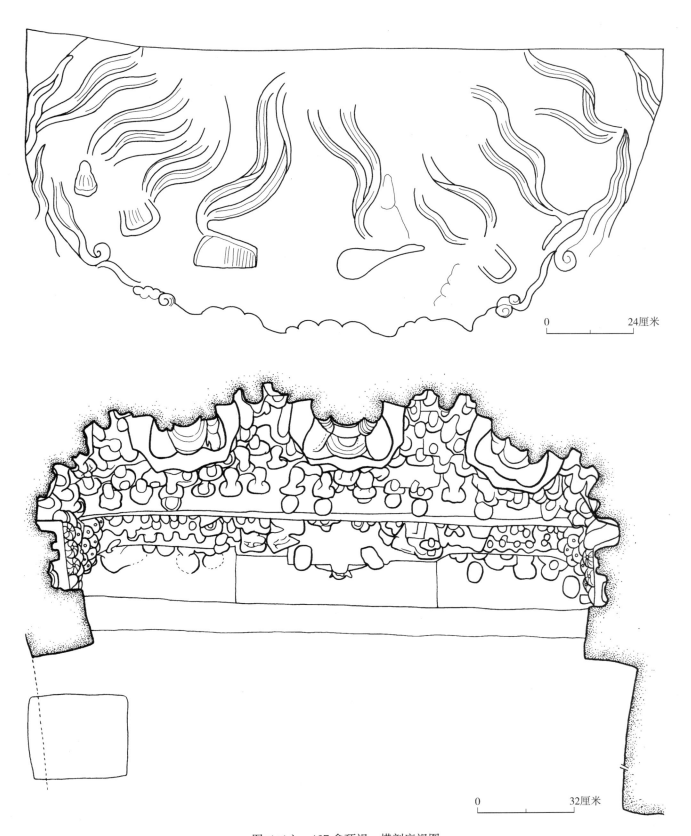

图二二六 137龛顶视、横剖底视图

向上，嘴唇闭合，下颚弧线刻。有双层头光，宽 22、高 24 厘米，外层宝珠形，透雕火焰纹，内层圆形，素面无纹。头光火焰顶部上接天盖，天盖三段式，伞盖上球状物，其上多角形宝塔，顶部有球形装饰，宝塔正面有长颈鸟立于伞盖上。

从右肩至左腋斜披条帛，帛端在左胸处由内绕出垂下。戴胸饰，有垂饰，两条璎珞分别连接胸饰两侧，相交于腹前圆状饰物，下段沿大腿内侧垂下，绕双膝下至体侧，膝下有垂饰物。双肩披天衣，沿两腋下垂，于腹前相交呈 U 字形，左侧天衣绕右手腕垂于体侧，右侧天衣绕左手腕垂于体侧。左臂屈肘，戴腕钏，左手抚右膝。右臂屈肘，戴腕钏，右手举于左肩前，持杨柳枝。有双层身光，宽 36、高 27 厘米。外层椭圆形，透雕火焰纹，内层椭圆形，素面无纹。下身着裙，腰间系带。双腿隐于裙中，结跏趺坐束腰莲台，裙裾幔状覆盖仰莲座上侧，正面中央有垂带于莲座上沿系蝶结垂下，末端及座底。

4 号区

内龛正壁，1～3 号像两侧皆有一宝幢，共 4 座，高 46 厘米。宝幢结构由下至上分别为圆柱形塔身、扁平球状塔身、屋檐、球状塔身、屋檐、球状塔身、屋檐。顶部呈细锥柱形（图版一五八）。

5 号区

内龛正壁上侧，1～3 号像身后，浮雕两层楼阁，下层局部隐于 1～3 号像背光之后。上层楼阁间空中廊道相连，有多人物并立像，皆为半身像。

6 号像，内龛正壁上侧，两侧楼阁上侧，弧形卷云上飞天，身体呈弧形，头部、身体朝向龛外方向，左臂上举，右臂垂于体侧，肩披天衣，下身着裙。

7 号区

内龛左右侧壁中段内侧，宝幢外侧，有双层八角宝塔，高 61 厘米。宝塔结构由下至上主要是围栏、塔身、单层枋、屋顶。双层塔身正面四角前有人物半身立像。双层塔身正面中央开拱形龛，中有佛坐像 1 尊。顶部锥形尖夹两球形物。上层屋檐两侧分别有人首鸟身像 2 体，肩披天衣，于头后呈环形，双手于胸前侧捧莲苞，肩后翅膀振翅而飞。右侧壁宝塔下层右侧有菩萨坐像 1 尊，结发髻，戴宝冠，戴胸饰，披天衣，左臂屈肘，左手于肩前捧山形盛物，右臂屈肘，右手置于胸前。结跏趺坐带茎三层仰莲台座。

8 号区

内龛左右侧壁，内龛口沿内侧有双层楼阁，高 76 厘米。左右侧壁楼阁基本对称。楼阁结构由下至上为栏杆、二柱、枋、下层屋顶、栏杆、二柱、枋、上层屋檐。下层柱间有一佛四胁侍像，佛双手置于腹前，结跏趺坐，胁侍皆为半身立像，双手合掌于胸前。上层柱间有二人物半身立像。上层楼阁与空中廊道相连，廊道另一端连接正壁空中廊道，廊道上浮雕众多人物半身立像，中央有佛像立像 1 尊，头顶肉髻，着通肩袈裟，头上侧雕出天盖。

9 号区

内龛左右侧壁上端，空中廊道上侧，有环状卷云，云头朝向正壁方向，云尾朝向龛外方向。环状卷云中有小坐佛像 11 尊，三层排列，上层 4 尊，中层 4 尊，下层 3 尊。

10 号区

内龛正壁下侧上层台上，1～3 号像台座周围，围栏内有众多人物半身立像，分二～五层站立，风化严重，有的头部残失，可辨多数人像为菩萨像，头顶结髻，戴头饰、胸饰。

11 号区

内龛正壁下侧下层台上，中央方形台上有舞踊天 2 尊，动作对称。头顶结髻，双臂振臂上举，双手持天衣。内侧腿跪立，外侧腿跪坐。舞踊天两侧配置伎乐天，乐器可辨琴、横笛、纵笛、笙。伎乐天后侧有持幡人物像，其余人像两～三层排列立于台上，风化严重，可辨多数为菩萨像，头顶结髻，戴头饰。左侧群像中有骑狮菩萨，头部、身体朝向舞踊天方向，有圆形头光、身光。右侧群像中有骑象菩萨，头部、身体微侧向舞踊天方向，双臂屈肘，双手合掌于胸前，结跏趺坐，有圆形头光、身光。

12 号区

内龛三壁凹形基坛上，中央高浮雕人首鸟身正面而立，鸟身，头部残失，振翅，两侧各有一童子背面举物而立。凹形基坛两侧，浮雕荷叶、半浮雕莲苞、童子半身像，表现莲池化生。

13 号区

内龛左右侧壁，内龛口沿内侧下端，内龛正壁下侧下段台上，8 号像下侧。方形基座上，围栏座上，伞状菩提树下，有 9 尊像。中央坐佛像，身着通肩袈裟，双手于腹前结禅定印，结跏趺坐。左侧有人物立像 4 尊，右侧有人物立像 4 尊，风化详细不明。

15 号区

内龛龛顶左侧浅浮雕束飘带乐器 4 体，飘带飘向龛外方向。由内而外，第一体琵琶，颈部系飘带；第二体乐器风化不清，系飘带；第三体横笛，笛身系飘带；第四体乐器风化不清，系飘带。

16 号区

内龛龛顶右侧浅浮雕束飘带乐器 4 体，飘带飘向龛外方向。由内而外，第一体竖箜篌，柄部系飘带；第二体乐器风化不清，系飘带；第三体乐器风化不清，系飘带；第四体乐器风化不清，系飘带。

另外，左右两侧龛门上部，各浅浮雕供养天人立像各 1 尊，面朝龛内方向，双手合于胸前似捧物，着裙，腿微曲，一前一后。头顶束圆球形高发髻，上方有多棱形华盖，宝珠形盖顶，盖上立一长颈鸟，头朝朝龛内方向（图版一五九、一六〇）。

17 号区

内龛口沿左侧八个方格中浅浮雕图像，由下至上，第一方格中，内侧浅浮雕人物坐像，头梳半翻髻，面部丰满，五官残损，上身着交领宽袖衣，下身着高腰裙，腹上系带，双手隐于袖中置于腹前，双腿隐于裙中结跏趺座；外侧浅浮雕卷草中生出两支未敷莲茎。第二方格中，外侧浅浮雕人物坐像，头梳半翻髻，面部丰满，五官残损，上身着交领宽袖衣，下身着高腰裙，腹上系带，双手隐于袖中置于腹前，双腿隐于裙中结跏趺座；内侧浅浮雕圆形座，其上生出两支带茎莲叶，三支带茎未敷莲苞，其中一朵莲苞中现人物半身像。第三方格中，内侧浅浮雕人物坐像，头梳半翻髻，面部丰满，五官残损，上身着交领宽袖衣，下身着高腰裙，腹上系带，双手隐于袖中置于腹前，双腿隐于裙中结跏趺座；外侧浅浮雕圆形座，其上生出两支带茎莲叶，两支带茎未敷莲苞，一个带茎莲座上有小型人物跪坐像。第四方格中，外侧浅浮雕人物坐像，头梳半翻髻，面部丰满，五官残损，上身着交领宽袖衣，下身着高腰裙，腹上系带，双手隐于袖中置于腹前，双腿隐于裙中结跏趺座；内侧下端浅浮雕带茎莲叶、未敷莲花，其上建筑围栏后有一排 4 体人物半身像，其上又一排 3 尊佛像结跏趺坐莲花座上，佛像身后分别有 3 体重檐楼阁。第五方格中，内侧浅浮雕人物坐像，头梳半翻髻，面部丰满，五官残损，上身着交领宽袖衣，下身着高腰裙，腹上系带，双手隐于袖中置于腹前，双腿隐于裙中结跏趺座；外侧浅浮雕带尾卷云座上三尊像，中央佛有宝珠形头光，坐束腰莲台，两侧二佛立于圆形台上，头顶肉髻，有宝珠形头光，双臂屈肘，双手合掌于胸前。第六方格中，外侧浅浮雕人物坐像，头梳半翻髻，面部丰满，五官残损，上身着交领宽袖衣，下身着高腰裙，腹上系带，双手隐于袖中置于腹前，双腿隐于裙中结跏趺座；内侧浅浮雕带茎莲座上人物立像，有宝珠形头光头部、身体风化，右臂屈肘，右手置于胸前，手部残，左臂屈肘于身前抬起，手中持物风化不明。第七方格中，内侧浅浮雕人物坐像，头梳半翻髻，面部丰满，五官残损，上身着交领宽袖衣，下身着高腰裙，腹上系带，双手隐于袖中置于腹前，双腿隐于裙中结跏趺座；外侧人物立像，有高髻，双臂屈肘双手置于胸前，双脚立于束腰莲座上，束腰莲座下有圆形台。第八方格中，外侧浅浮雕人物坐像，头梳半翻髻，面部丰满，五官残损，上身着交领宽袖衣，下身着高腰裙，腹上系带，双手隐于袖中置于腹前，双腿隐于裙中结跏趺座；内侧浅浮雕佛坐像，有宝珠形头光，结跏趺坐束腰莲台，其下有方形高台。

18 号区

内龛口沿右侧八个方格中浅浮雕图像，由下至上，第一方格中，内侧浅浮雕人物坐像，头梳半翻髻，面部丰满，五官残损，上身着交领宽袖衣，下身着高腰裙，腹上系带，双手隐于袖中置于腹前，双腿隐于裙中结跏趺座；外侧浅浮雕佛坐像，有宝珠形头光，结跏趺坐束腰莲台，其下有带尾卷云座。第二方格中，外侧浅浮雕人物坐像，头梳半翻髻，面部丰满，五官残损，上身着交领宽袖衣，下身着高腰裙，腹上系带，双手隐于袖中置于腹前，双腿隐于裙中结跏趺座；内侧浅浮雕束腰方形座，上端风化残损不明。第三方格中，内侧浅浮雕人物坐像，头梳半翻髻，面部丰满，五官残损，上身着交领宽袖衣，下身着高腰裙，腹上系带，双手隐于袖中置于腹前，双腿隐于裙中结跏趺座；外侧圆形座上树状物，树茎较细，根系发达，树冠宝珠形，表面圆形颗粒状。第四方格中，外侧浅浮雕人物坐像，头梳半翻髻，面部丰满，五官残损，上身着交领宽袖衣，下身着高腰裙，腹上系带，双手隐于袖中置于腹前，双腿隐于裙中结跏趺座；内侧方形座上树状物，树茎较粗，树冠宝珠形，表面圆形颗粒状。第五方格中，内侧浅浮雕人物坐像，头梳半翻髻，面部丰满，五官残损，上身着交领宽袖衣，下身着高腰裙，腹上系带，双手隐于袖中置于腹前，双腿隐于裙中结跏趺座；外侧浅浮雕七体树状物，树冠宝珠形，表面圆形颗粒状。第六方格中，外侧浅浮雕人物坐像，头梳半翻髻，面部丰满，五官残损，上身着交领宽袖衣，下身着高腰裙，腹上系带，双手隐于袖中置于腹前，双腿隐于裙中结跏趺座；内侧中央浅浮雕方形物，表面风化残损。第七方格中，内侧浅浮雕人物坐像，头梳半翻髻，面部丰满，五官残损，上身着交领宽袖衣，下身着高腰裙，腹上系带，双手隐于袖中置于腹前，双腿隐于裙中结跏趺座；外侧浅浮雕方形物，表面风化残损。第八方格中，外侧浅浮雕人物坐像，头梳半翻髻，面部丰满，五官残损，上身着交领宽袖衣，下身着高腰裙，腹上系带，双手隐于袖中置于腹前，双腿隐于裙中结跏趺座；内侧上端浅浮雕圆状物。

6. 题记

无。

7. 年代判断

晚唐～五代。

138 龛

1. 相对位置

位于 E 区东段崖面上，处于造像群上层，137 龛左侧，140 龛上侧，139 龛右侧。

2. 保存状况

保存状况良好。内龛正壁，外龛侧壁上附着黑色苔藓（图版一六一）。

3. 龛内外遗迹

龛外上方有人字坡形沟。龛外右下方有横向沟槽。

4. 龛窟形制

方形双重龛，外龛宽 56、高 75、深 11 厘米，龛楣方形，龛壁、龛顶平；内龛宽 43、高 67、深 30 厘米，龛楣方形，有三角形斜撑，龛顶弧形，内龛平面呈半椭圆形。

5. 龛内造像

内龛正壁高浮雕菩萨独尊坐像。高 59、肩宽 13、双膝残宽 22 厘米。头部面部风化，头顶有高圆锥形发髻痕迹，面部略凹颈部较短，应为后代改刻。

图二二七　138 龛正视、剖面图

袒露上身，衣角覆右肩，绕左肩而下，于腹前绕至体侧，覆左臂、腹部。双臂下垂，两下臂皆残失。下身着裙，左腿垂放，踏小型莲花台座，表面破损，右腿盘腿而坐，半跏趺坐方形台座，正面右侧破损（图二二七）。

6. 题记

无。

7. 年代判断

原龛时代不详，明代改刻。

139 龛

1. 相对位置

位于 E 区东段崖面上，处于造像群上层，138 龛左侧，141 龛上侧，142 龛有上侧。

2. 保存状况

外龛龛床风化残损，造像风化残损严重（图版一六二）。

3. 龛内外遗迹

龛外上方有横向水平凹槽，其上有人字坡形沟。

4. 龛窟形制

方形双重龛，外龛宽 102、高 109、深 39 厘米，龛楣方形，龛壁、龛顶平；内龛宽 79、高 79、深 31 厘米，龛楣方形，弧形抹角，三壁弧形，龛顶平，与三壁连接处弧形过渡。

表八一　139 龛尊像编号表

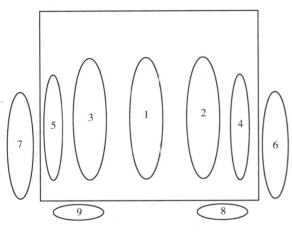

5. 龛内造像

内龛正壁高浮雕佛坐像 1 尊，两侧半浮雕比丘像 2 尊，左右侧壁高浮雕菩萨坐像 2 尊。外龛左右侧正壁半浮雕 2 力士像，外龛龛床上，二力士像内侧，半浮雕狮子像 2 尊。共残存造像 9 尊，编号见表八一（图二二八～二三〇）。

1 号像，内龛正壁中央佛坐像。通高 69 厘米。头部残失，像残高 30、双肩残宽 12、肘宽 17、双膝残宽 16 厘米。身体风化严重，上身着通肩袈裟，双臂屈肘，双手于腹前结禅定印。有双层头光，内层圆形，外层宝珠形。双层身光，内层圆形，外层圆形。结跏趺坐于束腰莲台，台座风化严重。

2 号、3 号像，内龛正壁两侧，1 号像两侧比丘立像。通高 46 厘米。头部残损，身体残高 34、肩宽 8、肘宽 10、膝宽 9 厘米。有单层圆形头光。身体风化严重。上身着袈裟，双臂屈肘，双手合掌于胸前。下身着裙，双足风化残损。

4 号像，内龛左侧壁菩萨坐像。通高 53 厘米。头部残失，像残高 20、膝宽 10 厘米。双臂屈肘，双手置于胸前，天衣绕左下臂垂于体侧，可辨有披璎珞痕迹。有双层头光，内层圆形，外层宝珠形。双层身光，内层圆形，外层圆形。结跏趺坐于高台座，座残损不清。

5 号像，内龛右侧壁菩萨坐像。通高 54、像残高 21、膝宽 12 厘米。戴宝冠，耳后冠缯带垂于肩侧。发际线低，脸型丰圆。从左肩至右腋斜披条帛，带胸饰、璎珞，披天衣。有双层头光，内层圆形，外层宝珠形。双层身光，内层圆形，外层圆形。结跏趺坐于高台上，台座基本破损。

6 号像，外龛正壁左侧力士像。头部残失，现存修补孔，通高 49 厘米。身体风化残损，左臂振臂上举，右臂体侧屈肘，右手置于右腰处，臀部扭向左侧，下身着裙，膝盖外露。足部、台座残损。

7 号像，外龛正壁右侧力士像。通高 53 厘米。身体风化残损，表层脱落严重。右臂振臂上举，举金刚杵横于头顶。左手残失。天衣于头后呈环形。双足分开站立于岩座上。

8 号、9 号像，外龛龛床上，二力士像内侧狮子像。残高 16 厘米。二体狮子面向中央方向，头部残失，风化严重，前肢前伸。

6. 题记

无。

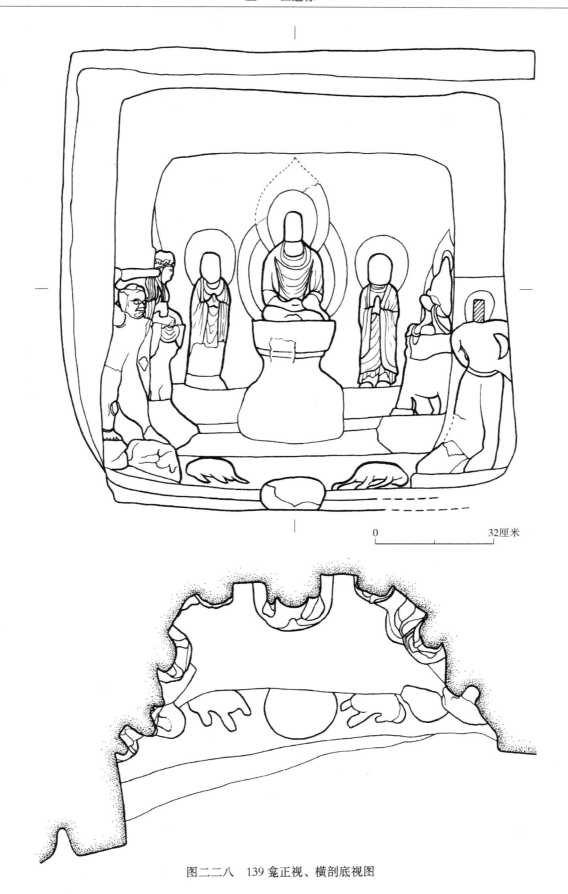

0   32厘米

图二二八 139龛正视、横剖底视图

图二二九　139 龛纵剖面图（右壁）

龛外龛龛床，左端向左下侧延伸到 143 龛龛顶。外龛龛顶外沿右端，有纵向凹槽，九十度折向延伸到 138 龛右侧壁外沿下端。

4. 龛窟形制

方形双重龛，外龛宽 98、高 88、深 28 厘米，龛楣方形，龛壁、龛顶平；内龛宽 77、高 53、深 37 厘米，龛楣方形，有三角斜撑，三壁呈半椭圆形，龛顶平，与三壁连接处弧形过渡。外龛龛床设基坛，高 15 厘米。内龛龛床上沿三壁色凹形基坛，高 13 厘米。

7. 年代判断

中晚唐。

140 龛

1. 相对位置

位于 E 区东段崖面上，处于造像群上层，137 龛左下侧，138 龛下侧，141 龛右侧。

2. 保存状况

保存状况良好，外龛两侧龛沿上段残损，龛顶外沿残损（图版一六三）。

3. 龛内外遗迹

外龛龛床凿凹槽，右端向右上侧延伸到 137

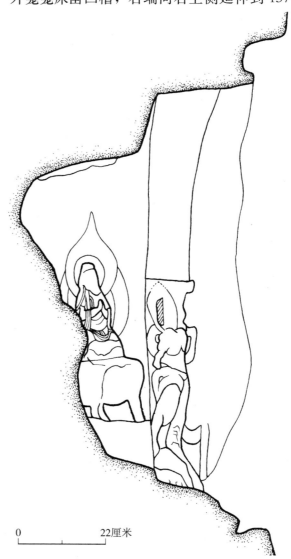

图二三〇　139 龛纵剖面图（左壁）

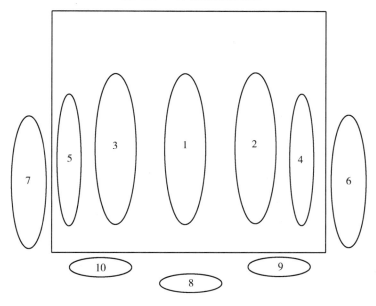

表八二 140 龛尊像编号表

5. 龛内造像

内龛正壁基坛上高浮雕佛坐像 3 尊，左侧壁基坛上高浮雕骑狮菩萨像 1 尊，右侧壁基坛上高浮雕骑象菩萨像 1 尊。外龛两侧正壁半浮雕力士像 2 尊，外龛基坛上中央高浮雕香炉 1 体，两侧半浮雕狮子 2 尊。共造像 10 尊，编号见表八二（图二三一～二三三）。

1 号像，内龛基坛上，正壁中央佛坐像。通高 46、像高 24、肩宽 9、肘宽 11、膝宽 12 厘米。头顶覆钵形肉髻，狭额，发际线较低。脸部短圆，鼻头残损，双唇闭合，下颚凸刻。有双重头光，宽 15、高 22 厘米，外层宝珠形，素面无纹，内层圆形，素面无纹。

颈部三道刻纹，上身着 U 字领通肩袈裟，领口低至胸部，身体正面 U 字形衣纹重叠。双臂屈肘，双手于腹前捧钵状物。有双层舟形身光，宽 21、高 18 厘米，内层、外层皆素面无纹。双腿隐于袈裟中，下身着裙，结跏趺坐三段式束腰莲台，上段仰莲，裙幔状覆盖其上，中段短圆柱形，下段双层覆莲座。

2 号像，内龛基坛上，正壁左侧佛倚坐像。通高 45、像残高 27 厘米。头部、肩部、胸上部风化残损。鼻头残损，双唇闭合，下颚凸刻。有双重头光，宽 14、高 19 厘米，外层宝珠形，素面无纹，内层圆形，素面无纹。左臂屈肘，左手抚左膝，右臂屈肘，右下臂欠失。上身着双领下垂式袈裟，内着偏袒右肩式内衣，腹上系带，起兴字状衣纹。有双层舟形身光，宽 20、高 17 厘米，内层、外层皆素面无纹。袈裟垂至膝下，下身着裙，双膝分开齐肩宽，双腿自然垂放，双脚分开，裸足并踏小型束腰莲台。

3 号像，内龛基坛上，正壁右侧佛倚坐像。通高 46、像高 21、肩宽 8、肘宽 11、膝宽 12 厘米。头顶覆钵形肉髻，狭额，发际线较低。脸部短圆，鼻头残损，双唇闭合，下颚凸刻。有双重头光，宽 13、高 21 厘米，外层宝珠形，素面无纹，内层圆形，素面无纹。颈部三道刻纹，上身着大 U 字形领通肩袈裟，领口低至腹下。内着偏袒右肩内衣，腹上系带，起兴字状衣纹。左臂屈肘，左手置于腹前。右臂屈肘，右手抚膝。有双层舟形身光，宽 20、高 19 厘米，内层、外层皆素面无纹。结跏趺坐三段式束腰莲台，上段仰莲，裙幔状覆盖其上，中段短圆柱形，下段双层覆莲座。

4 号像，内龛基坛上，左侧壁骑狮菩萨像。通高 45、像高 15、膝宽 8 厘米。头顶结宝髻，正面有头饰。面部残损。上身风化严重。戴胸饰，挂璎珞，上端与胸饰两侧相连，相交腹前圆形饰后沿大腿内侧绕膝下至身侧。披天衣，沿两腋垂下，在双腿上呈 U 字形，绕两下臂垂于体侧。双臂屈肘，双手合掌于胸前。下身着裙，腰间系带，长带沿两大腿之间，从仰莲座正面中央垂下。双腿隐于裙中，结跏趺坐狮背上仰莲台座，裙裾幔状垂覆其上。狮子头朝向龛外方向，身体风化严重，狮背至腹

0　　　　　　　　　　26厘米

图二三一　140龛正视、剖底视图

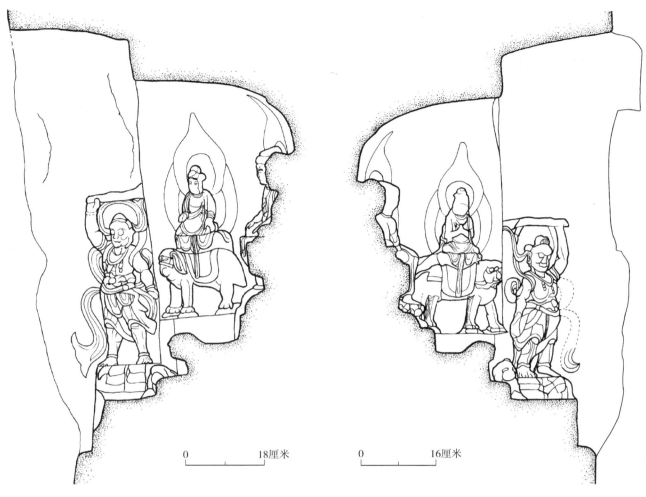

图二三二　140龛纵剖面图（右壁）　　　　　　　　图二三三　140龛纵剖面图（左壁）

部覆盖垂布，四足踏浅覆莲台。

　　5号像，内龛基坛上，左侧壁骑象菩萨像。通高44、像高15、膝宽11厘米。戴宝冠，冠缯带于耳后垂于肩侧。面部风化。有双重头光，宽12、高18厘米，外层宝珠形，素面无纹，内层圆形，素面无纹。颈部三道刻纹，从左肩至右腋斜披条帛。戴连珠胸饰，有垂饰，两条璎珞上端与项圈两侧相连，相交于腹上花形环饰物后绕膝下至体侧。双肩披天衣，沿两腋下垂，相交于双腿之间，分别绕两下臂垂于体侧。有双层舟形身光，宽14、高16厘米，内层、外层皆素面无纹。下身着长裙，双腿隐藏于裙裾中，结跏趺坐于仰莲台座，裙裾幔状垂覆其上。莲座置于象背上。象头朝向龛口方向，鼻部残断，额部有十字纹带饰。象背至腹部覆盖垂布，右侧两腿居前，左侧两腿居后。

　　6号像，外龛左侧正壁，内龛龛口外侧力士立像。通高41、像高31厘米。头顶结宝髻，戴宝冠，面部风化。戴项圈，袒露上身，肌肉健壮。披天衣，于头顶周围舞动呈环形，沿双肩而下，于腰部连接腰带，自然垂于体侧，末端垂及座。左臂振臂上举，戴腕钏，手握金刚杵横于头顶，右臂振臂下垂，手部残失。下身着裙，上端折返至大腿上部，腰部束带，两侧连接左右侧天衣。裙裾于双腿之间呈V字形，尖端垂及小腿，双膝外露。双脚分开站立比肩宽，戴脚钏，裸足立于岩座上。

　　7号像，外龛右侧正壁，内龛龛口外侧力士立像。通高41、像高31厘米。头顶结宝髻，戴宝冠，面部风化。戴项圈，袒露上身，肌肉健壮。披天衣，于头顶周围舞动呈环形，沿双肩而下，于腰部连接腰带，自然垂于体侧，末端垂及座。左臂振臂下垂，手部残失，右臂振臂上举，戴腕钏，手握金刚杵横于头顶。下身着裙，上端折返至大腿上部，腰部束带，两侧连接左右侧天衣。裙裾于双腿之间呈V字形，尖端垂及小腿，双膝外露。双脚分开站立比肩宽，戴脚钏，裸足立于岩座上。

8 号像，外龛基坛上中央，单层覆莲座上，立三足香炉，仅存两侧足，正面一足残失。

9 号、10 号像，外龛基坛上，8 号像两侧狮子像，头部朝向 8 号像方向，嘴部闭合。前腿前伸卧下，9 号像后腿直立，臀部向上翘起，有卷曲状短尾，10 号像后腿屈膝卧下，臀部微向上翘起，有卷曲状短尾。

6. 题记

无。

7. 年代判断

中晚唐。

141 龛

1. 相对位置

位于 E 区东段崖面上，处于造像群上层，139 龛下侧，140 龛左侧，142 龛右侧，143 龛上侧。

2. 保存状况

外龛龛顶外沿残损，外龛周围遍着黑色苔癣（图版一六四）。

3. 龛内外遗迹

龛外下方有一条横向凹槽。凹槽左端有方形凹孔。

4. 龛窟形制

方形双重龛，外龛宽 91、高 91、深 19 厘米，龛楣方形，龛壁、龛顶平；内龛宽 68、高 57、深 32 厘米，龛楣方形，三壁呈半椭圆形，龛顶平，与三壁连接处弧形过渡。外龛龛床设基坛，高 11 厘米。内龛龛床中央有方形凹槽。

5. 龛内造像

内龛正壁中央高浮雕佛坐像 1 尊，两侧半浮雕比丘立像 2 尊，左侧壁半浮雕观音立像 1 尊，右侧壁半浮雕地藏菩萨 1 尊，外龛正壁两侧半浮雕神将像 2 尊。共造像 7 尊，编号见表八三（图二三四～二三六）。

1 号像，内龛正壁中央佛坐像。通高 57、像高 33、肩宽 14、肘宽 16、膝宽 23 厘米。头部、面部表层风化剥落，头顶低覆钵型发髻。狭额，低发际线。颈部三道刻纹。双层头光，宽 21、高 23 厘米，外层宝珠形，透雕火焰纹，内层圆形，素面无纹。

表八三　　141 龛尊像编号表

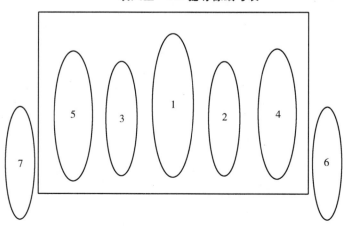

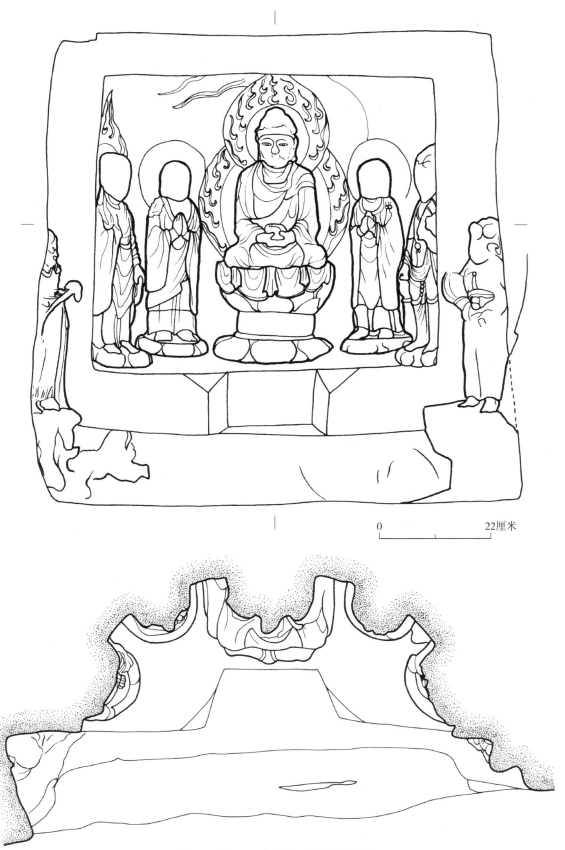

0　　　　　　　　　　22厘米

图二三四　141龛正视、横剖底视图

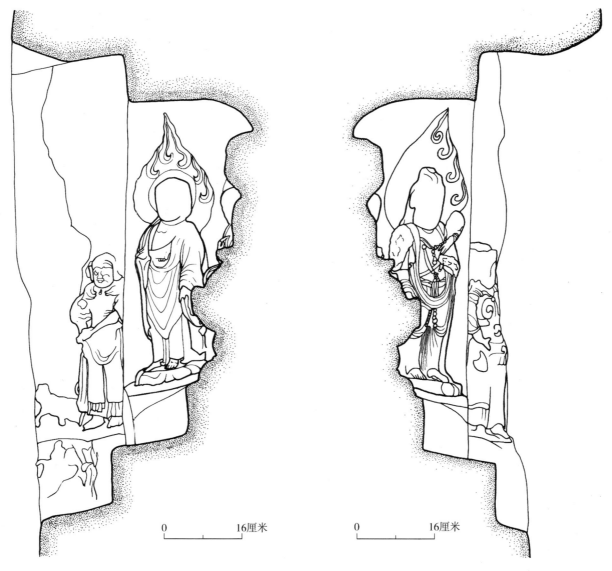

图二三五　141龛纵剖面图（右壁）　　　　　　　　　　图二三六　141龛纵剖面图（左壁）

　　上身着通肩袈裟，双臂屈肘，双手置于腹前，右手上、左手下，捧圆钵。双层身光，宽30、高23厘米，外层圆形，透雕火焰纹，内层椭圆形，素面无纹。

　　结跏趺坐，袈裟垂覆双膝，双腿隐于裙中。其下三段式束腰莲座，上段三层仰莲，裙裾幔状垂覆上侧，中段束腰扁球形，下段双层覆莲座。

　　2号像，内龛正壁左侧比丘立像。通高43、像高35、肩宽9、肘宽10、膝宽7厘米。圆顶，头部、面部风化严重，漫漶不清。有圆形头光，宽15、高13厘米，素面无纹。颈部较短，上身着通肩袈裟，左肩残损。袈裟垂及膝下，身体正面U字形衣纹重叠。双臂屈肘，左手覆右手握合于胸前，广袖垂于身前两侧。下身内着长裙，长及足背。双脚分开，裸足并立于覆莲台上。

　　3号像，内龛正壁右侧比丘立像。通高42、像高35、肩宽9、肘宽11、膝宽8厘米。圆顶，头部、面部风化严重，漫漶不清。有圆形头光，宽15、高13厘米，素面无纹。颈部较短，上身着双领下垂式袈裟，右侧袈裟衣角绕左下臂垂于体侧。双臂屈肘，双手合掌于胸前，广袖垂于身前两侧。下身内着长裙，长及足背。双脚分开，裸足并立于覆莲台上。

4号像，内龛左侧壁观音立像。通高53、像高39、肩宽12、肘宽14、膝宽8厘米。头顶结宝髻，头部、面部风化漫漶不清，右肩残损。有宝珠形头光，宽16、高21厘米，刻火焰纹。戴胸饰，两条连珠璎珞与胸饰两侧连接，相交于腹前环状饰后沿大腿内侧垂下，绕膝下呈U字形至身侧。肩披天衣，沿两腋垂下，于大腿前呈U字形，左侧天衣绕右腕垂于体侧，右侧天衣绕左臂垂于体侧。左臂屈肘，左手于胸前，手部风化残损，持杨柳枝。右臂垂放身侧，手提宝瓶。下身着裙，长及足背，腰间系带，余端沿两腿之间垂及座。双腿微分开，裸足并立浅覆莲台座。

5号像，内龛右侧壁观音立像。通高53、像高38、双肩残宽11、肘宽14、膝宽7厘米。头部、面部风化严重，漫漶不清。有双层头光，宽17、高23厘米，外层宝珠形，刻火焰纹，内层圆形，素面无纹。上身着偏袒右肩内衣，腹上系带，外着偏袒右肩袈裟，绕腹下至体侧，腹前U字形衣纹，袈裟衣摆V字形垂至双膝之间。右肩覆肩衣覆盖右臂，外侧垂于体侧，内侧下垂至右下腹时掖入袈裟内。右臂屈肘，右下臂上举，手部残段，广袖垂于体侧。左臂自然垂放身侧，手持心叶形物，广袖垂于体侧。下身内着长裙，长及足背。双脚分开，裸足并立于覆莲台上。

6号像，外龛基坛上，正壁左侧神将立像。像高37、肩宽10厘米。头部、面部风化残损，戴高冠。上身着胸甲、腹甲、肩甲。左臂残失，右臂屈肘，右手置于右腰处，大臂鳍袖系带，内衣广袖上翻。下身着裙，腰间系带，外着下甲。裙长及足背，双足分开齐肩宽，立于方形台座。

7号像，外龛基坛上，正壁右侧神将立像。像高36、肩宽9厘米。戴头盔，耳上卷曲状。面部风化残损，胸部、腹部风化剥落严重。右臂屈肘，右手于右腹前持剑柄，宝剑横于腹前，左臂屈肘，左手残损，似触剑端。腹前天衣呈U字形，与腰带两侧相连后垂于体侧，末端及座。下身着裙，裙长及足背，双脚着履，并立于岩座上，座风化残损。

6. 题记

无。

7. 年代判断

中晚唐。

142龛

1. 相对位置

位于E区东段崖面上，处于造像群上层，139龛左下侧，141龛左侧。

2. 保存状况

外龛左侧壁残失，龛顶、右侧壁残损。内龛正壁左侧、左侧壁、龛床有水浸痕迹，风化剥落严重（图版一六五）。

3. 龛内外遗迹

龛外右侧有纵向凹槽，与139龛龛床凹槽相连接，聚集排水。

4. 龛窟形制

方形双重龛，外龛残宽83、残高86、深33厘米；内龛宽62、高72、深30厘米，龛楣拱形，龛顶弧形，三壁缓弧形。

　　5. 龛内造像

　　内龛正壁高浮雕立佛 1 尊。通高 72、像高 53 厘米。头顶覆钵形低肉髻，肉髻前中央有肉髻珠。脸型丰圆，面部风化漫漶。有双重头光，外层宝珠形，透雕火焰纹，内层圆形，素面无纹。颈部三道刻纹。上身内着偏袒右肩内衣，腹上系带，起褶纹，外着偏袒右肩袈裟，从腹下绕至体侧。左肩残损，覆肩衣覆左臂，外侧垂于体侧，内侧下垂至腰部掖入袈裟，后垂于腰侧。有双重舟形身光，外层透雕火焰纹，内层素面无纹。下身着裙，长及足背，双脚分开，裸足立于浅覆莲台座，台座前侧残损（图二三七）。

　　6. 题记

　　无。

　　7. 年代判断

　　不详。

0 ————————————————— 24厘米

图二三七　142 龛正视图

143 龛

1. 相对位置

位于 E 区东段崖面上，处于造像群中层，141 龛下侧，110 龛左上侧。

2. 保存状况

内龛正壁下侧、两侧壁、龛床风化残损严重，下层基坛基本残损（图版一六六）。

3. 龛内外遗迹

龛外左右侧下端各有 1 个圆形凹孔。

4. 龛窟形制

方形双重龛，外龛宽 82、高 97、深 19 厘米，龛楣方形，龛壁、龛顶平；内龛宽 68、高 87、深 33 厘米，龛楣方形，三壁缓弧形，龛顶平，与三壁连接处弧形过渡。内龛龛床沿三壁设二层基坛。

5. 龛内造像

内龛下层基坛上，正壁中央，高浮雕佛立像 1 尊，两侧半浮雕人物立像 2 尊，正壁上层坛上半浮雕比丘立像 2 尊。内龛左右侧壁上、下坛上分别半浮雕人物立像 2 尊，外龛龛床左侧、右侧各半浮雕人物坐像 2 尊，外龛龛床中央，高浮雕三足香炉 1 体，两侧各有狮子像 1 尊。共残存造像 20 尊，编号见表八四（图二三八、二三九）。

表八四 143 龛尊像编号表

1 号像，内龛下层基坛上，正壁中央佛立像。通高 64、像高 55、肩宽 15 厘米。头顶低覆钵状肉髻，窄额，发际线较低。脸型方圆，丰颊，鼻头残损，嘴唇闭合。有双重头光，外层宝珠形，内层圆形，素面无纹。

颈部三道刻纹，上身内着偏袒右肩内衣，外着偏袒右肩袈裟，左肩至腹部衣缘外翻，衣纹以左肩为中心弧状发散。右肩覆肩衣覆盖右臂，外侧垂于体侧，内侧下垂至右下腹时掖入袈裟内。左臂残失，右臂屈肘，右手置于腹部外侧，手部残损，持锡杖，举于肩上侧，锡杖下端残失，上端桃形带环。腹部以下因风化，表层脱落。有双层舟形身光，素面无纹。

2 号像，内龛下层基坛上，正壁左侧人物立像。残高 35 厘米。全体残损，仅见痕迹。

3 号像，内龛下层基坛上，正壁右侧人物立像。残高 30 厘米。全体残损，仅见痕迹。

4 号像，内龛正壁左侧上层基坛上，1 号像左侧比丘立像。高 33 厘米。腰部以下被 2 号像遮挡。圆顶，面部老相，鼻头残损，嘴唇闭合，鼻翼两侧皱纹较深，唇围皱纹亦深。有三重圆形头光，内层圆形，中层锯齿反射状，外层环形。颈部以下风化残损。

5 号像，内龛正壁右侧上层基坛上，1 号像右侧比丘立像。高 35 厘米。腰部以下被 3 号像遮

0 ———————————— 24厘米

图二三八　143龛正视、横剖底视图

挡。圆顶，面部丰圆，右眼、鼻头残损，嘴唇闭合，耳垂较大，垂及肩上侧。有三重圆形头光，内层圆形，中层锯齿反射状，外层环形。颈部三道刻纹，上身着通肩袈裟，双臂屈肘，双手合于胸前，宽袖垂于体侧，胸部以下风化残损。

6号像，内龛左侧壁下层基坛上，2号像左侧，半浮雕人物立像。头部残失，有方形修补孔。身体风化严重，详细不识。

7号像，内龛左侧壁下层基坛上，6号像左侧，内龛龛口内侧，半浮雕人物立像。全体风化，细节不识。

8号像，内龛左侧壁上层基坛上，4号像左侧立像。全体残损。

9号像，内龛左侧壁上层基坛上，8号像左侧立像。风化残损严重，可辨戴高冠。

10号像，内龛右侧壁下层基坛上，3号像右侧立像。全体风化残失，仅存残痕。

11号像，内龛右侧壁下层基坛上，10号像右侧立像。内龛龛口内侧，全体风化残失，仅存残痕。

12号像，内龛右侧壁上层基坛上，5号像右侧立像。头戴高冠，头部、面部、胸部残损，细节不明。下身着裙。

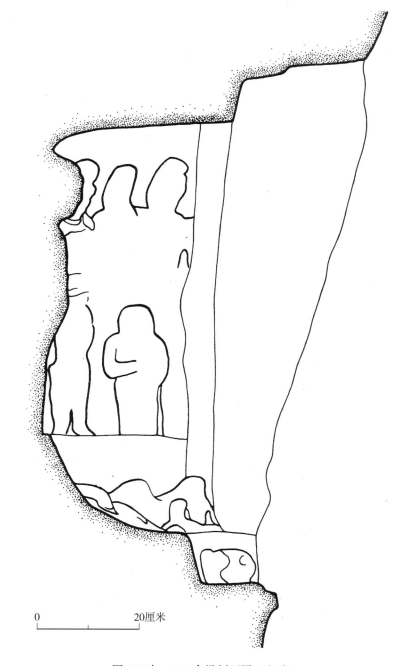

0　　　　　　　20厘米

图二三九　143龛纵剖面图（左壁）

13号像，内龛右侧壁上层基坛上，12号像右侧立像。全体风化残失，仅存残痕。

14号像，外龛龛床左侧方形台上，半浮雕人物坐像。背靠内龛口沿而坐，胸部以上残损，双臂于身前两侧，双手置于腿上，结跏趺坐。

15号像，内龛龛床左侧，14号像右侧，半浮雕人物坐像。全体风化，仅存残痕。

16号像，外龛龛床右侧方形台上，半浮雕人物坐像。背靠内龛口沿而坐，全体残损，结跏趺坐。

17号像，内龛龛床右侧，16号像左侧，全体残失，仅见痕迹。

18～20号像，外龛龛床中央，内龛段差正立面前，高浮雕三足香炉（18号像）。左侧狮子像（19号像），面朝龛外方向，后腿跪坐，前腿前伸，身体趴于龛床上。右侧狮子像（20号像），头部残失，后腿跪坐，前腿前伸，身体趴于龛床上。

6. 龛内题记

无。

7. 年代判断

中晚唐。

六 F区造像

　　F区造像群位于E区造像群南侧，石梯步南侧，现代"观佛台"下侧、胡公渠上侧的岩石上，环绕所在岩石的北、西、南三面开凿，编号为144～159龛。其中152龛右侧有二小龛未纳入原编号，新编号为152右1龛、152右2龛，共计18个龛窟，三则题记（T13～T15），题记内有"开元廿七年"、"□天元年"等纪年。其中145～148龛大致坐南朝北，144龛、149龛、150龛大致为坐东朝西，151～159龛大致为坐北朝南。造像所在岩石下为民国时期修建的水渠"胡公渠"，修建者为不破坏文物古迹，将水渠设计为穿石而过。F区造像以小型、中型龛为主，后代重刻、改刻现象频繁（图二四〇；图版一六七）。

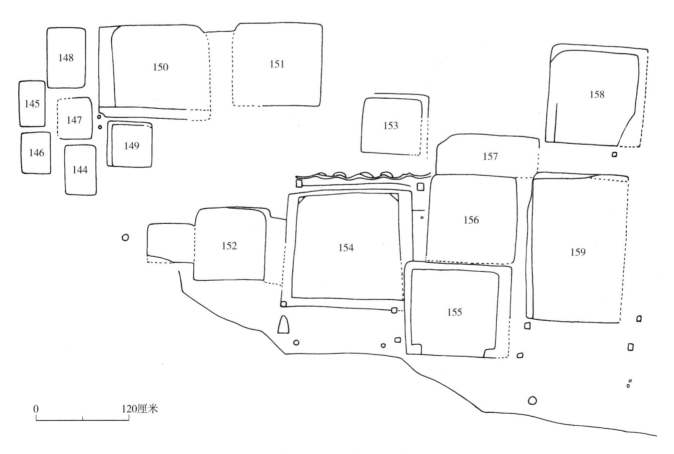

图二四〇　F区龛窟立面分布图

144 龛

1. 相对位置

F 区造像北部下侧，147 龛下侧，149 龛右侧。

2. 保存状况

风化严重，龛壁严重起壳。外龛龛楣、右龛门仅存微凸边框。造像面部漫漶。

3. 龛内外遗迹

无。

4. 龛窟形制

竖长方形双重龛，外龛宽 40、高 59、深 1.5 龛楣方形、左龛壁平，右龛楣及龛壁仅存微凸边框。内龛宽 29、高 48、深 9.5 厘米，方形龛楣，龛顶缓弧形，正壁较平，两侧壁不规则，略凸；龛底内高外低倾斜。

5. 龛内造像

浅浮雕佛立像 1 尊。通高 48、身高 36.5、头高约 8 厘米。残见扁圆肉髻，髻前戴宝珠形肉髻珠，面部漫漶。有椭圆形头光，宽 13.5、高约 17 厘米，顶部略收尖。颈下圆弧形，肩宽约 9 厘米，上身内着自左肩到右胁下内衣，系腰带；左肩披袈裟，右肩披覆肩衣，覆肩衣一角在右腹部披入袈裟衣缘。袈裟一角在腿部呈 V 字形，腹部可见缓弧形衣纹。左手下垂，手掌朝外；右手屈肘上举，手部残断。下着裙，腿部阴刻大 U 字形裙纹，裙长覆踝，露足尖，立于圆饼形座上，座纹饰不明，座台面内高外低倾斜（图二四一）。

6. 龛内题记

无。

7. 年代判断

明代。

0　　　　　　12厘米

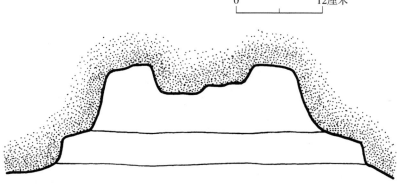

图二四一　144 龛正视、横剖面图

145 龛

1. 相对位置

F区造像北端上侧，146龛上侧，148龛右侧。

2. 保存状况

风化严重，龛壁起壳、长青苔。右侧龛壁、龛顶大部脱落，龛内左侧造像风化脱落严重，仅存轮廓。

3. 龛内外遗迹

龛外右侧有明显的斜向凿痕；龛上方有较大的岩石裂缝。

4. 龛窟形制

竖长方形双重龛，内外龛同底，外龛宽57、高72、深4厘米，方形龛楣，右侧龛楣、龛壁残缺，龛壁不规则；内龛宽44、高64、深8厘米，方形龛楣，右侧龛楣龛壁均残，龛壁较平。

5. 龛内造像

浅浮雕立像2尊。

右侧菩萨立像，通高45厘米。面部漫漶，头部可见高发髻痕迹，头两侧下垂冠缯带或发。肩胸部漫漶，可见双手下垂合于腹前，似持物双肘部下垂天衣置身侧。下着裙，系腰带，腰带下垂至膝上打横8字形结后分向腿后环绕。双大腿处各阴刻人字形裙纹，至小腿部阴刻大U字形裙纹。裙长覆踝、露足尖，立于圆形座上，纹饰漫漶，有圆形浅台面，内高外低倾斜。

左侧立像风化严重，通高约45厘米。细节漫漶，仅可见下着裙，立于圆饼形座上（图二四二）。

6. 龛内题记

无。

7. 年代判断

明代。

0　　　　16厘米

图二四二　145龛正视图

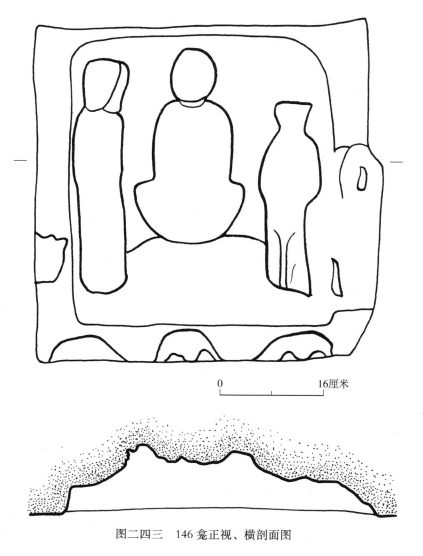

0　　　　　　16厘米

图二四三　　146龛正视、横剖面图

146 龛

1. 相对位置

F区造像北端下侧，145龛下侧，147龛右上侧，148龛右下侧。

2. 保存状况

风化特别严重，龛内造像仅存轮廓，细节均漫漶不识。

3. 龛内外遗迹

无。

4. 龛窟形制

方形双重龛，外龛宽51、高53、深约4厘米，方形龛楣，龛顶大部不存，仅见框线；内龛宽40、高46、深6厘米，方形龛楣，转角略弧形，龛壁较平，龛底内高外低倾斜。

5. 龛内造像

内龛残见佛坐像1尊，立像2尊；外龛正壁左下角残见力士天衣、身形痕迹，龛床残见三足香炉1只，二卧狮痕迹（图二四三）。

6. 龛内题记

无。

7. 年代判断

不明。

147 龛

1. 相对位置

F区造像北部下侧，144龛上侧，146龛左侧，148龛下侧，150龛右下侧。

2. 保存状况

龛门风化严重，龛底右侧岩石残脱。龛内右壁立像身体脱落仅存痕迹，其余二像面部残缺。

3. 龛内外遗迹

龛内右壁上部有圆形坑1个，直径约8.5厘米。龛外左侧中部有上下二圆角方孔，径约4、相距约7厘米。三尊像头顶的龛顶上可见宝珠形头光的痕迹。正壁上可见较多点状凿痕。

4. 龛窟形制

方形单层龛，约宽48、高50.5、深7.5厘米。龛顶大部分脱落，可能为方形龛楣，龛壁龛顶均缓弧形，顶深底浅。

5. 龛内造像

龛内浅浮雕一佛坐像，二菩萨立像，共 3 尊。

正壁中央浅浮雕主尊佛坐像。约通高 46、身高 27 厘米，面部残失，残见耳部轮廓。有宝珠形头光，宽 17、高 16 厘米。宝珠尖上方约 5 厘米处龛壁上又有一较大的宝珠尖部的痕迹，故推测现存造像应为后代改刻。肩宽约 9.5 厘米，胸部可见横向内衣，系带，打八字形结。双肩下垂外衣，在腹部呈大 U 字形。双肩均搭外衣一角覆上臂。双手下垂合于腹部。手腕处搭衣角下垂覆膝外侧。膝宽 15 厘米，结跏趺坐于岩座上，右腿在上，腿部衣纹人字形。座宽 18.5、高 13.4 厘米，台面为圆角横长方形，台面下浅浮雕层层叠叠的山形岩石。

右侧壁立像躯体残脱，仅存膝部以下裙纹，座亦大部残缺，残高约 37 厘米。立像头顶上方的龛顶上可见较大宝珠形头光痕迹，故推测现存造像应为后代改刻。

左侧壁菩萨立像。通高约 42.5、身高 38 厘米。面部漫漶，头顶可见束高发髻痕迹。头顶上方龛壁、龛顶上可见较大宝珠形头光尖部痕迹，故推测现存造像应为后代改刻。颈部可见蚕道，肩宽约 6.5 厘米，胸戴连珠项圈，项圈上下垂 3 串短连珠垂珠置上腹部，中间一串较长。上身可见着左肩至右胁下帔帛，双肩下垂天衣于下腹部交叉横过身前后分别搭于二肘部。左手屈肘上举指向龛外，右手下垂于身侧执天衣一角。下身着裙，系腰带，腰带下垂二股衣带（或璎珞？）置双腿内侧，至膝盖后分别绕至腿后侧。双腿部均浅浮雕细长 U 字形裙纹，双腿间下垂长条带置座。裙长露踝，立于座上，座纹饰漫漶不识。

6. 龛内题记

无。

7. 年代判断

明代重刻，原龛时代不明。

148 龛

1. 相对位置

F区造像北部下侧，144 龛上侧，146 龛左侧，148 龛下侧，150 龛右下侧。

2. 保存状况

风化严重，龛门不平整，龛顶大部不存。龛内右侧造像被凿毁仅存痕迹，其所在龛壁亦被打破。

3. 龛内外遗迹

无。

4. 龛窟形制

可能为竖长方形双重龛，内外龛同底，仅龛顶部分可见双重龛楣，左右均仅存内龛门，龛底内高外低倾斜。内龛宽 47、高 59、深 8.5 厘米。龛楣可能为方形，转角处略弧形，龛壁整体较平，壁面有明显点状凿痕。内龛顶距外龛顶约 7 厘米。

5. 龛内造像

龛内正壁左侧浅浮雕菩萨像 1 尊，右侧残见 1 立像轮廓痕迹（图二四四）。

正壁左侧浅浮雕菩萨立像。约通高50、头高11厘米。头部左半侧残缺，可见发髻和宝冠痕。似有圆形头光痕迹，漫漶不辨。身体右侧残见较大的身光痕迹，并有明显点状凿痕，故现存造像可能是后代改刻而成。肩宽约7.5厘米，胸部漫漶，似戴项圈。双肩下垂天衣，于胯下部交叉横过腹前，分别上绕搭于双肘部，后沿身体侧下垂。下身着裙，膝腰带，腿部可见大U字形裙纹，裙长覆踝，露足尖，立于圆形覆莲座上。座宽11.5、高约3厘米，有圆形浅台面，座身浅浮雕覆莲瓣。

6. 龛内题记

无。

7. 年代判断

明代改刻，原龛时代不明。

149龛

1. 相对位置

F区造像北部下侧，144龛上侧，146龛左侧，148龛下侧，150龛右下侧。

2. 保存状况

外龛顶大部残失，龛底风化严

0 ——————— 16厘米

图二四四　148龛正视、横剖面图

重。龛壁、龛门有较明显的点状凿痕，主尊佛坐像头部不存，两侧菩萨立像面部漫漶（图版一六八）。

3. 龛内外遗迹

龛外右上方（即147龛外左侧）约3～4厘米处有二圆角方孔，约径4、相距7厘米。

4. 龛窟形制

方形双重龛，外龛宽56.2、高51、左龛壁深18、右龛壁深6厘米，方形龛楣，龛底大部不存，龛壁平；内龛宽44.4、高45、深约6厘米，方形龛楣转角略弧形，龛顶、侧壁缓弧形，正壁较平。

5. 龛内造像

内龛浅浮雕一佛坐像二菩萨立像，共3尊。外龛龛床凹凸不平，原是否有香炉或卧狮不明（图二四五）。

0   18厘米

图二四五　149龛正视、剖面图

内龛正壁中央浅浮雕主尊佛坐像。通高40、身高17.5厘米。身体薄、小，应为后代改刻。头部残失，可见肉髻痕迹。有宝珠形头光，宽18、高19.5厘米。肩宽7厘米，颈部有蚕道，胸部浅浮雕横向内衣纹，双肩下垂衣领交于腹部。双手下垂合于腹部，似持一扁平状物。膝宽9.7厘米，结跏趺坐于束腰莲座上，腿部扁平，右脚置左脚上，腿部衣纹人字形。座宽13.5、高11厘米，台面圆形，阴线刻双层仰莲瓣，莲瓣宽大；束腰窄，略鼓腹；座基漫漶，似覆钵形，右侧可见覆莲瓣痕迹。

主尊右侧浅浮雕菩萨立像。约通高39.5、身高33厘米。面部漫漶，头顶可见扁圆形发髻，额上方残见圆形宝冠痕迹。有宝珠形头光，宽11.8、高12.8厘米，宝珠尖部略向主尊方向倾斜。上身着横向内衣，系带，打八字形结。左手下垂持瓶状物，戴腕钏；右手屈肘上举过肩，持柳枝。双肩下垂天衣于腹部交叉，分别搭于二肘部后沿身体下垂。下着裙，系腰带，腰带下垂二股至膝后绕向身后。腿部可见竖向弧线裙纹。裙长遮踝，露足尖，立于圆形覆莲座上。座约通宽10.5、高2.5厘米，有圆形浅台面，座身残见覆莲瓣痕迹。

主尊左侧浅浮雕菩萨立像。约通高40、身高32.5厘米。头部漫漶，有宝珠形头光，宽11、高13.5厘米。上身内着左肩到右胁下帔帛。左手屈肘置左肩上，持物；右手下垂置身侧持鼓腹瓶。双肩下垂天衣，一上一下于腹部交叉后分别搭于肘部下垂于身侧。下着裙，膝腰带，膝上方横过一条天衣搭于右手腕处。腿部可见竖向弧线裙纹。双腿间可见竖向垂带。足部漫漶，座似方向，纹饰不明。

6. 龛内题记

无。

7. 年代判断

原龛时代不明，明代改刻。

150 龛

1. 相对位置

F区造像中部上侧，148龛左侧，153龛右上侧，152龛、154龛上侧。

2. 保存状况

外龛顶、左龛门全部脱落，外龛左、右两侧龛底残缺；内龛左龛门、左侧部分龛壁及造像脱落，左侧龛底一角残失。内龛壁上部沁水、长白色苔。主尊及右侧壁保存较完整，面部略残（图版一六九～一七一）。

3. 龛内外遗迹

外龛右壁力士像座右下角有圆角方形孔一个，龛外右下方有方形孔一个，上述二孔见149龛。内龛床边缘中央有圆形浅坑一个，直径7厘米。

4. 龛窟形制

方形双重龛，外龛约残宽130、残高105、底残深20厘米，右侧壁深7厘米，龛顶、龛楣不存，右侧龛壁平；内龛残宽约108、高93、深42厘米，龛楣方形有三角斜撑（仅存右侧），龛顶、右侧壁较平，正壁缓弧形。内龛床外缘略向内凹呈弧形，有三层基坛，下层凹字形，约高4、宽15厘米；中层基坛凹字形，两侧壁较高，约35厘米，正壁较低，约30厘米，宽约5厘米；上层基坛一字形，高约42厘米。

5. 龛内造像

内龛造一佛二菩萨坐像、二弟子立像、天王武士立像残存10尊，供养天女像残存7尊，飞天像4尊；外龛残存力士立像1尊。共残存造像27尊，编号见表八五（图二四六、二六八）。

1号像，内龛正壁中央高浮雕主尊佛坐像。通高86、身高30厘米。头顶有扁圆覆钵形肉髻，顶部略残；发漫漶不清，发际线缓平。耳部略残，长度齐颌。面部风化严重，下颌岩片脱落，残见眉眼部分，睁眼平视前方。颈部三蚕道。有双重宝珠形头光，外层宽23.5、高42厘米，透雕火焰纹，宝珠尖部细长延伸到龛顶中部；内层圆形，边缘浅浮雕扁圆大连珠纹。

表八五 150龛尊像编号表

肩宽 13.5、肘宽 15.5 厘米，左手下垂置左腹前，手掌朝上持扁圆形物；右手下垂置右腹前，持杖长约 28.5 厘米，杖首位于头右侧，由顶、环、轮三部分组成。上身内着袒右内衣，腰部系带。左肩披袈裟，右肩着覆肩衣，右腹部可见覆肩衣盖袈裟上。有椭圆形双层身光，外层宽 33、高 26 厘米，透雕火焰纹；内边缘浅浮雕扁圆大连珠纹。

膝宽 17.5 厘米，结跏趺坐于束腰莲台上。双膝略残，腿部衣纹弧形，袈裟覆座台面。座通高 30、台面宽 25 厘米，浮雕双层仰莲瓣，袈裟垂置覆盖下层莲瓣尖部，台座边缘和中部均表现袈裟被莲瓣尖部顶起，呈波浪形。束腰部分较高，由三个扁圆球体组成，中央球体浅浮雕大团花。座基二层，上层较浅，浮雕双层覆莲瓣，莲瓣根部中央有短刻槽；下层为方形素面框。座下为下层基坛。

2 号像，内龛正壁右侧高浮雕菩萨坐像。1 号像右侧，通高 82.5、身高 40、头高 13.5 厘米，头顶束圆形高发髻，阴刻竖弧线发丝；戴高宝冠，冠正面三角形较高，纹饰漫漶；侧面阴刻卷云纹，冠台饰连珠纹，下露发，有阴刻发丝。耳大垂肩，头两侧耳上方冠缯带，打结后一股下垂肩一股下垂置胸侧。面部漫漶，可见鼻眼轮廓，下颌阴刻弧线。颈部三蚕道。有宝珠形双重头光，外层宽 21.5、高 39.5 厘米，样式与 1 号像头光一致。

肩宽 13、肘宽 16 厘米，左手下垂抚左膝，戴腕钏；右手肘部以下残损。胸前戴项圈，双肩下垂璎珞，交于腹部圆形饰，一股璎珞绕右膝下。双肩下垂父字形天衣，于腹前交叉，分别上搭于对侧肘部。上身内衣自左肩至右胁下，上腹部系带；下着裙，裙上垂带打 8 字形结，后下垂置座下基坛、龛床上。有椭圆形双层身光，外层宽 31、高 24 厘米，样式与 1 号像身光一致。

膝宽 19 厘米，半跏趺坐与束腰莲座上，左腿盘坐，足覆裙内置右膝侧，右腿下垂置小仰莲座上，座高 28、台面宽 21 厘米。裙长覆座台面，台面上边缘呈波浪状；束腰较高，鼓腹；座基双层，上层覆钵形，下层圆饼形。座基下层中部伸出左右两片大卷草状叶、两支莲茎。左侧莲茎上为莲苞，右侧莲茎上为菩萨右足。

3号像，内龛正壁左侧高浮雕菩萨坐像。1号像左侧，通高82.5、身高40、头高12厘米。头顶束圆形高发髻，阴刻卷云纹发丝；戴宝冠，冠正面三角形，高至发顶，纹饰漫漶；下露发，波浪形发际线。耳大齐颌，头两侧耳上方冠缯带打结，短股齐耳，长股下垂置胸侧。面部可见鼻眼轮廓。颈部三蚕道。有宝珠形双重头光，外层宽21、高39厘米，样式与1号像头光一致。

肩宽11、肘宽16厘米，左手肘部以下残损，右手下垂抚右膝。胸前戴项圈，双肩下垂连珠璎珞，交于腹部团花，风化严重；左膝下可见璎珞垂珠。双肩下垂父字形天衣，于腹前交叉，分别上搭于对侧肘部。上身内衣自左肩至右胁下，上腹部系带；下着裙，裙上垂带打8字形结，后下垂置座下基坛、龛床上。有椭圆形双层身光，外层宽31.5、高23.5厘米，样式与1号像身光一致。

膝宽18.5厘米，半跏趺坐与束腰莲座上，右腿盘坐，足覆裙内置左膝右侧，左腿下垂置小仰莲座上，座高27、台面宽25厘米。裙长覆座台面，台面上边缘呈波浪状；束腰较高，鼓腹；座基双层，上层覆钵形，下层圆饼形。座基下层中部伸出左右两片大卷草状叶、两支莲茎。右侧莲茎上为莲苞，左侧莲茎上为菩萨左足。

4号像，内龛正壁1号、2号像之间浮雕比丘立像。身高21.5厘米。圆头顶，面部圆润，可见眉眼轮廓。身体两侧与1号、2号像身光相接。着通肩袈裟，双手合十于胸前，双腕下垂衣角至膝，身前可见V字形袈裟衣纹。下着裙，可见竖线裙纹，裙长覆踝，露足尖，立于内龛床中层基坛。

5号像，内龛正壁1号、3号像之间浮雕比丘立像。身高23.5厘米。头瘦长，额部凸出，残见右侧五官。着通肩袈裟，双手合于胸前，手部较圆，手势不明。双腕下垂衣角至膝，身前袈裟衣纹斜弧线，下边缘呈V字形。下着裙，阴刻竖线裙纹裙长覆踝，露足尖，立于内龛床中层基坛。

6号像，内龛右壁下部最右侧持斧武士立像。身高26厘米。头顶束发髻，戴软胄，胄沿自耳前下垂置肩。面部可见右眼及眉骨。左手屈肘置上腹部，握拳；右手下垂置右腿部，握斧状物横过身前，斧头置右膝上。上身着胸甲，下着裙甲至膝下，露双踝、双足，似着裤，立于下层基坛上。

7号像，内龛右壁下部右侧合十武士立像。身高25.5厘米。头顶束高发髻，戴山字形冠，可见眉眼轮廓，圆眼怒睁。双手屈肘合十于胸前，腕部下垂衣袖。胸部可见着胸甲，下着裙甲，立于下层基坛上。

8号像，内龛右壁下部左侧持剑武士立像。身高27厘米。头顶束圆而大高发髻，戴山字形冠，发际线平，圆眼怒睁，眉头紧锁，嘴角下撇。双手屈肘置腹前握剑状物杵地，左手在上，右手在下，腕部下垂夸大衣袖。着胸甲，胸甲下有横带；下着裙，露踝露足，似着裤，立于下层基坛上。

9号像，内龛右壁下部最左侧合十武士立像。足部被2号像座右侧下垂天衣遮挡，可见高度26.8厘米，头顶束高发髻，阴刻发线。戴山字形冠，头部右侧耳后可见三股短冠缯带。大耳垂肩，脸方正，可见眉骨轮廓。双手屈肘合十于胸前，肘部搭天衣状物。颈部可见Ω形项圈，着胸甲，腹前垂天衣状物，下着裙甲。足部不详，立于下层基坛上。

10号像，内龛正壁1号、2号像座之间武士立像。身高24.5厘米。头顶束发髻呈扇形，发髻前有饰物，戴三面宝冠，冠面三角形。面部方圆，可见五官，眼睛圆睁，嘴角略向下。双手合十于胸前。上身披铠甲，可见方角圆形胸甲；双腕下垂衣角，长至足上。下装不明。2号像座左侧下垂天衣遮挡其右腿、足部。立于内龛床下层基坛内侧。

图二四六　150 龛正视图

图二四七　150龛纵剖面图

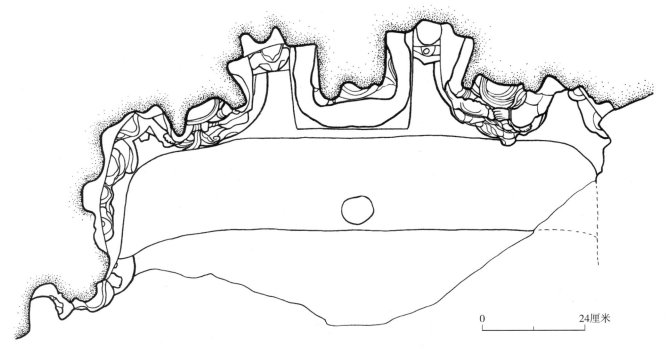

0　　　　　　　24厘米

图二四八　150龛横剖底视图

11 号像，内龛正壁 1 号、3 号像座之间武士立像。可见高 21.5 厘米。头顶束方形发髻，发髻前有饰物。面部可见五官，眼睛圆睁，嘴角略向下。双手合十于胸前。颈、胸部不明；双腕下垂衣角。下装不明。3 号像座右侧下垂天衣遮挡其右身及足部。立于下层基坛内侧。

12 号像，内龛左壁下部右侧武士立像。第 3 号像莲座左侧第 1 尊，右肩及膝下被 3 号像下垂天衣遮挡，可见高度约 23 厘米。头戴胄，眼睛圆睁，嘴角向下。胸部可见圆形胸甲，左手屈肘横置胸部，持剑置右肩。膝部可见弧形天衣横过身前。

13 号像，内龛左壁下部中间持剑武士立像。第 3 号像莲座左侧第 2 尊，头部左部残，面部漫漶，通高 26 厘米。颈部戴 Ω 形项圈，胸前可见圆形胸甲，双臂均见衣纹。双手屈肘置身前持剑，左手持剑柄，右手按剑首，剑尖朝下与足齐。下身有裙甲，长至膝下，露双脚，立于下层基坛上。

14 号像，内龛左壁下部左侧立像，残存双足。

15 号像，内龛右壁中部右侧小人立像。身高约 22.4 厘米。头顶束高发髻，戴山字形冠，面部及身体表面漫漶严重，细节不辨。左手屈肘横置腹前似握拳，右手屈肘前伸握棍状物杵地。立于中层基坛上。

16 号像，内龛右壁中部中间戴高冠人立像。似天女，身高 26.7 厘米，头顶戴筒形高冠，披巾沿面侧下垂置胸前呈 U 字形，冠正面似有山字形装饰。发际线平，面部丰满，五官和善，嘴角略上翘。颈部有蚕道，双手屈肘于上腹部，似握一莲苞状物。身披长袍，宽袖自腕部下垂至足，阴刻竖弧线衣纹。下着裙，裙长遮踝，露足尖，立于中层基坛上。

17 号像，内龛右壁中部左侧立像。似天女，身高 30 厘米。头顶竖高发髻似莲苞状，发际线及面部漫漶，耳前垂下长发披肩。右手屈肘置胸前握一莲苞状物，左手遮于 2 号像身光后。身着长袍，胸前阴刻 U 字形领、衣纹，双腕下垂长衣袖至足，下着长裙遮踝，露足尖。立于中层基坛上。

18号像，内龛正壁2号像头光左侧供养人立像。朝1号像方向站立，身高25.5厘米。可见头顶束扁圆球形高发髻，面部残缺。胸前可见平行弧线衣纹，双肩下垂衣领，双手笼于袖中合于胸前，捧扁圆形物。腕部下垂衣角至膝下，下着裙，足部不明。立于上层基坛。

19号像，内龛正壁1号像头光右侧供养人立像。朝1号像方向站立，仅见身体右侧。身高24.5厘米。可见头顶束扁圆球形高发髻，面部、胸漫漶，双手合于胸前。腕部下垂衣角左高右低，下着裙，足部不明。立于上层基坛。

20号像，内龛正壁1号像头光左侧供养人立像。朝1号像方向站立，面朝龛外。身高26.5厘米。头顶束扁圆球形高发髻，面部眉眼尚存。颈部可见蚕道，双肩下垂衣领，左手举于胸前似持物。左腕部下垂衣角，下部不明。立于上层基坛。

21号像，内龛正壁3号像头光右侧供养人立像。朝1号像方向站立，身高27厘米。头顶束扁圆球形高发髻，面部漫漶。胸前可见圆领，双手合十于胸前，腕部下垂衣角至膝下，下着裙，足部不明。立于上层基坛。

22号像，内龛左壁中部立像。第3号像身光左侧，通高26.5厘米。左肩、臂残失。头高7厘米，束高发髻，似戴冠，正面有圆形饰物。人字形发际线，五官可见轮廓。颈部有蚕道。身着通肩长袍，双手合于胸前捧一扁覆钵形物，似宝珠。双腕垂下衣角，内侧短至胯部，外侧长至足。下着裙，竖线裙纹，裙长覆踝，露足尖。赤足立于中层基坛上。

23号像，内龛右壁上部卷云内天人跪坐像。第16号像上侧，身高16厘米。头顶竖高发髻，面朝1号像方向右膝跪卷云上，左腿屈膝直立。双手合于左膝上方。天衣绕头部呈圆形，搭于肩绕腋下后上飘于身侧。腰腹部可见裙纹。卷云3组，云尾上飘相接，指向龛顶中心方向。

24号像，内龛正壁上部右侧8号、9号像头顶骑云天人跪像。身高13厘米。朝龛外方向跪坐。头顶束发髻呈扇形，面部略残，漫漶不识。颈部有圆形领，双手合于胸前朝1号像方向，左腿屈膝直立，右腿跪坐。足下卷云及左端云尾呈横向S形，向下延伸至1号像头光与9号像头部之间。头顶有浅浮雕新月，长约10厘米，月下有卷云纹。

25号像，内龛正壁上部右侧10号、11号像头顶骑云天人跪像。身高12.5厘米。头部残，仅存轮廓，朝主尊方向跪坐，姿势与12号像对称。足下云呈一字形，右端云尾呈S形下垂至1号像头光与10号像肩部之间。

26号像，内龛左壁上部卷云内天人跪坐像。卷云为平行连续S形曲线围成圈，左下部残失。残宽29、高41.5厘米。坐像头部残失，身体左部略残，双手下垂合于腹部，着佛装，结跏趺坐于仰莲座上。座下有涡状卷云一对。

27号像，外龛正壁右下角浮雕力士立像。通高55厘米。头部漫漶，残见头顶束高发髻，头侧上扬冠缯带。颈部阴刻竖向筋骨，胸戴项圈，可见胸肌轮廓。左手横过身前至右腰侧，握拳，戴腕钏；右手高举过头顶，持横向棍状物，可见腕部筋骨。天衣自头部下垂至肩，绕身侧后系于腰带，后下垂置座，末端呈鱼尾状。下身着裙，系腰带，裙上缘翻折垂于胯部呈圆弧形，衣缘褶皱呈S形。裙长露膝，双腿间较长。双赤足呈外八字形立于岩座上，左足可见戴足钏。

6. 龛内题记

无。

7. 年代判断

晚唐～五代。

151 龛

1. 相对位置

F 区造像中部上侧，150 龛左侧，152 龛上侧约 150 厘米，153 龛右上侧。

2. 保存状况

龛门风化严重，岩石成片脱落，右侧内外龛门脱落，外龛床右部脱落。内龛正壁上部和龛顶密布白色苔藓。龛内造像头身比例失调，应为后代重刻（图版一七二：1）。

3. 龛内外遗迹

本龛右龛壁与 150 龛左龛壁相连处岩石大片脱落。龛上方约 45 厘米处为现代观佛台的石砌基础。

4. 龛窟形制

方形双重龛，外龛顶、右龛壁、左龛门和龛床大部均脱落残失，仅存龛床左半部、左龛壁框痕

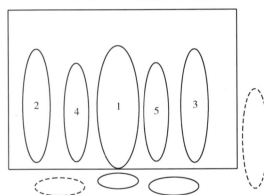

表八六　　151 龛尊像编号表

迹；内龛宽 100.5、高 82、深 34 厘米，方形龛楣，转角略带弧形，龛顶、龛壁均较平，转角处弧形；主尊座下为方形浅基坛，宽 36、高 2.5 厘米；内龛床右侧内高外低略倾斜。

5. 龛内造像

内龛浮雕一佛坐像二菩萨二比丘立像；外龛左下角一立像，龛床浅浮雕一香炉二卧狮。共 6 尊，编号见表八六（图二四九）。

1 号像，内龛正壁中央浮雕主尊佛坐像。通高 66、身高 40 厘米。头身窄而薄，与高浮雕束腰莲座比例不符，且身体右侧可见明显的凿痕，应为后代改刻。颈部脱落，头高 13.5 厘米，头顶有较大圆形肉髻，肉髻前有圆形宝珠，人字形发际线。两肩下垂衣领，胸部有横向内衣痕迹。肘宽约 18 厘米，双手下垂合于腹前持一扁圆状物。膝宽约 17 厘米，结跏趺坐于束腰莲座上，腿部可见弧线裙纹。莲座宽 25.5、高 26 厘米，莲台可见悬裳痕迹，底部浅浮雕仰莲瓣；束腰较窄，鼓腹；座基为覆钵形，残见覆莲瓣痕迹。座下为方形基坛。

2 号像，内龛右壁浅浮雕菩萨立像。通高约 64 厘米。头部极小，头顶上方有较高的椭圆形凸起，应为原像头部轮廓。立像身体细节大部漫漶，可见肩披天衣，下着裙，立于圆形座上，座有浅台面，座身覆钵形。

3 号像，内龛左壁浅浮雕菩萨立像。通高约 64.5 厘米。头部极小，头顶上方残见原像的宝冠及高发髻轮廓，身体细节大部漫漶，可见右手下垂置身侧。立于圆饼形座上。

4 号像，内龛正壁主尊右侧浅浮雕比丘立像。通高 52.5 厘米。头部较小，大部漫漶，仅见双手笼于袖中拱于胸前，双臂下垂袈裟衣角。下着裙，立于覆莲座上，座有浅台面。

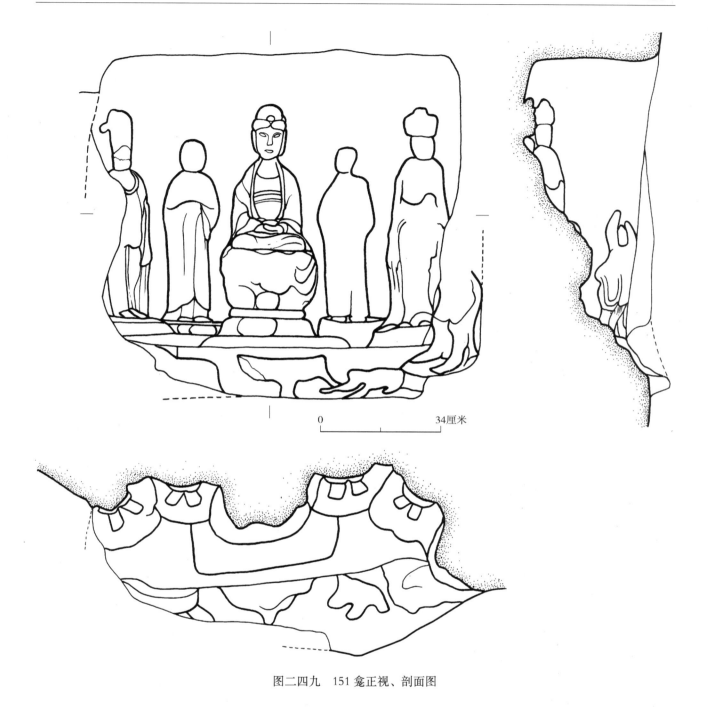

图二四九 151龛正视、剖面图

5号像，内龛正壁主尊左侧浅浮雕比丘立像。通高约50厘米。头部极小，身体仅存轮廓，立于圆饼形座上，纹饰不明。

6号像，外龛正壁左下角残见立像。仅存膝部以下及身体右侧小段天衣痕迹，应为力士像。

另外，外龛床紧贴内龛床处，中央浅浮雕一圆形香炉，残见2足；香炉两侧浅浮雕二狮，相对而卧，头均残失，左侧狮尚可见4足，右侧狮仅存前2足与半身。

6. 龛内题记

无。

7. 年代判断

明代改刻，原龛时代不详。

152 龛

1. 相对位置

F 区造像中部下侧，149 龛左下侧，154 龛右侧。

2. 保存状况

右龛门下部被 152 右龛打破；左龛门下部被打破。右壁长黑色苔，右壁上部长白色苔。内龛壁上部残留大量点状凿痕，现主尊头光上部残存较大宝珠头光顶部，故推测现存造像应为后代改刻（图版一七二：2）。

3. 龛内外遗迹

龛右侧有二长方形浅龛（152 右 1 龛、152 右 2 龛）。龛外下部有题记二则（T13、T14）。左龛门被打破处外左侧有阴刻竖长方形框，可能为题记框，未见题记。

4. 龛窟形制

方形双重龛，内外龛同底，龛顶深龛底浅。外龛仅存龛楣，残宽 83、高 91.5、顶深约 16 厘米，方形龛楣，转角略弧形；内龛龛底宽 78、高 79、顶深 23、底深 10 厘米。方形龛楣，转角略呈弧形，龛顶、左右侧壁平，正壁略弧形。

5. 龛内造像

龛内正壁浮雕立像 3 尊（图二五一）。

正壁中央浮雕佛立像。通高 74、身高 50.5 厘米。身体较窄、薄，整体细长。头高 9 厘米，有覆钵形扁平肉髻，戴圆形发髻珠，人字形发际线将头顶发分为左右两部，可见五官痕迹。有素面宝珠形头光，宽 23.5、高 30 厘米，头光内残见大量点状凿痕，头光上侧残存有较大的宝珠头光顶部，应为原主尊造像头光。颈部残见蚕道。

肩宽 10、肘宽 13.4 厘米，左手下垂似执袈裟一角，右手屈肘举于右胸前，手心朝内。左肩披袈裟，右肩着覆肩衣，袈裟一角自身体右侧绕过腹前搭于左臂上。下着裙，腿部可见中部 U 字形裙纹，两侧竖线裙纹。赤足立于圆形仰莲座上，座高 5.5、宽 24.5 厘米，有浅台面，浮雕 3 层仰莲瓣。

正壁右侧浮雕比丘立像。通高 72、身高 50 厘米。身体窄薄，细长。头高 8.8 厘米，圆头顶，大耳，可见五官痕迹，脸朝向龛左侧方向。有素面宝珠形头光，宽 23、高 29 厘米。颈部三蚕道，似着圆领内衣。

肩宽 10.5、肘宽 13.5 厘米，左手屈肘横置胸前，手心朝上执一扁圆形物，似钵；右手下垂置右大腿部，手执一圆球形物，似宝珠。左肩披袈裟，右肩着覆肩衣，覆肩衣一角在右腹部掖入袈裟衣缘后翻出。袈裟自左肩于身后绕于右肘下，横过腹前上搭于左前臂，后下垂，衣缘衣纹呈连续 S 形。下着裙，裙纹不规则，右腿部似大 U 字形，左腿部呈波浪形。裙长覆足，立于仰莲座上，宽 19、高 4.8 厘米，双层莲瓣，较肥大。

正壁左侧浮雕菩萨立像。通高 70.5、身高 52.8 厘米。身体窄薄，细长。头高 12.5 厘米，头顶束山形高发髻，正面饰宝珠形和圆形珠花。戴云纹宝冠，人字形发际线，二侧太阳穴处有圆形卷发稍，

图二五〇　152龛、152右1龛、152右2龛正视图

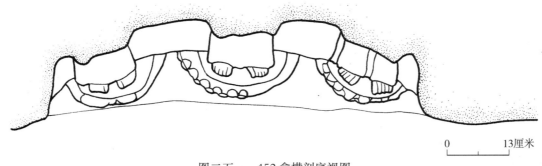

图二五一　152龛横剖底视图

额上有白毫相。面部残见五官痕迹，双耳大，耳垂略向外翻。颈部阴刻三蚕道。

　　肩宽约10.5、宽14厘米，左手屈肘置左胸部，手执柳枝状物搭于左肩；右手下垂置右胯部，手执一瓶。上身着帔帛，自左肩至右胁下；右肩可见披父字形天衣，沿身体右侧下垂，于胯部横过身前，上搭于左肘部后下垂至座。下着裙，系腰带，腰带垂于两腿间置座。双腿部阴刻密集的弧线裙纹。赤足立于仰莲座上，座宽17.5、高7厘米，浅浮雕双层仰莲瓣，莲瓣较肥。

　　6. 龛内题记

　　龛外下方有阴刻题记二则，龛外正下方题记存字较多（T13）；龛外右下方题记存字较少（T14）。

　　T13，约宽54、高33厘米，所在崖壁不平，无明显题记框痕迹，阴刻竖书，左起，11列，可识别约 33 字，内容为"蓋□王……/菩薩……/……/……校尉□□□……/……上……□都尉……/道節□字將□□……/□敬造……□法界四衆……/□敬造……□佛□□……/□證菩提……/開元廿七年……寅……/□□戌造"。

T14，所在崖面大部脱落，仅存 3 列，阴刻竖书，内容为"……記在年……/……年三月……/……□……"。

7. 年代判断

明代重刻，原龛时代可能为唐代开元二十七年（739 年）。

152 右 1 龛

1. 相对位置

F 区造像中部下侧，149 龛下侧，152 龛右侧，152 右 2 龛左侧。

2. 保存状况

风化严重，打破 152 龛右侧龛门。二主尊头部均残失，仅存修补孔。左侧龛门无，右侧龛门下部部分残缺（图版一七三：1）。

3. 龛内外遗迹

无。

4. 龛窟形制

竖长方形单层龛，与 152－2 龛共用一方形外框。宽 27、高 44、深约 5 厘米，龛楣缓弧形，龛内正壁较平，右侧壁及龛顶斜向。

5. 龛内造像

龛内浅浮雕立像 2 尊。

正壁右侧浮雕立像。通高约 44 厘米。身体直立，头部残失，有宝珠形素面头光。左手下垂置左身侧，右手屈肘上举指向龛外，似持物。上身衣纹漫漶不明，可见系腰带，下身可见袈裟衣角自右向左横过身前，上搭于左臂，下着裙，可见大 U 字形裙纹。足部、座式漫漶不识。

正壁左侧浮雕立像。通高约 44 厘米。胯部略朝左突，似菩萨立像。头部残失，有宝珠形素面头光。左手屈肘举于左上腹部，似持物；右手下垂置右身侧似执天衣一角。上身可见带状下垂衣缘，下着裙，系腰带，腰带垂于两腿之间置座。腿部可见外高内低斜向裙纹。足部及座式漫漶。

6. 龛内题记

无。

7. 年代判断

不详。

152 右 2 龛

1. 相对位置

F 区造像中部下侧，149 龛下侧，152 右 1 龛右侧。

2. 保存状况

风化严重，右龛门大部及右下部龛底残失，左龛门下部部分残缺。主尊头部残失。

3. 龛内外遗迹

无。

4. 龛窟形制

竖长方形龛，与152右1龛共用一方形外框，外框残宽、残高均约43厘米。龛宽17.5、高42厘米，深约5厘米。龛顶弧形，龛壁较平。

5. 龛内造像

龛内正壁浅浮雕立像1尊。通高约43厘米。头部残失，现存修补孔。左手下垂，右手屈肘指向右龛外，似执物。上身可见右肩披天衣，下垂至腹部后横过身前搭于左肘部，后执于左手下垂置座。下着裙，系腰带，两腿间可见下垂带。足部及座漫漶不识。

6. 龛内题记

无。

7. 年代判断

不详，应与152右1号龛同时代。

153 龛

1. 相对位置

F区造像中部上侧，151龛左下侧，154龛上侧，157龛右侧。

2. 保存状况

风化严重，龛壁严重酥粉起壳。龛内造像头身比例严重失调，造像两侧有较明显的横向凿痕，应为后代改凿（图版一七三：2）。

3. 龛内外遗迹

无。

4. 龛窟形制

方形双重龛，内外龛同底，顶深底浅。外龛宽75、高69.5、顶深约20厘米；形龛楣，龛壁龛顶平；内龛宽67.5、高63、顶深约8.5厘米；方形龛楣转角略呈弧形，龛顶、两侧壁缓弧形，正壁绞平；龛床中部有方形基坛，宽约34、高约4.8厘米。

5. 龛内造像

龛内造一坐佛二菩萨立像，共3尊（图二五二）。

内龛正壁中央浮雕佛坐像。通高约52厘米。身体窄小，细节大部漫漶。头部小，高约7厘米，头顶有扁平肉髻，人字形发际线将头顶分为左右两半；可见五官较大，比例失调。双肩披衣，腹部可见下着裙，系腰带，裙缘呈波浪形。双手及腿部不明，座于束腰莲座上。座台面可见浅浮雕仰莲瓣，座基可见浅浮雕覆莲瓣，束腰处较窄。座下有方形基坛。

内龛正壁右侧浮雕菩萨立像。通高57、头高11.5厘米。头顶漫漶，面部略凹陷，五官较清晰。身体细节大部分漫漶，可见左手下垂，右手屈肘置右肩部。下着裙，裙长露足，立于莲座上。莲座宽15、高6厘米，有浅台面，浅浮雕肥大的覆莲瓣。

图二五二　153 龛正视图

　　内龛正壁左侧浮雕立像。通高约 49 厘米。头顶上方有圆形凸起，似原造像的头顶部。头小，面部凹陷，可见五官。身体细节大部漫漶不识，左手屈肘，右手下垂立于台座上，足与台座漫漶严重。

　　6. 龛内题记

　　龛外下方崖壁呈较平缓弧形，平整，阴刻题记一则（T15），共 5 列，自右向左，字体不规整，宽扁、笔画粗，风化严重大部不识，内容仅识为"□州/□拜（?）□/王荣（?）□/天元年/四月廿□"。

　　另外，此题记亦位于 154 龛建筑式龛楣上侧，亦有可能是 154 龛的题记。

　　7. 年代判断

　　明代改刻，原龛时代可能为"□天元年"。

154 龛

　　1. 相对位置

　　F 区造像中部下侧，152 龛左侧，153 龛下侧，155 龛、156 龛右侧。

　　2. 保存状况

　　内外左龛壁下部被 155 龛打破；右外龛壁被打破，打破处均打磨平整，有属长方形浅框，似题记框；像体保存基本完整，表面风化酥粉，内龛上部（造像头眼部）和下部（造像膝盖）分别出现水平状岩石风化槽（图版一七四）。

3. 龛内外遗迹

龛外有方形孔洞 8 个，三角形坑洞 1 个。其中外龛右龛楣角上方约 9 厘米处有方形孔洞一个，边长约 9 厘米，打破外龛楣建筑屋檐下部；外龛左龛楣角左侧约 5 厘米有方形孔洞一个，边长约 10 厘米，与右侧孔洞基本对称；外龛正壁左、右下角分别有对称圆角方形孔洞一个，边长约 6 厘米，打破外龛正壁。龛外下部约 37 厘米，有基本在一水平线上的圆角方形孔洞 4 个，较小，边长 4~6 厘米。上述 8 个孔洞应与原龛外木构保护建筑有关。

另外，龛外右下侧约 12 厘米有三角形坑一个，长边约 24 厘米，坑内有圆形小坑一个。

4. 龛窟形制

方形双重龛，外龛顶深低浅，宽 133.5、高 132、顶深 27、低深 2 厘米，方形龛楣，龛壁龛顶均平；外龛床至内龛床正壁上，阴线刻横长方形 3 框，中间一框右部阴线刻三叶形壸门一个。外龛上方有浅浮雕建筑屋檐装饰，宽 151、高 30 厘米，由连续 5 个半圆形筒瓦结构组成，两端向上翘起，檐下有 2 条水平横向阴刻线。内龛上窄下宽，中部宽 118.5、高 118.6、深 24 厘米，龛顶、正壁缓弧形，两侧壁较平。

5. 龛内造像

龛内造立像 3 尊（图二五三、二五四）。

内龛正壁中央高浮雕佛立像。通高 117、身高 92 厘米。身体丰满、匀称。头高约 15 厘米，双耳较短，头顶有较高而丰满的覆钵形肉髻，戴圆形肉髻珠；发际线平缓，五官匀称，眼睑微闭，鼻大，嘴唇丰满有型。有双重宝珠形头光，突出于龛壁约 2 厘米，宽约 35、高 41 厘米。内层以此为素面圈、连珠纹和单弦纹，外层透雕火焰纹，火焰圈较大，宝珠尖部直达龛顶边缘。颈部可见三蚕道（图版一七五）。

肩宽 22、肘宽 28.5 厘米，左手下垂，手掌朝外；右手屈肘举于右胸部，手指残失。上身内着袒右肩内衣，系腰带结于上腹部。左肩披袈裟，右肩披覆肩衣，覆肩衣一角于右下腹部掖入袈裟衣缘。袈裟自右肘下横过身前上搭于左臂，后下垂于身侧，袈裟下缘在膝盖处呈倒三角形。下身着裙，双腿上和双腿之间处均可见 U 字形裙纹，裙下缘呈连续 S 形。裙长覆踝，露足尖，赤足立于莲座上。莲座宽 32、高 7 厘米，浅浮雕 2 层仰莲瓣，莲瓣下有浅素面座基，莲瓣与座基之间似有束腰，漫漶不明。

内龛正壁右部高浮雕比丘立像。通高 114、身高 90.5 厘米。身体丰满、匀称。头高约 15.5 厘米，头顶圆，双耳大垂肩，五官匀称，眼部略残，鼻大，嘴唇丰满。有双重宝珠形头光，宽约 35、高 43 厘米，样式与中央主尊佛头光一致，宝珠尖部直达内龛顶边缘。颈部有三蚕道。

肩宽 21.5、肘宽 28 厘米，左手屈肘置右胸前，手掌朝上持一扁圆球形物，拇指护上边；右手下垂于身侧，手掌朝外，持一圆球形物，拇指与中指弯曲扣物，其余手指伸直。上身内着袒右肩内衣，系腰带结于上腹部。左肩披袈裟，系带打结；右肩披覆肩衣，覆肩衣一角于右下腹部掖入袈裟衣缘后翻出。袈裟一角搭于右肩部，绕自右肘下横过身前上搭于左臂（左下缘可见连续 S 形纹），后下垂于身前，右缘呈连续 S 形纹，袈裟下缘在膝盖处呈左高右低斜向。下身着裙，右腿上可见 U 字形裙纹，双腿间可见 Y 字形裙纹，裙下缘呈连续 S 形。裙长覆踝，露足尖，赤足立于莲座上。莲座宽 32、高

0　　　　　　　　　32厘米

图二五三　154 龛正视、横剖底视图

7 厘米，有素面浅台面，座身浅浮雕 2 层覆莲瓣，表层覆莲瓣肥大，中部有凹槽将瓣面分为左、右两半。

　　内龛正壁左部高浮雕菩萨立像。通高 116.5、身高 97 厘米。身体丰满、匀称。头高约 25.5 厘米，头顶束圆柱形高发髻，阴刻竖向发线；戴三面宝冠，三面均呈三角形，冠台和三角形冠面上边缘均装饰连珠纹；冠面纹饰不明，似莲瓣或卷云纹。耳上两侧系冠缯带，结 2 圈，2 股短带垂肩，1 股长带垂胸。五官匀称，眼微闭，鼻大，嘴唇较薄，颔下部浮雕新月形。有双重宝珠形头光，宽约 33.5、高 45 厘米，样式与中央主尊佛头光一致，宝珠尖部直达内龛顶边缘。颈部有三蚕道（图版一七六）。

　　肩宽 22.5、肘宽 30.5 厘米，左手屈肘置左胸前，曲腕手掌朝右持柳枝状物，手指略残，戴腕钏；右手下垂置右胯部，肘部绕天衣下垂置座下，戴腕钏，手持细颈鼓腹瓶，拇指与食指略弯曲扣瓶颈。胸前戴项圈，两侧分别下垂连珠交于腹部团花，后分别沿大腿内侧下垂置膝，绕至膝外侧；膝部有卷问纹牌及垂珠。右肩可见波浪形披发。

　　右肩披天衣，沿右臂内侧下垂置胯部后，绕过身前呈大 U 字形，上搭于左肘部，后沿身体左侧下垂置座下。上身内着帔帛自左肩至右胁下，下身着裙，腰部上裙缘外翻，遮住腰带；外翻裙缘阴刻缓弧形衣纹。腰带垂于双腿间，于膝部打结，横 8 字形。双腿上阴刻弧形裙纹，裙下缘褶皱呈连续 S 形。裙长覆踝，露足尖，赤足立于莲座上。莲座宽 27、高 7 厘米，有素面浅台面，座身浅浮雕 2 层覆莲瓣，表层覆莲瓣肥大，中部有凹槽将瓣面分为左、右两半。

　　6. 龛内题记

　　龛外左侧有题记一则（T13，见 152 龛），龛顶建筑屋檐上方有题记一则（T15，见 153 龛）。

　　7. 年代判断

　　盛唐，开凿年代可能为"開元廿七年"或"□天元年"。152 龛造像内容与本龛基本一致，有可能是明代仿本龛而造。

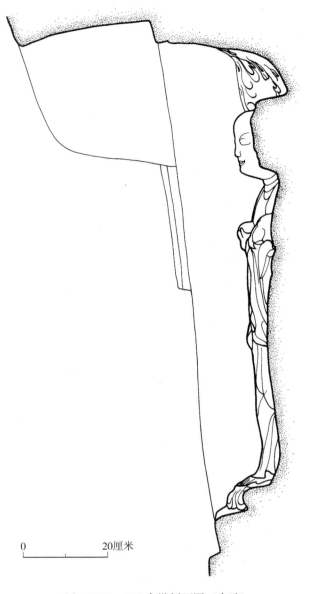

0　　　　　　20厘米

图二五四　154 龛纵剖面图（右壁）

155 龛

1. 相对位置

F 区造像南部下侧，154 龛左下侧，156 龛下侧，159 龛右下侧。

2. 保存状况

风化严重，龛外水沁痕迹明显。左外龛门下部不存。外龛顶残缺不全。右外龛门中上部打破 154 龛左龛门、龛壁。龛内造像改刻痕迹明显，现存造像周围有明显的较大造像痕迹和点状凿痕。现存造像中有四尊头部残失，仅存修补孔（图版一七七：1）。

3. 龛内外遗迹

外龛右侧下部约 6～10 厘米有上下两个方形孔，详见 154 龛；龛外左侧下部约 17～20 厘米有两个方形孔，详见 159 龛。

4. 龛窟形制

方形双重龛，内外龛同底。外龛宽 116.5、高 99、深约 27 厘米，方形龛楣，龛壁、顶平；内龛宽 95.7、高 91.8、深 44.2 厘米，方形龛楣转角略弧形，龛顶平而深，龛壁弧形，龛床设山字形基坛，高约 7 厘米，主尊座下基坛有上下两层，上层略浅而窄。

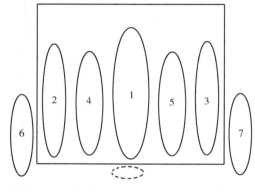

表八七　155 龛尊像编号表

5. 龛内造像

内龛造一佛坐像二比丘立像，外龛造二力士立像。共 5 尊，编号见表八七。外龛床残见二卧狮和三足香炉痕迹。第 1～5 号像身体窄、小、薄，身体上方和两侧均可见原造像的头形、头光、身形及密集点状凿痕（图二五五、二五六）。

1 号像，内龛正壁中央浮雕主尊佛坐像。头部残失，现存竖长方形修补孔。残通高约 47、残身高约 25 厘米。残见头光素面宝珠形，宽 35.3、高 33 厘米。肩宽 13.5、肘宽 18、膝宽 24 厘米。双手下垂合于腹部，手部漫漶；胸部可见横向内衣或裙缘，系带；双肩下垂衣领似交于腹部。结跏趺坐于束腰莲座上，腿部单薄，右腿在上，腿部裙纹呈人字形。莲座台面宽约 33.5 厘米，浅浮雕双重仰莲瓣，莲瓣宽薄；束腰部分薄，略鼓腹；座基浅浮雕对称卷云纹及覆莲瓣。座下为双层基坛。

2 号像，内龛右壁浮雕菩萨立像。约通高 65（不含头光）、身高 58 厘米。残见原像头光宝珠形，宽 26.5、高 33 厘米。头戴山字形三面宝冠，冠面浅浮雕卷云纹；人字形发际线，五官较大面貌呆滞，头部略歪。肩宽 11、肘宽 17 厘米，颈部可见蚕道，上身内着帔帛，自左肩到右胁下；双肩披天衣，下垂至腹部后交叉横过腹前，分别搭于左右臂。左手屈肘置胸前，天衣自肘部翻出垂于身侧；右手下垂置胯部，翻腕执天衣，下垂至座下。下身着裙，腹部可见上裙缘，系腰带。双腿间可见两股连珠璎珞，垂于膝下后绕向膝外侧。双腿部均可见 U 字形衣纹。足及座漫漶不识。

3 号像，内龛左壁浮雕菩萨立像。约通高 63.5（不含头光）、身高 58 厘米。残见原像头光宝珠形，宽 26、高 31 厘米。头顶束圆柱形高发髻，戴山字形宝冠；人字形发际线，五官较大。肩宽 12、肘宽 18 厘米，颈部可见蚕道。双臂略屈置身前捧一宝瓶状物，左手在瓶下，右手在瓶上，双肩披天

0   28厘米

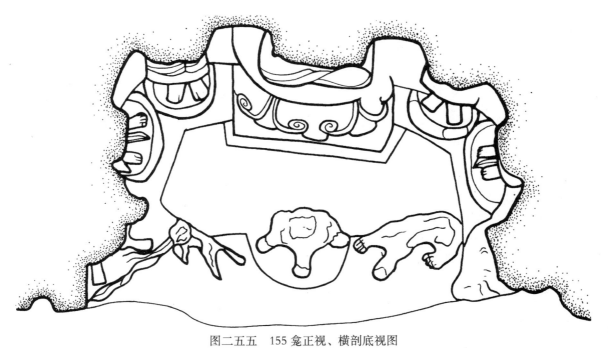

图二五五　155龛正视、横剖底视图

图二五六　155 龛纵剖面图（右壁）

衣，下垂至胯部后交叉横过腹前。下身着裙，腹部可见上裙缘，系腰带。双腿间可见下垂腰带。双腿部均可见 U 字形衣纹。足及座漫漶不识。

4 号像，内龛正壁右侧浮雕比丘立像。头部残失，现存竖长方形修补孔。约残通高 48、残身高 44 厘米。残见头光素面圆形，宽 27、高 24 厘米。肩宽 9、肘宽 15 厘米。双手合十于胸前，双前臂均下垂袈裟衣缘，左侧长右侧短。胸部可见衣纹，样式不明。身前可见左高右低斜向袈裟衣纹。下着裙，阴刻竖线裙纹，足部及座漫漶不识。座下为基坛。

5 号像，内龛正壁左侧浮雕比丘立像。头部残失，现存竖长方形修补孔。约残通高 47.5、残身高 44 厘米。残见头光素面圆形，宽 26.5、高 23 厘米。肩宽 10、肘宽 14.5 厘米。双手合十于胸前，双前臂均下垂袈裟衣缘，左侧长右侧短。胸部可见交领样式，右衽，身前可见左高右低斜向袈裟衣纹。下着裙，两腿间阴刻大 U 字形裙纹。座下为基坛。

6 号像，外龛正壁右下角浮雕力士立像。头部有明显改刻痕迹，头部残失。通高 53、身残高 26 厘米。头部环绕椭圆形天衣，天衣与外龛壁之间形成三角形平面夹角。天衣内残见莲瓣痕迹和向上飘扬的冠缯带。左手略屈肘置左胯部，右手高举过头顶，手执一棍状物。天衣自右肩部下垂呈 ε 字形。下身着裙，系腰带，裙上缘外翻于胯部，下缘长至座，露膝。立于方形岩座上。

7 号像，外龛正壁左下角浮雕力士立像。有明显改刻痕迹，面部略凹陷，左腿及座左部不存。通高约 60 厘米。头顶有圆形高发髻，面部五官丑陋，比例失调。头部环绕圆形天衣，左手高举持圆形物，右手屈肘置腰部，臂右侧残见天衣痕迹。胸部可见肌肉轮廓。下身着裙，系腰带，裙长至座，露膝。赤足立于座上。座式不明。

另外，外龛龛床内侧残存二卧狮足、身痕迹及一个圆形三足香炉痕迹。

6. 龛内题记

无。

7. 年代判断

明代改刻，原龛时代不明。

156 龛

1. 相对位置

F区造像南部下侧，154 龛左侧，155 龛上侧，157 龛下侧，159 龛右侧。

2. 保存状况

龛底大部分残失，右龛门下部残失。龛内造像后代重刻，龛内壁有明显的点状凿痕和原造像的身形痕迹。龛右壁上部长白色苔（图版一七七：2）。

3. 龛内外遗迹

左龛门上有上下二个小圆坑，右龛门下部有一个小圆坑，直径约 2.5 厘米，坑浅，用途不明。右龛楣外侧为 154 龛建筑屋檐左端，屋檐下有方形坑一个，见 154 龛。

4. 龛窟形制

方形单层龛，龛顶有双重龛楣，龛顶深，龛底浅，龛底大部残失。宽 96、残高 97.5，顶深 39 厘米；龛顶、侧壁较平，龛壁缓弧形。

5. 龛内造像

龛内造一佛坐像二菩萨立像，共 3 尊。现存 3 尊造像头顶及身侧均有原造像较大的头光、身形等痕迹，并有明显的点状凿痕（图二五七）。

0　　　　22厘米

图二五七　156 龛正视、纵剖面图（左壁）

内龛正壁中央浮雕佛坐像。通高 72.8、身高 34.8 厘米。身体较薄窄薄。头顶有较高覆钵形肉髻，正面戴半圆形肉髻珠，人字形发际线将发分为左、右二部。耳垂至下颌齐。五官保存清晰，眼睛圆睁。有宝珠形头光，素面，宽 25.5、高 28.5 厘米。头光上可见原造像较高较大的宝珠形头光痕迹，宽约 29 厘米，宝珠尖部延伸至龛顶。颈部可见三蚕道。肩宽约 14.5、肘宽 20 厘米。左手屈肘举于左肩下，食指、中指伸直，其余握拳，手心朝内；右手下垂覆右膝，手指伸直。上身内着袒右内衣，外披袈裟，衣领呈大 U 字形。有素面椭圆形身光，宽约 35、高约 28 厘米。膝宽 22.5 厘米，结跏趺坐于束腰莲座上，腿部薄。莲座台面宽约 26.5 厘米，浅浮雕双层仰莲瓣，莲瓣瘦长；束腰薄，略鼓腹；座基可见浅浮雕覆莲瓣，莲瓣下有素面台，下部漫漶不明。

内龛右壁浮雕菩萨立像。座以下残失，残通高 60 厘米。身体窄薄，头顶束高发髻，戴山字形宝冠，冠面阴刻卷云纹，人字形发际线。面部可见五官，大耳垂至颈部。肩宽 12、肘宽 18 厘米，左手下垂紧贴左腿部，右手屈肘置右肩外侧贴右壁。上身着帔帛，自左肩至右胁下。双肩下垂天衣，于腹部交叉，左肩下垂天衣上绕右肘后下垂，右肩下垂天衣绕左腕部下垂。下着裙，系腰带。双腿间可见大 U 字形裙纹。足漫漶，座残失。

内龛左壁浮雕菩萨立像。座以下残失，残高约 59 厘米。身体窄薄，发髻、宝冠样式与右侧菩萨同，发髻稍高，宝冠正面卷云纹保存较完整。面部五官呆滞，头略向龛外倾斜。肩宽 11、肘宽 19 厘米，左手屈肘举于左肩外侧贴左龛壁，右手下垂紧贴身体执天衣。帔帛、天衣样式同右侧菩萨，左肩下垂天衣绕过身前执于右手，右肩下垂天衣绕过身前搭左肘后下垂置座。腿间可见 U 字形裙纹，赤足立于座上，座式不明。

6. 龛内题记

无。

7. 年代判断

明代重刻，原龛时代不明。

157 龛

1. 相对位置

F 区造像南部中部，153 龛左侧，156 龛上侧，158 龛右下侧，159 龛右上侧。

2. 保存状况

风化特别严重，像体仅存轮廓，头部均可见竖长方形修补孔痕迹。龛门、龛底大部不存。内壁长点状白色苔。龛顶上方有岩石呈薄片状脱落痕迹。

3. 龛内外遗迹

左龛门位置中部有一个圆形小孔，右侧龛门相同位置亦有一个圆形小孔，直径约 4 厘米；龛内最右侧坐佛座右侧有一圆形孔，直径约 9.5 厘米。

4. 龛窟形制

现存横长方形单层龛，残宽 105.5、高 37、深约 7 厘米，方形龛楣，龛顶、低大部不存，龛壁平。

5. 龛内造像

龛内正壁造佛坐像 7 尊，风化严重仅存身形。以右第 2 身为例，约通高 33、身高 19 厘米。头部

图二五八　157 龛正视图

周围有白色苔藓，似修补孔痕迹。双手下垂合于腹部施印。结跏趺坐于束腰座上，座台面宽约 14 厘米，悬裳覆座台面呈三联波浪形，中间一联较大；束腰较高，鼓腹；座基方形，较浅（图二五八）。

6. 龛内题记

无。

7. 年代判断

不详，头部后代修补。

158 龛

1. 相对位置

F区造像南端上侧，157 龛左上侧，159 龛上侧。

2. 保存状况

风化严重，左外龛门、左外龛楣、外龛底全部脱落，外龛顶大部不存。龛内正壁造像后代重刻，残存原像较大身形和头光，龛壁现存较多点状和斜线凿刻痕迹。内龛正壁中上部长大片白色苔藓，龛顶现有 2 个马蜂窝（图版一七七：3）。

3. 龛内外遗迹

左龛门脱落残存的石壁中部有一个不规整形小孔；龛左下方约 11 厘米有方形小孔一个，边长 4 厘米。

4. 龛窟形制

方形双重龛，外龛底部、左龛门均脱落，现残宽 108.5、残高 110.5、残深 10 厘米，方形龛楣，龛顶大部不存，龛壁平；内龛宽、高、深 58.5 厘米，龛底部分脱落，龛楣风化严重，情况不明，似方形有三角斜撑；龛顶平、深，龛侧壁外扩，弧形；正壁缓弧形。龛底有山字形基坛，高约 5 厘米。

表八八　158 龛尊像编号表

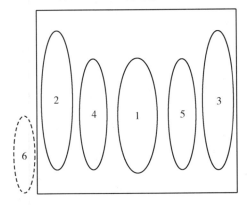

5. 龛内造像

　　内龛浮雕一佛坐像，二弟子立像，残留二菩萨像痕迹；外龛残留一力士像痕迹。共 6 尊，编号见表八八。1～3 号、5 号像上方和身侧残留有原造像的头光、身形等痕迹，并有明显凿痕（图二五九）。

　　1 号像，内龛正壁中央浮雕主尊佛坐像。头顶上方有较大的头部轮廓和头光痕迹，头光尖部被马蜂窝遮挡，高度不详，宽 34 厘米；肩部痕迹宽约 21 厘米。现存造像通高 74、身高 40 厘米，头顶有覆钵形高肉髻，戴肉髻珠，发际线缓

图二五九　158 龛正视、剖面图

平，面部五官清晰，嘴略残，下颌有弯月弧线，双耳齐颌。肩宽约14厘米，双手下垂合于腹前，掌心朝上，拇指相对，其余四指相叠。肩部可见下垂衣缘，颈部可见圆领内衣。双腕处向外翻出衣角搭于膝外侧。膝宽24.5厘米，结跏趺坐于束腰莲台上。莲座高34厘米，台面宽约32.5厘米，残见浅浮雕仰莲瓣痕迹；束腰高，鼓腹，残见卷云或莲瓣痕迹；座基覆钵形，浅浮雕对称卷云纹。座下为基坛。

2号像，内龛右侧壁浮雕像。风化特别严重，仅存身形，身份不明。可见较大头光痕迹和头部痕迹，身体漫漶不识，足部似二兽足呈站立状，立于基坛上。

3号像，内龛左侧壁浮雕像。上半身可辨，下半身漫漶不识，身份不明。可见现存造像上方有较大头光和头部轮廓，现存造像小头、细颈，双手合十，面朝右龛门。

4号像，内龛正壁主尊右侧比丘立像。通高约54厘米。头顶有较大头部轮廓和头光轮廓，头光宽约29厘米。现存造像头顶较尖，面部五官清晰，眼大，双耳齐肩，双手合十于胸前。肩宽13、肘宽16.5厘米，身披袈裟，双腕下垂衣角，左侧较长右侧较短。身前阴刻左高右低斜向衣纹，斜线长短交叉。腿部以下漫漶。

5号像，内龛正壁主尊左侧比丘立像。通高约53厘米。头顶有较大头部轮廓及头光轮廓。现存造像头顶较圆，五官可辨，耳齐颌。肩宽11.5、肘宽16厘米，双手合十于胸前。似着圆领内衣，双腕下垂衣角、身前袈裟衣纹均与4号像同。下着裙，立于圆饼形座上。座下为基坛。

6号像，外龛右下角龛壁上可见造像痕迹，风化严重，身份姿势不明，可见头、足部痕迹。

6. 龛内题记

无。

7. 年代判断

明代重刻，原龛时代不详。

159龛

1. 相对位置

F区造像南端下侧，155龛、156龛、157龛左侧，158龛下侧。

2. 保存状况

外龛右龛楣、龛门及大部分龛底脱落不存。外龛左壁有明显水沁痕迹，岩石酥粉起壳。龛内造像保存基本完整（图版一七八）。

3. 龛内外遗迹

外龛上方左、右两侧约20厘米处各有一个圆形小孔，见158龛、157龛。左内龛门中上部与龛壁上有小穿孔一个，边长约3.5厘米；右内龛门中部与龛壁上有小穿孔一个，边长约4厘米。

龛底下方左、右两侧有基本对称的小孔各2个，直径均约7厘米：龛右下侧约7厘米处一孔，此孔正下方约30厘米处有一孔；龛左下侧向左约30厘米有一孔，其正下方约30厘米处有一孔。龛左下侧两孔均处于同一竖向刻槽内，刻槽始于左上第一孔，竖长约94、横宽12.5厘米，终点处为一略大的坑状。此槽左侧约128厘米处有一平行竖槽，长度宽度相当，略深。二竖向刻槽底部有一水平阴刻横线相连。右侧槽左下部有一小穿孔。

龛底下方约90厘米处有三角形孔一个，边长约14厘米，孔内有圆形小坑一个。

4. 龛窟形制

竖长方形双重龛，外龛左龛门脱落，残宽110.5、高158.8、顶残深23.5厘米，方形龛门，龛壁平，龛底不存。内龛左龛门下部略残，宽103、高151、顶深约44厘米。龛楣方形，比龛门向外凸出15厘米；龛顶外部平内部弧形，龛壁均弧形。

内龛底设凹字形基坛，左侧高17、右侧高13厘米。

表八九　　159龛尊像编号表

5. 龛内造像

高浮雕天王立像1尊，神将、文官、夜叉、天女立像各1尊，地天半身像1尊、小鬼半身像2尊。共8尊，编号见表八九（图二六○～二六二）。

1号像，内龛正壁中央高浮雕主尊天王立像。通高136.5、头高31.5厘米。头戴三面高冠，冠内似束球形高发髻；正冠面宽12.8、高15.5厘米，呈圭形，浅浮雕密集卷草、莲瓣纹，侧面冠面较窄、低，宽7、高13厘米。双耳上侧为冠缯带束结，上股为短圈，中股稍长垂于肩后翘起成U字形，长股垂至肩两侧后向上飘扬，直至接近冠顶高度，呈大U字形。冠台下可见平行阴刻发丝，长发垂肩。双耳紧贴头部，戴耳饰，长条形垂肩。面部宽13（两颊）、高16厘米，眉弓凸出；两眼之间距离较近，眼圆睁，眼球突出；眉头有褶皱。鼻部残失，嘴角深刻，略向下。下颌阴刻弯月弧线。

肩宽约37厘米，左手屈肘向左侧举起基本与肩齐平，手掌朝上、指背朝外持一物，持物残，可见方形框，框下为单层仰莲座，与第136龛天王所持宝塔下部相似。右手屈肘向右侧举于肩平，手掌朝左握拳似持物，又似握上飘衣角，漫漶不识。双前臂均绕天衣，戴腕钏。

颈部系巾，于锁骨中打结，肩甲阴刻重叠鳞状甲片；上身内穿短袖内衣，外披铠甲，内衣袖长至肘，袖缘在肘部上方呈莲瓣状展开。胸甲自肩部系带下垂，左右胸甲浅浮雕圆形兽面，兽面周围可见鳞状甲片，前襟阴刻花瓣、卷云纹。胸下有四重带状腰甲，腰甲左右下侧各下垂打结短带2股。腹部鼓起呈球状，浅浮雕三叉形织甲。沿下腹部束粗腰带，多股索状，于要两侧打结，飘带垂于腿两侧，下端呈鱼尾状。脐下腹部浅浮雕半圆形饰，阴刻卷云纹，中央下垂4股璎珞，二股短璎珞垂于胯下，系摩羯状垂饰；二股长璎珞沿大腿内侧下垂至膝，垂一十字形饰，后上绕至腰带。下身着裙甲，正面胯部无甲片，阴刻卷云纹；余部裙甲为重叠竖长方形状甲片，约7层，下二层可见甲片下端呈卷云纹状。裙甲最下层阴刻细密裙纹，下边缘略翻翘呈连续S形。

两足分开，足尖朝外侧而立，着履，尖头略上翘。足下有卷云座，高约4.5厘米，浅浮雕连续卷云纹。两足之间为6号像，右足右侧为7号像，左足左侧为8号像。

2号像，内龛右壁右侧神将立像。3号像右侧，身高54厘米。身体向龛外倾斜，面朝龛左壁方向。头高约12.5厘米，戴胄，头顶有扁圆球状发髻，额前可见人字形胄下缘，耳部胄下缘向外翻翘。面部上小下大，眼睛圆睁，嘴角上翘。肩宽12厘米，左手屈肘撑左腰侧，右手屈肘外伸持剑状物搭右肩，长至头部左侧，剑鞘肩部呈二连续圆球状。胸前有涡形圆胸甲，胸甲下横过天衣绕身后。肩部搭胄下披巾，臂部衣袖在肘部呈花瓣状凸起。腹部略鼓，甲下部有半圆形饰。下腹部系粗索状腰带，两侧下垂天衣，一股在胯部呈U字形，另一股垂于身侧。胯部向左侧提凸起。下身外披对襟裙甲，

0　　　　　　　　　　32厘米

图二六〇　159龛正视图

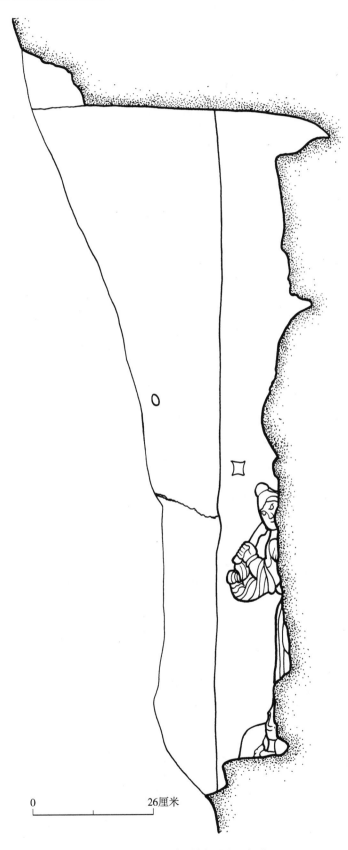

0 ⸺⸺⸺⸺ 26厘米

图二六一　159 龛纵剖面图（右壁）

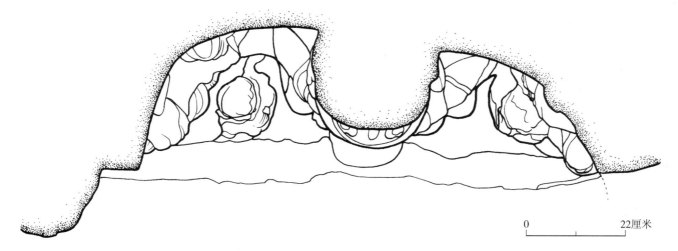

图二六二 159龛横剖底视图

内着长裙，裙甲上未见雕刻甲片，长至膝下；长裙下部阴刻竖线裙纹，裙长遮踝，露足尖。双足张开站立在基坛上，着履，头上翘。

3号像，内龛右壁左侧文官立像。1号像右侧，2号像左侧，通高52.5厘米。身体右侧被2号像遮挡，足部被1号像下垂天衣遮挡。头戴冠，前低后高，正面饰宝珠形物，冠内头顶束发髻，分两股略呈扇形。面部五官和善，眼睛细长，下有较大眼袋，嘴角上翘，颌下有倒三角形长髯，垂至胸前。肩宽12厘米，双手屈肘置胸前捧一方盒状物。着交领大衣，右襟盖左襟上，双腕下垂衣袖宽大，垂至膝。下着裙，阴刻竖线裙纹，足部不详，立于基坛上。

4号像，内龛左壁右侧浮雕夜叉立像。1号像左侧，5号像右侧，通高64.5厘米。右足部被1号像下垂天衣遮挡。头高约20.5厘米，头顶有三股火焰状发，面部五官凸出，眉弓高，眼圆睁，嘴角略向下。双耳圆而大。肩宽12厘米，双手屈肘于腹部握长棍状物，左手在上，右手在下，长棍杵基坛上与足齐。赤裸上身，胸部可见胸肌痕迹，下着裙，系粗腰带，裙长露膝。赤足立于基坛上，膝、小腿部可见浅浮雕筋骨（图版一七九）。

5号像，内龛左壁左侧浮雕天女立像。4号像左侧，通高57.5厘米。左臂略残。头高9.5厘米，戴圆形高冠，冠面浅浮雕尖角方形饰，漫漶不识。冠下垂披巾覆肩。颈部有蚕道。左肩部被左龛壁遮挡，右肩部可见披发。双手笼于袖中屈肘举胸前捧一圆盘，盘内盛一物，正面雕刻椭圆形小龛，龛内设坐佛一尊。双肩下垂天衣，于腹部交叉，上绕搭于双肘后下垂。下着裙，腰部至膝下可见对襟衣角，裙长遮踝，露足尖，着履，立于基坛上。

6号像，1号像双足之间高浮雕天人半身像。可见头肩部，高21、头高17厘米。头顶束球形高发髻，戴山字形三面宝冠，冠面为三角形，浅浮雕卷云纹，面部丰满方正，残见五官，面目和善，嘴角略上翘。

7号像，1号像右足右侧小鬼半身像。可见头至上腹部，高21.5、头高10.5厘米。头顶似有饰物，面部较长，可见双眼圆睁，嘴角下撇，面貌丑陋，面朝龛右方向。双手屈肘交叉于胸前，持物与否不明。手臂和胸部肌肉凸出。置云座上。

8号像，1号像左足左侧小鬼半身像。比7号像略低，可见头至胸部，高18、头高10.5厘米。

面部较圆，面朝龛左方向。手势与 7 号像同，似持一物。置云座上。

6. 龛内题记

无。

7. 年代判断

中晚唐。

七　G 区造像

　　G 区造像 2 龛，位于 E 区造像群西侧约 50 米的岩壁上，水渠自岩石下方穿山而过，龛窟编号为 160、161 龛。G 区保存有明、清时期摩崖题刻 20 余幅，题刻纪年有明代"嘉靖"、"永历"、清代"乾隆"、"康熙"、"道光"等年号。其中，G 区东端《月浪厂》摩崖题刻下方有清代康熙年间《重修千佛併灵泉記》题刻，内容转录如下：

　　昔秦惠王徙秦民萬家居南安　憶涇水不得　飲/
　　此江流似焉　故名此為古涇口　記之也　唐初邑人之/
　　僧夢佛於岩上　以千佛石岩刻之　宛然有其神而/
　　助之　觀人□造化□不可少　佛像大小非一　而面/
　　目頭顱毀損剝落　釋氏之教倍于禮樂　縣尉王公諱/
　　定發榮戍調戍人也　贊政之初□而太息之　丙子冬/
　　募陶人陶佛之首凡數百　明年春倩丹青悉補飾無痕/
　　而且儼然生氣　足壯山川之觀/
　　一□書院□有泉名灵泉　從灵泉北上至珮玉泉/
　　為岩上景　從珮玉泉南下至灵泉為岩下景　而珮玉/
　　泉由岩顛懸瀑以注溪　灵泉自岩根浸而溢路　泉名/
　　灵殆不深考　惜塵埃人穢狀若污穢不堪杯飲　公為/
　　睿深尺許　而生蟹魚　赤而形如小錢　因甃之若井/
　　井石露池□尺許　投石於中　蟹潛不見　凛如也/
　　泉之灵抑人之灵□　不遇王公　幾同形流　規成之/
　　美　父考諸姑蓋所喜有佛而不必在泉　因果只說重/
　　嗟夫　山月勝□　□人不傳　士人知之者修之/
　　如□/
　　康熙叁拾六年丁丑季春　　後一日/
　　　涇上無名氏記

160 龛

1. 相对位置

G 区西部下侧，161 龛东侧。

2. 保存状况

保存良好（图版一八〇）。

3. 龛内外遗迹

龛外四周均有有刻槽。

4. 龛窟形制

方形双重龛，外龛龛门后代打破，方形龛楣，内龛较浅。

5. 龛内造像

浅浮雕像三尊。中尊坐像戴冠，左手下垂抚膝，右手屈肘执长胡须，身披右衽长袍，腿部可见裙甲，着靴，脚踩长条脚凳。左尊文官像，戴冠，双手屈肘于胸前捧物。右尊武士像，戴胄披甲，左手持大刀立于身左侧。

6. 龛内题记

无。

7. 年代判断

明清。

161 龛

1. 相对位置

G 区西部下侧，160 龛西侧。

2. 保存状况

保存良好，现代妆红（图版一八一）。

3. 龛内外遗迹

龛定上方有水平刻槽一条；龛左侧为明代嘉靖年间《擁明競秀》题刻。

4. 龛窟形制

横长方形龛，左右龛门均不存，较浅。

5. 龛内造像

浅浮雕像五尊。左一尊有圆形头光，戴冠，着右衽交领袍，胸部可见筋骨，双手下垂抚膝，结跏趺坐于方座上，悬裳覆座上部。左二尊有圆形头光，戴冠，鄂下三股胡须，左手下垂抚膝，右手屈肘右胸前纸扇状物，结跏趺坐于方座上，悬裳覆座上部。左三尊有圆形头光，戴冠，鄂下三股胡须，左手屈肘置腹前，掌心朝上，右手屈肘置右胸部，着通肩长袍，结跏趺坐于方座上，悬裳覆座。左四尊有圆形头光，戴冠，鄂下三股胡须，双手屈肘置腹前，左手上右手下，内衣系腰带，外披长袍，结跏趺坐于方座上，悬裳覆座。左五尊有圆形头光，戴方冠，双手屈肘置腹前，左手下右手上，内衣系腰带，外披长袍，结跏趺坐于方座上，悬裳覆座。

另外，左一像左侧有阴线刻像一尊，细节不明。

6. 龛内题记

无。

7. 年代判断

明清。

结　语

一　龛窟形制

按照龛窟的大小、形状、龛楣形制等因素，我们对所调查的 165 个龛窟进行了统计。

1. 龛窟大小

根据遗存外龛的长、宽尺寸，我们将所有龛窟分为微型龛、小型龛、中型龛、大型龛和特大型龛 5 个类别，其中边长小于 60 厘米的为微型龛，边长 60～100 厘米的为小型龛，边长 100～200 厘米的为中型龛，边长 200～300 厘米的为大型龛，边长 300 厘米以上的为特大型龛。其分布统计状况如表九〇。

表九〇　龛窟大小分类统计表

	微型龛	小型龛	中型龛	大型龛	特大型龛
A 区		001	002、003、004、005、006、007		
B 区	032 右	017、019、021、023、025、027、028、029、030、031、032	008、012、013、014、016、018、020、022、024、026、033、034、035、036、037、038	009、010、015	
C 区	045、047、048、050、053、055～062、066、067、068、070、074、075、076、077、079～082	039～044、046、051、052、054、063、064、065、069、071、078	049		
D 区	085、090 左、092、094、096、097、103、104	072、073、083、084、086、087、088、089、090、093、095、098、102	091、099	101	
E 区	105 下、109、113、117、118、122、123、124	105、108、111、112、119、121、126、128、129、138、139、140、141、142、143	106、107、110、114、116、120、125、127、130、131、132、133、136	115、134、137	135
F 区	144～149、152 右 1、152 右 2	152、153、157	150、154、155、156、158、159		
G 区		160	161		

根据表九〇的统计，各区龛窟大小分类统计数据如表九一。

表九一　各区龛窟大小分类统计表　　　　　（单位：个）

	微型龛	小型龛	中型龛	大型龛	特大型龛	合计
A 区		1	6			7
B 区	2	11	16	3		32
C 区	25	16	1			42
D 区		8	13	2	1	24
E 区	8	15	13	3	1	40
F 区	8	3	7			18
G 区		1	1			2
合计	43	55	57	8	2	165

　　根据表九一，夹江千佛岩造像龛窟以中型、小型龛为主，两者各占总龛数约 34％；微型龛占总龛数的 26％；大型龛数量仅 8 龛，特大型龛最少。其中 A 区以中型龛为主；B 区以中、小型龛为主；C 区微型龛占大多数；D 区中型龛数量较多；E 区以小型龛和中型龛为主；F 区以微型龛和中型龛为主。

　　从分布状况来看，C 区微型龛数量比例最大，占微型龛总数的 58％；C、E 两区小型龛数量较多，各占小型龛总数的 29％；B 区中型龛数量最多，占中型龛总数的 28％，其次是 D、E 两区，各占中型龛总数的 23％。大型龛仅分布在 B、D、E 三个区，特大型龛仅在 D、E 区。

　　从时代与龛形的关系来看，微型龛绝大部分为明代造像，集中分布在 C 区、E 区下部、F 区北部三处。晚唐～五代造像以中型龛为主。中晚唐造像以中型龛为主，小型龛其次。

　　2、龛窟形制

　　1）龛形

　　龛形可分为方形龛、椭圆形龛两类，千佛岩龛窟绝大部分为方形龛，仅 002、007、043 号等 3 个明代龛窟龛形为上大下小的半椭圆形。从方形龛窟的长、宽数据比例来看，可以分为横长方形龛、竖长方形龛和正方形龛（文内简称方形），另外，051 龛为凸字形龛。统计如表九二。

表九二　方形龛数量统计表　　　　　（单位：个）

	A 区	B 区	C 区	D 区	E 区	F 区	G 区	合计
横长方形	1	6	10	3	7	1	1	29
竖长方形	1	10	5	5	12	7	1	41
正方形	2	23	22	15	19	10		91
凸字形			1					1

　　说明：统计龛窟包括附龛，不包括形制不明者。

　　从表九二分析，千佛岩龛形以正方形龛为主，占总龛数的 55％；其次是竖长方形龛，占总龛数的 25％；横长方形龛较少，占总龛数的 18％；其余为情况不明者。

　　2）龛门重数

　　千佛岩龛窟绝大部分为双重龛，可辨的单重龛有 B 区 011、C 区 015、015－1～015－6、054、

055、058、060、076、079、081、D 区 088－1、096、E 区 105 下、106、F 区 157 号等 20 个龛或附龛为单重龛，并集中分布在 C 区，时代多为明代。

　　3）龛顶

　　从龛顶形制来看，可以分为龛顶平、龛顶缓弧形两类. 平顶略微外高内低倾斜，平顶与龛壁之间的转角为弧形。一般来说，微型龛龛顶均缓弧形；深度较浅的小龛龛顶多为弧形，如 A 区 001、002、C 区 043、E 区 108 龛等；深度较浅的中型龛龛顶多为缓弧形，如 A 区 003、C 区 049、D 区 090、F 区 154 等；大、特大型龛的龛顶绝大多数较平。从时代来看，明代龛窟绝大多数龛顶缓弧形（改刻龛窟除外）。

　　4）龛壁

　　从龛壁形制来看，可以分为平、缓弧形两类。微型龛龛壁均为缓弧形；小、中型龛大部分龛壁较平，但深度较浅的小型、中型龛龛壁多为缓弧形。龛壁形制与龛顶形制的情况有相似之处，如上文所述例举较浅的小、中型龛龛壁均为缓弧形。大、特大型龛龛壁均较平。

　　一般来说龛壁转角为弧形，少数龛的龛壁转角为直角，如 A 区 003 龛、B 区 016、034、037、038 龛、C 区 049 龛、E 区 107、116 龛等。有一些龛的龛壁转角不是棱角分明的直角但是形状接近直角，如 B 区 008、017、022 龛、C 区 052 龛、D 区 083、084 龛、E 区 119、134 龛、F 区 152、154 龛等。

　　龛壁转角为直角的情况还与龛楣三角斜撑的形制有关，如 003、008、017、022、038、107 等龛，龛楣三角斜撑的长边一直向龛内延伸到龛壁，使龛正壁立面形状为梯形。

　　上述特征的龛窟的造像内容多为高浮雕单主尊（008、017、034、083、084、107、134 龛）、双主尊（003、016、037、038、119 龛），也有少数三主尊（152、154 龛）；如从造像题材上来看，高浮雕单主尊的题材集中于毗沙门天王、千手观音；双主尊题材集中于观音地藏二尊；三主尊题材集中于阿弥陀佛与观音地藏三尊。由此可以看出，龛壁转角为直角或接近直角的情况，与造像题材密切相关。但是，除千手观音龛之外，并不是所有毗沙门天王、观音地藏题材的龛窟龛壁转角都是直角，这种情况说明，其与造像的时代亦不可分割的关系：初步分析转角为直角的龛较转角为弧形的龛时代晚。

　　5）龛底

　　从龛底来看，绝大部分龛均为内外龛不同底，少数龛"内外龛同底"，如 A 区 003 龛、B 区 014、016 龛、C 区 049、067、068 龛、E 区 134 龛、F 区 148、152、153、155 龛等。与此相关的还有少数外龛底相对极浅的龛，如 E 区的 119、137 龛。

　　6）龛深

　　从龛深度来看，几乎所有龛窟均顶部最深，绝大多数龛顶与龛底的深度相差不大，仅少部分深度差别较大，称为"顶深底浅"，如 C 区 074、075 龛、E 区 106、F 区 151、152、153、154、156 龛等，集中分布在 F 区。顶深底浅的龛部分具有"内外龛同底"的特征，如 152、153、155 龛。

　　3. 龛楣

　　龛楣形制可分为方形龛楣、圆拱形龛楣、宝珠形龛楣、屋檐形龛楣四类。绝大部分为方形龛楣；圆拱形龛楣有 002、007、043、050、056、058、076、081、105 下、106 龛，集中分布在 C 区；079

龛为宝珠形龛楣；112、154 龛为屋檐形龛楣。方形龛楣根据转角形制又可以分为：直角方形（文内简称方形）、转角弧形、带三角斜撑三种类型。其中三角斜撑的长边绝大部分为直线，少数略呈弧形，如 023、025、026、030、031 龛等，集中分布在 B 区下部的西侧。统计如表九三。

表九三　方形龛楣转角形制分类统计表　　　　　　　（单位：个）

	A 区	B 区	C 区	D 区	E 区	F 区	G 区	合计
直角方形			7	3	7	10	1	28
转角弧形		5	19	6	14	6		50
三角斜撑	4	22	4	15	13	1		59
合计	4	27	30	24	34	17	1	137

说明：统计龛窟包括附龛，不包括形制不明者。

根据表九三，方形龛楣中带三角斜撑的最多，占方形龛楣总数的 43％；其次是转角弧形的，占总数的 36.5％；直角方形最少，占总数的 20.5％。

从各区三角斜撑的情况来看，所占比例高的依次为：A 区方形龛楣全部带三角斜撑；B 区 81％的龛楣带三角斜撑；D 区 50％的龛楣带三角斜撑。所占比例低的依次为：F 区仅 0.05％的方形龛楣带三角斜撑；C 区有 13％的龛楣带三角斜撑；E 区 38％的龛楣带三角斜撑。

从龛窟时代上来看，明代龛窟龛楣均无三角斜撑（改刻龛窟除外），以转角弧形为主，直角方形其次。中晚唐～五代龛窟龛楣以带三角斜撑为主，转角弧形和直角方形其次。

二　造像内容和题材

1. 造像内容

夹江千佛岩龛窟造像内容按照主尊身份大致可分为佛类、菩萨类、天王类、圣僧类、其他神像等 5 类。

1）佛类

龛内主尊为佛像的龛窟共 90 个，占此次千佛岩调查总龛数的 54.5％。其佛类造像按照佛的尊数可以分为一佛、三佛、四佛、七佛、千佛等 5 大类。一佛可以按照龛内造像数量分为一尊、二尊、三尊、五尊、七尊、多尊等 5 小类。

一尊：独尊佛像，有 A 区 002 龛、C 区 060 龛、D 区 103 龛、E 区 142 龛等共计 4 个龛。

二尊：一佛一菩萨像，仅 C 区 051 龛 1 个龛。

三尊：一佛二菩萨像，有 B 区 032、C 区 044、046、047、048、053～058、061 龛、D 区 102 龛、E 区 105、109、116、122～124、130 龛、F 区 146、147、149、152、153、154、156 龛，共计 27 个龛。其中 C 区有 11 个龛，所占数量比例最大，为 37％；其次为 E、F 区，各占 26％。

五尊：一佛二菩萨二弟子或一佛二菩萨二力士像，有 C 区 062、066、067、068、070、075、078、080、082 龛，D 区 087、094、095、097 龛，E 区 117、118、127 龛、F 区 158 龛，共计 17 个龛。其中 C 区最多，有 9 个龛，占总数的 53％。

七尊：一佛二菩萨二弟子二力士像，有 B 区 026、027、029、031、035 龛、C 区 039、063、064、065、071、074 龛、D 区 112、139、141 龛、F 区 151、155 龛，共计 16 个龛，其中 C 区最多，有 6 个龛，占总数的 37.5%，其次为 B 区，5 个龛占总数的 31%。

多尊：有 A 区 004 龛、D 区 099 龛、E 区 115、120、132、137 龛、F 区 150 龛，共计 6 个龛。E 区数量最多，占总数比例为 50%。

三佛类造像有 B 区 013、017、024、033 龛、D 区 089、093 龛、E 区 110、111、114、131、140 龛等，共计 11 个龛。E 区数量最多，占总数的 45%。

四佛类造像有 B 区 014 龛、D 区 072、073 龛，共计 3 个龛。

七佛类造像有 B 区 019、021 龛、F 区 157 龛，共计 3 个龛。

千佛类造像有 C 区 046、049 龛，共计 2 个龛。

统计情况如表九四。

表九四　佛类造像数量统计表　（单位：个）

	A 区	B 区	C 区	D 区	E 区	F 区	合计
一佛一尊	1		1	1	1		4
一佛二尊			1				1
一佛三尊		1	11	1	7	7	27
一佛五尊			9	4	3	1	17
一佛七尊		5	6	3		2	16
一佛多尊	1			1	3	1	6
三佛		4		2	5		11
四佛		1		2			3
七佛		2				1	3
千佛			2				2
合计	2	13	30	14	19	12	90

从表九四中可以看出，佛类造像中一佛三尊的数量最多，占佛类造像总数的 30%，其次为一佛三尊和一佛五尊，各约占 19%。三佛共 11 龛，集中分布在 B、D、E 三个区，占佛类造像总数的 12%。千佛、一佛二尊只分布在 C 区。

从各区情况来看，C 区造像佛类龛窟最多，为 30 龛，占佛类龛窟总数的 33%，占 C 区总龛数的约 70%。其次为 E 区，占佛类龛窟总数的 21%，占 C 区总龛数的约 49%。

2）菩萨类

以菩萨为主尊的龛共 35 个龛，占此次调查龛窟总数的 21%。按照龛内主尊菩萨造像数量，可以分为一菩萨和二菩萨两大类。统计如表九五。

表九五 菩萨类造像统计表

	一菩萨	二菩萨	合计
A 区	001、007	003、005、006	5 个
B 区	034、015－2、015－6	011（?）、015－1、016、020、023?、037、038	10 个
C 区	043、079、081	041、042	5 个
D 区	083、084、103	096	4
E 区	121、129、138	108、119、125、133（?）	7
F 区	152 右 1	144、148、152 右 2	4
合计	15 个	20 个	35

说明:? 表示笔者推测。

从表九五可以看出，B 区菩萨类造像数量最多，有 10 个，占菩萨类造像总数的 28.5%，其次为 E 区，有 7 个，占 20%；A 区有 5 个龛为菩萨类造像题材，占 A 区总龛数的 71%。

3）天王类：天王类造像有 B 区 008、019 龛、E 区 107、134、136 龛、F 区 159 龛等共计 6 个龛，另外 022、090 左号龛主尊有可能也是天王。015－5 有三尊力士形造像亦归入此类。

4）高僧类：以高僧为主尊的龛窟一个，D 区 091 龛。

5）其他神像类：有 D 区 101 龛、E 区 106 龛及 G 区 160 龛和 161 龛。

2. 造像题材与特色

夹江千佛岩佛教造像题材除一佛二菩萨、一佛二菩萨二力士、一佛二菩萨二弟子二力士之外，还有药师佛独尊、三佛并坐、四佛并坐、阿弥陀佛净土变、释迦说法、阿弥陀佛与观音地藏并列、观音地藏并列、双观音、地藏独尊、文殊菩萨独尊、观音菩萨独尊、毗沙门天王、千手观音、三圣僧像、塔等题材，较为特殊的还有一佛一菩萨并坐。统计如下（详见《夹江千佛岩龛窟统计表》）：

1）药师佛独尊：002 龛

2）三佛并坐：011、017、024、030、033、089、093、110、111、114、131、140 龛，共计 12 个龛。

3）四佛并坐：014、072、073 龛，共计 3 个龛。

4）阿弥陀佛净土变：099、115、132、137 龛，共计 4 个龛，集中分布在 D、E 区。

5）释迦说法：004、120 龛。

6）阿弥陀佛与观音地藏并列：012、090、097、141、152、154 龛，共计 6 个龛。

7）观音地藏并列：003、016、020、037、038、041、042、108、119、125 龛，共计 10 个龛。

8）双观音并列：005、006、096、145、148? 龛，共计 5 个龛。

9）地藏独尊：081、121、129 龛，共计 3 龛。

10）观音独尊：079、103 龛，共计 2 龛。

11）毗沙门天王：008、019、022?、090 左、107、134、136、159 龛，共计 8 龛，另外 004 龛第 15 号像、072 龛外龛右壁 103 号像亦是四天王中的多闻天王像，即毗沙门天王像。

12）千手观音：007、034、083、084 龛，共计 4 龛。

13）三圣僧像：091 龛。

14）塔：C 区 1～6 号单层塔，E 区 7～8 号密檐塔。

15）另外，B 区 015 龛有可能是刻经龛。

上述题材中，观音地藏同时出现的频率最高，共有 16 个龛；三佛坐像其次，共有 12 个龛，毗沙门天王亦在 10 个龛中有所表现，特色题材重复出现的频率高。如 014、072、073 龛四佛并坐题材，除 014 龛 1 号佛像为站立外，其尊像布局、内容均很相似，风格略有差异。阿弥陀佛净土变、千手观音像亦同样具有上述特征，结合前文所述之龛形变化的情况，说明龛像之间可能存在时代早晚差异，并有模仿开凿的现象。

由于题材包含面广，内容繁杂，我们将在近期出版的夹江千佛岩摩崖造像研究论文集作为本章节的扩大和补充。

三　造像时代与分期

1. 题记纪年的上限与下限

根据以往的调查资料，千佛岩造像中有唐代纪年题记 9 处，原记载龛号及纪年统计如表九六。

表九六　以往调查唐代纪年题记统计表

原龛号	纪年题记	出处
62 龛	大中十三年（855 年）	曹恒均〔1〕
63 龛	大中二十一年六月十三日功毕斋户等造永爲供養（876 年）	曹恒均
78 龛	大歷十一年（776 年）	曹恒均
115 龛	大中十一（857）	胡文和〔2〕
133 龛	會昌貳年拾壹月（842 年）	王熙祥〔3〕
133 龛	□昌…年	胡文和、宫治昭〔4〕
135 龛	開元	干树德〔5〕
151 龛	開元廿七年（739）	胡文和
152 龛	開元廿七年（739）	王熙祥
154 龛	開元廿七年（739）	胡文和
153 龛	先天元年四月廿一日（712）	胡文和
156 龛	先天元年（712）	周杰华〔6〕

〔1〕 曹恒钧：《四川夹江千佛岩造像》，《文物参考资料》1958 年第 4 期。

〔2〕 胡文和：《四川道教佛教石窟艺术》，四川人民出版社，1994 年。

〔3〕 王熙祥、曾德仁：《四川夹江千佛岩摩崖造像》，《文物》1992 年第 2 期。

〔4〕 宫治昭编：《インドから中国への仏教美術の伝播と展開に関する研究》（平成 10 年度～12 年度科研国际学术研究成果报告书、2001 年）。与肥田路美教授私人交流所得。

〔5〕 干树德：《夹江千佛岩弥勒造像浅议》，《四川文物》1995 年第 6 期。

〔6〕 周杰华：《夹江千佛岩》，《四川文物》2002 年第 3 期。

此次调查中我们在133龛外龛右壁发现"□昌贰年拾壹月"题记（T4），在152龛外左下侧、154龛右下侧发现"開元廿七年"题记（T12），在153龛外下部发现"□天元年"题记（T14）。由于字体风化严重，题记上端龛壁有改刻的可能性，T14为可能为唐代"先天元年"纪年，但无法确定。

可以确定的是开元二十七年题记，也就是说，其附近的152或154龛有可能开凿于开元年间。由于152龛残存很明显的后代重刻痕迹，现存造像风格为明代，无法判断其原龛时代。154龛现存阿弥陀佛与观音、地藏并列像，外龛有简单的波浪形屋檐龛楣，三尊造像保存完整，面部椭圆，两腮略鼓，眼睑下垂，嘴角略上翘，体态丰满；三尊火焰头光纹规整、焰光圈较大；观音连珠璎珞结构相对简单，总体来看具备盛唐时期（8世纪中叶）佛教造像风格。故154龛有可能开凿于盛唐开元年间，是目前夹江千佛岩造像中根据题记纪年初步判断开凿年代最早的龛像。

043龛左侧题记（T2）有"大明国"字样，其造像风格亦应为明代造像无误，故千佛崖佛教造像开凿时代下限为明代及其后。

2. 造像时代和分期的初步判断

由于千佛岩造像数量多、题材复杂、改刻现象频繁，需要足够细致和专门化的研究才能对其时代和分期做出相对正确的判断，目前我们仍在持续开展对夹江千佛岩造像的时代、分期研究。

根据前期的调查和初步分析，夹江千佛岩造像始凿于盛唐时期，主要开凿于中唐、晚唐时期，五代～北宋初期亦有多个精美的中型龛窟，明代出现了最后一次较大规模的开凿和改凿。其各区龛窟时代情况大致判断如下：

1）A区　001、002、007龛不具宋代以前的造像风格，可能是明代造像。004龛菩萨璎珞样式和持物、005、006龛菩萨冠缯带样式等，具有晚唐～五代的风格。

2）B区　B区的时代大致是崖面位置较低的比较早。B区下部接近渠面面对青衣江的013龛可能是中唐时期的作品，下部朝西分布的一佛七尊龛为中心的027、029、031龛窟亦可能是中唐时期所造；024龛具有晚唐时期造像风格。B区上部三坐佛、千手观音、观音地藏等题材的033～038龛开凿时代大致相近，可能在晚唐末期。

3）C区　造像后代改刻频繁，改刻龛窟最初开凿的时代不明。063、064龛和1～6号单层舍利塔的时代可能是晚唐；C区最高的039、042龛人物体态呆板，略瘦，似有五代～宋初的风格。时代最晚的是043及其右侧的明代诸龛。

4）D区　造像崖面中央的099龛净土变和稍高的072龛四佛坐像，其人物形象丰满，体态生动，可能是中唐时期的作品。091龛三圣僧、084千手观音、086、088等龛时代稍晚，可能开凿于晚唐时期。位置较低的093龛和097龛，可能是唐末～五代时期的作品。

5）E区　以135大佛龛为中心，135龛造像风格大致为中唐时期；115、132、137龛净土变的时代可能是晚唐，125龛观音地藏、114龛三佛并坐可能亦开凿于晚唐时期；134、136龛毗沙门天王的时代亦可能是晚唐9世纪后半叶时期造像；120龛可能是唐末～五代时期的作品；

6）F区　154龛可能是盛唐开元年间开凿而成，159龛毗沙门天王时代可能是晚唐9世纪中叶，150龛具有唐末～五代时期造像风格，崖面西北侧的144～149龛为明代造像。

7）G区　明代造像。

就各区整体开凿时代而言，大致为154龛所在的F区和013龛所在的B区下部的部分龛窟最早；

其次为 135 龛所在的 E 区、091、099 龛所在的 D 区；然后是 033～038 所在的 B 区上部；再后为单层塔所在的 C 区，最后为 004 所在的 A 区。造像初步分为五期：

第一期　盛唐，8 世纪前半叶，代表龛窟为 154 龛。

第二期　中唐，8 世纪后半叶～9 世纪前半叶，代表龛窟为 013、072、099、135、159 龛。

第三期　晚唐，9 世纪中叶～10 世纪初，代表龛窟为 012、024、027、033、073、084、091、134、136 龛。

第四期　五代～宋初，10 世纪初～10 世纪中叶：004、005、006、014、120、150 龛。

第五期　明代，代表龛窟为 001、002、043 龛等。

需要说明的是，上述时代和分期仅基于对夹江千佛岩本身的初步判断，并与周边仁寿、丹棱、蒲江等地造像进行横向比较的结果，可能存在不妥之处，将在今后进行再检讨。

3. 关于改刻

各区的造像中均存在后代加装和改刻现象。据初步统计，其中有 62 个龛内造像头部有修补孔，是后代加装头部的遗迹；有 44 个龛的尊像被改刻，改刻分为部分改刻和尊像重刻两类，其中 28 个龛部分改刻，16 个龛尊像重刻（详见附录"夹江千佛岩龛窟统计表"）。

亦有同一龛内既被尊像改刻、又存在修补孔的情况，其顺序亦不尽相同。如 110 龛现存尊像的头部小、内陷，是改刻而成；现存尊像的头部上方有竖长方形修补孔，由此看来应该是先对其头部进行了打孔加装，加装头部脱落后，又进行了头部的改刻。065、066 龛的情况正好相反，龛内尊像有明显的整像重刻痕迹，在重刻的尊像头部亦有束长方形修补孔。此种情况说明，改刻或加装头部可能不是简单的同时或分别同时，需要做进一步的调查以判断其二者的关系。

C 区和 F 区是改凿龛数比例最多的区域，其中 F 区 6 个龛尊像重刻，被重刻的龛均不是明代龛窟，且 F 区未发现头部加装的情况。C 区明代造像的头部亦有修补孔。此种情况亦说明，改刻和加装头部的时代可能不尽相同。

比较特殊的是 133 龛，龛内高浮雕二尊左像。龛正壁布满开凿痕迹，而龛顶、龛侧壁、龛底均平整光滑。左像全身布满凿痕，基本形态可辨；右像上半身薄，腹部与膝盖之间的距离过大，上身应为重刻，足部亦有相似情况，现存足部的下方有明显的改凿痕迹。133 龛可能是正在进行改凿的龛窟。

以上是我们对夹江千佛岩造像进行考古调查和测绘之后得到的初步认识，由于造像涉及的内容过于庞杂，我们正在积极进行更加深入的调查和研究。

附　录

一　夹江千佛岩龛窟统计表

区号	龛号	龛窟形制			造像题材	题记	时代	改刻情况	测绘方式
		龛形	龛重	内龛龛楣					
A区	001	方形	双重	残	骑狮文殊坐像	无	明	头部有修补孔	R
	002	椭圆形	单重	圆拱形	坐像一尊，手持杖，岩石座	无	明		R
	003	竖长方形	双重	方形，有三角斜撑	地藏、观音并立	T1	五代～宋初	后代改刻，头部有修补孔	R
	004	横长方形	双重	方形，有三角斜撑	释迦、文殊、普贤及众比丘、四天王、天龙八部、飞天、力士等	无	晚唐～五代	头部有修补孔	G
	005	方形	双重	方形，有三角斜撑	双观音并立	无	晚唐～五代	部分后代改刻	G
	006	方形	双重	方形，有三角斜撑	双观音并立	无	晚唐～五代		R
	007	椭圆形	单重	残	千手观音坐像	无	明	后代改刻、搬迁	Z
B区下部	008	竖长方形	双重	方形，有三角斜撑	毗沙门天王立像	无	晚唐		R
	009	横长方形	双重	残	空	无	不详	后代凿毁	R
	010	横长方形	双重	残	空	无	不详	后代凿毁	R
	011	竖长方形	单重	方形，转角弧形	二立像，残损不识	无	不详	后代凿毁	R
	012	方形	双重	残	阿弥陀、地藏、观音并立	无	晚唐～五代	头部有修补痕迹	R
	013	方形	双重	方形，有三角斜撑	三佛二菩萨坐像、十尊比丘立像、化佛、飞天、力士等	无	中晚唐	头部有修补孔	S
	014	竖长方形	双重	方形，有三角斜撑	四佛(三佛坐像一佛立像)，文殊、普贤坐像，十比丘、天龙八部、天王、供养天人、飞天、力士、伎乐天等	无	五代～宋初	头部有修补孔部分后代改刻	S
	015		单重		不明	无	中晚唐	6个附龛头部均有修补孔	S
	016	方形	双重	方形，有三角斜撑	地藏、观音并立	无	中晚唐		S
	017	竖长方形	不明	方形，有三角斜撑	毗沙门天王立像	无	中晚唐		S
	018	方形	双重	方形，有三角斜撑	三佛坐像，三菩萨立像，一僧装立像，二比丘二力士立像	无	晚唐(?)	头部有修补孔，现存尊像后代改刻(?)	S
	019	方形	双重	方形，转角弧形	七佛坐像，二立像，二力士立像	无	不详		S

续表

区号	龛号	龛窟形制			造像题材	题记	时代	改刻情况	测绘方式
		龛形	龛重	内龛龛楣					
B区下部	020	竖长方形	双重	方形,有三角斜撑	地藏、观音并立	无	中晚唐	头部有修补孔	S
	021	方形	双重	方形,转角弧形	七佛坐像,二立像,二力士立像	无	不详		S
	022	方形	双重	方形,有三角斜撑	天王坐像?	无	不详		R
	023	方形	双重	方形,有三角弧形斜撑	残存二立像	无	不详		R
	024	方形	双重	方形,有三角斜撑	三佛二菩萨坐像,十比丘立像,化佛等	无	中晚唐	头部有修补孔	S
	025	方形	双重	方形,有三角弧形斜撑	三坐像,风化不识	无	不详		R
	026	方形	双重	方形,有三角弧形斜撑	一佛坐像、二比丘、二菩萨、一力士立像,残见伎乐天十尊像	无	中晚唐		R
	027	方形	双重	方形,转角弧形	一佛坐像、二比丘、二菩萨、一力士立像	无	中晚唐	头部有修补孔	R
	028	方形	双重	方形	六尊立像	无	不详		R
	029	方形	双重	方形	一佛坐像、二比丘、二菩萨、二力士立像	无	中唐	头部有修补孔	R
	030	方形	双重	方形,有三角弧形斜撑	三佛坐像,风化严重	无	不详	头部有修补孔	R
	031	方形	双重	方形,有三角弧形斜撑	一佛坐像、二比丘、二菩萨、二力士立像	无	中晚唐	头部有修补孔	R
	032	方形	双重	方形,转角弧形	一佛坐像、二立像,风化不识	无	不详	头部有修补孔	R
	032右	方形	不详	不详	不详	无	不详		
B区上部	033	横长方形	双重	方形,有三角斜撑	三佛二菩萨坐像,十比丘立像,化佛	无	晚唐	头部有修补孔	G
	034	方形	双重	方形,有三角斜撑	千手观音坐像	无	晚唐		G
	035	方形	双重	方形,有三角斜撑	破坏严重,残见三背光、二菩萨立像、二比丘立像痕迹,二力士立像	无	晚唐	后代改刻	R
	036	方形	双重	方形,有三角斜撑	一佛(残)、文殊普贤坐像,二比丘、二力士立像及伎天乐十尊	无	晚唐	明代改刻,头部有修补孔	R
	037	竖长方形	双重	方形,有三角斜撑	地藏、观音并立	无	晚唐	明代改刻	R
	038	竖长方形	双重	方形,有三角斜撑	地藏、观音并立	无	晚唐		R
C区	039	横长方形	双重	方形,有三角斜撑	三佛坐像,二比丘、二牵兽人、二力士立像	无	晚唐	头部有修补孔	R
	040	不明	不明	不明	破损严重	无	不详		R
	041	不明	不明	不明	地藏、观音并坐	无	晚唐~五代		R
	042	方形	双重	方形,转角弧形	地藏、观音并立	无	晚唐~宋初		R
	043	椭圆形	单重	圆拱形	观音菩萨坐像	有	明		R

续表

区号	龛号	龛窟形制			造像题材	题记	时代	改刻情况	测绘方式
		龛形	龛重	内龛龛楣					
C区	044	方形	双重	方形,转角弧形	一佛坐像,二菩萨立像	无	明	头部有修补孔	R
	045	横长方形	双重	残	一坐像二立像,二力士(?)	无	不详	头部有修补孔	R
	046	横长方形	双重	方形	化佛 25 尊	无	明	头部有修补孔	R
	047	方形	双重	方形	一佛坐像,二菩萨、二力士立像	无	明	头部有修补孔	R
	048	方形	双重	转角弧形	一佛坐像,菩萨、二力士立像	无	明	头部有修补孔	R
	049	横长方形	双重	方形	化佛 53 尊	无	不详	头部有修补孔	R
	050	方形	双重	圆拱形	三坐像,风化不识	无	不详		R
	051	凸字形	双重	方形,有三角斜撑	二坐像,左像菩萨,右像佛	无	晚唐	后代改刻,头部有修补孔	R
	052	方形	双重	方形	一佛二菩萨左像,二比丘二力士立像	无	不详	头部有修补孔	R
	053	方形	双重	方形	一佛坐像,二菩萨立像	无	明	头部有修补孔	R
	054	方形	单重	方形,转角弧形	一佛二菩萨立像	无	明		R
	055	方形	单重	方形,转角弧形	一佛二菩萨立像	无	明	头部有修补孔	R
	056	方形	双重	圆拱形	一佛坐像,二菩萨立像	无	明		R
	057	方形	双重	方形,转角弧形	三佛坐像	无	明	头部有修补孔	R
	058	竖长方形	单重	圆拱形	一佛二菩萨立像	无	明	头部有修补孔	R
	059	方形	双重	方形	残存一佛坐像,一比丘立像	无	明	头部有修补孔	R
	060	竖长方形	单重	圆拱形	一立像	无	明	头部有修补孔	R
	061	方形	双重	方形,转角弧形	一佛坐像,二菩萨立像	无	不详	明代改刻	Z
	062	方形	双重	方形	三佛坐像,二比丘立像	无	不详	明代改刻	R
	063	方形	双重	方形,转角弧形	一佛倚坐像,二菩萨二比丘二力士立像	无	晚唐	头部有修补孔	R
	064	方形	双重	方形,转角弧形	一佛坐像,二菩萨二比丘二力士立像	无	晚唐	后代改刻(?)	R
	065	方形	双重	方形,转角弧形	左外龛门被 063 打破 一佛坐像,二菩萨二比丘二力士立像	无	不详	后代改刻,头部有修补孔	Z
	066	方形	双重	方形,转角弧形	一佛坐像,二菩萨二力士立像	无	不详	后代改刻,头部有修补孔	Z
	067	横长方形	双重	方形,转角弧形	一佛坐像,二菩萨二力士立像	无	不详	头部有修补孔	Z
	068	横长方形	双重	方形,转角弧形	一佛坐像,二菩萨二力士立像	无	不详		Z
	069	方形	双重	方形,有三角斜撑	一坐像,风化不识	无	不详	头部有修补孔,后代重刻	Z
	070	横长方形	双重	方形,转角弧形	一佛坐像,二菩萨二比丘立像	无	明代		R
	071	竖长方形	双重	方形,有三角弧形斜撑	一佛二菩萨坐像,二比丘二力士立像	无	不详	明代改刻	R

续表

区号	龛号	龛窟形制			造像题材	题记	时代	改刻情况	测绘方式
		龛形	龛重	内龛龛楣					
C区	074	横长方形	双重	方形,转角弧形	一佛二菩萨坐像(?),二比丘二力士立像	无	不详		Z
	075	横长方形	双重	方形,转角弧形	一坐像,二菩萨二力士立像	无	不详		Z
	076	竖长方形	单重	圆拱形	残存一像上半身	无	不详		Z
	077	龛形不明	双重	不明	大部分龛脱落,残存左侧龛门及一力士立像	无	不详		Z
	078	横长方形	双重	方形,转角弧形	一佛坐像,二菩萨二比丘立像	无	晚唐～五代(?)		Z
	079	竖长方形	双重	宝珠形	一菩萨立像	无	晚唐～五代(?)		Z
	080	方形	双重	方形,转角弧形	一佛坐像,二菩萨二比丘立像	无	晚唐	力士头部重刻	Z
	081	方形	单重	圆拱形	地藏坐像(?)	无	不详		Z
	082	方形	双重	方形,转角弧形	一佛坐像,二菩萨二比丘立像	无	不详	明代重刻	Z
D区	072	横长方形	双重	方形,有三角斜撑	四佛二菩萨坐像,四天王、十比丘、化佛、伎乐天、飞天、迦陵频伽、天龙八部、力士等	无	中唐	头部有修补孔	S
	073	横长方形	双重	方形,有三角斜撑	四佛二菩萨坐像,天王、十比丘、化佛、伎乐天、飞天、迦陵频伽、天龙八部、力士等	无	晚唐～五代	头部有修补孔	S
	083	方形	双重	方形,有三角斜撑	千手观音倚坐像	无	晚唐	后代改刻,现代水泥修补	S
	084	方形	双重	方形,有三角斜撑	千手观音倚坐像	无	晚唐		S
	085	方形	双重	方形,转角弧形	三佛坐像	无	中晚唐	头部有修补孔	S
	086	方形	双重	方形	一佛(残失)二菩萨坐像、二菩萨立像、天龙八部、二飞天、天人、二力士等	无	晚唐	主尊佛凿毁	Z
	087	方形	双重	方形,有三角斜撑	一佛坐像,二菩萨二比丘立像	无	中晚唐		R
	088	方形	双重	方形,有三角斜撑	一佛(残失)二菩萨坐像,二菩萨十比丘立像、天龙八部、二力士、伎乐天等	无	晚唐	主尊佛凿毁头部有修补孔	Z
	089	方形	双重	方形,有三角弧形斜撑	三佛坐像、二菩萨、二力士	无	中晚唐	头部有修补孔	R
	090	方形	双重	方形,转角弧形	一佛二骑兽菩萨坐像,二菩萨二比丘立像,四天王、众天、二飞天	无	原龛中晚唐,明代改刻	头部有修补孔,现代水泥修补	Z
	090左	方形	不明	方形	天天立像(?)	无	不详	头部有修补孔	S
	091	方形	双重	方形,有三角斜撑	三高僧坐像,二比丘、二供养人立像	无	晚唐～五代	中尊头部凿毁	R
	092	残		残	二像,右像持杖,左像不辨	无	不详		Z
	093	竖长方形	双重	方形,有三角斜撑	三佛二菩萨坐像,二菩萨二比丘二力士立像,二飞天像	无	晚唐～五代	头部有修补孔	Z

续表

区号	龛号	龛窟形制			造像题材	题记	时代	改刻情况	测绘方式
		龛形	龛重	内龛龛楣					
D区	094	竖长方形	双重	方形,转角弧形	一佛坐像,二菩萨二比丘二力士立像	无	中晚唐	头部有修补孔	Z
	095	横长方形	双重	方形,有三角斜撑	一佛二菩萨坐(?)像,二比丘立像	无	中晚唐(?)	后代改刻	Z
	096	残见方形	单重	残见方形,转角弧形	双观音并立	无	中晚唐		Z
	097	方形	双重	方形,有三角斜撑	阿弥陀、地藏、观音坐像,二力士立像	无	晚唐~五代		S
	098	方形	双重	方形,有三角斜撑	一佛坐像、二菩萨立像、十比丘、天人、伎乐天像,二尊力士立像	无	中晚唐		S
	099	方形	双重	方形,有三角斜撑	阿弥陀净土变相,十六观	无	中唐	中尊头部有修补孔	S
	101	竖长方形	双重	方形,有三角斜撑	坐像	无	不详		Z
	102	方形	双重	方形,有三角斜撑	一佛二菩萨坐像,二力士立像	无	中晚唐		Z
	103	竖长方形	单重	方形,转角弧形	菩萨立像一尊	无	中晚唐		R
	104	竖长方形	双重	方形,转角弧形	空龛	无	不详		Z
E区	105	横长方形	双重	方形	一佛二菩萨坐像	无	不详		Z
	105下	竖长方形	单重	圆拱形	一立像	无	不详		Z
	106	竖长方形	双重	圆拱形	道教三尊像,中尊坐像,较大	无	明		R
	107	竖长方形	双重	方形,有三角斜撑	毗沙门天王立像	无	晚唐		S
	108	竖长方形	双重	方形,有三角斜撑	地藏、观音并立	无	中晚唐		R
	109	残见方形		方形	一佛坐像,一菩萨立像	无	明	头部有修补孔	Z
	110	方形	双重	方形,有三角斜撑	三佛坐像,比丘、天王、天众、飞天等	无	原龛中晚唐	后代改刻,头部有修补孔	S
	111	横长方形		残	三佛坐像,一菩萨立像	无	中晚唐	头部有修补孔	Z
	112	方形	双重	屋檐形	一佛二比丘二菩萨立像一力士立像	无	原龛晚唐	明代改刻	R
	113	方形	双重	方形	佛坐像一尊	无	明		R
	114	方形	双重	方形,有三角斜撑	三佛坐像,文殊普贤坐像,二菩萨二比丘二天王(?)二力士等,右外龛壁密檐塔一座。	无	晚唐	部分改刻,头部有修补孔	S
	115	方形	双重	方形	阿弥陀净土变相	无	中晚唐		S
	116	方形	双重	方形,转角弧形	一佛坐像,二菩萨立像	无	不详	明代改刻	R
	117	横长方形	双重	方形,转角弧形	一佛二比丘二菩萨立像	无	原龛不详	明代改刻	R
	118	方形	双重	方形,转角弧形	三佛坐像,三比丘二力士立像	无	明	头部有修补孔	R
	119	竖长方形	双重	方形,转角弧形	地藏、观音并立	无	晚唐		R
	120	方形	双重	方形,有三角斜撑	一佛二菩萨坐像,文殊普贤坐像,十比丘	无	晚唐~五代	头部有修补孔	S

续表

区号	龛号	龛窟形制			造像题材	题记	时代	改刻情况	测绘方式
		龛形	龛重	内龛龛楣					
E区	121	竖长方形	单重	方形,转角弧形	地藏立像	无	不详	明代改刻	R
	122	横长方形	双重	方形,转角弧形	一佛二菩萨坐像	无	明		R
	123	横长方形	双重	方形,转角弧形	一佛二菩萨坐像	无	明		R
	124	横长方形	双重	方形,转角弧形	一佛二菩萨坐像	无	明		R
	125	方形	双重	方形,有三角斜撑	地藏、观音并立	无	晚唐		Z
	126	竖长方形		方形,转角弧形	被凿毁,残存一立像下部轮廓	无	不详		R
	127	横长方形	双重	方形,转角弧形	一佛坐像,二比丘二菩萨二力士	无	不详	后代改刻	Z
	128	方形洞	无造像	无	不详				
	129	竖长方形	双重	方形	地藏立像	无	中晚唐		Z
	130	方形	双重	方形,转角弧形	一佛二菩萨立像	无	不详	明代改刻	Z
	131	方形	双重	方形,转角弧形	三佛坐像、二菩萨坐像,二力士立像	无	中晚唐		Z
	132	方形	双重	方形,有三角斜撑	阿弥陀净土变相	无	晚唐		S
	133	方形	双重	方形	地藏、观音并坐(?)	无	不详	后代改刻	S
	134	竖长方形	双重	方形,有三角斜撑	毗沙门天王立像	无	晚唐~五代	头部有修补孔	S
	135	竖长方形	双重	方形,有三角斜撑	一佛坐像二菩萨立像	有	中唐		S
	136	竖长方形	双重	方形,有三角斜撑	毗沙门天王立像	无	晚唐~五代		S
	137	方形	双重	方形,有三角斜撑	阿弥陀净土变相	无	晚唐~五代		S
	138	竖长方形	双重	方形,有三角斜撑	菩萨坐像一尊	无	原龛不详	明代重刻	S
	139	方形	双重	方形,转角弧形	一佛二菩萨坐像,二比丘二力士立像	无	中晚唐		S
	140	方形	双重	方形,有三角斜撑	三佛二菩萨坐像,二力士立像	无	中晚唐		S
	141	方形	双重	方形	一佛坐像,二菩萨二比丘二力士立像	无	中晚唐		S
	142	方形	双重	方形,转角弧形	一佛立像	无	不详		Z
	143	方形	双重	方形	药师佛二比丘立像,佛持杖	无	中晚唐		Z
F区	144	竖长方形	双重	方形	一佛立像	无	明		R
	145	竖长方形	双重	方形	二立像,左像风化严重,右像菩萨装	无	明		R
	146	方形	双重	方形,转角弧形	一坐像,二立像	无	明		R
	147	竖长方形	双重	方形	一佛坐像二菩萨立像	无	不详	明代重刻	R
	148	竖长方形	双重	方形	二立像,左像菩萨装,右像残损	无	不详	明代重刻	R
	149	方形	双重	方形,转角弧形	一佛坐像,二菩萨立像	无	不详	明代重刻	R
	150	方形	双重	方形,有三角斜撑	药师佛及二菩萨坐像,二比丘二力士、天王武将、飞天等	无	晚唐~五代		S

续表

区号	龛号	龛窟形制			造像题材	题记	时代	改刻情况	测绘方式
		龛形	龛重	内龛龛楣					
F区	151	方形,残		方形,残	一佛坐像,二菩萨二比丘立像	无	不详	明代重刻	Z
	152	方形,外龛同底	双重	方形,转角弧形	阿弥陀、地藏、观音并立	有	原龛中唐(?)	明代重刻	Z
	152右1	竖长方形	双重	方形	地藏、观音并立	无	不详	头部有修补孔	
	152右2	竖长方形		方形	一菩萨立像	无	不详	头部有修补孔	
	153	方形	双重	方形,转角弧形	一佛坐像,二菩萨立像	有	原龛中唐(?)	明代重刻	S
	154	方形	双重	建筑屋檐形	阿弥陀、地藏、观音并立	无	盛唐		S
	155	方形	双重	方形,转角弧形	一佛坐像二菩萨二比丘立像	无	原龛不详	明代重刻,头部有修补孔	S
	156	方形	单重	方形,转角弧形	一佛坐像二菩萨立像	无	原龛不详	明代重刻	S
	157	横长方形	单重	方形,残	七尊佛坐像,风化严重	无	不详	头部有修补痕迹	Z
	158	方形	双重	方形,残	一佛坐像二菩萨二比丘立像	无	原龛不详	明代重刻	S
	159	竖长方形	双重	方形	毗沙门天王立像	无	中晚唐		S
G区	160				关公坐像	无	明清		
	161				坐像	无	明清		

说明：1. 测绘方式　R：人工测绘　S：摄影三维　G：光栅扫描　Z：摄影三维和人工测绘综合利用。

2. 本登记表不包括附龛。

二　夹江千佛岩龛窟题记统计表

龛号	编号	内容	现保存情况	调查人	调查时间
003	T1	勝景巍巍幾萬年石龕遺/相想人天我來過此無餘事為/□□□皆□□/□□□□□	现存龛右壁	肥田路美、于春	2010 年
043	T2	大明国直隸□州府長□信/出□曹元□/大慈大悲觀世音一尊行□説/　全　民　老（金氏先？）年康健子□繁□如意/□□一□□朔□□日旦吉/	现存左龛门外	肥田路美、于春	2011 年
049	T3	□□□□/五十三佛	龛外左上側	肥田路美	2010 年
062		大中十三年……	龛残失	曹恒鈞	1958 年
063		大中二十一年六月十三日功畢齋戶等造永為供養	龛残失	曹恒鈞	1958 年
078		大曆十一年	龛残失	曹恒鈞	1958 年
099	T4	江西建昌府新城孫/□善弟子□□進恭/□□□□□□/□□□□□□保□□順/人□□□泉□□/□□□九□吉祥/□□二十七年七月朔日	外龛门	于春	2012 年
115		大中十一年	龛现存，题记残失	胡文和	1994 年
133	T5	□昌貳年拾壹月	现存外龛右壁	肥田路美	2011 年
135		開元（据说北京来的专家在弥勒龛内发现开元铭文）	龛现存，题记残失	干树德	1995 年
	T6	民国叁拾柒年六月（共 4 行）	现存佛身光上，墨书	大島幸代	2010 年
	T7	□□　叁拾四年七月十五吉日/喜捨粧/大佛一□信士王起妻杜氏同/□□□男王可濱妻□（金？）氏/佛日□輝法輪常轉	现存内龛左龛门上部上段		
	T8	信士王起妻杜氏男王可□□□（金？）氏/心飜盖灰夾□粧□□□（假？）□□/□神俱各鼎新永永□（供？）祀/□□□卅五年六月□一日記	现存内龛左龛门上部下段		
	T9	張兄造一身　□平□□	现存内龛左龛门上小造像側		
	T10	□□造一身/□□□□□/□…□造一身/□□造一身/張白造一身/何何造一身/何（阿？）王造一身/何（阿？）□造一身/張宗造一身/胡妙果造一身/張□（啓？）造一身/阿□（宋？）造一身	现存内龛右龛门上小造像側		
	T11	□□六年捨粧大佛信士謝永彰同/緣王氏男謝□仁謝金仁謝□	现存外龛楣上左側		
	T12	化主信士/徐妙女　各/張書□□文/李妙度三百/王兆琦□□/（許？）妙仙百□/幹明清/三百/劉長福□百文/張玉兆六十文/姜永□（順？）□/信女杜妙□（蘭？）各□□□/李妙容五/曽妙□百/潘妙友文/幹妙□（甫？）各/杜妙全二/王妙□百/□□□各/□妙□百/□妙盛廿/引□□廣大叩/大清道光二十三年癸卯歳三月初四重裝	现存外龛右側壁附龛下方		

续表

龛号	编号	内容	现保存情况	调查人	调查时间
151		唐開元廿七年	龛内不存	胡文和	1994 年
152	T13	蓋□□……/菩薩……/……/……校尉……/……上……□都尉/道節□字將□□……/敬造……/□生之□法界四……/□證菩提……/開元廿七年……寅……/□□□造	现存龛外左下部	大島幸代	2010 年
	T14	……記在年……/……年三月……/……□……	现存龛外下部	大島幸代	
153	T15	四月廿一日/□天元年	现存龛外下部	肥田路美	2011 年
154		唐開元廿七年	龛内不存	胡文和	1994 年

说明：1. "编号"指本次调查编号。

　　　2. 题记出处参见"结语"注释。

Abstract

Jiajiang Thousand Buddha Cliff is located on the southern foot of Daguan Mountain, the northern bank of Qingyijiang River, west to Jiajiang County, Leshan City, Sichuan Province. There are 165 niches and 15 pieces of inscriptions on the cliff, which can be divided into 7 sections: A, B, C, D, E, F, and G. The Qingyijiang Valley is the traffic artery connecting Sichuan Basin with Ya'an and Xingjing of Chuanxi Tableland. There are many ancient road remains in the valley. Based on the distribution of the ancient sculpture remains in Sichuan, Jiajiang Thousand Buddha Cliff is situated on the west edge of the ancient Buddhist and Taoist sculpture remains area of southwestern Sichuan. It adjoins Danling, Pujiang, and other remains in north; Giant Stone Buddiha of Leshan Mountain in south; and Meishan, Renshou, and other remains in east.

Sega-Len (French), Cao Hengjun, Wang Xixiang, Hu Wenhe, Luo shiping, Gan Shude, Zhou Jiehua, Hida Romi (Japan), Kita Shinichi (Japan), and other scholars had surveyed and researched the Jiajiang Thousand Buddha Cliff sculptures. From November of 2009 to February of 2012, a collabrative archaeological team consisted of Sichuan Provincial Institute of Cultural Relics and Archaeology, Institute of Art and Archaeology of Xi'an Academy of Fine Art, Leshan Municipal Bureau of Cultural Relics, Jiajiang Prefectural Bureau of Cultural Relics, and other units conducted a survey on this site. To gain accurate data, many scientific methods were used, such as hand drawing, raster scan, 3D photography mapping and drawing, and so on.

Most of the Jiajiang Thousand Buddha Cliff sculptures were created in the flourishing Tang dynasty; most of the niches were cut in the middle and late Tang dynasty. There are also quite a few exquisite middle-sized niches cut in the period from the Five Dynasties to the Song dynasty. In the Ming dynasty, the last large-scale cutting and rebuilding was conducted. In this survey, some date inscriptions, for example, "開元廿七年" (the twenty seventh year of the Kaiyuan reign), were found. Based on these evidences, niches of section F and some lower niches of section B were built first; niches of section E and section D were built later; after that, the upper niches of section B were built; then section C; niches of section A were built latest.

The sculptures can be divided into five stages: niches of the first stage were built in the flourishing Tang dynasty (the early 8 century), as represented by Niche 154; the second stage niches were built in the middle Tang dynasty (from the later 8 century to the early 9 century), as represented by Niche 013, 072, 099, 135, and 159; the third stage niches were built in the late Tang dynasty (from the middle 9 century to the early 10 century), as represented by Niche 012, 024, 027, 033, 073, 084, 091, 134, and 136; the fouth stage niches were built in the period from the Five Dynasties to the early Song dynasty (from the early to middle 10 century), as represented by Niche 004, 005, 006, 014, 120, and 150; the fifth stage niches were built in the Ming dynasty, as represented by Niche 001, 002, and 043.

Most of the niches are middle-sized or small-sized niches, only 8 are big niches, others are mini-sized niches. There are two types of shapes of niches: square and oval. Only 3 of the niches are half-oval in shape. There are two types of roofs: flat-roofed and vaulted roof, accordingly the walls can be divided into straight wall and arc wall. Generally, the corners in the niches are round. A few niches have square corners or nearly square corners. Sculptures in these a few niches are mainly Vaishravana, Avalokitesvara, Kwan-yin, Ksitigarbha, Amitabha, and so on. In most of the niches, the bottoms of the inner niche and the outer niche are not in a same plane. In a few niches, the two bottoms are in a same plane. In most of the niches, the top of the backwall is the deepest part from front to back, but the top is not much deeper than other parts of the backwall. In a few niches, the top of the backwall is much deeper than other parts. These niches often have the bottoms of the inner niche and the outer niche in a same plane. There are four shapes of lintels of the niches: square, arc, pointed arc, and eaves-shaped. In the niches built in the middle to late Tang dynasty during the Five Dynasties, there are triangle brackets under the lintels. In the Ming dynasty niches, there is not any bracket, unless the niche was rebuilt.

The main images of the niches can be divided into five types: Buddha, Bodhisattva, heavenly king, excellent monk, and Taoist god. The scupltures in the niches usally appears in some subjects: one Buddha and two Bodhisattvas; one Buddha, two Bodhisattvas, and two Mallas; one Buddha, two Bodhisattvas, two disciples, and two Mallas. There are many other subjects on the cliff, such as Bhaisajya guru vaidurya prabharaja; three seated Buddhas; four seated Buddhas; Amitabha Paradise Palace Scenes; Sakyamuni preaching; Amitabha, Kwan-yin, and Ksitigarbha; Kwan-yin and Ksitigarbha; two Kwan-yin; Ksitigarbha; Manjusri; Kwan-yin; Avalokitesvara; Vaishravana; and pagoda. There are still a few special subjects, for example, one seated Buddhas and one seated Bodhisattvas.

Subjects of sixteen niches are Kwan-yin and Ksitigarbha, twelve niches are three seated Buddhas, ten niches are Vaishravana. Some special subjects appear frequently, such as four seated Buddhas in Niche 014, 072, and 073. The composition, layout, and sculptures are very similar, except that in Niche 014, the Buddha No. 1 stands. The same character can be found in the Amitabha Paradise Palace Scenes niches and the Avalokitesvara niches. But, the same subjects of different dynasties are different in style. This may be caused by imitating when people cut niches.

In each section, repainting and recarving traces of the sculptures can be found. By preliminary survey, repairing holes were found on sculptures' heads in 62 niches. These are evidences of reassembling heads. Sculptures in 44 niches were recarved. In 28 niches, sculptures were changed partly. In 16 niches, sculptures were all recarved. There are still some recarving traces and repairing holes found in a same niche, appear in different orders. Niche 133 is possilbly a niche which was recutting.

All the above are preliminary cognitions from archaeological research and survey of Jiajiang Thousand Buddha Cliff. The problems the sculptures involved are so numerous that further study are needed.

后　记

　　本报告集是四川省文物考古研究院承担的四川省科技厅《四川古代石窟寺摩崖造像调查研究》课题的成果之一，是四川省文物考古研究院与西安美术学院合作夹江千佛岩调查研究项目成果之一，亦是四川省文物考古研究院 2005 年以来实施的"科研兴院"战略部署《四川石窟寺大系》成果之一。《四川石窟寺大系》的战略目标是对四川境内的古代（主要是唐宋时期）摩崖造像进行科学、详细的调查和测绘，并编写调查研究报告，为国内外学术界研究四川石窟摩崖造像提供第一手资料。

　　夹江千佛岩的调查研究工作自 2009 年底启动，在四川省文物考古研究院、西安美术学院中国艺术与考古研究所、乐山市文化局、夹江县文物管理所等多家单位的共同努力下，调查工作得以顺利进行并于 2012 年 2 月正式结束。期间，得到了日本早稻田大学文学部美术史学系肥田路美教授的大力帮助，先生工造像内容、时代、风格等重要问题上给予我们重要的参考意见，并无私提供了部分龛窟的记录研究资料作为参考。四川大学艺术学院卢丁教授亦在百忙之中多次到调查现场给予我们指导和支持。陕西省考古研究院张建林研究员在造像测绘、报告编写工作中给予我们诸多中肯建议。同时与相关文物管理部门其他工作人员的辛勤付出也是分不开的，在此一并表示深深的谢意。

　　在四川省文物局王琼局长，四川省文物考古研究院高大伦院长、闫西莉书记，西安美术学院王胜利院长、周晓陆所长，原乐山市文化局龚永利局长等领导的亲切关怀和支持之下，《夹江千佛岩——四川夹江千佛岩古代摩崖造像考古调查报告》得以面世。我们还将在近期出版四川省文物考古研究院、早稻田大学文学部美术史学系、西安美术学院共同编写的以夹江千佛岩摩崖造像内容为中心的研究论文集。

　　由于作者的研究能力、田野工作、绘图技术等方面经验有限，在调查方法和报告编写方法中肯定还存在不足之处，我们非常期待大方之家的批评指正，以期提高田野工作水平和研究能力。

　　我们在之前已出版的报告集中曾说过：我们在四川石窟艺术调查研究的道路上，走得很艰难，这条路也许很长，也许很崎岖，但为了佛像之美，也为了内心绽放的花，我们已经下定决心，义无反顾地走下去。

编　者

2012 年 5 月

夹江千佛岩全景（由南向北摄）

C、D、E区造像全景

A区龛窟分布

A区

A区

001龛

A区

002龛

A区

图版六

003龛

A区

003龛左尊菩萨像

A区

004龛

A区

004龛43号像

A区

004龛左壁

A区

004龛右壁

A区

005龛

A区

006龛

A区

A区

007龛

B区下部东段龛窟分布

B区

B区下部西段龛窟分布

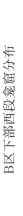

B区

B区上部龛窟分布

B区

008龛

B区

1. 011龛

2. 012龛

B区

013龛

013龛右壁

B区

013龛左壁

B区

014龛

B区

014龛右壁

B区

014龛左壁

B区

B区

015龛

B区

015-5龛

016龛

017龛

B区

018龛

019龛

B区

020龛

021龛

B区

1.022龛

2.023龛

B区

024龛

B区

024龛1号像

B区

024龛4号像

B区

025龛

B区

026龛

B区

1. 027龛

2. 028龛

B区

1. 029龛

2. 030龛

B区

图版四二

1. 031龛

2. 032龛

B区

033龛

033龛右壁

B区

033龛左壁

B区

034龛

B区

034龛左壁

B区

034龛右壁

B区

035龛

036龛

B区

037龛

B区

038龛

B区

C区龛窟分布

C区

图版五四

039～042龛

C区

043龛

C区

1. 044龛

2. 045龛

C区

046龛

C区

1. 047龛

2. 048龛

C区

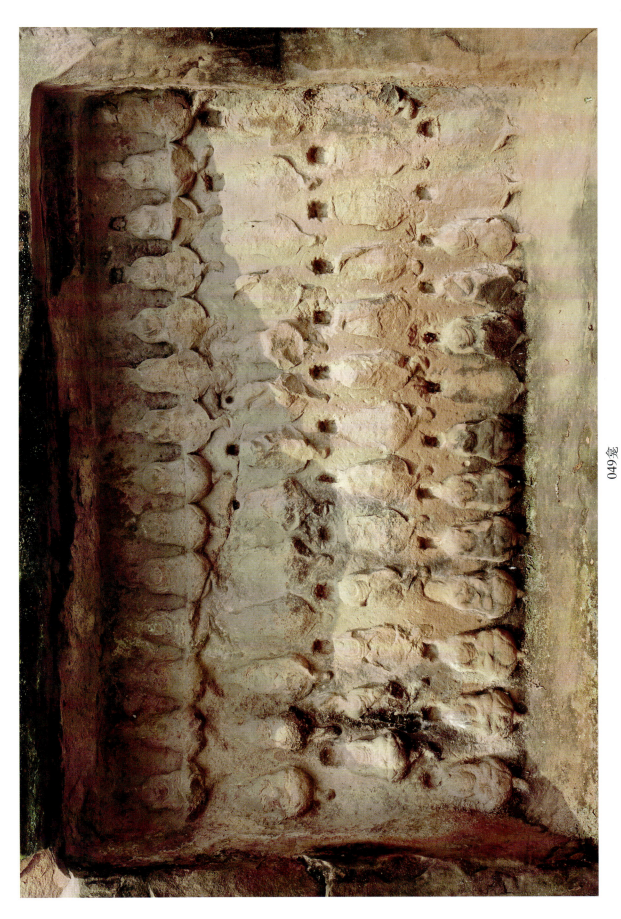

049龛

C区

051龛

C区

1. 052龛

2. 053龛

C区

055龛

C区

056～058龛

C区

061、062龛　　C区

063龛

C区

063～077龛

C区

1. 069龛

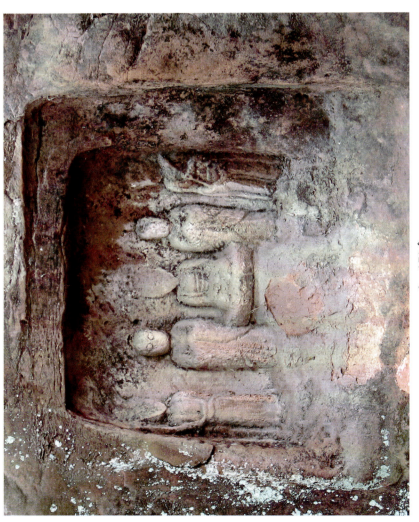

2. 070龛

C区

078～082龛

图版七〇

D区龛窟分布

D区

072龛

D区

072龛右壁

D区

072龛左壁

D区

073龛

D区

073龛右壁

D区

073龛左壁

D区

083龛

D区

083龛左壁

D区

083龛右壁

D区

084龛

084龛主尊

D区

084龛右壁

D区

084龛左壁

D区

085龛

086龛

D区

087龛

088龛

D区

088龛27号像

088龛左壁上部

D区

图版九〇

089龛

D区

090龛、090右龛

D区

090龛17号像

D区

091龛

D区

091龛3号像

D区

091龛4号像

D区

092龛

D区

093龛

D区

093龛17号像

D区

094龛

D区

095龛

D区

D区

096龛

D区

097龛

098龛

D区

图版一〇四

099龛

D区

099龛内龛左壁

D区

099龛内龛右壁

D区

099龛外龛题记（T4）

D区

101龛

D区

102龛

D区

103龛

D区

E区龛窟分布

E区

105龛

E区

106龛

E区

107龛

E区

107龛5号像

E区

107龛6号像

E区

108龛

E区

109龛

E区

110龛

E区

110龛左壁

E区

110龛右壁

E区

111龛

1. 112龛

2. 113龛

E区

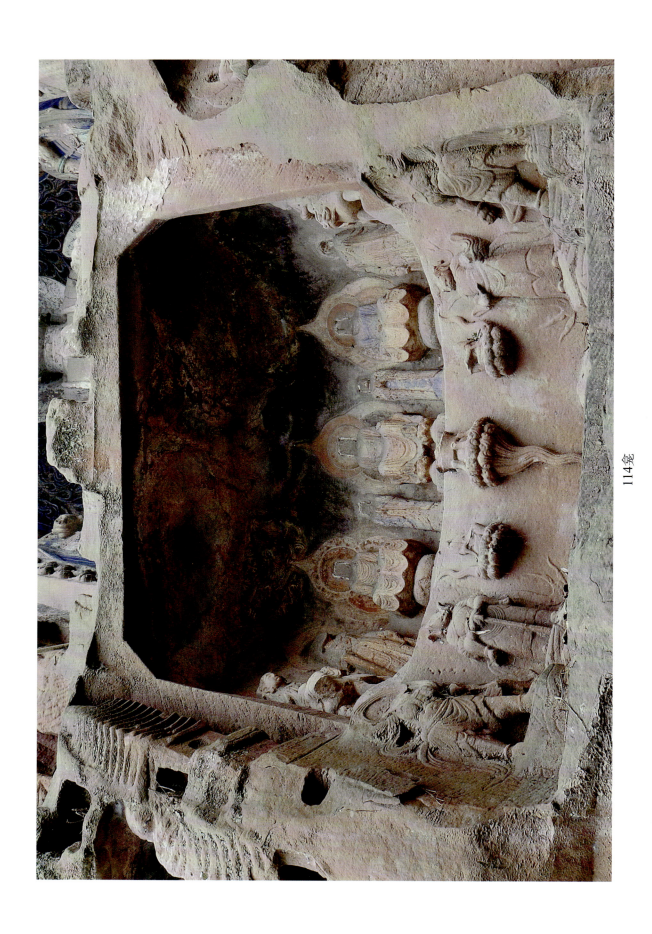

114龛

E区

1. 114龛9号像

2. 114龛右侧密檐塔

E区

115龛

E区

115龛左壁

E区

115龛右壁

E区

1. 117龛

2. 118龛

E区

119龛

E区

120龛

E区

120龛右壁

E区

120龛左壁

E区

1. 121龛

2. 122龛

E区

1. 123龛

2. 124龛

E区

125龛

E区

125龛9号像

E区

1. 126龛

2. 127龛

E区

1. 129龛

2. 130龛

E区

131龛

131龛9号像

E区

132龛

E区

132龛左壁

E区

132龛右壁

E区

133龛

134龛

E区

135龛

E区

135龛右壁

E区

135龛左壁

E区

135龛1号像头部

E区

135龛2号像

E区

135龛3号像

E区

136龛

E区

136龛6号像

E区

137龛

E区

图版一五六

137龛左壁

E区

137龛右壁

E区

137龛正壁上部

137龛右龛门上部仙人像

E区

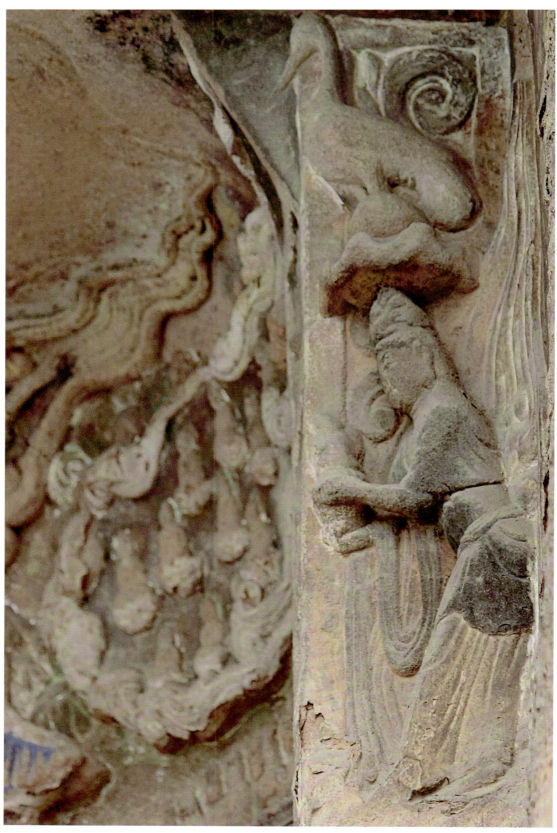

137龛左龛门上部仙人像

138龛

E区

E区

139龛

140龛

E区

141龛

E区

142龛

E区

143龛

E区

F区龛窟分布

F区

149龛

F区

150龛左壁

F区

150龛右壁

F区

1. 151龛

2. 152龛

F区

1．152右1、152右2龛

2．153龛

F区

154龛

F区

154龛中尊佛

F区

154龛左尊菩萨

F区

1. 155龛

2. 156龛

3. 158龛

F区

159龛

F区

159龛左壁下部

F区

G区

160龛

G区

161龛

G区